Pierre Milliez

La Résurrection au risque de la Science

**Étude scientifique de la Résurrection de Jésus
à partir de la Bible et des 5 linges
du Linceul de Turin au Voile de Manoppello**

Cinquième édition revue et complétée
avec datation rayons X et signes de vie sur le Linceul

Je dédie ce livre à tous ceux qui sont :
- en attente d'une réponse à la question fondamentale de l'être,
- en recherche d'un sens à leur vie,
- en quête d'une relation, même sans le savoir, avec celui qui Est.

Origine des extraits de la Bible, parole de Dieu :
Traduction d'après les textes originaux par le chanoine A. CRAMPON
Société de Saint Jean l'Evangéliste
Desclée et Co., Tournai 1939

Photos couverture :
Visage du Linceul de Turin (Photographie de Giuseppe Enrie en 1931 transformée en positif) et **Voile de Manoppello,** http://en.wikipedia.org

© 2025, Pierre Milliez
Édition : BoD · Books on Demand,
31 avenue Saint-Rémy, 57600 Forbach, bod@bod.fr
Impression : Libri Plureos GmbH,
Friedensallee 273, 22763 Hamburg (Allemagne)

ISBN : **978-2-8106-2027-2**
Dépôt légal : Mai 2025

Du même auteur aux éditions Books on Demand (BOD.fr)

Témoignage ; J'ai expérimenté Dieu

Études
La Résurrection de Jésus Christ – Signes donnés, étude scientifique, sens métaphysique

La Résurrection au risque de la Science

Pièces à conviction du Messie d'Israël ou étude des reliques de Jésus

Les miracles eucharistiques, signes de la Résurrection

Marie, la sainte de Dieu, de la bible aux dogmes

Mystères et merveilles

Jésus au fil des jours I/III de la promesse à l'an 27
Jésus au fil des jours II/III de l'an 28 à juin 29
Jésus au fil des jours III/III de juin 29 à l'an 30

Révélations sur Jésus

Dieu, un Être, une Essence et trois personnes pour conjuguer connaître et aimer

Création et évolution, de la création évolutive à l'évolution créatrice

Conte poétique et philosophique
Le petit d'homme
L'élu

Roman : Le signe de Dieu

Recueil poétique : Aux trois amours

« Celui qui est vraiment pieux met surtout sa dévotion dans l'objet invisible que représentent les images. Il n'a pas besoin de beaucoup d'images ; très peu lui suffisent... Il y a plus : son cœur n'a aucune attache aux images dont il se sert. Vient-on les lui enlever, il ne s'en préoccupe pas beaucoup ; il cherche en effet, cette image vivante qu'il porte en lui-même, c'est-à-dire Jésus crucifié. Voilà pourquoi, par amour pour lui, il est plutôt heureux de ce qu'on lui enlève tout et de ce que tout lui manque, même les moyens qui semblaient les plus aptes à l'élever vers Dieu... Sans doute c'est une chose bonne que de se réjouir quand on a ces images ou ces moyens qui favorisent la dévotion ; aussi doit-on choisir toujours celles qui y portent le plus ; mais ce n'est pas une perfection que d'y être tellement attaché qu'on les possède avec un esprit de propriété... Ce moyen doit aider l'âme à prendre son vol vers Dieu, et il doit être aussitôt mis de côté. »
Jean de la Croix, La Montée du Carmel (Paris, édit. du Seuil, 1947)

Thérèse Martin entra au Carmel de Lisieux. Elle prit pour nom de religieuse, *sœur Thérèse de l'Enfant Jésus et de la Sainte Face*….

Paul Claudel s'exclama devant le Linceul de Turin : « Plus qu'une image, c'est une présence ».

« Le Suaire (Linceul de Turin) n'est pas une donnée de foi. Chacun est libre de se former une opinion. L'Église appelle à vénérer un signe, une image, une icône qui, justement parce qu'elle ravive en nous la Passion et la mort du Christ, conserve sa valeur comme objet de piété et mérite donc le respect. La vénération catholique envers le Suaire (Linceul de Turin) n'est pas du tout déterminée par le problème de l'authentification.
Cardinal Giovanni Saldarini, Archevêque de Turin, gardien pontifical du suaire (Linceul de Turin), entretien au journal La Croix du dimanche 12 avril 1998.

Le 13 avril 1980 *Jean-Paul II* en voyant directement le Linceul de Turin l'a qualifié de « plus éclatante relique de la passion et de la résurrection. »

Le 24 mai 1998, à Turin, le pape *Jean-Paul II* qualifie le Linceul de « provocation à l'intelligence ». Il invite les scientifiques à continuer leurs travaux. Il indique que ce qui compte avant tout pour le croyant est que le linceul est « miroir de l'Évangile ».

Le pape ajoute : « Le Saint Suaire (Linceul de Turin), cette Icône du Christ abandonné dans la condition dramatique et solennelle de la mort, qui est depuis des siècles l'objet de représentations significatives, (…) nous exhorte à aller au cœur du mystère de la vie et de la mort pour découvrir le grand et consolant message qu'il renferme. »

Début septembre 2006 le Saint-Père *Benoît XVI* s'est rendu à Manoppello. En arrivant à Manoppello, le pape a dit : « Nous cherchons le visage du Seigneur. C'est le sens de ma visite. »

Benoît XVI rappelle d'ailleurs que la bonne attitude face au suaire (Voile de Manoppello) est de ne pas s'arrêter à l'image gravée sur la toile, mais de remonter par l'esprit et par le cœur vers la Personne que l'image rappelle.

Le 2 juin 2008, le pape *Benoît XVI* a annoncé une nouvelle ostension en 2010. Benoît XVI a parlé d'une « occasion propice pour contempler ce mystérieux Visage (Linceul de Turin), qui parle silencieusement au cœur des hommes, en les invitant à y reconnaître le visage de Dieu »

Préface

Foi et science ne s'opposent pas, a-t-on coutume de dire à juste titre, car elles n'ont pas le même objet. La foi cherche à comprendre pourquoi et à dire pourquoi, la science cherche à comprendre comment. Ainsi lorsque l'on a voulu faire dire à la Bible comment s'était déroulée la Création, les croyants s'y sont perdus et les non croyants ont douté davantage, car la Genèse est un récit spirituel.

Avec les linges sacrés, et notamment avec le Saint Suaire, dit Linceul de Turin, la science est un cadeau fait à la foi, mais comme tout cadeau il n'est pas indispensable. Les découvertes scientifiques faites autour de cet objet, véritables révélations, sont un clin d'œil pour notre époque scientiste et agnostique. Le langage de la science parle à nos contemporains, et c'est un peu comme si l'Évangile trouvait au travers du Linceul des accents de vérité et une légitimité.

Les linges sacrés sont au nombre de cinq. À ma connaissance, l'ouvrage de Pierre Milliez est le premier à les étudier simultanément avec tant de détails, les trois derniers chapitres étant particulièrement originaux et passionnants.

- La Tunique d'Argenteuil est le vêtement sans couture qu'aurait porté le Christ au moment de sa passion, dont il se serait revêtu après la flagellation et qui fut ensuite tiré au sort par ses bourreaux au pied de la Croix.
- Le Suaire d'Oviedo (ou Soudarion) est ce linge qui aurait servi à couvrir le visage du Christ de la descente de la Croix à la mise au tombeau.
- La Coiffe de Cahors est une sorte de bonnet, appelé Pathil selon la tradition juive, qui aurait recouvert le Christ mort, laissant le visage découvert (permettant d'y déposer un voile).
- Le Linceul de Turin est cette large et longue bande de tissu en lin sur lequel le Christ mort aurait été déposé et dans lequel il aurait été enveloppé à l'intérieur du tombeau.
- Le Voile de Manoppello ou Sainte Face est ce voile très léger

comportant sur les deux faces l'image d'un visage aux yeux ouverts, qui aurait servi à recouvrir le visage du Christ mort au tombeau.

Tous ces linges portent le nom de l'endroit où ils sont conservés. Le plus connu est de loin le Linceul de Turin. C'est d'ailleurs l'objet antique le plus étudié au monde. Il est saisissant de voir le nombre de chercheurs de différentes disciplines, de colloques, de livres, de revues ou de sociétés savantes qui se penchent sur son étude depuis 112 ans. Après la révélation du négatif de l'image, véritable positif du visage et du corps de l'Homme crucifié, par Secundo Pia en 1898, 70 livres et articles furent publiés entre 1898 et 1903 !

Aujourd'hui ce sont plusieurs milliers de travaux que lui consacrent des chimistes, des physiciens, des palynologues (étude des pollens), des archéologues, des historiens, des biologistes, des radiologues, des médecins et des chirurgiens…

Les techniques les plus sophistiquées de la science ont été, au fil des époques, mises en œuvre dans plusieurs buts :
- comprendre le parcours du Saint Suaire dans le temps et dans l'espace ;
- comprendre comment l'image a été formée ;
- établir son authenticité et démontrer que cela ne peut être un faux (et en quoi il se distingue des faux qui ont abondé à certaines époques).

La science peut, indépendamment de toute conviction spirituelle, mettre au service de la connaissance ses outils et sa méthode. La méthode scientifique n'est pas au service d'une thèse, elle doit chercher à démontrer l'hypothèse et à réfuter l'antithèse le plus objectivement possible par l'expérience et la mesure. Elle doit donc seulement établir les faits, puis les confronter, enfin les interpréter avec l'intelligence.

Toutes les données scientifiques disponibles convergent et sont concordantes dans leurs réponses aux trois questions initiales :
- c'est un linge qui date environ de l'an 30 de notre ère et provient de la région de Jérusalem ;
- l'image sur le linge n'a pas été faite de main d'homme ;

- la probabilité pour qu'il ait enveloppé le corps d'un homme ayant subi la passion décrite dans les Écritures est considérable.

Sur ce dernier point, il est évident qu'un faussaire du moyen âge (en supposant faux le second point !) ne pouvait avoir ni les connaissances physiologiques et anatomiques, ni les connaissances historiques pour reproduire l'ensemble des détails qui le composent.

Cette authenticité a pu être remise en cause par la fameuse datation au carbone 14. La méthode scientifique ne doit alors, lorsqu'un résultat n'est pas cohérent avec l'ensemble des autres résultats, ni l'occulter, ni lui donner plus de poids. La science doit se poser la question de la raison de cette discordance et en premier lieu éliminer les deux éventualités suivantes :
- soit le protocole n'a pas été respecté et n'a pas été rigoureux : c'est le cas ici car il y a eu vice de forme (poids des échantillons non convenable, endroits inadéquats de prélèvement sur la pièce, absence de mesure en double aveugle) ;
- soit la méthode n'est pas adaptée à l'objet ou à sa mesure : c'est aussi le cas ici (brûlures et incendies, contaminations liées au rapiéçage, vernis biogénique autour des fibres…).

Il faut donc poursuivre la recherche pour comprendre cette discordance et enrichir le faisceau d'arguments existants. Mais la recherche n'a pas pour but de convaincre, encore moins de convertir, elle a pour but d'éclairer notre esprit et de nourrir la foi du croyant.

En tant que médecin et chercheur, ce sont les constatations médicales, physiopathologiques et anatomiques qui me touchent le plus. Nombre de confrères ont mis au service de la Sindonologie (science du Linceul) leur compétence au point de nous faire revivre pas à pas chaque étape de la passion du Christ avec un réalisme bouleversant qui nous fait comprendre de façon éclatante à la fois sa souffrance et son amour pour nous. La coïncidence minutieuse entre les stigmates des supplices de Jésus imprimés sur le suaire et les pages des Évangiles a pu conduire à ce que le Linceul puisse être surnommé le cinquième évangile, véritable iconographie visible de la passion.

Pourtant, au même titre que les apparitions, les miracles ou les autres faits surnaturels de l'histoire spirituelle chrétienne, le Linceul de Turin n'appartient pas aux dogmes et n'est pas un élément constitutif de la foi. Au même titre que les icônes il peut être moyen de méditation ; de même que les reliques il peut être objet de vénération ; mais il ne peut être adoré. Cependant cette image est différente des autres représentations religieuses car ce n'est pas une reproduction mais le drap qui lui-même a peut-être accueilli le corps du Christ crucifié. Non seulement l'existence de ce linge et sa présence aujourd'hui est quasi miraculeuse mais la formation inexpliquée et énigmatique de l'image est peut-être le signe de la Résurrection… Face au mystère qui persiste l'acte de foi est alors posé.

De nombreuses recherches scientifiques complémentaires méritent d'être conduites autour des quatre autres linges sacrés. La superposition extraordinaire entre les données historiques, biologiques, polliniques… relatives aux quatre linges sont plus que troublantes, mais là encore la science ne fait que chercher, elle ne peut affirmer de façon infaillible, elle ne peut être la preuve. L'absence d'authenticité de ces linges ne retirerait rien à notre foi qui reste une liberté et un don. L'authenticité rendrait simplement encore plus proche sa présence réelle. La paix et la douceur qui émanent du visage de l'Homme du Linceul de Turin et du Voile de Manoppello, révélés au cours du siècle le plus déshumanisé des temps modernes, sont des signes qui interpellent.

Oui les linges sacrés, et en particulier le Linceul de Turin, sont des objets de recherche et ils doivent continuer à l'être pour tous, croyants et non croyants ; mais ce sont surtout des objets de contemplation qui nous montrent le Christ et peuvent nous conduire à Lui.

Docteur Jean-Michel Lecerf
Institut Pasteur de Lille

Introduction

Le titre de ce livre est la résurrection au risque de la science, car d'une part la résurrection résume la foi chrétienne, d'autre part la science est ce qui nous permet d'appréhender le monde qui nous entoure.

La résurrection résume la foi chrétienne car s'il y a résurrection, c'est qu'il y a eu mort avant. S'il y a eu mort avant c'est qu'il y a eu vie. Pour les Chrétiens la résurrection contient le mystère de la rédemption (commémoration lors de la fête de Pâques, première fête) et contient le mystère de l'incarnation (commémoration lors de la fête de Noël, deuxième fête).
La résurrection est spécifique à la foi chrétienne.

La spécificité de l'être humain est certes l'introspection, la capacité de se penser lui-même, de s'étudier lui-même ; mais aussi la capacité d'aller au-delà de lui-même, d'appréhender le monde qui l'entoure, d'étudier autre chose que lui-même. L'homme est un être pensant. Le « pensant » de l'homme atteint sa rigueur dans la science.

La résurrection passe-t-elle l'épreuve de la science ?
La science risque-t-elle de remettre en cause la foi ?

Le Dieu des Chrétiens est un Dieu d'amour.
Ce Dieu d'amour se manifeste dans le mystère trinitaire :
Trois personnes Père, Fils et Saint-Esprit en un seul Dieu.

Ce Dieu a créé l'homme et veut le rencontrer.
La Bible est le récit de la relation de Dieu avec les hommes.

Les évangiles nous racontent l'incarnation du Fils (qui est Dieu).
Le Verbe (qui est Dieu) s'est fait chair et il a habité parmi nous.
Les évangiles nous parlent de ce Jésus qui est pleinement Homme et pleinement Dieu.
Les évangiles nous relatent la passion, la mort et la résurrection de Jésus.

Quels sont les signes qui nous restent de cet évènement unique dans l'histoire de l'humanité ?

Cinq linges répartis en Italie, Espagne et France portent encore les traces de la passion, de la mort et de la résurrection du Jésus des évangiles. Ces linges abordés tour à tour dans cet ouvrage sont :
- la Tunique d'Argenteuil,
- le Suaire d'Oviedo,
- la Coiffe de Cahors,
- le Linceul de Turin,
- le Voile de Manoppello.

Nous verrons :
- la concordance des linges sacrés entre eux,
- la correspondance des icônes avec le Linceul de Turin et le Voile de Manoppello,
- la conformité des cinq linges avec le récit de la passion, de la mort et de la résurrection de Jésus dans la Bible.

SOMMAIRE

Préface	9
Introduction	13

1 Tunique d'Argenteuil — 21

1.1	Présentation générale	22
1.2	Données historiques	23
1.3	Caractéristiques de la Tunique	27
1.4	Formation de l'image	28
1.5	Description de l'image	29
1.6	Études complémentaires	30

2 Suaire d'Oviedo — 31

2.1	Présentation générale	32
2.2	Données historiques	33
2.3	Caractéristiques du Suaire	34
2.4	Formation de l'image	35
2.5	Description de l'image	35
2.6	Études complémentaires	36

3 Coiffe de Cahors — 37

3.1	Présentation générale	38
3.2	Données historiques	39
3.3	Caractéristiques de la Coiffe	43
3.4	Formation de l'image	46
3.5	Description de l'image	46
3.6	Études complémentaires	47

4 Linceul de Turin — 51

4.1	Présentation générale	53
4.2	Données historiques	53
	4.2.1 De Jérusalem à Antioche	53
	4.2.2 D'Antioche à Édesse	54
	4.2.3 D'Édesse à Constantinople	63
	4.2.4 De Constantinople à Lirey	70
	4.2.5 De Lirey à Turin	79

	4.2.6 Les autres linceuls	83
4.3	Caractéristiques du Linceul	85
	4.3.1 Datation	85
	4.3.2 Dimensions	89
	4.3.3 Matière	89
	4.3.4 Constitution du tissu	90
	4.3.5 Tissu exceptionnel	92
4.4	Formation de l'image	93
	4.4.1 Traces d'incendies	93
	4.4.2 Caractéristiques de l'image sanguine	96
	4.4.3 Caractéristiques de l'image Jaune sépia	99
	4.4.4 Formation de l'image jaune sépia	105
4.5	Études complémentaires	109
	4.5.1 Poussières	109
	4.5.2 Pollens et fleurs	109
	4.5.3 Monnaies	112
	4.5.4 Objet ovale sur le cou	114
	4.5.5 Inscriptions de lettres antiques	115
	4.5.6 Poissons	122
	4.5.7 Phylactère	123
	4.5.8 Objets de la passion	124
4.6	Image d'un corps mort	127
	4.6.1 Généralités	127
	4.6.2 Visage et nuque	130
	4.6.3 Membres supérieurs	133
	4.6.4 Membres inférieurs	136
	4.6.5 Tronc et dos	138
	4.6.6 Corps d'un homme mort	141
4.7	Image d'un corps revenant à la vie	145
	4.7.1 Étude chirurgien espagnol	145
	4.7.2 Formation de l'image jaune Sepia	156
	4.7.3 Corps en mouvement	162

5 Voile de Manoppello — 177

5.1	Présentation générale	178
5.2	Données historiques	179
5.3	Caractéristiques du Voile	187
5.4	Formation de l'image	189
5.5	Description de l'image	193
5.6	Études complémentaires	194

6 Concordance des Linges entre eux — 195

- 6.1 Tunique d'Argenteuil et Linceul de Turin — 195
- 6.2 Suaire d'Oviedo et Linceul de Turin — 197
- 6.3 Coiffe de Cahors et Linceul de Turin — 199
- 6.4 Voile de Manoppello et Linceul de Turin — 203
- 6.5 Conclusion des linges — 207

7 Sainte face du Seigneur — 209

- 7.1 Visage de Jésus dans la Bible — 209
- 7.2 Visage de Jésus sur le Linceul et le Voile — 211
- 7.3 Visage copié — 215

8 Mort et ensevelissement de Jésus — 229

- 8.1 Passion et mort de Jésus — 229
  - 8.1.1 Condamnation — 229
  - 8.1.2 Crucifiement — 237
  - 8.1.3 Mort — 241
- 8.2 Mort et ensevelissement de Jésus — 247
  - 8.2.1 Lieu de la mort de Jésus — 247
  - 8.2.2 Date de la mort de Jésus — 247
  - 8.2.3 Préparation pour l'ensevelissement — 257
- 8.3 Préparation à la Résurrection — 265
  - 8.3.1 Ré-animation ou Résurrection — 265
  - 8.3.2 Annonce de la résurrection de Jésus — 267
  - 8.3.3 Transfiguration — 269

9 Résurrection de Jésus — 271

- 9.1 Résurrection — 271
  - 9.1.1 Durée entre la mort et la Résurrection — 271
  - 9.1.2 Résurrection et effets sur les linges — 275
  - 9.1.3 Choix de l'agneau du sacrifice — 281
  - 9.1.4 Sens de la Résurrection de Jésus-Christ — 291
- 9.2 Caractéristiques du corps ressuscité — 297
  - 9.2.1 Les quatre dons — 297
  - 9.2.2 Don de force ou d'agilité — 301
  - 9.2.3 Don du corps spirituel ou de subtilité — 305
  - 9.2.4 Don de gloire ou de clarté — 309
  - 9.2.5 Don d'incorruptibilité ou d'impassibilité — 315

9.3	Témoignages	319
9.3.1	Témoignage de Jean	319
9.3.2	Crédibilité des témoins	323
9.3.3	Témoins de la résurrection	324
9.3.4	Reconnaissance de la divinité de Jésus	327

Épilogue 329

Écoute Israël 333

Annexe 1.1 : Tunique - Chronique Frédégaire 335

Annexe 1.2 : Tunique – Redécouverte 336

Annexe 1.3 : Tunique – Dévotions 337

Annexe 1.4 : Tunique – Datation carbone 14 340

Annexe 1.5 : Tunique – Donations 342

Annexe 2.1 : Suaire – Événements à Oviedo 343

Annexe 2.2 : Suaire – Professeur Villalain 344

Annexe 3.1 : Coiffe – Charlemagne 347

Annexe 3.2 : Coiffe – Vénération avant 1500 349

Annexe 3.3 : Coiffe – Prise de Cahors 351

Annexe 3.4 : Coiffe – Vénération après 1600 355

Annexe 3.5 : Coiffe - Études scientifiques 359

Annexe 3.6 : Coiffe - Description des taches 360

Annexe 4.1 : Linceul - Légende d'Abgar 363

Annexe 4.2 : Linceul - Épitaphe d'Abercius 369

Annexe 4.3 : Linceul - Hymne de la perle 374

Annexe 4.4 : Linceul - Période iconoclaste 377

Annexe 4.5 : Linceul – Constantinople 379

Annexe 4.6 Linceul - Lettre de Baudouin II   383
Annexe 4.7 : Linceul – Ostensions   388
Annexe 4.8 : Linceul - Maison de Savoie   389
Annexe 4.9 : Linceul de Compiègne   391
Annexe 4.10 : Linceul - Faux linceuls   395
Annexe 4.11 : Linceul - Fil de lin   398
Annexe 4.12 : Linceul - Images laser   399
Annexe 5 : Voile - Recherches d'un capucin   401
Annexe 8 : Anne-Catherine Emmerich   403
Bibliographie   405

1 Tunique d'Argenteuil

Tunique d'Argenteuil
(http://analogie.free.fr - license CopyLeft)

1.1 Présentation générale

La Tunique d'Argenteuil est une chemise sans couture. Elle est portée par Jésus pendant le chemin de croix. Au moment de la crucifixion de Jésus, les soldats tirent au sort cette Tunique.

Sur le plan historique, la Tunique est restée à Jérusalem et ses environs. Elle est ensuite emmenée à Constantinople, capitale de l'empire chrétien d'Orient. Vers l'an 800, l'impératrice Irène remet la précieuse relique[1] à Charlemagne. L'empereur la donne à sa fille, abbesse d'un prieuré à Argenteuil, près de Paris.

La caractéristique de cette Tunique est qu'elle est inconsutile[2], c'est-à-dire sans couture, d'une seule pièce. Sa matière en laine est tissée selon la coutume du premier siècle, torsadée en « Z ».

La formation de l'image sur la Tunique correspond au contact d'un corps ensanglanté qui a laissé du sang sur le linge.

La description de l'image montre du sang sur le dos, et de façon plus marquante sur les épaules. Une autre tache importante se trouve à l'endroit où une ceinture ou un cordon a arrêté le sang qui coulait des différentes plaies. Le sang appartient au groupe AB.

Les études complémentaires du tissu permettent de trouver des poussières et pollens.

---

[1] Reste du corps des saints ou objet leur ayant appartenu, et faisant l'objet d'un culte
[2] « Sans couture », décalque du latin inconsutilis traduction du grec agraphos

1.2 Données historiques

De Jérusalem à Argenteuil, via Constantinople

Jésus porte cette Tunique directement sur le corps. Jésus met en plus une Tunique de dessus[3].

Jean 19, 23-24 : « **[23]Quand les soldats eurent crucifié Jésus, ils prirent ses vêtements, dont ils firent quatre parts, une pour chaque soldat, et aussi sa tunique. Or la tunique était sans couture, toute d'un seul tissu depuis le haut (jusqu'en bas). [24]Ils se dirent donc les uns aux autres : « Ne la déchirons pas, mais tirons au sort à qui elle sera. » (C'était) pour que s'accomplît cette parole de l'Écriture : Ils se sont partagé mes vêtements, et ils ont tiré ma robe au sort. C'est ce que firent les soldats.** »

Les vêtements sont partagés par les bourreaux. La Tunique est tirée au sort et ainsi s'accomplissent les Écritures. Psaume 22, 19 : « **Ils se partagent mes vêtements, ils tirent au sort ma tunique.** »

Saint Pierre[4] est le probable dépositaire de la Tunique. Les persécutions le chassent de Jérusalem vers l'an 36. Il emmène avec lui la Tunique à Jaffa[5]. Il s'y réfugie chez Simon le corroyeur.

Trois historiens[6] racontent la découverte de la Tunique (**Annexe 1.1**). Le juif Simon, fils de Jacob, révèle dans les années 590 l'endroit où le Vêtement est caché, dans un coffre de marbre blanc à Jaffa. De nombreux évêques[7] portent à pied la Tunique jusqu'à la basilique du Saint-Sépulcre à Jérusalem distante d'une cinquantaine de kilomètres.

En 614 Chosroès II, roi des Perses, envahit la Palestine. La Tunique est transportée à la basilique des Saints-Archanges à Galata, près de Constantinople..

---

[3] Tunique ou Robe dite de Trèves
[4] Selon Caesar Baronius[4] (1538 – 1607), Pilate achète la Tunique au soldat romain qui l'a gagné au sort. Il revend ensuite la Tunique à des Chrétiens.
[5] Jaffa appelée aussi Joppé, port de la partie sud de l'ancienne Tel Aviv
[6] Grégoire de Tours (438-594) dans son « De gloria martyrum », Frédégaire, chroniqueur de l'époque mérovingienne en 660 dans sa « Chronologie », et Aimon dans son troisième livre de l'histoire de France
[7] Antioche, Jérusalem, Constantinople…

En 798, l'impératrice d'Orient, Irène (752 - 802) noue des relations diplomatiques avec Charlemagne et en l'an 800 lui donne la Tunique[8].

Lors de son retour en France avec la relique, Charlemagne s'arrête et séjourne quelque temps en Limousin. Dom Wyard[9] y relate de nombreux miracles grâce à la vertu de cette relique. Un enfant mort revient à la vie. Des personnes affligées de maladies incurables recouvrent la santé. Douze démoniaques sont délivrés. Huit malades, quinze paralytiques, quatorze boiteux, trente muets, cinquante-deux contrefaits, soixante-cinq malades d'écrouelles sont guéris.

Argenteuil
Donation par Charlemagne

Le 12 août de l'an 800, à une heure de l'après-midi, Charlemagne apporte la Tunique du Christ à sa fille Théodrade[10], abbesse de Notre-Dame de l'humilité d'Argenteuil. L'arrivée de la Tunique est saluée par les cloches qui sonnent à toute volée. En commémoration de la donation de la Tunique à Argenteuil, les cloches du prieuré sonneront chaque jour à 13h00 et ne s'arrêteront qu'avec la révolution.

Redécouverte de la Tunique

Sous le règne de Charles le Chauve[11], lors de l'invasion normande, les religieuses cachent la précieuse relique dans un mur pour la préserver des impies. En l'an 850, les Normands pillent et saccagent le hameau d'Argenteuil et la basilique Saint-Denis. Le monastère reste en ruine durant un siècle et demi.

En l'an 1003 l'épouse[12] d'Hugues Capet rétablit le monastère.

La Tunique semble perdue du IXe siècle jusqu'au milieu du XIIe siècle. Elle demeure cachée dans une muraille du monastère d'Argenteuil.

---

[8] Histoire de Navarre d'André Favin
[9] Né en 1639 à Etaples, bénédictin de Saint Maur, mort le 23 mai 1714 au monastère de Sainte Valérie sur Mer
[10] Fille issue de son mariage avec Fastrade sa troisième femme
[11] Né en 823, roi de 843 à sa mort en 877
[12] Adélaïde d'Aquitaine (mère de Dagobert II le Pieux)

Les moines de Saint-Denis arrivent en 1129 à l'abbaye. En 1156, ils entreprennent des travaux dans l'église abbatiale. À cette occasion la Tunique est retrouvée **(Annexe 1.2).**

Funeste projet
Au XIIIe siècle[13], Gaultier de Haute-Pierre, noble chevalier lorrain, vient au prieuré d'Argenteuil pour y admirer la Tunique. Il obtient l'autorisation du supérieur pour se recueillir devant la relique. Il veut alors dérober un morceau de la relique et charge un de ses pages de l'opération. Mais alors que ce dernier s'apprête à couper un morceau du vêtement, le chevalier devient enragé et il est pris de frénésie. Malade durant onze jours, il se confesse publiquement et avoue son funeste projet. Il succombe le onzième jour, le 26 septembre 1298. Il est inhumé dans l'église du prieuré selon son souhait.

Guerre de religion
En 1567 le prieuré d'Argenteuil est incendié par les huguenots et le bourg pillé. Le frère Jean Tessier, religieux et sacristain du prieuré, cache la Tunique. La châsse vide est dérobée par les émeutiers. Le curé, l'abbé Lucas, est pendu à sa fenêtre par les protestants. Par la suite, la Tunique est entreposée dans un reliquaire en bois. Après le pillage du monastère par les huguenots, Henri III rétablit l'église du monastère d'Argenteuil, et s'y rend lui-même, afin de se prosterner devant la Tunique.

Révolution
Sous la Révolution, le prieuré bénédictin est supprimé, et la relique remise à l'église paroissiale. Les bâtiments en partie ruinés sont vendus comme biens nationaux en 1792.

Le 18 novembre 1793, l'abbé Ozet (1749 - 1816), curé d'Argenteuil, enlève la Tunique de sa châsse. Il la coupe en plusieurs morceaux et les cache en partie dans son jardin et en partie chez des paroissiens fidèles. La châsse, offerte par la duchesse de Guise, est portée à la Monnaie pour y être fondue. L'abbé Ozet est incarcéré du 4 mars 1794 au 30 janvier 1795.

---
[13] D'après Dom Wyard (1638-1714) dans « Histoire de la Sainte Tunique d'Argenteuil »

Dès sa libération, l'abbé exhume le précieux trésor caché dans son jardin et chez des paroissiens. Quelques morceaux sont malheureusement égarés, mais le vêtement est recousu.

Événements depuis la Révolution

L'ancienne église d'Argenteuil, trop vétuste, est démolie. La basilique Saint Denis est construite. Le 5 juin 1865, la Tunique est transportée dans cette basilique d'Argenteuil.

Mgr Goux détecte la présence de sang sur la Tunique dès 1882, et le consigne dans son procès-verbal du 17 Juillet. L'analyse des textiles est faite par les Gobelins et l'étude hématologique par l'école de Pharmacie de Paris.

Le samedi 12 décembre 1983 à 15h40, jour de la fête de la Sainte Jeanne de Chantal, un séminariste en stage à Argenteuil se rend à l'église afin d'y jouer de l'orgue. Pénétrant dans cet édifice par la porte de côté, il remarque que celle-ci est fracturée. Il se précipite à la chapelle de la Tunique et constate que la relique a disparu.

Le 1er février 1984 dans la soirée, le curé se trouve au presbytère et s'apprête à sortir. Une personne, qui lui fait promettre de ne jamais révéler son nom, lui restitue la Tunique, parfaitement conservée.

Aujourd'hui cette relique de la Tunique se trouve à la basilique Saint Denis d'Argenteuil.

Dévotion

Les pèlerinages, processions, miracles se succèdent au fil des siècles (**Annexe 1.3**).

Études scientifiques

En 1892 et 1893, des études scientifiques sont entreprises par les manufactures nationales des Gobelins[14] et par des chimistes[15].

En 1931, l'abbé Parcot, licencié es sciences entreprend également des études scientifiques.

---

[14] MM Guignet et David
[15] MM Lafon et Roussel

En 1934 Gérard Cordonnier réalise des photos à l'infrarouge.

En 1998, le COSTA[16] réunit à Argenteuil, le 14 novembre, une table ronde avec des représentants[17] du CIELT[18], du CSST, du TSCC (USA), de l'EDICESES. Des spécialistes participent à cette rencontre, Madame Flury-Lemberg, experte suisse des tissus anciens, l'abbé Le Quéré, auteur d'un premier livre sur la Sainte Tunique d'Argenteuil.

Madame Sophie Desrosiers, spécialiste des textiles anciens, étudie le tissu en 2003.

Datation au carbone 14 (Annexe 1.4)

En 2004, les analyses, menées au Laboratoire des Mesures du Carbone 14 à Saclay, datent le tissage de la Tunique des VIe et VIIe siècles de notre ère (entre les années 530 et 650 ap. JC).

Mme Claire van Oosterwijck montre l'incapacité de la méthode du Carbone 14 à dater des tissus pollués comme cette relique. Elle réfute aussi la datation au carbone 14 du Linceul de Turin réalisée en 1988.

Donation de fragments (Annexe 1.5)

1.3 Caractéristiques de la Tunique

Caractéristiques

Le vêtement est droit, avec une encolure pour passer la tête, deux manches courtes retombant sur les côtés.

La Tunique d'Argenteuil est une tunique de dessous. Elle mesurait environ 148 cm (actuellement 122 cm) de hauteur pour une largeur sous les bras de 90 cm. Elle est cousue sur une étoffe de soie blanche. La Tunique d'Argenteuil est incomplète avec beaucoup de trous (morceaux de tissu disparus lors de la Révolution). Il manque toute la

---

[16] Comité pour la Sainte Tunique d'Argenteuil
[17] Messieurs Alonso et Marion
[18] Centre International d'Études sur le Linceul de Turin

bande inférieure, ainsi qu'une bande de 0,30 m sur 0, 70 m sur le devant.

Un examen de la Tunique indique qu'elle est bien à l'origine « inconsutile », c'est-à-dire sans couture, tissée d'un seul tenant, y compris les manches. Il s'agit d'un procédé de tissage particulier dont la technique ne s'est pas perdue en Orient.

L'étude réalisée[19] montre que les fibres de la Tunique sont en laine avec des fils d'une grosseur très régulière. Il s'agit d'un tissu souple et léger. Le tissage est uniforme et réalisé sur un métier à tisser primitif. Le résultat est remarquable pour un travail entièrement manuel.

Le Professeur Lucotte confirme les anciennes analyses des Gobelins. Les nouvelles recherches de Mme Bédat indiquent une résistance du tissu due au mode de tissage très ancien d'un fil en laine torsadé « en Z ». L'épaisseur du fil est celle d'un vêtement de dessous.

La coloration de la Tunique est réalisée avec une teinture de garance très utilisée dans l'Orient des premiers siècles. Le pourpre est réservé à la classe aisée. Pour fixer la teinture, le mordançage s'est fait à l'alun, connu depuis les temps immémoriaux, à Babylone déjà.

La fabrication et le procédé de coloration datent la Tunique à l'époque du Christ et la situent en Palestine.

1.4 Formation de l'image

Évangile de saint Marc 15, 20 : « **Après s'être moqués de lui, ils lui retirèrent la pourpre, lui remirent ses vêtements et le firent sortir pour qu'on le crucifiât.** »

La Tunique est le vêtement que le Christ porte, après la flagellation, tout au long du chemin du Calvaire, lors du portement de croix. Le sang du Christ et sa sueur ont donc imprégné le tissu.

---

[19] Manufactures nationales des Gobelins et de Beauvais

1.5 Description de l'image

Les taches de sang

Les nombreuses taches de sang sont observées dès 1882 par l'évêque de Versailles, en 1931 par le chanoine Parcot, puis plus par le chanoine Breton lors des photographies prises avec des projecteurs.

Des analyses chimiques prouvent qu'il s'agit bien de sang. On détecte des globules rouges inaltérés, des cristaux caractéristiques d'hémine obtenus à partir de l'hémoglobine du sang.

Sur les photos du dos de la Tunique, prises à l'infrarouge, on distingue une plaque de sang séché de 15 cm sur 15 cm, située à l'extrémité de l'omoplate gauche attribuée au portement de la croix.

Une série de cinq taches en chapelet correspond à la crête des vertèbres dorsales. Elle se prolonge en dessous de la ceinture par trois petites taches correspondant aux vertèbres lombaires et se termine par une grande tache à hauteur du sacrum.

Le professeur André Marion remarque que les taches de sang sur ce qu'on considère comme le dos de la Tunique, sont disposées en forme de croix. Elles correspondent par leur disposition au supplice du port de la croix qui précède la crucifixion.

Une autre tache importante de sang se trouve sur les reins de l'homme du Linceul. Il s'agit des flux de sang des plaies de la flagellation coagulés à l'endroit où une ceinture les a arrêtés.

En 1985, le Dr Saint Prix démontre que le sang de la Tunique est de groupe AB. Le groupe AB est rare dans les populations du monde, entre 1 et 10 % selon les régions.

Le professeur Lucotte, généticien, a fait un millier d'observations sur des hématies (globules rouges) parfaitement conservées sur la Tunique par du sel terrestre (NaCl) détecté sur la Tunique. Le diamètre moyen de ces hématies est de 6 microns environ, donc plus petit que la normale. Cette baisse de diamètre s'explique par une déshydratation au cours du temps, nouvelle preuve de l'ancienneté de la Tunique.

ADN

Le Professeur Lucotte indique que les hématies prélevées sur la Tunique n'ont pas de matériaux ADN.

En revanche, plusieurs cellules de peau, des cheveux, des pellicules, des globules blancs, prélevés sur la Tunique, contiennent de l'ADN humain. Le professeur a obtenu l'empreinte ADN (comme en médecine légale) de cet homme, d'après 15 marqueurs discriminants.

L'analyse chromosomique indique les certitudes suivantes :
- ADN humain,
- profils génétiques concernant un seul individu,
- marqueurs spécifiques avec présence du chromosome Y, marqueur de la masculinité,
- formules chromosomiques indiquant une correspondance avec un ADN sémite oriental non arabe (juif oriental).

Le professeur explique que l'homme a énormément souffert (analyse des hématies et spécialement des hématies déformées). L'homme était de sexe masculin et d'origine juive orientale.

1.6 Études complémentaires

Pollens

L'étude de la Tunique d'Argenteuil par le professeur Lucotte décèle la présence de 18 espèces de pollens, dont la plupart sont des plantes anciennes méridionales (palmier, de plante grasse). La présence notamment d'une espèce de Tamarix[20] et de Pistachier[21], plantes endémiques en Palestine, indique que cette Tunique y a séjournée.

Le professeur a trouvé des spores de rouille de graminée que l'on ne trouve en Palestine qu'en mars / avril, époque de la Pâque juive et de la Passion du Christ. La Tunique a donc séjourné en Palestine,

Poussières minérales

L'étude des poussières minérales par le Professeur Lucotte renseigne sur la région où la Tunique a été portée. Les minéraux identifiés indiquent un sol quasi désertique.

---

[20] Tamarix hampeana
[21] Pistacia palestina

2 Suaire d'Oviedo

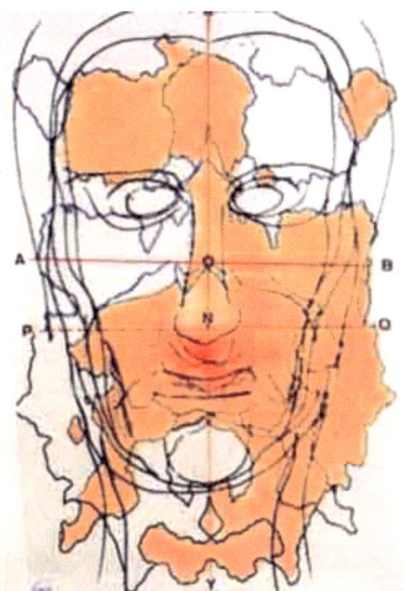

Suaire d'Oviedo
(http://anagogie.free.fr - license CopyLeft)

2.1 Présentation générale

Le Suaire d'Oviedo en Espagne est un linge de petite taille qui a servi à essuyer le visage de Jésus après sa mort.

Sur le plan historique, le Suaire est conservé à Jérusalem. Il quitte cette ville au début du VIIe siècle au moment où les Perses envahissent la Palestine. Après un périple par l'Afrique du Nord, le Suaire arrive en Espagne à Oviedo, devançant l'avancée des musulmans.

Le Suaire d'Oviedo mesure 83 sur 53 cm. Il est en lin, tissé selon la torsion dite « en Z »

La formation de l'image provient de l'utilisation de ce tissu pour essuyer le visage du Christ de la descente de croix à sa mise au tombeau. Il comporte de nombreuses traces de sang.

L'étude du linge permet de déterminer les souffrances de l'homme et l'origine de sa mort.

Les pollens étudiés sur le tissu attestent le parcours du Suaire entre Jérusalem et Oviedo.

2.2 Données historiques

De Jérusalem à Oviedo

Les reliques du Christ sont gardées par les apôtres dans un coffre de cèdre, appelé l' « Arca Santa » selon la tradition.

Vers 348, saint Cyrille de Jérusalem (315 - 387) affirme dans une homélie : « *tout ce que le Seigneur a souffert dans sa Passion, nous pouvons le voir sur ses linges mortuaires que nous conservons dans cette église (le Saint Sépulcre)* ».

Le roi des Perses, Chosroès II, envahit en 614 la Palestine. Avant la prise de Jérusalem, le coffre est emmené vers l'ouest[22]. Le prêtre Philippe est chargé de transporter l'Arca Santa à Alexandrie en Égypte. Mais en 616 les perses arrivent à Alexandrie. Philippe emporte alors l'arche à travers l'Afrique du Nord. Il traverse le détroit de Gibraltar.

A Carthagène en 616, « l'Arca Santa » est reçue par Fulgence, évêque d'Ecija. Saint Fulgence le remet à son frère saint Léandre, évêque de Séville dont le successeur sera son frère saint Isidore[23].

Saint Ildefonse, disciple de saint Isidore, devient évêque de Tolède. Il emporte les reliques et leur coffret pour les mettre à l'abri dans la capitale du royaume hispano-wisigothique. La présence de l'Arca Santa est attestée dans cette ville au début du VIIe siècle. Tolède est alors le siège de la principale église d'Espagne. La présence du coffre à Tolède en 636 est attestée par le concile de Braga de 679. Un coffre est réalisé en chêne pour remplacer l'ancien en cèdre.

Vers 812 - 814, pour fuir l'avancée musulmane, « l'Arca Santa » est transportée vers le nord, dans les Asturies, à Oviedo (**Annexe 2.1**).

Aujourd'hui le Suaire est conservé à la sacristie de la cathédrale d'Oviedo. Il est exposé au public le Vendredi saint et durant l'octave de la fête de la Sainte-Croix (du 14 au 21 septembre).

Études scientifiques

En 1965, les premières études sont réalisées à la demande de Mgr Giulio qui remarque des analogies avec le Linceul de Turin.

---

[22] Récit de Pélage, évêque d'Oviedo au XIIe siècle
[23] Grand érudit, né vers 560/570 et décédé en 636, auteur des Étymologies, importante encyclopédie sur le savoir antique

En 1978, le célèbre criminologue suisse, Max Frei, étudie les pollens prélevés et les compare avec les pollens du Linceul de Turin et de la Tunique d'Argenteuil.

En 1985, le Centre romain de Sindonologie[24] réalise une étude.

En 1989, le pape Jean-Paul II vient se recueillir sur le site.

En novembre 1989 et le 17 février 1990, le Centre espagnol de Sindonologie réalise des études.

En 1990, les laboratoires de Tucson et de Toronto réalisent une datation au carbone 14 qui donne une date entre 679 et 710 après Jésus-Christ (écart déjà constaté pour le Linceul de Turin et la Tunique d'Argenteuil mais cette datation n'est pas applicable à des linges pollués).

En 1991, les premières publications sont faites lors du congrès de Sindonologie de Cagliari.

En juin 1993, le Dr Carlo Goldini identifie le groupe sanguin AB identique à celui du Linceul et de la Tunique.

En octobre 1994 et Avril 2007, les deux premiers congrès scientifiques internationaux sont organisés sur le Suaire d'Oviedo.

2.3 Caractéristiques du Suaire

Le Suaire[25] d'Oviedo est une toile de lin de 83 x 53 cm.

Les fils du Suaire ont la même composition que ceux du Linceul et la grosseur des fibres est identique. Elles sont filées à la main, dans les deux cas et selon la torsion dite « en Z ». Mais le tissage est différent. La trame est en arête de poisson pour le Linceul de Turin, et orthogonale pour le Suaire d'Oviedo.

Le Suaire d'Oviedo se présente aujourd'hui cousu sur une toile de fond blanche. Le tout est présenté dans un cadre d'argent.

Les bords, sur deux centimètres de large, présentent des petits trous. Le linge fut en effet longtemps cloué avec des clous d'argent sur un encadrement de bois pour l'exposer. Il est ensuite cousu sur la toile de fond.

---

[24] Domaine de la science qui a pour objet l'étude du Linceul de Turin
[25] En grec soudarion

2.4 Formation de l'image

A l'époque l'usage du Suaire varie. Le visage du supplicié est recouvert pendant qu'on le cloue, ou lorsqu'il est en croix, ou seulement après sa mort.

Le Suaire d'Oviedo a servi à couvrir le visage du Christ de la descente de croix à la mise au tombeau. Il présente d'importantes traces de sang.

Après la mort de Jésus, le visage ensanglanté nécessite un Suaire pour recueillir le sang. Chez les Juifs, le sang est le principe de vie. Tous les objets tachés de sang doivent être mis avec le corps dans la sépulture.

2.5 Description de l'image

Sur le Suaire une dizaine de taches sont décelables. Elles correspondent parfaitement à celles du visage du Linceul de Turin. Quatre taches de liquide traversent la toile de lin. Ces auréoles symétriques sont dues au pliage en deux du Suaire d'Oviedo. L'analyse montre une déchirure de 5,5 cm sur le bord de la partie horizontale supérieure, de petites perforations et une série de gouttes de cire.

Les membres du groupe « EDICES » en Espagne, assistés par des membres du STURP, ont étudié le Suaire d'Oviedo. L'étude scientifique réalisée est aussi rigoureuse que celle de 1978 sur le Linceul de Turin.

La composition des taches indique que l'homme dont le visage a été recouvert par le linge, est mort crucifié. Les liquides se sont en grande partie écoulés du nez et de la bouche lorsque le corps fut descendu de la croix.

La disposition des taches montre que le Suaire a été enlevé puis replacé sur le visage à cinq reprises. Cinq groupes de taches, en dégradé, retracent les différentes étapes de la mise au tombeau.

Des expériences menées montrent que l'homme, au moment de la mort, était en position verticale pendant environ une heure. Sa tête était penchée avec un angle de 70 degrés vers l'avant et de 20 degrés vers la droite, ce qui est compatible avec une crucifixion.

Le cadavre est alors descendu et posé à plat. La tête est toujours penchée de 20 degrés vers la droite et de 115 degrés en avant. Le front repose sur une surface dure et est resté dans cette position environ une heure.

Le corps est plus tard déplacé tandis qu'une main masculine tente de supprimer le flux d'un liquide s'écoulant du nez (le sang et le sérum). Le corps est finalement couché sur le dos, tandis que le Suaire est enlevé.

On distingue sur le linge, de petits trous provoqués sans doute par des épines. Du vinaigre est sans doute responsable des altérations superficielles de la surface du linge.

Le Suaire présente de nombreux plis identifiables à la lumière rasante. Ces plis correspondent à ceux que l'on obtient en plaçant une serviette autour d'une tête.

Le docteur Villalain[26] identifie les taches comme du sang humain de groupe AB.

Le professeur a fait de nombreuses recherches en effectuant des simulations (**Annexe 2.2**).

2.6 Études complémentaires

Pollens

En 1979, Max Frei prélève des pollens sur le Suaire d'Oviedo. Il découvre les pollens de six plantes trouvés également sur le Linceul. Deux de ces pollens sont caractéristiques de la Palestine. D'autres pollens, qui ne se retrouvent pas sur le Linceul, correspondent à des plantes de l'Afrique du Nord. Aucun pollen de plantes propres à la Turquie où à l'Europe n'est trouvé sur le Suaire, alors qu'ils sont abondants sur le Linceul.

Les scientifiques espagnols Montero et Pintado répertorient trente types de pollens différents. Ces analyses attestent que le Suaire d'Oviedo provient bien du bassin méditerranéen.

L'analyse des pollens confirme le parcours historique du Suaire de Palestine en Espagne, via l'Afrique du Nord.

---

[26] Professeur émérite de médecine légale à l'université de Valence en Espagne

3 Coiffe de Cahors

**Coiffe de Cahors dans la chapelle Saint-Gausbert
Dans son reliquaire actuel de la fin du XIXe siècle
(Photographie de Pierre Milliez)**

3.1 Présentation générale

La coiffe est un linge mortuaire utilisé par les Juifs pour couvrir la tête du mort au moment de la mise au tombeau. Ce linge sert aussi de mentonnière. Il est appelé Pathil chez les hébreux.

Durant les premiers siècles la Coiffe est conservée à Jérusalem. La Coiffe est offerte à Charlemagne par le Calife Haroum-al-Raschid. Charlemagne lui-même la donne ensuite à Aymatus évêque de Cahors.

La Coiffe est constituée de huit doubles (huit coiffes), de texture différente. Les huit épaisseurs sont appliqués l'une sur l'autre et cousues ensembles. Elle possède les caractéristiques des suaires des premiers siècles (matière, forme, coupe, galon la bordant, coutures).

Le tissu comporte des marques de sang. Les taches de sang permettent de déterminer ce qu'a subi l'homme mis au tombeau.

Dans les temps anciens la Coiffe de Cahors est appelé Saint Suaire. Pour éviter toute confusion avec le Suaire d'Oviedo ou le Linceul de Turin, nous préférons l'appellation plus précise de Coiffe de Cahors.

3.2 Données historiques

Histoire de l'an 30 à l'an 1119

La Coiffe est posée sur la tête de Jésus lors de sa sépulture. Les disciples conservent la Coiffe à Jérusalem.

Aux premiers siècles, Cahors est une grande cité épiscopale gallo-romaine. Elle compte plus de trente mille habitants.

Pour les carolingiens le Quercy est une province importante. Pépin le Bref, accompagné de son fils Charles, y vient en 763 pour guerroyer contre le duc d'Aquitaine Waïffre.

Au VIIIe siècle, les Arabes multiplient les incursions et pillages dans le Lot et occupent Cahors jusqu'en 778. Charlemagne à son retour d'Espagne reprend Cahors[27].

Connaissant la piété et l'intérêt de Charlemagne pour les reliques, les monarques lui envoient de préférence des reliques. Le présent de la sainte Coiffe est fait à Charlemagne par le Calife Haroum-al-Raschid[28].

Richard de Wassebourg écrit en citant saint Annon[29] qu'en l'an 800, Aaron, roi et amiral de Perse, envoie des ambassadeurs à Charlemagne avec des reliques dont le suaire de Jésus (**Annexe 3.1**).

Les chroniques de Saint-Denis[30] sur les Gestes de Charlemagne relatent qu'on lui a apporté de Jérusalem et de Constantinople, de saintes reliques dont le suaire (**Annexe 3.1**).

Marc-Antoine Dominicy[31] relate que de son temps il y avait dans l'abbaye de Conques une vieille chronique commençant aux premières années du règne de Charlemagne et finissant en 1244. D'après ce manuscrit, Charlemagne aurait reçu de Constantinople plusieurs reliques, entre autres des épines de la couronne du Christ, un des clous du crucifiement, un fragment de la Croix et le Suaire de Notre-Seigneur. Un astérisque renvoyait vers la marge aux mots antiques latins en lettres majuscules suivants[32] : « Qui fut donné ensuite à l'église de Cahors ».

---

[27] Chronique de Saint-Mihiel, du diocèse de Verdun
[28] Cinquième calife abbasside (766 - 809) – Hârûn al-Rachîd ben Muhammad ben al-Mansûr – Avec Hârûn pour « Aaron » et rachîd pour « le droit »
[29] Archevêque de Cologne en 1055
[30] Dom Bouquet, Recueil Des historiens des Gaules
[31] Abbé de Fouilhac et historien du XVIIe dans « De sudario cap. Christi »
[32] « Quod post ecclesioe Carduci concessit »

« En possession de tant d'objets précieux, ce grand prince se plut à en faire don à diverses églises de son empire. Il est certain qu'il fut obligé de venir plusieurs fois dans l'Aquitaine pour faire la guerre aux Sarrasins d'Espagne et qu'il favorisa particulièrement le Quercy, qui avait beaucoup souffert de l'invasion de ces barbares…. »[33]

En 803, Charlemagne donne la Sainte Coiffe à Ayma évêque de Cahors de 790 à 804. Il confie à Saint Namphaise[34] la donation de la Coiffe. C'est l'hypothèse retenue par la plupart des historiens. Un tableau de M. Calmon évoque l'évènement dans la chapelle du Saint Suaire de Cahors.

Histoire de 1119 à 1500

En 1119, le Pape Calixte II tient un concile à Toulouse. Il se rend ensuite à Cahors, dont Guillaume III de Caumont[35] est évêque. Il y consacre l'autel de la Coiffe situé dans la chapelle Saint Pierre.

La Coiffe est vénérée lors des pèlerinages, dans les offices du Suaire de Cahors dans les missels. Dès 1360 l'ostension de la Coiffe durant les deux jours de Pentecôte du haut de l'ambon[36] (**Annexe 3.2**).

Histoire de 1500 à 1600, Prise de Cahors par les protestants

Le 29 mai 1580, suite à une trahison, les protestants occupent Cahors et livrent la ville au pillage. La cathédrale est saccagée avec tout ce qu'elle contient d'autels, vases sacrés, statues, reliques.

Malheureusement les archives du chapitre de la cathédrale, avec les titres de la Coiffe, sont incendiées par les protestants. Le cartulaire est également brûlé à cette époque. Le cartulaire contenait les annales des prodiges fleurissant autour de la Coiffe. Dominicy connaissait son existence par le témoignage de plusieurs personnes respectables qui avaient vu le livre avant sa destruction.

La Coiffe échappe de justesse à la destruction (**Annexe 3.3**).

---

[33] Notice historique du chanoine Montaigne
[34] Parent et Paladin de Charlemagne
[35] Ou Calmon d'Olt
[36] Petite tribune placée latéralement à la clôture du chœur, utilisée pour les lectures du rituel de la messe et pour la prédication. (Remplacée par Jubé et chaire à prêcher)

Meuble reliquaire qui contenait   **Reliquaire en argent qui contenait**
la châsse de la Coiffe jusqu'en 1580   **la Coiffe à partir de 1585**

Autel consacré en 1119 par le pape Calixte II
(Photos de Pierre Milliez autorisation marquis Guy de Braquilanges)

Histoire postérieure à 1600

En 1653, la peste ravage le Quercy et quelques cas sont signalés dans le faubourg de Saint-Georges. L'évêque[37] de Cahors, ordonne des jeûnes, des prières et une procession générale à travers places et rues, lors de laquelle on porte la Coiffe de Notre-Seigneur. Le fléau s'arrête.

En 1712, l'évêque de Cahors[38] est gravement malade, en danger de mort. L'évêque de Montauban[39], accourt alors. Les vœux et les prières réalisés à la chapelle de la Coiffe sauvent le malade….

En 1733, Monseigneur Henri de Briqueville de la Luzerne consacre un nouvel autel à la Coiffe. Les pèlerinages fervents durent jusqu'à la révolution française, tous les 8 février, jour anniversaire de l'expulsion des armées protestantes, les 30 juillet, en mémoire de la délivrance de la peste de 1653, et les 15 août car selon la tradition Marie a tissé elle-même cette Coiffe pour son fils.

En 1790 les archives périssent dans la tourmente révolutionnaire. En 1790 l'inventaire du chapitre cathédral mentionne la châsse en argent décorée de putti. Sur une boîte en bois sont cloutées des plaques d'argent repoussé et ciselé, avec des colonnes à chapiteaux corinthiens.

En 1793, M. Danglars, évêque constitutionnel du Lot, apprend qu'on doit brûler la Coiffe. Il la dérobe lui-même de sa châsse en argent datant de 1585, et ne la rend qu'au retour de la paix religieuse.

La Coiffe continue d'être honorée au fil des siècles (**Annexe 3.4**)

Vers 1960 la Coiffe cesse d'être présentée au public par l'évêque comme il était de tradition aux fêtes de Pentecôte.

La Coiffe est conservée ensuite dans la chapelle saint Gausbert. donnant sur le cloître de la cathédrale Saint Etienne de Cahors. Elle a été placée en haut de l'autel principal à partir de 2015

Études scientifiques historiques

Les taches de sang de la Coiffe sont examinées avec soin en 1839 avec la chimie de l'époque et font l'objet d'un procès-verbal déposé aux archives du Chapitre **(Annexe 3.5)**.

---

[37] Bienheureux Alain de Solminihac
[38] Henri de Briqueville de la Luzerne
[39] François de Vaubecourt

3.3 Caractéristiques de la Coiffe

Forme

Une première enquête de 1640 compare la Coiffe avec d'anciennes médailles. Elle correspond parfaitement au « pathil » dont les Juifs couvrent la tête de leurs morts, avec ces deux mêmes bandes attachées sous le menton.

La Coiffe est unique dans sa confection. Sa singularité plaide en faveur de son authenticité, authenticité qui n'a d'ailleurs, jamais été contestée.

« La Sainte-Coiffe a la forme d'un serre-tête d'homme. Elle devait couvrir la tête de Notre-Seigneur, depuis le front jusqu'à la nuque, s'allonger sur les tempes et être attachée sous le menton »[40].

La Coiffe couvre la tête du front à la nuque et ne laisse à découvert que le visage, depuis le milieu du front jusqu'au menton. Elle fait office de mentonnière.

La Coiffe comportait deux pans d'étoffe qui recouvraient de chaque côté les oreilles et les joues, mais en laissant la nuque dégagée. Chacun de ces pans se terminait par un arrondi.

On aperçoit encore à l'extrémité gauche le petit bouton auquel venait s'attacher, en dessous du menton, la boutonnière en ganse de l'extrémité droite. La boutonnière a disparu depuis le siècle dernier. Cette disposition aidait à maintenir fermée la bouche du mort.

Dimension

La Coiffe mesure 22 centimètres de haut. La Coiffe a de chaque côté des tempes sept pouces de large (18,9 cm), et, depuis le front jusqu'à l'extrémité des bouts qui s'allongent sous le menton dix pouces et demi de long (28,4 cm). Elle a onze pouces (29,8 cm) depuis le front jusqu'à la nuque, et huit (21,7 cm) depuis la nuque jusqu'à l'extrémité des bouts qui s'allongent sous le menton. Le contour de l'ouverture en son entier, en suivant les bords, est de trente-sept pouces (100,2 cm).

Un pouce équivaut à 2,707 cm.

Une ligne équivaut à 2,707/12, soit 2,256 mm.

---

[40] Chanoine Montaigne, historien du XIXe siècle, dans sa notice historique sur la Coiffe

Couleur

« *La couleur de la Sainte-Coiffe se rapporte à celle d'une soie écrue, usée et fort maniée.* »[41]

« *Ce saint linge, a perdu avec le temps sa couleur naturelle ; il est maintenant d'un gris tirant sur le jaune, ou pour mieux dire de la couleur d'un linge enfumé... Les aromates, que l'on a mis sur la tête de Jésus-Christ, peuvent aussi avoir beaucoup contribué à lui faire changer de couleur.* »[42]

« *Pour nous, nous appellerons cette couleur d'un blanc sale, enfumé par le temps* »[43].

Composition[44]

« *Ainsi la Sainte-Coiffe se compose de huit doubles ; ou, si l'on veut, de huit coiffes l'une sur l'autre, cousues ensemble avec un fil assez gros. Les doubles sont d'un seul morceau, en sorte qu'il n'y a que huit pièces.*

La première pièce à l'extérieur et la huitième à l'intérieur sont en crêpe-lis, et d'une telle finesse qu'on peut les comparer à une toile d'araignée. Les autres pièces sont d'un tissu moins fin ; mais la deuxième et la septième sont plus fines que la troisième et la sixième, et celles-ci plus que la quatrième et la cinquième qui sont au milieu.

Quoique les huit doubles soient d'un seul morceau, il y a cependant une couture ; mais seulement depuis le milieu de la tête jusqu'à la nuque ; le reste n'en a pas. Pour donner à la Sainte-Coiffe une forme convenable à sa destination, il fut nécessaire de la découper, et par conséquent de faire sur le derrière une couture qui l'adaptât bien juste à la tête.

La couture a sept pouces de long et est recouverte à l'intérieur d'une petite ganse plate d'une ligne et demie de large, pour consolider

---

[41] Guyon de Maleville, historien du XVIIe, dans chroniques du Quercy
[42] Dom Bruno Malvesin, historien du XVIIIe
[43] Chanoine Montaigne, historien du XIXe siècle, dans sa notice historique sur la Coiffe
[44] Ibid

la couture. La ganse se prolonge jusqu'au bord sur le front, et est entourée d'un point en chaînette.

A l'extérieur, la couture est formée de deux rangées de points en chaînette ; elle était aussi recouverte d'une ganse, qu'on voyait encore en 1708 d'après Dom Bruno. Cette ganse se prolongeait jusqu'à la bordure par-devant, et devait avoir douze pouces de long, comme celle de dedans. Il n'y en a plus qu'un morceau d'un pouce et demi vers la nuque. Le reste a disparu.

La bordure tout à l'entour est formée de la même ganse et de deux rangées de piqûres.

Au bout, du côté gauche, il y a un petit bouton en dehors ; et du côté droit il y avait une bride en forme de boutonnière, ce qui servait pour attacher la Sainte-Coiffe sous le menton.

La bride qui, d'après Dom Bruno, était de ganse, a été enlevée.

On a employé partout la même ganse et le même fil. Ils sont de même couleur et de même matière que la Sainte-Coiffe. »

Tissu

« *L'étoffe est inconnue, voire la matière, ne pouvant ceux qui l'ont curieusement reconnue, juger que ce soit lin, coton ou soie, et tiennent que c'est quelque espèce de lin égyptiaque.* »[45]

« *C'est en effet du lin égyptiaque ; il n'y a plus lieu d'en douter, d'après le témoignage d'un homme expérimenté, feu M. Champollion jeune, qui jadis examina la Sainte-Coiffe avec beaucoup d'attention, reconnut parfaitement la matière dont elle est composée, et déclara que c'était de fin lin d'Égypte.* »[46]

La Coiffe possède tous les caractères des linges mortuaires du premier siècle de notre ère : matière, forme, coupe, soutache qui la borde encore, coutures.

---

[45] Malville au XVIIème siècle
[46] Montaigne dans sa notice historique

3.4 Formation de l'image

L'image sur le tissu s'est formée au moment de l'ensevelissement de Jésus. Les disciples couvrent la tête de Jésus après sa mort avec la Coiffe qui sert à maintenir le menton et donc la bouche fermée.

C'est à ce moment-là que la Coiffe fut marquée de traces de sang.

3.5 Description de l'image

Il reste sur ce linge plusieurs taches. À l'examen au microscope, ces taches sont des taches de sang. L'analyse chimique[47] confirme qu'il s'agit de taches de sang.

Sur les photographies une grande tache de sang est visible à l'intérieur de la Coiffe et perce à l'extérieur au niveau du bas de la joue droite, correspondant à l'arrachement de la barbe sur le Linceul de Turin. Une blessure est également visible au niveau de l'arcade sourcilière gauche en correspondance à la blessure sur le Linceul. Deux taches de sang très proches se trouvent dans le bas de la nuque à gauche en correspondance avec les blessures des épines sur le Linceul.

De nombreuses empreintes de sang plus petites sont visibles représentant les blessures infligées par une couronne d'épines.

Des taches de sang, situées sur les côtés intérieurs de la Coiffe complètent celles qui sont visibles sur le front et la nuque de l'homme du Linceul. Elles dessinent ainsi le tracé complet d'une couronne de blessures provoquées par des épines.

« Ces taches, d'une si grande étendue et en si grand nombre, prouvent d'une manière irréfutable que la Sainte-Coiffe a été placée sur la tête adorable du Sauveur immédiatement après qu'elle fut lavée et avant qu'on procédât à l'embaumement. En effet le premier phénomène produit par l'application des matières qui furent employées est la coagulation du sang... »[48]

---

[47] P. V. du 8 mars 1839 signé par MM. Lacombe, médecin, et Lacombe, pharmacien ; Montaigne, Floras et Dommergues, chanoines

[48] M. Bourrières dans Histoire de St Amadour et de Ste Véronique, publiée par la revue religieuse de Cahors et de Rocamadour

La Sainte-Coiffe porte des traces sanglantes que l'on peut attribuer pour dix taches à la couronne d'épines et pour trois taches à la joue droite endommagée et à l'arrachage de la partie droite de la barbe et de la moustache (**Annexe 3.6**).

3.6 Études complémentaires

La Coiffe a la forme et les dimensions d'un bonnet laissant le visage à découvert et muni de deux pans destinés à la fermer sous le menton. Ce dispositif explique pourquoi la barbe paraît comme poussée en avant sur l'image tridimensionnelle du Linceul de Turin.

Notons qu'aucune église au monde ne prétend posséder la Coiffe à part la cathédrale de Cahors.

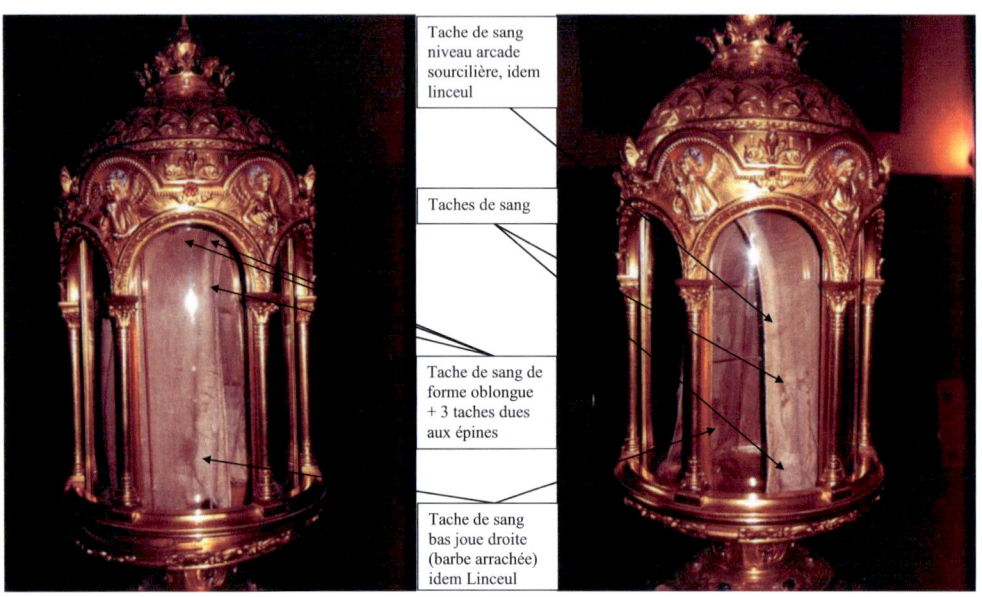

**Coiffe de Cahors avec les taches de sang
Partie droite extérieure et gauche extérieure droite intérieure
(Photographies de Pierre Milliez)**

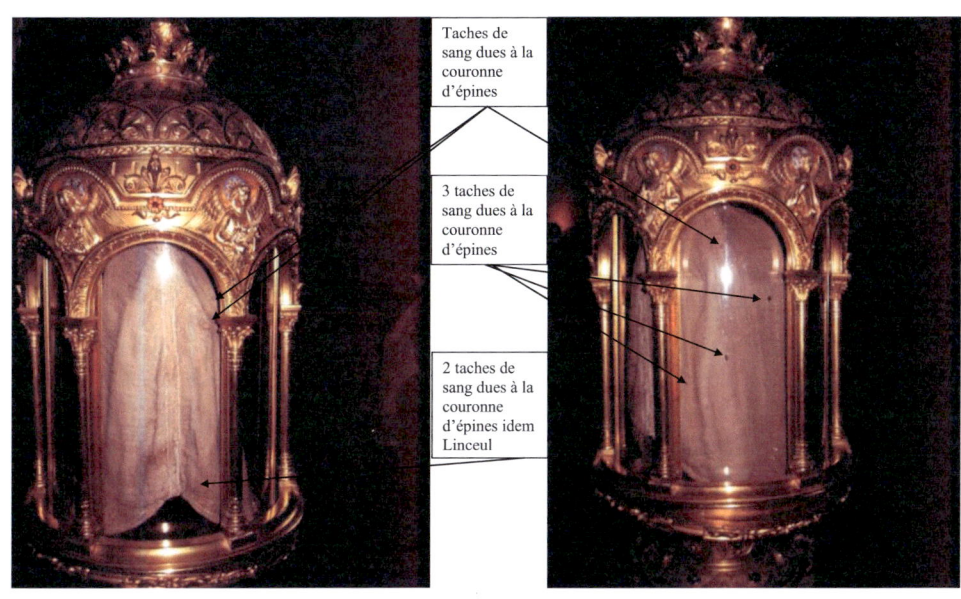

Coiffe de Cahors avec les taches de sang
Partie arrière   Partie arrière droite
(Photographies de Pierre Milliez)

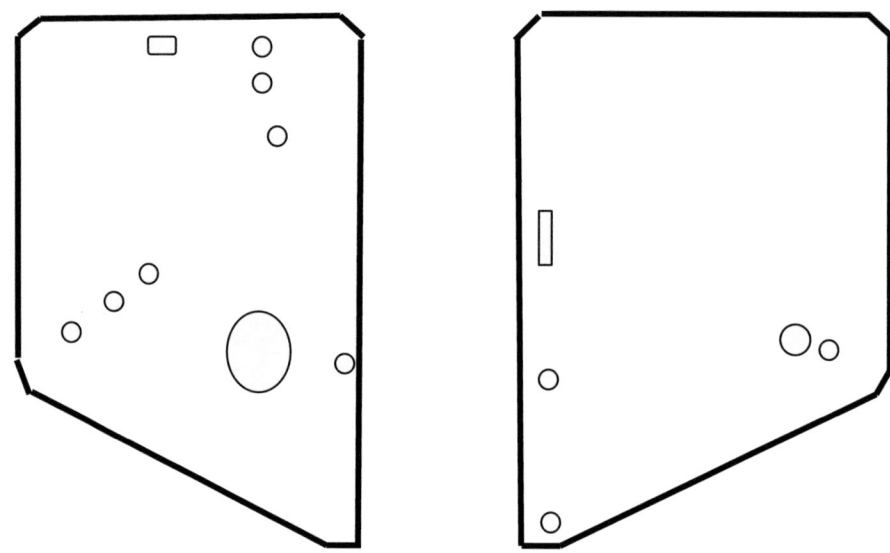

**Coiffe de Cahors avec les taches de sang
partie droite   partie gauche
(dessin de Pierre Milliez d'après le récit de l'abbé Justin Gary)**

4 Linceul de Turin

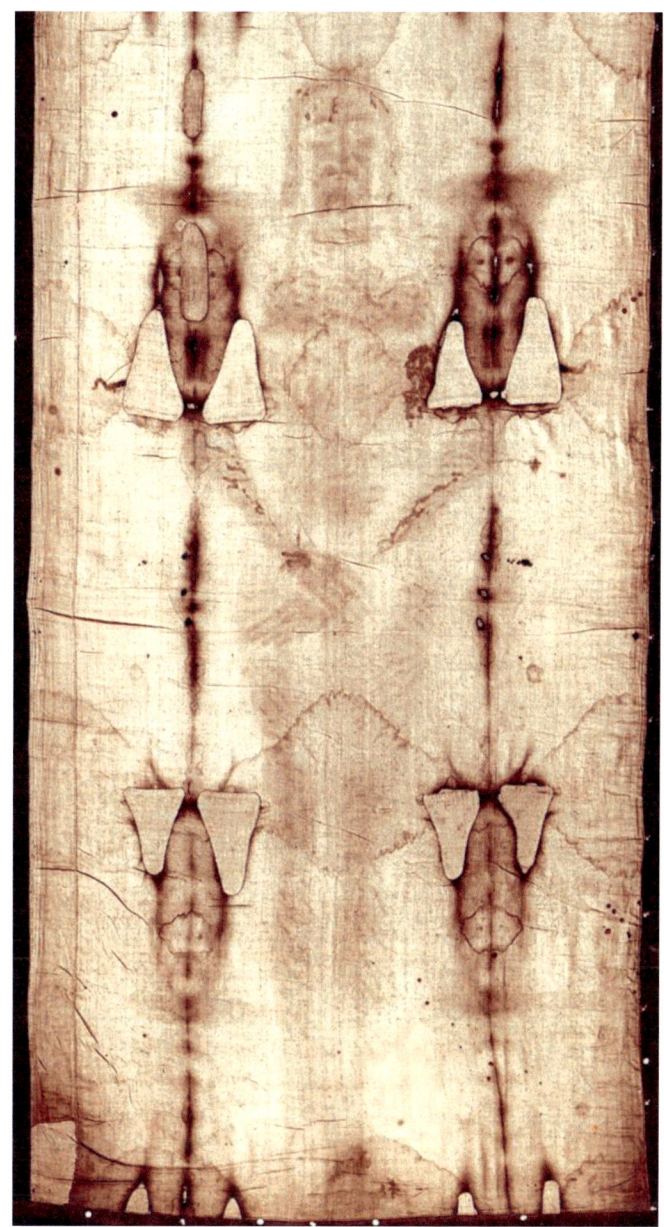

**Linceul de Turin Photographie de Giuseppe Enrie en 1931
(Origine photo http://commons.wikimédia.org)**

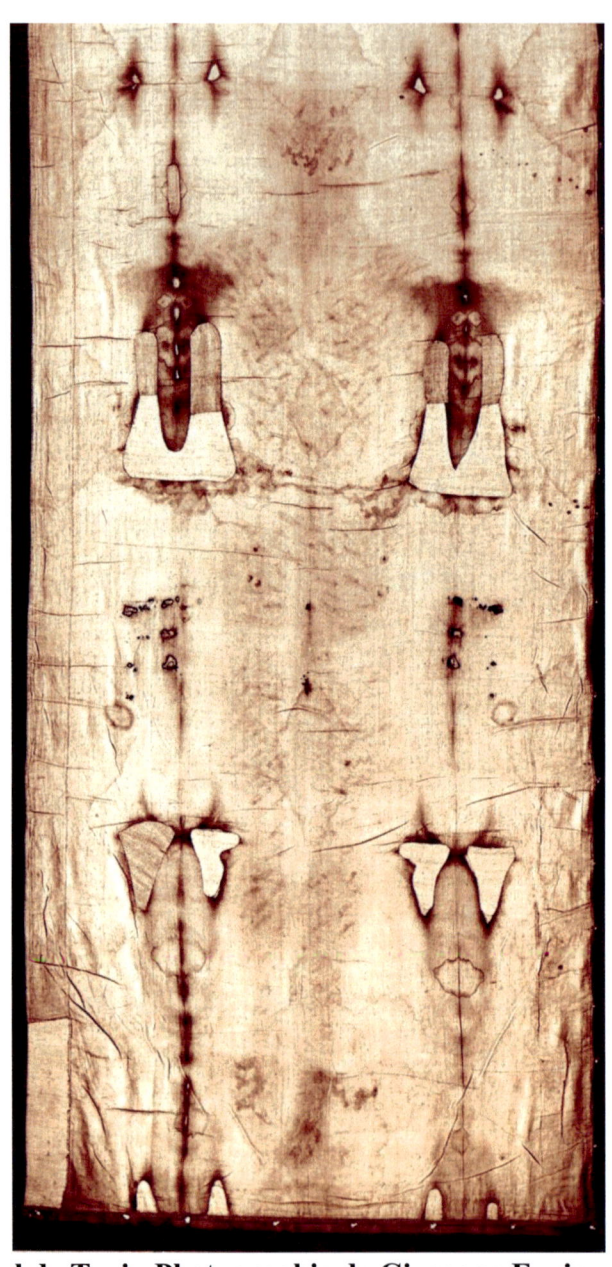

**Linceul de Turin Photographie de Giuseppe Enrie en 1931
(Origine photo http://commons.wikimédia.org)**

4.1 Présentation générale

Le Linceul de Turin en Italie a enveloppé le corps de Jésus-Christ après sa mort.

Les apôtres conservent le Linceul à Jérusalem après la Résurrection. Pierre part à Antioche avec le Linceul. Il contribue à l'évangélisation du roi Abgar le Grand d'Édesse. Ensuite le Linceul est arrivé à Constantinople. Le Linceul est remis à Saint Louis par Baudouin II. Le roi Philippe VI le donne à Geoffroy de Charny, qui le remet à ses chanoines de Lirey. La maison de Savoie en « hérite » et l'amène à Turin.

Les caractéristiques du Linceul indiquent les dimensions, la matière, le type de tissu.

La formation d'une partie de l'image visible sur le Linceul est due à des incendies, à des traces d'eau consécutives aux incendies, à des taches de sang issues du corps enveloppé. La formation de l'image du corps a des caractéristiques uniques que l'on ne retrouve sur aucune autre image. La formation de l'image serait due à un rayonnement électromagnétique, une émission de lumière à partir du corps.

L'analyse de l'image du corps permet de déterminer ce qu'a vécu cet homme à la fin de sa vie. L'homme enveloppé dans le Linceul est bien mort. Les taches de sang sont de groupe sanguin AB.

Les études découvrent : poussières, des pollens, des fleurs, des monnaies, un objet ovale sur le cou, des inscriptions de lettres antiques, deux poissons, un phylactère, des objets de la passion.

4.2 Données historiques
4.2.1 De Jérusalem à Antioche

Jérusalem

Les linges sont conservés par les apôtres et les disciples dans la discrétion absolue. Les lois hébraïques considèrent que posséder un linge mortuaire constitue un délit « d'impureté légale » sévèrement puni. Mais pour les disciples, tout à la fois juifs et chrétiens, après la Résurrection, le Christ n'est plus mort ! Il est le Vivant !

Les Judéo-chrétiens en fuite, suite aux persécutions juives et romaines, quittent la Judée pour la Syrie en emmenant le Linceul.

Antioche
En 34 après Jésus Christ, les Apôtres Paul et Barnabé arrivent à Antioche et y propagent le Christianisme (Actes des apôtres 11, 19-26).

Paul dit dans Galates 2, 11 : « **Mais quand Céphas (Pierre) vint à Antioche, je lui résistai en face, parce qu'il se trouvait avoir tort.** »

Antioche est très tôt le siège d'un des patriarcats chrétiens d'Orient se réclamant de l'apostolat de Pierre. La tradition considère que Pierre est le premier évêque de la ville. Selon la légende dorée, Pierre est nommé évêque d'Antioche après avoir converti son prince en ressuscitant son fils mort depuis quatorze ans.

Au IVe siècle, l'Évêque d'Alexandrie[49] affirme que l'on a la trace d'une Icône de Christ sacrée à Jérusalem et qu'en l'an 68 elle est alors présente en Syrie.

4.2.2 D'Antioche à Édesse
Date de l'évangélisation
Édesse[50] est le premier royaume à devenir chrétien, à la fin du IIe siècle, sous Abgar IX. En l'an 201, une église restaurée suite à une inondation y est désignée comme « l'ancienne église ».

La date d'une mission d'évangélisation du pape Eleuthère à Édesse peut être estimée entre 180 et 192 (d'après les périodes de persécutions). Cette mission s'est servie du Linceul.

En effet, le long siècle de persécution de la première Église de Rome continue au cours du règne de Marcus Aurelius. Son fils Commodus arrive au pouvoir en 180 et suspend les persécutions pendant la papauté d'Eleuthère. Commodus institue un règne tolérant et permet 13 ans de paix pour l'Église. Mais Commodus est assassiné le 31 décembre 192 et une lutte de pouvoir politique s'ensuit.

---

[49] Athanasius, à peu près 328-373
[50] Petit royaume Osroène semi-indépendant de 132 av. J.-C. à 216 apr. J.-C

Six mois plus tard, un empereur antichrétien, Septimius Severus gouverne l'Empire pour une durée de dix-huit ans.

C'est donc seulement sous Commodus qu'une mission papale peut se rendre à Édesse sans risque et s'achever avec succès. La conversion d'Abgar le Grand est confirmée par une pièce de monnaie d'Édesse. Elle représente d'un côté Abgar le Grand avec un diadème décoré de boules formant une croix, et de l'autre Commodus.

Suite à l'arrivée au pouvoir de Septimius Severus en 193, Abgar a promptement neutralisé les images chrétiennes de sa monnaie, y substituant un groupe d'étoiles et un croissant de lune.

Un texte médiéval, connu comme Gesta Pontificum Romanorum, explique comment l'évangélisation d'Édesse s'est réalisée. Ce document contient des biographies papales, des décisions légales et liturgiques et des informations touchant aux donations, aux ordinations et aux fondations d'églises. Son édition initiale peut avoir été complétée au milieu du IIIe siècle et la partie qui mentionne la correspondance d'Abgar à Eleuthère est certainement existante en 530.

Un autre texte[51] médiéval du VIe siècle relate que le Pape Eleuthère[52] reçoit une lettre du Roi britannique Lucius (Britannio rege Lucio). Il lui demande de le préparer à devenir chrétien. En 731, le vénérable Bede renouvelle cette précision.

Les trois sources « Gesta Pontificum Romanorum », « le Liber Pontificalis » et « l'Histoire de l'Église anglaise » de Bede, fournissent la justification historique de la réception par le Pape Eleuthère de la correspondance d'Abgar le Grand qui demande qu'un émissaire soit envoyé à Édesse pour qu'il puisse recevoir le baptême dans la foi Chrétienne.

Plus loin le texte rapporte l'accord d'Eleuthère en l'an 166[53] avec la demande de baptême du roi et que celui-ci serait bientôt effectué.

« *En 166 CE, quand M Antonius Verus, 14e Auguste, a commencé à régner avec son frère Aur. Commodus, Lucius, le roi des Britanniques, a envoyé une lettre à Eleutherus, le chef de l'église romaine, demandant pour être fait Chrétien par son intermédiaire. Ceci fut bientôt réalisé. Et*

---

[51] Liber Pontificalis
[52] Pape d'environ 174 à 189
[53] Problème de date car Éleuthère est pape de l'an 174 à l'an 189

les Britanniques ont observé leur nouvelle foi inviolée et entière, tranquillement dans la paix, jusqu'au règne de Diocletian. »

Le Liber Pontificalis fait référence au Britio Edessenorum, la citadelle d'Édesse. Il parle du Roi Lucius ÆLius Septimius Megas Abgarus VIII d'Édesse, connu sous le nom d'Abgar le Grand. Il ne peut donc s'agir de la Grande-Bretagne qui était au second siècle sous l'autorité romaine et qui n'avait aucun roi.

La chronologie historique de la fin du second siècle démontre bien les deux faits politiques suivants. Eleuthère envoie une mission à Édesse pendant la période définie par le commencement du règne de Commodus en 180 et avant sa propre mort en 189. Abgar n'a pas été baptisé après que Septimius Severus soit devenu l'Empereur en 193.

La plupart des historiens modernes reconnaissent qu'Édesse est évangélisé durant le règne d'Abgar le Grand. Au IIe siècle, une communauté chrétienne existe dans Édesse.

Discipline du secret

En l'an 202 l'empereur Septimius Severus publie un décret impérial interdisant les conversions au Christianisme et au Judaïsme. Ce décret est à l'origine de l'utilisation de la discipline du secret pour les textes sur la conversion d'Édesse et de son roi.

Cette pratique consiste à parler des principes chrétiens en employant un langage codé. Des symboles, des métaphores et des allégories sont utilisés pour donner un message compréhensible seulement par les initiés de la foi chrétienne. Deux lectures sont possibles, par le païen ou par le chrétien.

Le codage, appelé discipline dans l'antiquité classique, se trouve sur des inscriptions monumentales et dans des écritures théologiques. Les archéologues ont depuis longtemps reconnu que des inscriptions chrétiennes datant de la fin du IIe siècle impliquent l'utilisation constante d'un langage mystérieux et métaphorique.

Trois textes chrétiens antiques, codés conformément aux préceptes de la Discipline, révèlent l'utilisation du Linceul dans l'évangélisation d'Édesse, à la fin du second siècle. Il s'agit de la légende d'Abgar (**Annexe 4.1**), de l'épitaphe d'Abercius (**Annexe 4.2**), de l'hymne de la perle (**Annexe 4.3**).

A cause des persécutions romaines, le témoignage de la conversion d'Abgar IX va être transposé à l'époque du Christ est devenir la légende d'Abgar qui sera remaniée de nombreuses fois.

Conclusion de l'évangélisation d'Édesse
A la fin du second siècle une mission papale réalise l'évangélisation d'Édesse. Ceci est établi par les textes médiévaux confirmant la demande du baptême chrétien par le Roi Abgar le grand et la réalisation par le Pape Eleuthère de cette demande.

Les détails de cette mission sont relatés sur l'épitaphe d'Avircius Marcellus, l'Évêque de Hiéropolis. Il est convoqué à Rome, où il est présenté à la femme d'Abgar, la Reine Shalmath. Il passe par Antioche où il rejoint Palut. Ils quittent la ville avec le Linceul identifiable comme l'Icône de Christ amenée de Palestine en Syrie. Arrivé à Édesse, l'évêque montre l'image de la relique au roi et le baptise dans la foi Chrétienne.

L'évènement est repris de façon dissimulée dans la légende d'Abgar et dans l'hymne de la perle.

Antioche, ville hellénique, est le centre originel du Christianisme pour les non Juifs. Cette influence se retrouve pour Édesse, ville importante de la partie orientale de la Syrie.

Arrivée du Linceul à Édesse
Nous ne savons pas la date d'arrivée du Linceul à Édesse. Est-il resté à Édesse après l'évangélisation d'Abgar IX ? Est-il retourné à Antioche avec Palut jusqu'à l'invasion perse ?

En 250, la ville d'Édesse accueille les Chaldéens chassés de Perse par les Sassanides. Vers 252 l'invasion des Perses Sassanides se termine par la destruction d'Antioche et la déportation de sa population en Iran. Il est possible que des Chrétiens aient rejoint Édesse avec le Linceul.

Édesse est appelée « la cité de l'Acheiropoietos », littéralement « sans-main-fait », c'est-à-dire image non peinte par la main de l'homme.

En 260, la ville subit un très long siège par les Perses païens. Il est possible que le Mandylion[54] soit alors caché et que les détenteurs du

---

[54] Nom du Linceul à Édesse

secret périssent peu après. Ceci explique l'absence de référence d'une icône du Christ dans Édesse du IVe siècle jusqu'au début du VI^{e55}.

En 340, St Cyrille de Jérusalem fait cependant allusion au Linceul dans ses catéchèses, il rapporte : « …les témoins de la résurrection : la roche rouge veinée de sang et le Linceul. ».

Au Ve siècle, c'est la querelle sur la nature du Christ, les nestoriens insistant sur la nature humaine, et les monophysites sur la nature divine. En 431, le concile d'Ephèse condamne le nestorianisme. En 451, le concile de Chalcédoine condamne le monophysisme.

Découverte du Linceul à Édesse

L'historien Procope de Césarée[56] raconte les évènements d'Édesse.

En 525, le Daisan[57] en crue inonde Édesse. Au cours des travaux de reconstruction d'Édesse, on découvre un linge portant l'effigie d'un homme caché au-dessus d'une des portes de la ville appelée Kappa.

L'historien grec Évagre le Scolastique[58] décrit les évènements de l'an 544, Édesse[59] est assiégée par les Perses de Chosroès Nirhirvan.

Les assaillants sont sur le point de prendre la ville, grâce à un grand ouvrage de bois élevé pour dominer les remparts. Les assiégés ont essayé de l'enflammer, mais sans succès. Les assiégés sont prêts à capituler lorsque, dans une cavité bien cachée des remparts, est découvert l'objet le plus précieux et le plus mystérieux de la chrétienté. La nouvelle de sa découverte au cours de ce terrible siège se répand dans tout l'Empire byzantin.

« Ils apportèrent l'image formée divinement, non faite par les mains humaines. »

L'image fut inondée d'une eau qui, jetée sur le feu jusque là

---

[55] Aucune mention du Mandylion-Linceul dans les nouvelles détaillées du journal de la pèlerinage Ethérie (Etheria, ou Aetheria ou Egeria), dans les travaux prolifiques de saint Ephraïm et Jacob de Serug, dans la Chronique de Joshua le Stylite
[56] Environ 500 à 560
[57] Affluent de l'Euphrate
[58] Historien - né vers 536 à Épiphanie (Syrie) - dans son histoire ecclésiastique peu après 594
[59] Urfa dans le sud-est de la Turquie

impuissant, l'active au point de consumer la machine de guerre menaçante. La relique est portée en procession sur les fortifications. Les Perses sont vaincus. L'empereur Justinien signe une trêve inattendue après une guerre exténuante contre les Perses.

L'église Sainte Sophie à Édesse est célèbre dans l'histoire de l'art et de l'architecture. Elle est commencée en 313 et agrandie en 327-28. Elle est démolie par une inondation en 525. Après la guerre avec les Perses, Justinien restaure, avec l'évêque Amazonios, l'église-cathédrale Sainte Sophie à Édesse pour honorer le Linceul. L'image du Christ y est alors placée dans une chapelle latérale, à droite de l'abside. Le linge est conservé, plié en quatre, dans un coffre fermé.

Référence à l'image d'Édesse dans une poésie et un hymne syriaques

L'hymne liturgique syriaque, une soghitâ anonyme, décrit sous forme poétique le monument comme un des plus beaux édifices à coupole de l'antiquité chrétienne. Cet hymne décrit les splendeurs de l'église cathédrale de la ville et fait état de l'existence dans la cathédrale d'Édesse de la représentation d'une image non faite de main d'homme. Il vante l'éclat du marbre, « semblable à l'image non faite de main d'homme ». Le début de l'hymne mentionne les reconstructeurs de l'église après une inondation catastrophique en 525.

La poésie syriaque de l'an 569 mentionne la présence historique de l'image à Édesse. Elle décrit l'installation de l'icône dans la nouvelle cathédrale de Sophia Hagia de la ville :

« Dans son milieu est mise la plate-forme. Le pilier qui est à l'endroit de la plate-forme… sur celui-ci est fixé une croix de lumière comme notre Seigneur entre les voleurs. En cela aussi le mensonge ouvre cinq portes….. Dix piliers portant le chérubin du sanctuaire sont formés comme les dix Apôtres qui se sont enfuis tandis que notre Sauveur a été crucifié ».

Dans la création d'un nouveau domicile pour le Linceul, on a employé cinq portes et des Chérubins pour faire référence symboliquement à sa maison antérieure dans le quartier Chérubin d'Antioche. En effet, en l'année 70, Titus essaie d'apaiser des sentiments antisémites naissants. Il place sur la porte du Sud de la ville d'Antioche, les figures de chérubin saisies au Temple de Jérusalem. Cette porte devient connue comme la Porte du Cherubin. La zone contiguë, qui a englobé le vieux Quartier juif ou Kerateion, est appelée le Cherubin. Antioche est desservi par cinq portes.

Les dix apôtres mentionnés dans la poésie sont les douze, moins Juda qui a trahi et Jean qui est demeuré près du Christ jusqu'à la croix.

Dans la cathédrale, les seules images permises comme dans le Temple, sont les chérubins en haut des piliers du sanctuaire. Ces anges assurent une mission de protection[60].

Linceul à Édesse

Évagre le scolastique se serait trompé sur la date (544 au lieu de 525) et sur les circonstances (découverte lors d'un siège des Perses ou lors d'une reconstruction après une inondation) ?

L'historien égyptien Théophilacte indique au début du VIIe siècle qu'au cours de la campagne contre les Perses de 587 à 590, le Mandylion fut déplié et montré dans son entier pour redonner du cœur aux soldats.

Au VIIe siècle le traité de Smira, archiatre[61], rapporte que le Mandylion est un drap qui porte imprimé tout le corps de Jésus.

André, archevêque de Crète (env. 660-740) parle d'une empreinte de corps sans couleur sur un tissu usé. Ce terme d'empreinte est repris par Saint Germain, patriarche de Constantinople (658-742), le patriarche Nicéphore, d'autres…

En 692, le concile « in Trullo », considérant que l'on a le vrai portrait du Christ à Édesse, interdit toute représentation du Christ à travers des symboles[62]. En 685-695, sous le règne de Justinien II, les premières monnaies d'or représentent le buste du Christ d'après le Mandylion d'Édesse. Ces monnaies comportent certaines analogies avec le Linceul.

En 726, le pape Grégoire II, dans une lettre à l'empereur de Constantinople Léon III l'Isaurien, qualifie le linge d'Édesse d'« acheiropoïète », c'est-à-dire de « non fait de main d'homme ».

---

[60] Gardiens du Jardin d'Éden, gardiens de l'Arche de l'Alliance
[61] Médecin officiel de l'empereur
[62] Agneau, poisson…

Le Codex Vosainus[63], Latinus Q69 du Xe siècle, présente la citation d'un homme du nom de Smera vivant à Constantinople au VIIIe siècle. Selon cet homme, dans une église d'Édesse on pouvait voir l'empreinte du corps tout entier sur le linge remis à Abgar : « Le roi Abgar reçut un tissu sur lequel on pouvait voir non seulement un visage mais le corps tout entier. »

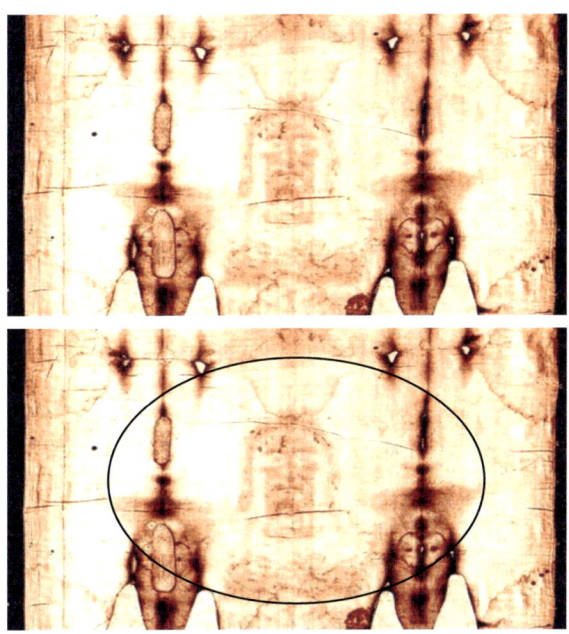

**Partie exposée à Édesse
(photographie de Giuseppe Enrie en 1931)**

---

[63] Exhumé par Gino Zaninotto de la Bibliothèque Vaticane et provenant de la bibliothèque de Gerhard Johann Vossius

Mandylion d'Édesse

Le Linceul de Turin porte à Édesse le nom de Mandylion. Des représentations anciennes du Mandylion montrent un rectangle horizontal recouvert d'un treillis damassé de fils d'or. Le visage du Christ est visible au centre d'un halo circulaire. Le treillis forme des losanges et est bordé d'une frange clouée à une tablette en bois.

Ce cadre est plus large que haut, ce qui peut s'expliquer si l'on admet l'hypothèse que cette largeur correspond à celle du Linceul, et que la hauteur résulte du pliage du linge derrière la façade d'or. Le Linceul de Turin est à l'époque plié en huit, ne laissant apparaître que le visage.

Dans les Actes de Thaddée, écrits apocryphes de la fin du IVe siècle, se trouve le terme tetradiplon qui signifie « doublé en quatre ». L'auteur a ainsi remarqué que le tissu est plié quatre fois derrière le treillage d'or. En pliant une fois le Linceul de Turin, on efface le dos ; une seconde fois, les jambes ; une troisième fois, le buste ; pour ne laisser apparaître ensuite que le visage.

D'après un manuscrit du VIe siècle, le linge est dans sa châsse rectangulaire comme une « doublure en quatre ». Cette « doublure en quatre » laisse entendre que le Mandylion est replié trois fois de suite, seule la face supérieure du linge est visible montrant le Visage au centre. Cette disposition se vérifie avec le Linceul de Turin.

Ian Dickinson et J. Jackson, au IVe Symposium International de Paris (en avril 2002), ont montré l'existence, sur le Linceul de Turin, de plis transversaux régulièrement espacés tous les 1/8 de la longueur du tissu (soit 21,6 pouces). Ils ont donc supposé que le Linceul était replié autour d'une planche de bois, de 1,10 m en longueur (la largeur du Linceul) et d'environ 54 cm en largeur, soit une coudée. L'image d'Édesse aurait été déployée à son arrivée à Constantinople.

A propos du Mandylion, de nouvelles méthodes numériques ont permis de mesurer précisément que l'empreinte du visage du Linceul a pâli beaucoup plus que celle du reste du corps. Cela tient à ce qu'il a été exposé plus longtemps à la lumière. C'est une nouvelle confirmation de l'identité entre le Linceul et le Mandylion d'Édesse. Car à cette époque le Linceul-Mandylion se présente replié, de façon à ne montrer que le visage (car un linge mortuaire eut choqué en Orient).

Période iconoclaste (726 à 843)

Pendant la période de l'iconoclasme (**Annexe 4.4**), des personnes s'opposent à toute représentation divine, allant même jusqu'à détruire ces symboles religieux. À ce moment, les Chrétiens ne doivent pas prendre le risque d'exposer le Linceul.

Le Linceul a donc été à Édesse dès l'évangélisation du roi Abgar le grand (fin du IIe siècle) et jusqu'en l'an 944.

4.2.3 D'Édesse à Constantinople

Transfert d'Édesse à Constantinople

En 943, on s'apprête à célébrer solennellement le premier centenaire du concile de Constantinople mettant fin à la période iconoclaste. Malheureusement l'image qui est le prototype de toutes les autres, est à Édesse, tombée aux mains des musulmans.

L'empereur Romain Ier Lécapène veut la relique du Mandylion pour protéger sa capitale. Il envoie son meilleur général, Jean Curcuas. Ce dernier campe avec toute son armée devant Édesse, non pour reconquérir le lieu, mais pour réclamer qu'on lui livre la précieuse relique. Le Mandylion est conservé par les Chrétiens de la ville.

Après plusieurs mois de siège, les Chrétiens d'Édesse sont pressés de toutes parts, de l'extérieur par les Chrétiens, de l'intérieur par les musulmans. Ils finissent par livrer leur grande relique, gloire et dernier espoir de la ville : le Mandylion, le linge miraculeux sur lequel se trouve le visage du Christ.

Cependant la livraison de cet objet se fait au prix de la restitution de deux cent prisonniers arabes, du don de douze mille couronnes en or, et d'une promesse d'immunité pour la ville. Ce prix ne s'explique que pour un objet exceptionnel, l'image d'Édesse. Elle témoigne des traits physiques du Christ. Cette image est dite « acheiropoïète », c'est-à-dire « non fait de main d'homme ».

Grégoire le référendaire[64] est envoyé à Édesse par l'Empereur afin d'y enquêter sur l'image. Il trouve des livres écrits en syriaque et les fait traduire en grec.

---

[64] Archidiacre de Sainte-Sophie, chargé des rapports diplomatiques entre l'emprereur et le patriarche

Il assiste à la reconnaissance minutieuse de l'image, faite par l'évêque de Samosathe, délégué de l'Empereur. Elle a pour but de distinguer l'original des copies que l'on aurait pu livrer par ruse à sa place.

A Édesse lors de la reconnaissance de la relique l'évêque de Samosathe (ou Grégoire le Référendaire) démonte le treillage d'or qui recouvre le visage. Puis il décroche la frange des clous qui le tend, et déploie soigneusement le tissu de lin et voit le portrait en pied du Christ.

Arrivée du Mandylion à Constantinople

Les byzantins appellent Mandylion l'image d'Édesse.

Le 15 août 944 le Linceul arrive à Constantinople en provenance d'Édesse.

Le soir du 15 août 944, la Sainte Face d'Édesse est vénérée en l'église Sainte Marie des Blachernes, par l'empereur Romain Ier. Ses deux fils et son gendre, Constantin Porphyrogénète, sont présents.

Le 16 août, une procession solennelle parcourt la ville avec l'image. La procession commence par la porte d'or réservée aux triomphes militaires, fait une halte à Sainte-Sophie et dans le palais impérial du Boucoléon. L'image est déposée sur le trône même de l'empereur pour le sanctifier, puis elle regagne l'église du Pharos.

Les pèlerins relatent la présence des linges de la passion du Christ au sanctuaire du palais impérial du Boucoléon.

La Fête de l'arrivée solennelle de la Sainte Face d'Édesse à Constantinople est appelée : « Transfert d'Édesse à la ville de Constantin de l'image de Notre Seigneur Jésus Christ, non faite par la main, image qu'on appelle le Saint Mandylion ».

Grégoire le Référendaire prononce une homélie[65] concernant l'évènement de l'arrivée du Linceul à Constantinople.

L'homélie de Grégoire le Référendaire conforte l'identification du Mandylion d'Édesse avec le Linceul de Turin. Cette homélie fut prononcée le 16 août 944 dans l'église des Blachernes, le lendemain de l'arrivée triomphale de la relique à Constantinople.

---

[65] Conservée au Vatican dans une partie de manuscrit datant du Xe siècle, codex Vatican grec 511

En effet, aux paragraphes 25 et 26 de son homélie, Grégoire le Référendaire décrit la totalité de l'image d'Édesse, en montrant bien qu'il ne s'agit pas d'une peinture. Il distingue l'image corporelle obtenue selon lui par les sueurs de l'épreuve de Gethsémani, et l'image sanguine due ensuite à la mort sur la croix.

L'homélie parle de « l'empreinte amenée d'Édesse » dont il dit qu'elle a été « embellie par les gouttes de sang jaillies de son flanc ». Grégoire a donc vu la plaie du côté et, d'après lui, « le sang et l'eau » qui en a coulé. Cette plaie n'est pas visible sur le Mandylion d'Édesse. Mais à Constantinople, le treillage d'or est enlevé et le tissu déplié. Dorénavant, c'est bien du Linceul qu'il sera question à Constantinople.

L'homélie présente deux nouveautés notables par rapport à la tradition antérieure.

Premièrement, l'image d'Édesse n'a pas été produite au cours du ministère public de Jésus pour satisfaire le désir d'Abgar, prince d'Édesse, mais pendant l'agonie de Gethsémani. Elle a été formée, non par l'eau dont le Christ aurait humecté son visage, mais par la sueur sanglante attestée par l'Évangile (Luc 22, 44).

Deuxièmement, l'image comporte, non seulement le visage, mais aussi le côté avec le sang et l'eau (Jean 19, 34). Mais Grégoire n'explique pas comment ce linge a été marqué successivement par les épanchements liquides consécutifs à la Passion. Il se borne à dire que l'image ne résulte pas de couleurs artificielles, mais qu'elle a été formée par les sueurs du Christ et par le doigt de Dieu.

Grégoire le Référendaire s'est appuyé pour son homélie sur une observation directe de l'objet. Grégoire a vu un linge sur lequel le sang de la victime avait dessiné son visage et son côté. Cette homélie confirme donc l'identité de l'image d'Édesse et de l'actuel Linceul.

Mandylion à Constantinople dans le manuscrit de Jean Skylitzès
Jean Skylitzès est l'auteur du Synopsis Historiarum, chronique qui couvre la période[66] entre 811 et 1057. Elle est la continuation de la

---

[66] Dynasties amorienne et macédonienne

Chronographie de Théophane le Confesseur. Le manuscrit de Jean Skylitzès est détenu par la Bibliothèque Nationale de Madrid.

Arrivée à Constantinople de l'image d'Édesse (gravure n° 326)

Dans le manuscrit, une gravure montre l'arrivée à Constantinople de l'image d'Édesse ou « Saint-Mandylion », le 15 août 944.

« À cette époque, la ville d'Édesse fut assiégée par les forces impériales. Les habitants de celle-ci, devenus opprimés par toutes sortes de calamités, envoyèrent à l'empereur des légataires pour le prier de lever le siège, en échange de quoi ils donneraient la Sainte Image du Christ, c'est-à-dire la toile de la Sainte Face. Les conditions ayant été acceptées au nom de l'empereur, le siège fut levé ; la sainte toile avec l'image du Christ fut transférée à Constantinople, où l'empereur la reçut avec un faste splendide »

La miniature illustre la réception de l'image sacrée du Christ par l'empereur Romain Lécapène à Constantinople :

Gravure n° 326 page131 (photo Pierre de Riedmatten)

Linceul de Constantinople dans le Codex Pray

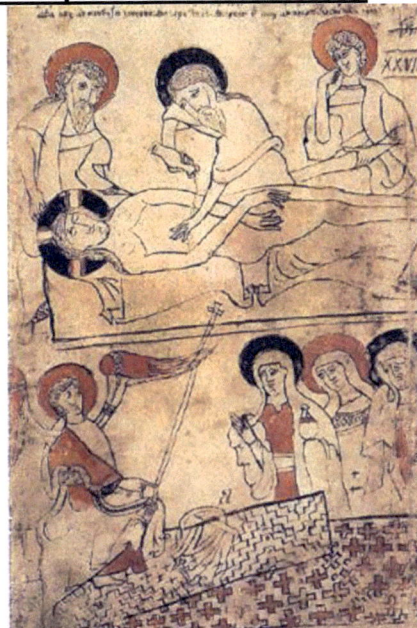

Miniature du Codex Pray (http://commons.wikimédia.org)

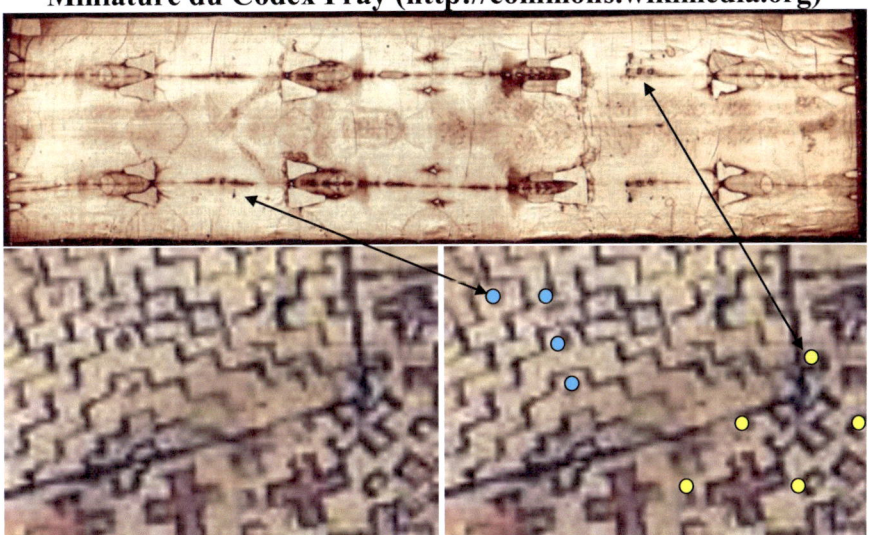

Vue du Linceul Photographie de Giuseppe Enrie en 1931 et correspondances sur la miniature agrandie du Codex Pray
(Origine photo http://commons.wikimedia.org)

Des documents[67] de la bibliothèque vaticane et de l'Université de Leyde, aux Pays-Bas, confirment ce passage du Linceul à Constantinople.

L'ouvrage Codex Pray, daté avec précision entre 1192 et 1195, est conservé à la Bibliothèque nationale de Budapest. Cet ouvrage contient une représentation schématique du Linceul. En effet une miniature représente l'onction du corps du Christ au cours de sa mise en Linceul, et la découverte du Linceul vide par les Saintes Femmes au matin de Pâques. Cette représentation est effectuée à l'occasion d'une visite officielle d'une délégation royale de Hongrie à Constantinople. Ce point atteste donc la présence du Linceul à Constantinople avant 1195.

L'auteur de cette miniature a examiné attentivement le Linceul à Constantinople. Le Christ est étendu nu sur un Linceul. Les bras du Christ sont croisés et se recouvrent aux poignets, bras droit au-dessus du bras gauche, comme sur le Linceul, mais dans les faits, le Linceul joue le rôle d'un miroir inversant l'image par rapport au Corps qu'il recouvre et qui lui fait face. Les mains du Christ ne laissent voir que quatre doigts apparents, très longs et l'index de même dimension que le médium, le pouce n'apparaît pas. Le front porte une petite tache au-dessus de l'œil droit, correspondant à la tache de sang que l'on voit sur le Linceul.

La scène inférieure représente la découverte du tombeau vide par les saintes femmes.

A noter que le roi de Hongrie Béla III avait épousé la fille de l'empereur Manuel Ier Comnène (1143-1180). Le roi connaissait donc par sa femme la précieuse relique.

En 1986, le Docteur Yves Cartigny distingue sur la miniature du Codex Pray : 4 marques rondes alignées en forme d'équerre en « L » inversé sur la partie antérieure du Linceul et 5 marques rondes sur la face postérieure du Linceul.

Ces marques résultent de brûlures de date inconnue. Le Linceul de Turin est donc antérieur à 1195. Grâce aux recherches du docteur en collaboration avec le Père Dubarle, nous savons que le Linceul est antérieur à 1195, de même que le premier incendie qui le marqua.

---

[67] Codex Vossianus Latinus Q69 et Codex de la bibliothèque vaticane 5696, p. 35

Présence du Linceul à Constantinople
Témoignage de présence du Linceul (Annexe 4.5)

Constantin Porphyrogénète, empereur de 913 à 959, a écrit « L'Histoire de l'image d'Édesse » qui nous précise la présentation de l'image d'Édesse à la vénération des fidèles.

Le Linceul / Mandylion était replié trois fois de suite, de façon à laisser visible seulement le Visage au centre. L'histoire de l'image d'Édesse précise que le linge était recouvert d'un treillis damassé de fils d'or, laissant au centre un halo circulaire où apparaissait le Visage. Le treillis était bordé d'une frange clouée à une tablette en bois.

Les empereurs manifestent une grande vénération pour le Linceul.

De nombreux témoins au fil des siècles attestent la présence du Linceul à Constantinople.

Constantinople, quatrième croisade

L'armée, rassemblée en 1203 pour la Quatrième Croisade, est transportée à Constantinople par une flotte vénitienne. Son but déclaré est de restaurer un empereur byzantin qui avait été déposé, avant d'attaquer les points forts tenus par les musulmans en Terre Sainte. Ces croisés remettent bien l'empereur sur son trône. Cependant les habitants de Constantinople ne les considèrent pas du tout comme les bienvenus. Les croisés campent en face de Constantinople en attendant leur départ pour l'Égypte.

Finalement, les croisés ne partent jamais pour l'Égypte. Après avoir conquis Constantinople, ils y fondent un empire latin qui devait survivre péniblement pendant cinquante-sept ans, de 1204 à 1261. Certains chefs profitent de l'effondrement de l'Empire byzantin pour s'y tailler des principautés.

Parmi les croisés se trouve un chevalier picard, Robert de Clari, modestement possessionné à Cléry (lieu-dit de Pernois) au nord d'Amiens. Il nous laisse un récit de l'expédition de la quatrième croisade et de sa visite de la capitale byzantine.

Robert de Clari nous décrit la collection des reliques dans la chapelle du Phare. Il entra dans l'église Sainte Marie des Blachernes, contiguë au palais impérial :

> « *Il y avait une autre de ces églises qu'on appelait Notre-Dame-Sainte-Marie-des-Blachernes, où l'on gardait le sydoine dans lequel Notre-Seigneur avait été enveloppé, et qui s'élevait tout droit chaque vendredi si bien qu'on pouvait y voir distinctement la forme de Notre-Seigneur.* »

La présence du Linceul, hors de la chapelle du Phare, dans l'église des Blachernes, et son exposition publique tous les vendredis peut s'expliquer par les évènements de l'époque. L'empereur Alexis IV veut faire jouer le rôle protecteur que le Linceul avait à Édesse.

L'église des Blachernes est toujours, dans les temps de détresse, le lieu où se réunissent les habitants de Byzance.

Des écrits sur le Linceul attestent de sa présence à Constantinople dès l'an 944 et jusqu'en 1239, après un bref séjour à Athènes en 1204.

4.2.4 De Constantinople à Lirey

Athènes (1204 - 1205)

Les 12, 13 et 14 avril 1204, les croisés et les Vénitiens prennent Constantinople d'assaut. Ils l'incendient en partie et la pillent de fond en comble. Le Linceul, le « sydoine de Notre Sire », disparaît au cours du pillage. Robert de Clari en témoigne car la disparition du Linceul suscite un grand émoi encore : « ni ne sut-on oncques, ni Grec, ni Français, ce que ce sydoine devint quand la ville fut prise. »

Geoffroi de Villehardouin est un historien et chevalier croisé du Moyen Âge. Il a rédigé ses Mémoires intitulées : « Histoire de la conquête[68] de Constantinople ou Chronique des empereurs Baudouin et Henri de Constantinople ».

En effet Villehardouin participe à la quatrième croisade pour délivrer Jérusalem. Mais celle-ci aboutit à la prise de Constantinople et à la fondation d'un éphémère empire latin de Constantinople. Villehardouin participe en 1204 à la prise de la ville et reçoit du nouvel empereur Baudouin Ier[69] le titre de maréchal de Romanie[70].

---

[68] Évènements survenus entre 1198 et 1207
[69] Baudouin IX de Flandre et VI du Hainaut
[70] Maréchal de Grèce

Villehardouin nous apprend qu'après le pillage de Constantinople par les croisés, ordre fut donné de restituer les reliques. Mais beaucoup de croisés refusent. Ils se trouvent même si bien dans l'empire des Chrétiens d'Orient, qu'ils s'installent en pays conquis.

Othon de la Roche, un chevalier franc-comtois, est compagnon d'arme des Villehardouin princes de Morée (Grèce). Il confisque à son profit l'Attique et la Béotie qu'il se fait donner en fief à l'automne de 1205 par Boniface de Montferrat. Premier duc d'Athènes, il transfère dans sa capitale le Linceul qu'il s'est approprié lors du saccage de Constantinople. Othon de la Roche prend le titre de « duc d'Athènes » et fait de l'Acropole son château fort.

Dans une lettre[71] datée du 1er août 1205, Isaac II Théodore Ange Comnène[72] proteste auprès du Pape Innocent III, de la part de son frère Michel despote d'Épire. Il réclame la restitution des reliques volées par les Français en indiquant que le Linceul est à Athènes. Il précise : « *Les Vénitiens ont pris, dans le partage du butin, les trésors en objets d'or, d'argent, d'ivoire, les Français les reliques des saints et, parmi elles, objet sacré entre tous, le Linceul dans lequel, après sa mort et avant sa résurrection, Notre Seigneur Jésus-Christ fut enveloppé. Nous savons que ces objets sacrés sont recelés à Venise, en France et en tous autres lieux d'où venaient les pillards et que le saint Linceul l'est à Athènes* »[73]. Le Linceul se trouve donc à Athènes.

En 1205, la lettre est confirmée par l'envoi par le pape de deux émissaires[74] pour enquêter sur ce que sont devenues les reliques. Ceux-ci rapportent qu'ils ont été admis à Athènes à voir en grand secret le Linceul.

Sous la pression du légat du Pape Innocent III et du risque d'excommunication, Othon de la Roche restitue, en 1205, le Linceul à Constantinople sous la protection de l'empereur latin.

En 1207, Nicolas d'Otrante, abbé de Casole, raconte son passage à Constantinople et notamment le pillage des reliques de 1204. Il cite « *les linges que nous avons vus plus tard de nos yeux* ».

---

[71] Codex Chartularium Culisanense, fol. CXXVI (copia), National Library Palermo
[72] Neveu de l'empereur byzantin déposé
[73] En latin: Sacrum Linteum in Athenis
[74] Cardinal Benedetto di Santa Susanna, légat du pape, et Nicolas d'Otrante, abbé du monastère de Casole

Paris - la Sainte Chapelle (de 1239 à 1345)
Cession des reliques par Baudouin

L'empereur latin désargenté, Baudouin, engage des reliques comme caution de prêts importants.

En 1235, le roi de France Louis IX[75] achète la Couronne d'épines, engagée chez les Vénitiens, pour la somme très élevée de 135 000 livres. Le 11 août 1239, la couronne d'épines est reçue à Paris avec une grande solennité.

Baudouin, cède à son cousin Louis IX une grande quantité d'autres reliques en 1241, 1242.

Par une lettre officielle Baudouin (**Annexe 4.6**) fait « don » à saint Louis de nombreuses reliques. Le nombre des reliques énumérées peut laisser perplexe, mais il faut rappeler que Constantinople est alors le centre de la chrétienté avec ses 300 églises. Les empereurs byzantins se sont efforcés, de gré ou de force, de récupérer les reliques chrétiennes.

Parmi les reliques cédées par Baudouin figure **la sainte toile insérée dans son étui**[76]), et **un morceau de tissu qui a enveloppé son corps dans la tombe**[77]. Cependant par son prestige la couronne d'épines éclipse toutes les autres reliques.

Le Linceul était dans un étui comme on peut le voir dans la miniature du manuscrit Rossianus 251 de la Bibliothèque apostolique vaticane (XIIe siècle)[78]. Sur l'étui il y a deux visages du Christ identiques sur deux fonds en losange s'inversant en couleur. Ces fonds suggèrent un négatif et un positif.

Le moine Gérard de Saint-Quentin[79] raconte comment toutes ces reliques, cédées en plus de la couronne d'épines, sont arrivées de Constantinople. Elles sont apportées les unes par un chevalier Gui, les autres par des frères mineurs franciscains.

---

[75] Saint Louis
[76] « Sanctam toillam tabule insertam »
[77] « Partem Sudarii quo involutum fuit corpus ejus in sepulchro »
[78] « Le suaire de Jésus de Nazareth » Barbara Frale, figure 14
[79] Chroniqueur très bien informé de l'époque - mort en 1270

Installation des reliques à la Sainte-Chapelle

Eudes de Châteauroux[80] prononce un sermon datable du 26 avril 1248 pour la consécration de la Sainte Chapelle.

Dans ce sermon[81], Eudes dresse la liste des reliques qui protègent le royaume, parmi lesquelles la sainte couronne entrée le 19 août 1239 à la chapelle Saint-Nicolas du Palais-Royal.

« *Ces reliques sacrées sont de nombreux témoignages : sainte couronne, fragment de la croix, clou, suaire, pierre du saint sépulcre, éponge, pointe en fer de la lance, ainsi que les douze pierres témoignant que les enfants d'Israël ont passé le Jourdain à pied sec.* »

Le trésor royal possède donc dans la Sainte Chapelle de nombreuses reliques. Mais toute la ferveur va à la couronne d'épines. Saint Louis en disperse largement les épines par des dons à des églises ou des personnes qu'il désire honorer.

Le comportement de saint Louis à l'égard des épines de la couronne et celui de Charles V[82], petit-fils de Philippe VI, montrent que le roi de France se considère comme le possesseur du trésor de la Sainte Chapelle et qu'il y prélève pour en gratifier proches ou amis.

Saint Louis installe les reliques dans une gigantesque châsse d'orfèvrerie, haute de plus de trois mètres, la Grande Châsse devant laquelle des lampes brillent jour et nuit. La châsse est déposée dans la Sainte Chapelle de l'île de la Cité à Paris construite pour abriter les reliques. La chapelle est consacrée le 26 avril 1248.

La Sainte Chapelle est comme une châsse, un écrin de pierres et de vitraux. L'édifice a 20 mètres de long, 10 mètres de large et 20 mètres de haut. Il contient l'un des plus vastes et beaux ensembles de vitraux de l'époque médiévale (700 m^2). Le Linceul de Turin reste parmi les reliques de la Sainte Chapelle.

Le roi Louis IX, ou Saint Louis règne de 1226 à 1270.

En 1261, sous la pression des Grecs, les Francs quittent Constantinople.

---

[80] Maître en théologie de l'université de Paris et cardinal
[81] « De numero horum testimoniorum sunt hee sacre reliquie : sancta corona, crux, clavi, sudarium, sepulcrum, spongia, ferrum lancee et alia, sicut xii lapides quod filii Israel de Iordane traxerunt testimonium perhibent quod ipsi Iordanem sicco vestigio transierunt »
[82] 1364-1380

Témoignage de l'évêque de Mende

Au XIIIe siècle, l'évêque de Mende[83] visite la Sainte-Chapelle. Il confirme dans son livre[84] y avoir vu le Linceul.

L'évêque de Mende écrit[85] après avoir vu la Sainte-Chapelle :

« Tableau de Pilate dans lequel il écrit : Jésus le Nazaréen, roi des Juifs, que j'ai vu à Paris dans la chapelle de l'illustre roi des Francs, avec la couronne d'épines, et la lance, et le pourpre qu'ils mirent sur le Christ, avec le drap de lin dont le corps était enveloppé, et une éponge, et le bois de la croix, et l'un des clous, et de nombreuses autres reliques. »

Lirey en Champagne (vers 1345 - 1418)

Plusieurs rois se succèdent et Philippe VI règne de 1328 à 1350, suivi de Jean II dit le Bon de 1350 à 1364.

En 1340, l'arrière-petite-fille d'Othon de la Roche, Jeanne de Vergy, épouse le chevalier Geoffroy Ier de Charny.

En 1337, c'est le début de la guerre de 100 ans. Fin septembre 1342, pendant la guerre de succession de Bretagne, Geoffroy de Charny est capturé lors des combats près de Morlaix[86]. Ce chevalier de faible fortune Geoffroy de Charny se retrouve captif dans la célèbre tour de Londres. Les chanoines de Lirey en 1525 dans : « pour savoir la vérité » racontent la captivité et l'évasion extraordinaire de Geoffroy de Charny. Lobineau et Morice, bénédictins du XVIIIe siècle les évoquent également dans « Histoires de Bretagne »[87].

Le roi d'Angleterre refuse de libérer contre rançon Geoffroy de Charny. Ce dernier fait alors le vœu de bâtir une église en l'honneur de la Vierge Marie, s'il échappe à la captivité. Un ange lui serait apparu sous les traits d'un jeune garçon, serviteur du gardien de la tour, qui lui

---

[83] Guillaume Durand (1230- 1296)
[84] « Rational ou Manuel des divins offices » - livre VI - les cierges bénis -
[85] « Tabulam in qua Pilatus scripsit : Jesus Nazarenus rex Judœorum, quam vidimus Parisiis in capella illustris régis Francorum, una cum spinea corona, & ferro & hasta lanceae, & cum purpura qua Christum induerunt, & cum sindone qua corpus fuit involutum, & spongia, & ligno crucis, & uno ex clavis, & aliis reliquiis multis. »
[86] Au début de la guerre de cent ans d'après des chroniques anglaises contemporaines
[87] Conservé à la bibliothèque nationale

promet son aide. La nuit venue, il ouvre les portes de la prison, lui fournit un équipement anglais et l'engage à se joindre à une troupe qui part combattre les Français. Geoffroy suit ces directives, et est fait prisonnier par ses compatriotes, à qui il se fait reconnaître.

Libéré, Geoffroy participe comme chef de l'arrière-garde, au combat près de Vannes sous la conduite du duc de Normandie, Jean Le Bon. Le roi Philippe VI[88], venu à Ploërmel et à Rezons, a pu y rencontrer Geoffroy, chevalier renommé pour sa valeur militaire et sa droiture.

Le 19 janvier 1343, les légats envoyés par le Pape Clément VI obtiennent des parties la trêve de Malestroit.

En juin 1343, un acte du roi Philippe de Valois, concède l'amortissement des rentes d'un domaine en vue de doter une église et les chanoines destinés à la servir.

Dans le document « Pour savoir la vérité », les chanoines de Lirey attribuent la construction de l'église de Lirey à un vœu fait par Geoffroy de Charny pendant sa captivité en 1350. Les chanoines ont fait une erreur de date. Le vœu est fait lors de la première captivité de Geoffroy en 1342, et non lors de la deuxième captivité en 1350.

Les anglais se sont emparés de la ville de Calais en 1347. La tentative de reprise de la ville s'est soldée par un échec et par la seconde captivité de Geoffroy de Charny.

L'église de Lirey possède des ex-voto[89] donnés par Geoffroy rappelant sa captivité et son évasion.

Le Linceul est prélevé par Philippe VI dans le trésor de la Sainte Chapelle. Philippe VI n'a peut-être pas compris la valeur du Linceul alors que les chanoines de Lirey l'ont découverte.

Le récit des chanoines « pour savoir la vérité » dit que le roi Philippe donne à Geoffroy le Saint Linceul, une portion de la vraie croix et d'autres reliques. Il précise que Geoffroy donne à l'église de Lirey le Saint Linceul, la vraie croix et d'autres reliques.

Les héritiers de Geoffroy restent vagues au sujet de la provenance du Linceul. Pour son fils Geoffroy II la relique est « offerte

---

[88] Neveu du roi Philippe IV le Bel
[89] Mentionnés dans le reçu signé par Humbert de la Roche, mari de Marguerite de Charny et petite-fille de Geoffroy

avec libéralité[90] » c'est-à-dire avec générosité. Pour sa petite-fille Marguerite, le Linceul est d'après ses dires de 1443 « conquis par feu messire Geoffroy de Charny, mon grand-père », c'est-à-dire que cette donation est le résultat de la bravoure de Geoffroy Ier face aux anglais. En cas de donation royale, les héritiers se devaient de rester discrets.

Le roi Philippe VI offre avec générosité le Linceul à Geoffroy qui l'a d'une certaine façon conquis par sa valeur militaire et par sa droiture.

La possession de cette relique a marqué la famille de Charny. Elle ajoute sur ses armoiries un pèlerin et une image du Saint Linceul.

En 1345-1346 une croisade est dirigée, au nom du pape, par le dauphin Humbert II de Viennois avec la participation de Geoffroy.

Le 16 avril 1349, Geoffroy écrit au Pape Clément VI, pour l'informer de la construction de l'église Sainte-Marie de Lirey, en remerciement. Geoffroy attribue à la Sainte-Trinité la réussite de son évasion des geôles anglaises. Il demande, mais sans faire mention d'une relique, 100 jours d'indulgence pour les pèlerins visitant l'église.

De janvier 1350 à juin 1351, Geoffroy est prisonnier des Anglais. En juillet 1351 le roi de France Jean le Bon verse une rançon de douze mille écus pour la libération de Geoffroy. Il est libéré après 18 mois de captivité.

En 1353, l'église collégiale est achevée par Geoffroy de Charny. Elle est vouée au culte de la relique, ainsi que l'indique une médaille conservée au musée de Cluny. Sur cette médaille une représentation du Linceul est visible avec ses chevrons et, dessous, les armes de Geoffroy de Charny et de Jeanne de Vergy[91] son épouse, en qualité de donateurs du Linceul à la collégiale.

Le 30 janvier 1354, Geoffroy demande des indulgences, un nombre de chanoines plus élevé….

Le 16 septembre 1356, le chevalier Geoffroy de Charny meurt à Maupertuis durant la bataille de Poitiers contre les anglais. Jeanne de Vergy, sa veuve, obtient que les subventions continuent en faveur de son fils Geoffroy II.

En 1357, Jeanne de Vergy expose en public, pour la première fois, le Linceul dans la collégiale de Lirey en Champagne.

---

[90] « Liberaliter oblatam »
[91] Fille de Guillaume de Vergy & D'Agnès de Durnay

L'église approuve les pèlerinages après la mort de Geoffroy de Charny. Une bulle d'indulgence datée du 5 juin 1357 est cosignée par douze évêques, en faveur de tous les pèlerins visitant l'église et vénérant les reliques dont le Linceul.

Une médaille en plomb de la seconde moitié du XIVe est conservée au musée de Cluny. Cette enseigne du pèlerinage du « Linceul de Turin » à Lirey montre deux porteurs soutenant le Linceul déployé dans toute sa longueur. La médaille est frappée des blasons des familles de Charny et de Vergy. Les pèlerins du Moyen Âge portent ces médailles.

Des désaccords sur les ostensions vont nécessiter l'intervention du Pape (**Annexe 4.7**).

Jeanne de Vergy, veuve de Geoffroy de Charny, épouse en secondes noces Aymon de Genève, oncle du pape Clément VII.

En 1400, la fille de Geoffroy II de Charny, Marguerite de Charny, épouse Jean de Beaufremont. En 1415, Jean de Beaufremont est tué par les anglais lors de la bataille d'Azincourt. En 1418, Marguerite de Charny épouse en secondes noces Humbert de Villersexel, seigneur de Saint Hippolyte sur le Doubs.

Inventaire de la Sainte Chapelle

Vers 1370, le roi Charles V fait faire un petit reliquaire pour son frère Louis, duc d'Anjou. L'inscription du reliquaire de Charles V dit explicitement que le roi a pris les reliques « de sa propre main » ; des fragments minuscules de toutes les reliques qui se trouvent dans la Sainte Chapelle, ainsi qu'un dessin qui les représente et leur liste en exacte concordance avec la bulle de Baudouin. Ce dessin représente, entre autres, une petite boîte vide avec son couvercle ouvert et il n'est plus question de la « tabulam insertam » mais du tablel, mot dérivé de tabula. Il peut désigner une planche, une tablette portative pour écrire et aussi un coffre ou armoire.

Le « tablel » peut rester à sa place dans la châsse sainte. La disparition du Linceul ne frappe pas un observateur non averti. Le reliquaire portatif contenait des fragments de linges divers. Il aurait été plus normal de prélever un fil du Linceul plutôt qu'un petit éclat du « tablel ».

L'inventaire du trésor de la Sainte Chapelle est dressé en 1534 par Gérard de Saint-Quentin de l'Isle / Paris. Il ne parle pas de la « sainte toile » énumérée dans l'acte de donation de Baudouin, mais de « la sainte trelle insérée à la table » : « Et au regard du huitième article, contenant la trelle insérée à la table, après plusieurs difficultés, a esté finalement trouvée en un grand reliquaire et tableau garny d'argent surdoré, où il y a apparence d'une effigie, ladite trelle comme consommée contre ledit tableau, autour, environ et dans la dite effigie. »

Les observateurs n'ont donc trouvé qu'un treillis, ornement classique encadrant le visage du Christ dans les images inspirées du Mandylion d'Édesse. On a ainsi l'indication de ce qui reste à la Sainte Chapelle à cette époque. La « sancta toella » remise par Baudouin à Saint Louis n'y figure plus. La dualité de la « sancta toilla tabule inserta » peut dissimuler un retrait qui nous est incroyable aujourd'hui. Le contenu est enlevé et le contenant vide reste visible.

Dans le premier lot se trouve « une planche que toucha le visage du Seigneur, quand on le déposait de la croix[92] ». Le contact du visage a laissé une trace sur l'objet touché. Et cette trace est attribuée non pas à la sainte toile, mais à la planche sur laquelle elle était fixée. Le support est comme privilégié par rapport à la sainte toile. Et cela va se continuer. Dans une hymne célébrant sans omission les reliques vénérées dans la Sainte Chapelle, on nomme la « tabula » et non la « toilla ».

Ici, il n'est plus fait mention de la sainte toile mais juste « d'une planche que toucha le visage du Seigneur quand on le déposait de la croix ». Ce qu'on a apporté d'Édesse n'est pas seulement le Linceul mais le Linceul dans son étui, sur lequel une miniature faite de main d'homme représentait la tête du Christ.

Résumé

Vers 1239, Baudouin fait « don » à Saint Louis de la sainte toile. En 1370, ce qui est confirmé en 1534, la sainte toile n'est plus dans le trésor de la sainte chapelle.

En 1525, dans « pour savoir la vérité », les chanoines de Lirey écrivent que le roi Philippe donne à Geoffroy le Linceul, une portion de

---

[92] « tabula quedam quam, cum deponeretur Dominus de cruce, ejus facies tetigit »

la vraie croix et d'autres reliques. Il précise que Geoffroy donne à l'église de Lirey le Linceul, la vraie croix et d'autres reliques.

Ceci accrédite le fait que Philippe VI donne la sainte toile, sans en mesurer son intérêt, avec d'autres reliques à Geoffroy Ier de Charny.

**Enseigne du pèlerinage du « Linceul de Turin » à Lirey
(Croquis d'Arthur Forgeais, 1865) (http://commons.wikimédia.org)**

4.2.5 De Lirey à Turin

Période trouble, Montfort, Saint-Hippolyte, Liège, Genève (1418 - 1453)

En 1418, c'est l'époque où des bandes de brigands, les Grandes compagnies, ravagent la France. Geoffroy II de Charny décide de mettre en sécurité la relique de Lirey. Il charge son propre gendre, le comte Humbert de la Roche de Saint-Hippolyte sur le Doubs, époux de Marguerite de Charny, de cacher ce trésor.

Humbert de la Roche prend en dépôt les objets précieux de l'église et précise sur le reçu le Saint Linceul et un morceau de la vraie croix. Le libellé du reçu est écrit par Humbert de la Roche Saint-

Hippolyte[93] :

« Nous Humbert de la Roche certifions que, pendant les troubles, pour crainte des courses ordinaires, nous avons reçu en notre foi et sauvegarde des mains de nos chers chapelains, doyen et chapitre de l'Église de Lirey, les vases, reliques ci-dessous mentionnés : Le drap auquel est la représentation de la figure de Notre Seigneur Jésus Christ, dans un coffre gravé aux armes de la maison de Charny. Lesquelles choses nous gardons sous notre bonne foi, et promettons religieusement et inviolablement en notre nom et de tous en la puissance desquels, elles pourraient tomber par notre moyen de les restituer à l'église de Lirey, la paix rétablie en France. En foi de quoi nous avons signé les présentes, données le 6 juillet 1418. »

En 1418, Humbert de Villersexel, comte de la Roche, déplace le Linceul dans son château de Montfort près de Montbard. Il le protège ainsi des bandes de pillards lors de la guerre entre Armagnacs et Bourguignons. Il le déplace ensuite à Saint-Hippolyte, un autre de ses fiefs, dans la chapelle des Buessarts.

En 1437, Humbert de Villersexel, Comte de la Roche meurt. Après sa mort, les chanoines de Lirey désirent récupérer le Linceul. Mais Marguerite de Charny refuse la restitution, ne respectant pas la promesse faite préalablement.

En mai 1443, l'affaire est portée devant le parlement de Dole, puis en 1447 devant le tribunal de Besançon (juillet 1447) qui donnent tous les deux raison à Marguerite de Charny. Les chanoines demandent l'excommunication[94] de Marguerite de Charny.

En 1459, un accord est trouvé. Les chanoines renoncent à leur demande de restitution de la relique. Marguerite de Charny verse une compensation financière. La querelle a durée 21 ans !

De Chambéry (1453) à Turin (1578 à nos jours)

Marguerite de Charny voyage dans différents endroits avec le Linceul, notamment à Liège et à Genève.

En 1453, Marguerite de Charny cède la relique à Anne de

---

[93] D'après l'abbé Loye - ancien curé de St Hippolyte et historien local - en 1909
[94] Mettre hors de la communauté une personne et donc hors des sacrements de l'Église. Le repentir de la personne permet à l'Église de lever l'excommunication.

Lusignan, épouse du duc Louis Ier de Savoie. Elle reçoit en rétribution le château de Varmbon.

Le Linceul est dès lors installé en permanence derrière le maître-autel de la Sainte Chapelle au château de Chambéry. Le pape Paul II fait de la chapelle une collégiale. Le Linceul est déplacé dans de nombreuses villes dans le duché de Savoie (**Annexe 4.8**).

En 1578, le 14 septembre, le Linceul est transféré à Turin, ville où les Ducs de Savoie ont établi leur capitale (depuis 1562).

Le 1er juin 1694, le Linceul fait son entrée dans la chapelle royale de la cathédrale de Turin. Il est fixé sur une doublure noire confectionnée par le bienheureux Sébastien Valfré qui réalise quelques réparations.

En 1868, la princesse Clotilde de Savoie coud sur l'envers du Linceul, une nouvelle doublure de soie rouge.

En 1972, le 1er octobre, une tentative d'incendie criminel échoue.

En 1983, le dernier roi d'Italie Humbert II lègue par testament le Linceul au Pape Jean-Paul II qui encourage une seconde vague de recherches.

En 1990, des malfaiteurs pénètrent à l'aide de cordes dans la chapelle royale avec de l'essence et y mettent le feu. L'incendie n'endommage que le reliquaire.

Dans la nuit du 11 au 12 avril 1997, un incendie faillit détruire le Linceul. Vers 23 heures, un turinois aperçoit les flammes de sa maison et donne l'alerte. Le feu se déclare dans la chapelle Guarini en cours de rénovation. Dans cette chapelle est entreposé le Linceul. Le feu se propage à la cathédrale et à l'aile Ouest du Palais Royal. Un jeune pompier, Mario Trematore, au péril de sa vie pénètre dans la fournaise. Il réussit avec une hache à briser la châsse de cristal et à sauver le Linceul in-extrémis. Le verre blindé de huit épaisseurs devait résister à une attaque au lance-roquette ! Pour l'ingénieur, concepteur du reliquaire de protection, il est impossible de briser le verre blindé avec une hache !

Études scientifiques

En 1898, le roi d'Italie en fait prendre une photographie par Secundo Pia, à l'origine d'une première vague de recherches après la révélation du négatif. En 1931 des photos sont réalisées par M. Enrie.

En 1969, une commission de scientifiques examine le Linceul. De nouvelles photos sont prises par Giovanni-Battista Judica-Cordiglia.

En 1973, un prélèvement est réalisé par Max Frei pour les pollens et un autre pour l'étude des taches de sang.

En 1976 la NASA analyse la tridimensionnalité de l'image.

En 1978, une étude est réalisée par le STURP[95].

En 1988, la datation carbone 14 conclut à un faux 1260 et 1390.

En 1989 le CIELT[96] créé met en évidence, lors d'symposium à Paris, des erreurs dans l'étude de la datation au carbone 14.

En 1993, le symposium[97] scientifique de Rome confirme l'authenticité du Linceul.

En 1997, le symposium scientifique de Nice confirme que le Linceul n'est pas une réalisation humaine.

En 2002 une spécialiste suisse restaure le Linceul.

En 2008, du 14 au 17 août, un symposium a lieu à Ohio (U.S.A.).

STURP (1978-1981)

Les travaux du STURP ont donné lieu à la publication d'une vingtaine d'articles de référence dans des revues scientifiques. Les conclusions de l'étude sont présentées avec le rapport final en 1981 :
- Les données récoltées excluent la formation de l'image par peinture. L'image du corps est formée par la coloration monochrome et superficielle des fibres de lin (d'une profondeur de l'ordre de 40 microns). Elle résulte d'un processus de déshydratation oxydante. C'est la présence plus ou moins importante de micro fibrilles altérées qui va donner l'aspect plus ou moins foncé de l'image du corps.
- La densité de coloration de l'image du visage, analysée par un instrument de la NASA, met en évidence une information de nature tridimensionnelle.
- Les informations de nature physique, chimique, biologique et médicale ne permettent pas d'expliquer la formation de l'image. Cela dépasse les connaissances des scientifiques en 1981.

---

[95] « Shroud of Turin Research Project »
[96] Centre international d'études sur le Linceul de Turin
[97] Congrés de spécialistes autour d'un sujet précis

4.2.6 Les autres linceuls

Linceul de Compiègne

Charlemagne reçut plusieurs reliques, en l'an 799 et 800, de Constantinople de l'impératrice Irène, des empereurs Nicéphore Logothète, Michel Europolate et Léon l'Arménien. Il obtient également des reliques du patriarche Jean de Jérusalem, et d'Aaron, roi de Perse qui règne sur les lieux saints[98].

Louis le Pieux transporte des reliques d'Aix-la-Chapelle à l'abbaye[99] impériale de Cornelimunster. Elle est située à deux lieux au Sud d'Aix-la-Chapelle. Parmi les reliques se trouve le « sindon munda » ou Linceul pur ou fin linge propre.

En 875 Charles le Chauve, petit-fils de Charlemagne, donne le Linceul à l'abbaye Saint Corneille de Compiègne.

Un Procès-verbal[100] est établi en l'an 1628 :

« C'est un linge qui paraît si ancien, qu'à grand peine peut-on discerner la qualité de l'étoffe, ayant en longueur deux aulnes, & un peu plus qu'une aulne de largeur[101] ; cossiné, faisant plusieurs replis... les liqueurs et onguents aromatiques le rendent plus épais que les linges communs, & empêchent que l'on ne puisse discerner la couleur de l'étoffe, estimée par la plupart des artisans être de coton, ou fin lin tissu, façon de toile de Damas. »

« Outre le Saint Suaire nous conservons dans la même châsse, le morceau... (dernier procès verbal) *d'un drap de soie, ou coton fort blanc, pouvant avoir demie aulne en tous sens* (environ 60 cm), *sur lequel paraissent quelques marques ou vestiges de taches rouges*. Joignez à cela, un *petit paquet de drap de soie de plusieurs couleurs, bleue, rouge & jaune*. Cela est conforme à ce qu'en écrit l'évêque de Soissons, il y a un peu moins de deux cents ans. La tradition, les anciens titres de Compiègne, & quelques historiens disent, que ce petit linge blanc est une partie d'un autre suaire de Jésus-Christ ; & que le petit paquet n'est autre chose que quelques bandelettes qui ont été d'usage pour lier son corps dans le tombeau, selon la pratique qui était ordinaire des Juifs. »

---

[98] Annales de France et vie de Charlemagne par Eginhard, chancelier de Charlemagne
[99] De l'ordre de Saint Benoît
[100] D'après histoire du Saint Suaire de Compiègne Par Dom Jacques Langellé, Religieux Bénédictin de la Congrégation de S. Maur. 1684
[101] Le linge fait 2,34 m x 1,17 m

Dans une lettre du 16 juillet 1866, M. l'abbé Bourgeois, vicaire général et archiprêtre de Compiègne répond à Mgr l'évêque de Beauvais concernant les reliques (**Annexe 4.9**). Le prêtre relate le manuscrit original de l'inventaire du trésor de l'abbaye royale de Saint-Corneille : « *Dans une belle châsse … se conserve le saint suaire de Notre-Seigneur, dans lequel il fut enseveli par Joseph d'Arimathie à la descente de la Croix. Il y a aussi quantité de bandelettes qui se trouvèrent autour de son corps lorsqu'il fut mis dans le sépulcre, selon la coutume des Juifs. Sur la marge, on lit : Le saint suaire transporté d'Aix-la-Chapelle à Compiègne & donné à cette abbaye par l'empereur Charles le Chauve, l'an 877.* »

D'après l'inventaire, se trouvent dans le reliquaire les bandelettes qui ont servi à envelopper Jésus dans le Linceul (voir traces des bandelettes sur le Linceul de Turin) et un linge pur donc un linge qui a pu servir à l'ensevelissement du Christ mais mis au-dessus des autres linges car il n'est pas taché.

Le prêtre précise le devenir de la relique :

« *Depuis la Révolution, qu'est devenue la précieuse relique ? Nous n'en conservons aucune trace dans nos reliquaires, & j'ai entendu dire que cette précieuse étoffe, tombée entre les mains de femmes ignorantes, avait servi à des usages profanes, jusqu'à ce que, réduite à l'état de chiffon, elle ait cessé d'exister.* »

Une autre version historique indique : « *Il est conservé dans l'église Saint-Corneille de Compiègne jusqu'en 1840. À cette date, une servante le réduit en bouillie dans une cuve d'eau chaude en voulant lui redonner sa première blancheur.* » Cette version est cependant moins crédible car le prêtre écrit peu de temps après en 1866 ...

Faux linceuls (Annexe 4.10)

Les faux linceuls sont celui de Besançon (empreinte d'un homme nu, supplicié de face, mais sans empreinte du dos), de Cadouin (tissu datable du début du règne de Musta'li - calife d'Égypte de 1095 à 1101), et de Lierre (reproduction au format 1/3 du Linceul de Turin).

4.3 Caractéristiques du Linceul
4.3.1 Datation
Datation au Carbone 14 :
Datation au Carbone 14

La méthode de datation dite « au carbone 14 » est une mesure de proportion entre le carbone 12 stable très répandu et le carbone 14, un isotope[102] radioactif du premier qui est fabriqué dans la haute atmosphère en faible quantité.

Les êtres vivants absorbent le gaz carbonique présent dans l'air et la proportion entre le C12 et le C14 est constante au sein de leurs molécules. Lorsque l'organisme meurt, il n'y a plus d'apport de C14 et sa teneur diminue. En mesurant la proportion restante de C14, on peut déduire par une loi mathématique simple, le temps écoulé depuis la mort.

Les échantillons sont identifiés et datés du moyen-âge.

L'inventeur de la datation au radiocarbone, le prix Nobel Williard Franck Libby, exprime des doutes sur la mesure car le Linceul était un objet trop contaminé.

Réparation par retissage avec du coton

Un couple d'américains découvre une intense couleur verte et un décalage du tissage en chevron sur la zone choisie pour prendre l'échantillon du test au carbone 14.

Les spécialistes du tissage interrogés indiquent qu'il s'agit d'une réparation avec du coton du XVIe siècle par retissage. Ceci explique que la datation s'échelonne sur plusieurs siècles, selon le lieu d'extraction des échantillons plus ou moins chargés en coton suite à la réparation.

En 2005, Raymond Rogers, interpelé par ces découvertes, étudie deux échantillons[103]. Il trouve du coton avec de la gélatine et du mordant de teinture. C'est le seul endroit teint du Linceul. Le coton de réparation est tissé avec le lin fibre par fibre. Il est teint ensuite pour rendre la réparation invisible.

Le Linceul a subi des restaurations en 1534 dans les zones de

---

[102] Atomes ayant le même nombre de protons mais un nombre de neutrons différent
[103] Échantillon du professeur Raes récupéré en 1973 par ce professeur de l'Université de Gand en vue d'études textiles et échantillon certifié non utilisé par un laboratoire

prélèvement qui ont donc été renforcées par du fil de coton. Les fils de coton sont entremêlés aux fils de lin (retissage) et teints pour rendre la réparation quasi parfaite, non détectable à l'œil nu.

En août 2008, lors d'une conférence, Robert Villarreal, chimiste au laboratoire national de Los Alamos, confirme que les nouvelles analyses, menées avec son équipe sur trois échantillons du Professeur Raes, aboutissent à la conclusion que ceux-ci sont constitués de coton. L'échantillon soumis à l'analyse C14 n'est pas représentatif du Linceul.

Datation par rayons X
Le texte de la datation est une synthèse de l'article de Bérengère de Portzamparc publié le 20/04/2022 sur Aleteia et de l'article de Famille chrétienne du 22/04/2022.

Publication d'une étude de datation aux rayons X
Le 11 avril 2022, une étude est publiée par des chercheurs italiens sous le nom : « *X-ray dating of a linen sample from the Shroud of Turin* » (Datation par rayons X d'un échantillon de lin provenant du Linceul de Turin). Cette étude s'appuyant sur une nouvelle technique de datation, atteste que le drap aurait bel et bien 2 000 ans, soit l'âge du Christ. Le directeur de l'étude est Liberato De Caro, un éminent spécialiste du linceul de Turin et membre du Centre National de Recherche (CNR) italien.

L'étude s'appuie sur des rayons X pour analyser le linceul *« à l'échelle des atomes »*. Concrètement, cette méthode d'analyse, appelée « Wide Angle X-Ray Scattering » (WAXS), consiste à mesurer le vieillissement naturel de la cellulose de lin à l'aide de rayons X, puis de le convertir en temps écoulé depuis la fabrication. Les résultats ont été comparés à ceux d'autres échantillons de tissus de lin authentifiés, d'un âge variant entre 3000 av. J.-C. et 2000 ap. J.-C.

Accompagné d'une équipe de chercheurs et en collaboration avec le professeur Fanti de l'Université de Padoue, Liberato De Caro a utilisé une méthode de « diffusion des rayons X aux grands angles » pour examiner le vieillissement naturel de la cellulose se trouvant dans un échantillon du linceul de Turin. Et il est formel : le Saint-Suaire est bien plus vieux que les sept siècles que lui avaient accordés les scientifiques qui avaient procédé en 1988 à une datation au carbone 14. Il aurait en réalité bien 2.000 ans.

Dans une interview accordée au National Catholic Register, deux jours après la publication de cette étude, Liberato De Caro détaille sa démarche scientifique, lui qui cherche à percer le mystère du Saint-Suaire depuis près de 30 ans : « *Nous avons mis au point une méthode permettant de mesurer le vieillissement naturel de la cellulose de lin à l'aide de rayons X, puis de le convertir en temps écoulé depuis la fabrication. Cette nouvelle méthode de datation, basée sur une technique appelée Wide Angle X-ray Scattering (WAXS), a d'abord été testée sur des échantillons de lin déjà datés par d'autres techniques, sur des échantillons n'ayant rien à voir avec le Linceul, puis appliquée à un échantillon prélevé sur le Linceul de Turin.* » Les résultats de la recherche ont été publiés dans la revue internationale Héritage après un mois de préparation et d'examen par ses pairs et ont également été mis en évidence sur le site web du Conseil national italien de la recherche.

Une technique plus fiable que la datation au carbone 14

La nouvelle technique est plus fiable que la datation au carbone 14 tout simplement parce qu'elle n'est pas influencée par la présence de nouvelles particules qui se seraient ajoutées au cours du temps entre les fibres du tissu, et qui peuvent fausser les résultats de la datation au carbone 14. Le directeur de l'étude explique les choses ainsi : « *les échantillons de tissu sont généralement sujets à toutes sortes de contaminations, qui ne peuvent pas toujours être contrôlées et complètement éliminées du spécimen daté. Environ la moitié du volume d'un fil de fibres naturelles est un espace vide, un espace interstitiel, rempli d'air ou d'autre chose, entre les fibres qui le composent. Tout ce qui se trouve entre les fibres doit être soigneusement retiré. Si la procédure de nettoyage de l'échantillon n'est pas minutieusement effectuée, la datation au carbone 14 n'est pas fiable.* » Au contraire, l'analyse WAXS se fait directement au niveau des fibres.

D'autres recherches à venir

Cela présente d'ailleurs un autre avantage : l'échantillon nécessaire à l'analyse WAXS est singulièrement plus petit que celui utilisé pour la datation au carbone 14. Les chercheurs italiens n'ont eu besoin que d'un morceau de lin de 0,5 mm × 1 mm. Enfin, l'analyse par rayons X est *« non destructive, elle peut donc être répétée plusieurs fois sur le même échantillon »* alors qu' *« une seule mesure du contenu en carbone 14 peut être effectuée sur le même échantillon »*, poursuit Liberato De Caro.

Les recherches ne sont pas pour autant terminées. Cette nouvelle étude a certes été évaluée par d'autres scientifiques ainsi que trois experts indépendants et le rédacteur en chef de la revue, mais Liberato De Caro invite à ne pas en rester là. *« Il serait plus que souhaitable de disposer d'une collection de mesures aux rayons X effectuées par plusieurs laboratoires, sur plusieurs échantillons, tout au plus millimétriques, prélevés sur le Linceul »* a-t-il fait savoir au National Catholic Register. Cela donnerait en effet plus de poids aux conclusions de l'étude face aux résultats obtenus par la datation au carbone 14.

Autres études de datation

Les quelques points ci-dessous sont développés par la suite. Ils sont regroupés ici car ils attestent de l'antiquité du Linceul.

Le tissu du Linceul est d'excellente qualité. Il est fabriqué sur un métier à tisser à 4 pédales utilisé au Moyen-Orient dans l'antiquité.

Mme Flury-Lemberg étudie une couture latérale très ancienne située à neuf centimètres du bord supérieur du drap. Elle retrouve une couture identique sur des restes de textiles antiques découverts dans la forteresse de Massada en Judée (prise par les romains le 2 mai 73). La finition de cette couture est inconnue en Europe au Moyen-âge.

Le lin est blanchi après son tissage, probablement par immersion, dans un bain réducteur. Cette technique est abandonnée à partir du VIIIe siècle au profit d'un blanchiment avant tissage.

Une série de trous correspond à des brûlures antérieures à l'incendie de Chambéry de 1532. Elles sont antérieures à 1195, car elles figurent sur la miniature du Codex Pray[104].

---

[104] Voir données historiques

4.3.2 Dimensions

Il s'agit d'un linge mesurant 4,35 m sur 1,09 m.

Ian Dickinson a étudié la métrologie antique et a découvert que ces dimensions correspondaient exactement à 8 x 2 coudées juives.

Le Linceul est constitué de deux morceaux.

Le premier morceau mesure 4,35 m sur 1,00 m (soit 92 % de la surface). Le second morceau mesure 3,8 m sur 9 cm (soit 8 % de la surface). Ce morceau est une bande ajoutée à une époque indéterminée mais antérieure à 1357, car elle figure déjà sur une représentation du Linceul de Lirey. Grâce à cette bande, l'image apparaît centrée en largeur. La bande latérale est un peu plus courte que le Linceul.

L'épaisseur du tissu est de 0.3 mm et son poids total est de 1,12 kg, soit une densité moyenne de 20 à 23 mg/cm².

Le Linceul comprend 2 faces. La première permet de voir une double silhouette humaine. La seconde est recouverte d'une toile rouge par les Clarisses de Chambéry en 1534 pour renforcer le tissu du Linceul. Cette étoffe rouge, en toile de Hollande, est cousue au Linceul sur toute sa longueur de 15 en 15 cm. Elle est décousue en 2002 lors d'une restauration du Linceul.

4.3.3 Matière

Le drap du Linceul est rectangulaire, tissé en chevron, et est composé de fibres de lin avec quelques fibres de coton[105] entrelacées.

Le lin est une plante herbacée à fleurs bleues. Elle est cultivée pour ses graines qui donne l'huile de lin et pour ses tiges qui donne un tissu (après extraction des fibres, filage et tissage).

La constitution d'un fil de lin est précisée en **Annexe 4.11**.

---

[105] Mise en évidence de coton à l'état de trace en surface par le STURP

4.3.4 Constitution du tissu

Tissu

Le tissu est un sergé de lin à chevrons en arêtes de poisson. Il correspond à un tissu antique d'excellente qualité, fabriqué sur un métier à tisser à 4 pédales utilisé au Moyen-Orient dans l'antiquité.

Certaines parties des fibrilles du Linceul sont devenues jaunes. Ceci s'explique par le fait que la cellulose constituant les fibres de lin a subi une oxydation-déshydratation[106].

Le Linceul de Turin est fait de lin tissé « en chevron 3 lie 1 », mode de tissage utilisé à l'époque du Christ, mais connu uniquement pour la soie. Chaque fil de trame passe par-dessus 1 fil de chaîne puis par-dessous les 3 fils suivants, etc.... À chaque nouveau fil de trame, le croisement est décalé d'un fil de chaîne et ceci 40 fois de suite (soit 11 cm environ), ce qui donne l'aspect oblique du tissage. Puis il y a changement de sens, ce qui donne l'aspect oblique « inversé ». L'ensemble donne l'aspect en chevron.

Pour le fil utilisé sur le Linceul, la torsion s'est faite à l'envers de sorte que l'aspect du fil est en forme de Z. Il semble que cet aspect soit dû au fait que le lin a été filé simultanément des deux mains.

Le diamètre du fil varie avec la matière et l'habileté de la fileuse.

Monsieur Gabriel Vial[107] a fait une communication extrêmement détaillée au Symposium de Paris de 1989. Il explique qu'il faut un métier à tisser équipé de quatre lames sur lesquelles sont passés les fils pour obtenir cet aspect en chevron. Sur 4000 fils, il y a inévitablement des erreurs de passage de fils, et ces erreurs se reproduisent bien évidemment tout au long du tissu.

Le lin est blanchi après son tissage, probablement par immersion, dans un bain réducteur. Cette technique est abandonnée à partir du VIIIe siècle au profit d'un blanchiment avant tissage.

---

[106] D'après les communications de Maurizio Bettinnelli au Symposium de Rome en 1993 et Eberhard Lindner au Symposium de Nice en 1997
[107] Bibliographie CIELT, Actes du Symposium de Paris de 1989, le Prélèvement, étude du tissu

Absence de traces de laine

Sur le Linceul on a retrouvé des traces indiscutables de coton. Il s'agit d'un coton à 8 spires par centimètre, ce qui est caractéristique du Gossypium herbaceum, cotonnier du Moyen-Orient[108]. Le tissu a donc été tissé sur un métier qui a servi à tisser aussi du coton.

Ces métiers à tisser sont utilisés également pour la laine et le coton mais sans mélange. Un métier à tisser est soit utilisé pour les fibres d'origine végétale (lin, coton) soit pour les fibres d'origine animale (laine).

Les études d'échantillon faites dès 1973 par le Professeur Raes ont montré que le tissu de lin comporte une « pollution » par du coton, mais aucune par de la laine. La religion juive[109] impose d'utiliser des métiers différents pour tisser les fibres d'origine végétale et animale.

Intervention d'une spécialiste mondiale des tissus antiques

En 2000, le Vatican demande une restauration du Linceul à une spécialiste des tissus anciens, Mme Flury-Lemberg. Après des études préliminaires, la restauration est réalisée en 2002.

Cette intervention consiste à enlever les éléments de restauration[110], à éliminer les résidus polluants, à installer le Linceul sur une nouvelle toile de lin neutre, à recueillir sang, terres, et poussières dans une trentaine de tubes.

La surface étudiée est plus propre et plus nette. Les résidus de l'incendie de 1532 qui menacent le tissu sont enlevés.

Comme les pièces de consolidation sont retirées, le Linceul ne peut plus être vu qu'à plat. Il est exposé derrière une vitre blindée et dans un caisson rempli de gaz inerte dont l'atmosphère est contrôlée en permanence.

Cette intervention a permis d'observer pour la première fois la face cachée du Linceul. À cette occasion de nombreuses photos en haute résolution sont prises de la face cachée.

---

[108] Aucun cotonnier ne pousse à cette époque en Europe
[109] Interdiction par une loi judaïque de mélanger les fibres animales et végétales
[110] Différentes pièces posées après l'incendie de 1532 dont la plus grande mesure 20 x 30 centimètres et la doublure en tissu de Hollande implantés à Chambéry en 1534

Mme Flury-Lemberg étudie une couture latérale très ancienne située à neuf centimètres du bord supérieur du drap. Elle retrouve une couture identique sur des restes de textiles antiques découverts dans la forteresse de Massada en Judée (prise par les romains le 2 mai 73). La finition de cette couture est inconnue en Europe au Moyen-âge.

Le Linceul est une partie d'un tissu beaucoup plus large, tissé sur un métier à tisser souvent utilisé dans l'antiquité, particulièrement en Égypte, et pouvant atteindre 3,50 m. La pièce est ensuite coupée en 3 parties : 2 larges et une bande étroite. Le Linceul actuel comprend une étroite bande cousue sur sa longueur et qui est du même tissu que le Linceul. La bande étroite a été jointe à une des pièces larges pour former le Linceul actuel.

4.3.5 Tissu exceptionnel

La fibre de lin peut être tordue en torsion ordinaire en S. C'est la plus fréquente, elle suit la position que les fibres tendent à prendre en séchant. La fibre peut être tordue de façon exceptionnelle en Z. Cette torsion force le lin par rapport à sa position plus naturelle. Les sources hébraïques anciennes parlent alors de « lin retors ».

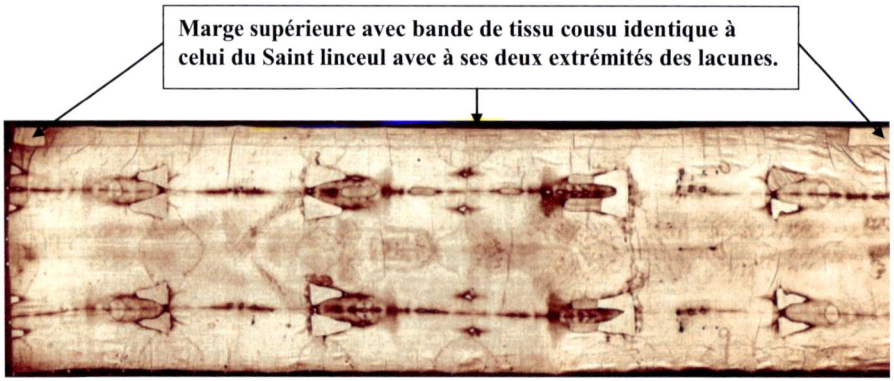

Marge supérieure avec bande de tissu cousu identique à celui du Saint linceul avec à ses deux extrémités des lacunes.

Photographie de Giuseppe Enrie en 1931 du Linceul de Turin
(Origine photo http://commons.wikimédia.org)

4.4 Formation de l'image

4.4.1 Traces d'incendies

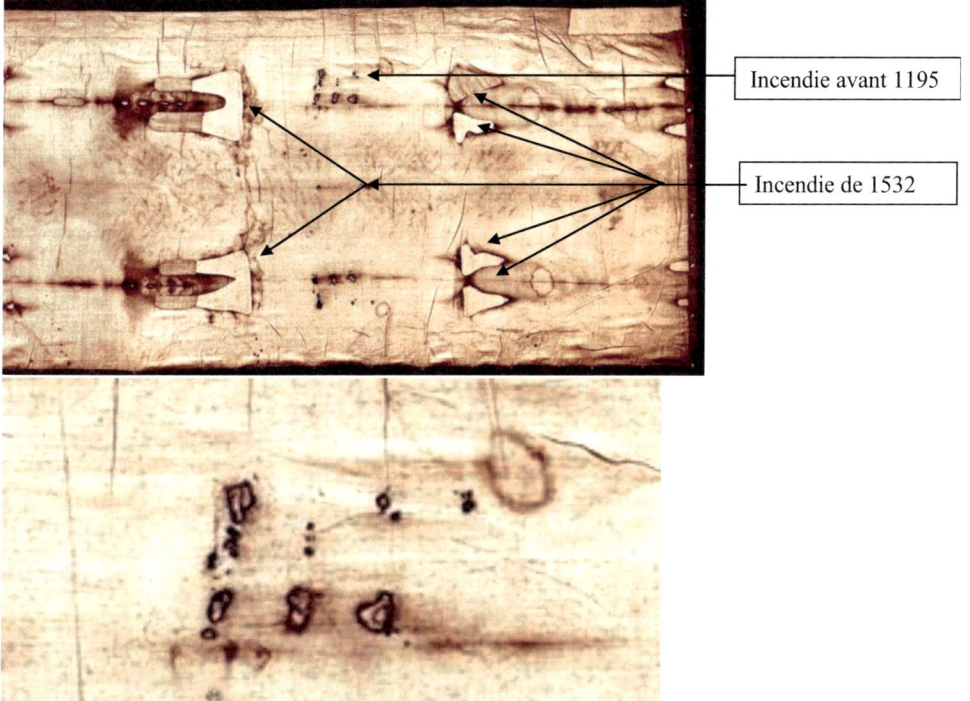

Photographie de Giuseppe Enrie en 1931 du Linceul de Turin et agrandissement traces incendie avant 1195

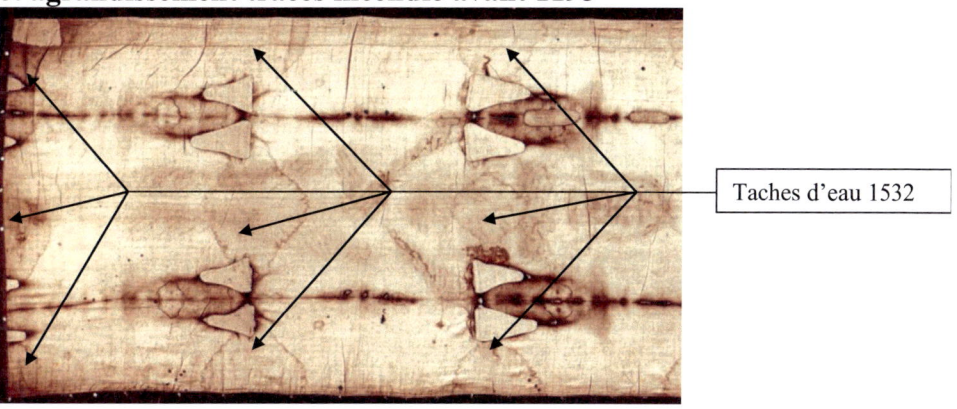

Photographie de Giuseppe Enrie en 1931 du Linceul de Turin (Origine photo http://commons.wikimedia.org)

Incendie antérieur à 1195

Une première série de trous correspond à des brûlures antérieures à l'incendie de Chambéry de 1532. Elles sont déjà documentées par une copie picturale du Linceul en 1516 et actuellement conservée à Lierre, en Belgique. Elles sont antérieures à 1195, car elles figurent sur la miniature du Codex Pray[111].

Ces quatre séries de brûlures sont de forme circulaire, avec une disposition symétrique. La disposition de ces brûlures, différente de celles de Chambéry, renvoie à un autre système de pliage du Linceul.

Ces lacunes n'ont pas été réparées.

Incendie de Chambéry en 1532

Le Linceul est conservé dans une châsse en argent dans la Sainte Chapelle de Chambéry. Il est plié 4 fois soit en 8 épaisseurs.

Un incendie a eu lieu dans la nuit du 3 au 4 décembre 1532 à Chambéry.

Le contact avec la paroi surchauffée de la châsse explique les deux lignes de brûlure sombre de part et d'autre de la silhouette. Du métal fondu a coulé sur le Linceul et en a transpercé les replis en créant des lacunes caractéristiques de forme triangulaire.

Les Clarisses de Chambéry ont ajouté 22 pièces de tissu, 14 grandes et 8 petites, entre le 16 avril et le 2 mai 1534. Les rapiéçages se reconnaissent par la couleur et à la trame du tissu. Les moniales ont cousu le Linceul sur une toile de Hollande.

Le tissu autour des rapiéçages est plus sombre, parce qu'il a été roussi par la chaleur.

---

[111] Voir données historiques

Taches d'eau

Au cours de l'incendie de 1532, il fut nécessaire d'utiliser de l'eau pour protéger la châsse et la transporter afin de mettre le Linceul à l'abri. Celle-ci pénétra à l'intérieur de la châsse et mouilla la quasi-totalité du Linceul. Les sept zones en forme de losanges que l'on peut voir aujourd'hui sur le Linceul représentent en effet les quelques endroits qui ont échappé à l'eau. La forme et la répétition des zones s'expliquent par le système de pliage du Linceul.

Le bord de la tache, plus sombre, a une forme en zigzag. L'eau a en effet déplacé des substances (suies, poussières…) qui se trouvaient sur le Linceul.

Composition du Linceul par deux images superposées.

L'image jaune ou brune est superposée avec une image sanguine un peu décalée mais cohérente avec l'image précédente.

La première est composée des taches[112] de sang et des divers liquides du corps, eau et sérum, qui ont coulé sur le Linceul qui les a absorbés. L'image sanguine est une formation par contact. Elle n'est pas exactement superposable à l'image corporelle.

La seconde, l'image de la double silhouette est monochrome, jaune sépia. Elle n'apparaît pas sous les taches de sang. L'image du corps est postérieure à l'image sanguine.

---

[112] Taches rouge foncé montrant diverses blessures

4.4.2 Caractéristiques de l'image sanguine

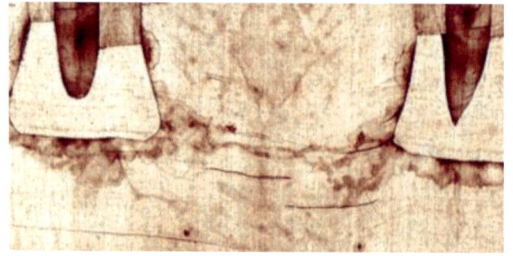

Les traces de sang frais au niveau des reins

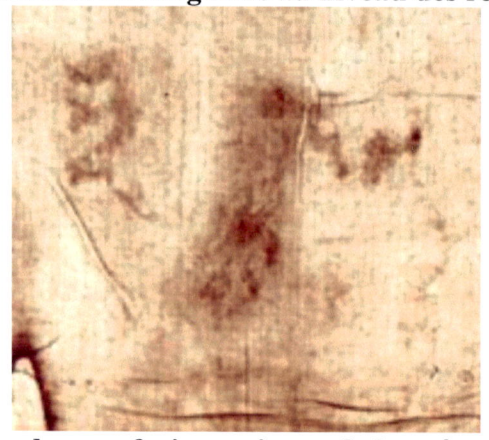

Les traces de sang frais au niveau de la voûte plantaire

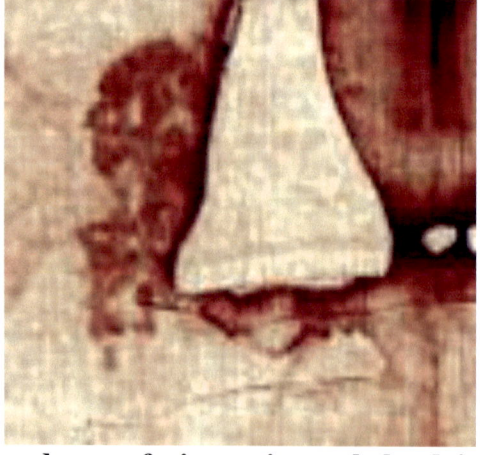

Les traces de sang frais au niveau de la plaie du côté
Photographie positive de Giuseppe Enrie en 1931
(Origine photo http://commons.wikimedia.org)

Le Linceul a épousé le relief du corps à l'ensevelissement car les taches de sang du côté de la tête sont un peu décalées vers l'extérieur.

Les taches de sang ont traversé le tissu et certaines sont visibles au verso. Elles ont donné lieu au phénomène de capillarité. La substance s'est introduite entre les fibres de lin qui sont collées entre elles.

Des analyses sont effectuées par le STURP à partir de 1978 sur les marques brunes apparaissant sur le Linceul aux emplacements correspondant aux stigmates de Jésus. Les résultats sont confirmés par observation au microscope, par fluorescence X, par analyse spectroscopique et chimique et par différents traitements optiques.

Les taches rosées contiennent une concentration anormalement élevée de fer. L'analyse met en évidence :
- la présence de méthémoglobine et d'hémoglobine par sa bande caractéristique[113] en spectrophotométrie,
- la présence de porphyrine[114] par sa fluorescence rouge en lumière ultra-violette.

A la périphérie de ces taches, l'analyse a détecté la présence d'albumine[115], des immunoglobulines, de sérum, de la bilirubine[116].

Les taches rosées et brunes sont constituées par du sang d'un homme dont le groupe sanguin est AB.

Les taches rosées sont à bord net, non étoilé. Elles ne sont pas formées par du sang liquide ayant imprégné le tissu. Les traces rosées ne correspondent pas à un écoulement de sang frais. En effet si on verse une goutte de liquide comme du sang frais sur un tissu, il se diffuse par capillarité dans toutes les directions en donnant une image dont le bord est étoilé.

---

[113] Bande Soret
[114] Constituant de l'hémoglobine
[115] Constituant du plasma
[116] Substance qui se retrouve dans le sang de ceux qui ont subi des souffrances extrêmes

Deux endroits sur le Linceul sont constitués de sang frais non coagulé. La première trace se situe au niveau de la coulée postérieure des reins. La seconde trace va de la plaie de la voûte plantaire sous le pied droit en direction du talon, et se répand ensuite dans le tissu.

Le mécanisme de la formation des images de sang sur le Linceul est décrit par le Docteur Barbet. Les caillots sanguins récemment formés sur la peau ont suffisamment d'humidité pour donner un décalque de leur forme sur le tissu. Les caillots plus anciens ont été ré-humidifiés par l'atmosphère humide, à l'intérieur du Linceul. Le corps se refroidit en plusieurs heures et dégage un peu de vapeur d'eau. Cette vapeur imprègne le caillot et laisse sa marque sur le tissu.

4.4.3 Caractéristiques de l'image Jaune sépia

Négatif photographique

L'invention de la photographie vers 1840 a permis de comprendre l'image du Linceul.

Le 28 mai 1898, le photographe amateur italien Secondo Pia prend la première photographie du Linceul. Secondo Pia, dans sa chambre noire à peine éclairée par la lumière rouge, s'attend à obtenir une image négative de mauvaise apparence au fond du bac de révélateur. Or progressivement, la silhouette floue habituelle du Linceul se transforme pour devenir l'image positive nette d'un mort. L'image du Linceul est une sorte de négatif. Secondo Pia en faisant le négatif d'un négatif découvre à sa stupéfaction une image positive.

Plus précisément, l'image sur le Linceul est un « relief » négatif, dans lequel les secteurs du corps touchant le tissu sont plus foncés. En effet avec un négatif « photographique » les secteurs du corps avec une pigmentation plus légère sembleraient plus foncés sur le tissu. Un exemple de cette distinction peut être vu dans la barbe, qui semble plus foncée sur le Linceul au bout du menton, là où elle touche le tissu. Les observateurs ont remarqué que les détails et reliefs de l'homme du Linceul sont considérablement augmentés sur le négatif photographique.

L'image n'existe pas sous les taches de sang. L'image existe sous les inscriptions découvertes autour du visage et sous les taches d'eau consécutives à l'incendie. Ceci détermine l'ordre des impressions : taches de sang, image, inscriptions et taches d'eau.

Négatif magnétique

Fin avril 1988, un physicien[117] italien participe au prélèvement d'échantillons sur le Linceul, en vue de la datation au C 14. Il signale que l'examen des prises de vue vidéo effectuées pendant le prélèvement, montre que le Linceul n'est pas un négatif photographique, mais un négatif magnétique. Il indique : « La bande d'enregistrement présente une inversion chromatique parfaite, et non l'inversion de position propre à un négatif photographique. »

Dans un négatif photo, le spectre des couleurs est inversé par rapport aux couleurs naturelles et il se produit un décalage de la position des couleurs. Dans un négatif magnétique, il n'y a pas de décalage de la position des couleurs et l'inversion chromatique est parfaite.

Un négatif de la nature du Linceul ne peut être obtenu que sous l'effet d'un champ magnétique.

Image à 3 dimensions

Un sculpteur[118] français, étudie le Linceul, dès le début du XXe siècle. Il pense que ce « négatif » n'est pas un négatif habituel et qu'il peut exister une relation entre l'intensité de la coloration de l'image et la distance séparant le Linceul du corps. Avec les moyens de l'époque, il réalise un montage permettant de sculpter dans de la gélatine une représentation en 3 dimensions de l'homme du Linceul.

En 1976, 2 ingénieurs[119] de la NASA obtiennent une représentation en trois dimensions du corps représenté sur le Linceul. Ils utilisent un appareil[120] pour « scanner » l'image du Linceul de Turin. Cet appareil calcule une « élévation » d'une zone d'une image en fonction du caractère plus ou moins clair ou foncé de cette zone. Ils produisent une image de nature tridimensionnelle, unique par son caractère. Ce résultat est confirmé par d'autres techniques de traitement d'image.

La coloration de l'image est fonction de la distance qui sépare le corps du Linceul en chaque point. Une distance courte entraîne une grande intensité. Une distance supérieure à 4 cm ne permet pas de

---

[117] Giovanni Riggi di Numana
[118] Gabriel Quidor
[119] MM. Jumper et Jackson
[120] Analyseur VP-8 développé à l'origine par la NASA pour la reconnaissance planétaire

colorer les fibres. La relation mathématique, entre l'intensité de la coloration jaune et la distance séparant le corps du Linceul, est dénommée tridimensionnalité. Elle est unique au monde sur une image et impossible à reproduire sur une photographie. Elle permet de reconstituer en trois dimensions l'image du Linceul.

Aucune photographie connue au monde ne possède cette particularité de tridimensionnalité de l'image. Les photographies sont formées à partir de la lumière réfléchie par les objets. Cette lumière vient de plusieurs directions. Des essais, menés avec des éclairages unidirectionnels, n'ont eu que des résultats très décevants. La lumière à l'origine de l'image du Linceul provient du corps lui-même.

La tridimensionnalité est une propriété intrinsèque de l'image du Linceul. L'information tridimensionnelle est codée dans une structure en deux dimensions. Il est impossible à l'heure actuelle de faire une image ayant les caractéristiques de tridimensionnalité du Linceul.

Isotropie de l'image

Les recherches par informatique sur des photos du Linceul ont montré l'absence de toute direction dans l'image. L'image ne permet pas de déceler une direction privilégiée de lumière. L'absence de direction de la lumière qui aurait éclairé le sujet reproduit sur le Linceul et le codage d'informations 3D dans l'image du Linceul sont inconnus dans la photographie classique. Le codage en relief et l'isotropie montrent que l'énergie nécessaire émane du corps lui-même et non d'une source extérieure. Le corps est lui-même la source de l'image du Linceul.

Latéralisation de l'image

Sur le Linceul il y a renversement de la partie droite et de la partie gauche de l'image du corps comme dans un miroir. Sur la vue de face, la gauche du corps est représentée sur le côté gauche du tissu (et sur notre gauche), mais, sur la vue de dos, la gauche du corps est sur la droite du tissu (et sur notre droite). La main et le pied gauches cachent la main et le pied droits. La blessure du thorax est située à sa droite.

Précision de l'image

Sur la photo en négatif du Linceul certains détails de l'image sont visibles et extrêmement précis (traces de flagellation…) alors que sur l'image directe, en positif, ils sont à peine décelables. Nous pouvons parler d'une image précise ou à haute résolution.

Absence de saturation de l'image

L'examen par les techniques d'imagerie moderne montre l'absence de saturation de l'image. Elle n'est ni surexposée, ni sous-exposée à la lumière. L'image est de haute résolution[121].

Absence de contour de l'image

L'analyse précise du Linceul montre l'absence de contour de l'image. Les bords de l'image s'estompent progressivement, sans limite nette visible. L'intensité de la teinte jaune ne dépend pas d'une variation de l'intensité de la teinte de chaque fibrille, mais du plus ou moins grand nombre de fibrilles colorées. L'image est constituée de points colorés.

Non distorsion

L'image ne peut pas être faite uniquement par contact étroit avec une surface en relief car on obtiendrait une distorsion évidente dans les zones au relief accentué comme le visage. L'image n'a pas de distorsion, ce qui lui donne un aspect réaliste.

Aucune partie du corps n'est déformée. Ceci s'explique si, l'image représentée sur le Linceul en 2 dimensions, est l'image d'un homme dont les proportions de chacune des parties respectent les règles de la projection orthogonale sur un plan, comme sur une peinture réaliste moderne ou une photo.

L'image est projetée verticalement sur le plan du Linceul en respectant les lois de la projection et de la perspective.

---

[121] Ou finesse des détails de l'image

Double superficialité de l'image

L'endroit du Linceul existe depuis des siècles avec l'image bien connue. L'envers du Linceul est inaccessible depuis 1534. Les religieuses ont en effet recouvert[122] cette face d'une toile protectrice[123], en la cousant au Linceul en de nombreux endroits.

En 1978, l'équipe du STURP a accès par endoscopie à une petite partie de l'envers et note que les taches de sang ont bien traversé le tissu. Elle ne décèle aucune image évidente.

En 2002, lors de la restauration, la toile de Hollande est entièrement séparée du Linceul. Ghiberti peut prendre des photographies de très haute qualité de la totalité de l'envers.

La découverte de la face cachée du Linceul permet de constater que les liquides corporels (sang, sueur) ont traversé le tissu et que la même silhouette apparait des deux côtés du drap.

Le professeur Fanti[124] réalise en 2004 un traitement numérique des photos de Ghiberti pour éliminer les « parasites » :
- numérisation des images,
- utilisation de techniques de filtrage pour éliminer bandes verticales et plis,
- découpe en fenêtres, filtrage et réduction des « parasites »,
- uniformisation de l'arrière plan et augmentation du contraste.

Le professeur discerne dans les photos « brutes » de l'envers des traces ténues de l'image du visage.

Du côté envers, l'image est atténuée et brouillée, mais sont visibles : les cheveux, la coulée en forme d'epsilon, le nez, la barbe, la moustache au même endroit que sur la face ventrale. L'utilisation de logiciels de reconnaissance des formes arrive à corréler des parties d'image de l'endroit et de l'envers avec un indice de corrélation significatif supérieur à 0,6. L'image existe aussi peut-être au niveau des mains, mais pas au niveau du dos.

La coloration du lin ne pénètre pas à l'intérieur des fibres mais reste superficielle. L'image est doublement superficielle : évidente sur l'endroit, atténuée sur l'envers et absente entre les deux.

---

[122] Suite de l'incendie de 1532
[123] Toile de Hollande
[124] Article revue scientifique « Journal of Optics A » avril 2004

Caractéristiques de l'image jaune sépia
Image constituée par des points

L'image apparaît là où le tissu est situé en regard du corps. L'image ne concerne que les parties antérieures et postérieures du corps. Il n'existe pas d'image visible des faces latérales du bassin ni des jambes. Il n'y a pas d'image entre les deux représentations, antérieure et postérieure, de la tête.

L'image correspond à la projection orthogonale du corps sur le tissu à plat, comme une photographie.

L'image n'est délimitée par aucun trait, un peu comme un tableau impressionniste. Elle est composée d'une infinité de points de la même couleur, plus ou moins rapprochés, de taille microscopique. L'apparence de l'image vient de la juxtaposition de points colorés. D'ailleurs, plus on se rapproche de l'image, plus elle devient difficile à discerner. Il faut un certain recul pour la comprendre.

La coloration jaune est essentiellement monochrome. L'intensité de la teinte jaune ne dépend pas d'une variation de l'intensité de la teinte de chaque fibrille. Elle est fonction du plus ou moins grand nombre de fibrilles colorées.

Aux alentours immédiats des parties brûlées, l'aspect de l'image est inchangé. Elle ne s'altère pas par la chaleur.

Les parties qui ont été arrosées pour éteindre l'incendie de 1532 ont exactement le même aspect. L'eau a entraîné les poussières et le carbone sur le pourtour de la tache. Mais elle n'a pas modifié l'apparence de la coloration des fibrilles. Cette coloration n'est donc pas soluble dans l'eau.

Image superficielle

Il n'y a pas la moindre particule de colorant extérieur (peinture, colle, pigment ou autre). Les traces jaunes ne correspondent pas à un pigment coloré, mais à une oxydation de la fibre du lin.

L'examen microscopique localise la coloration sur les fibrilles situées à la surface des fibres. Là où il y a croisement de fibres, la coloration n'a pas atteint les fibres inférieures. La coloration ne touche que l'extrémité des fibrilles d'environ 2,5 microns de diamètre. Il n'y a pas d'imprégnation en profondeur de la coloration jaune, par infiltration ou par capillarité.

4.4.4 Formation de l'image jaune sépia

Hypothèse de formation de l'image par rayonnement

Les faits scientifiques s'opposent à une formation par contact direct corps-Linceul (formation d'une image dans les secteurs du tissu où le contact est inexistant, absence de déformation de l'image, relation continue entre luminance et distance corps-Linceul, informations trois dimensions contenues dans l'image).

Les faits scientifiques s'opposent à une formation de l'image par diffusion gazeuse (relation continue entre luminance et distance corps-Linceul, haute résolution de l'image, netteté des contours, isotropie).

Au congrès du 14 au 17 juillet 2008 à Ohio, deux professeurs[125] sont intervenus sur la résolution des images. Ces résultats sont en faveur d'une formation de l'image par un phénomène de radiation venant de l'intérieur du corps humain enveloppé dans le Linceul.

Le Père Rinaudo[126] a émis l'hypothèse de la désintégration du deutérium[127] du corps pour expliquer le résultat du test au carbone 14 et le brunissement du tissu. Cette hypothèse n'est plus à retenir car elle nécessite l'existence d'un champ électrique pour canaliser les particules chargées que sont les protons.

Lors de la conférence internationale sur le Linceul de Turin en 2008, M. Giulo Fanti de l'université de Padou a fait une intervention sur la formation de l'image du Linceul par décharge électrique couronne. Mais un champ d'électricité électrostatique a la propriété de dresser les cheveux dans toutes les directions. Rien de semblable n'est visible sur le Linceul, les cheveux, la barbe et la moustache demeurent à leur place.

Lors de la conférence internationale sur le Linceul de Turin en 2008 des professeurs italiens ont fait une intervention sur des expériences avec le laser pour produire l'image du Linceul. Le laser produit une lumière spatialement et temporellement cohérente.

Un éclat court et intense de radiation UV induit des modifications dans la structure cristalline. L'observation montre des analogies avec les fibres du Linceul.

---

[125] Giulio et Roberto Basso de l'université de Padoue
[126] Biophysicien responsable des recherches atomiques à la faculté de médecine de Montpellier
[127] Isotope de l'hydrogène

Formation de l'image par rayonnement électromagnétique

En 2007-2008, le professeur israélien Danin a découvert que « les trous » d'informations 3D du corps trouvés sur le Linceul contiennent de petites fleurs. Ces fleurs ont été interposées entre le corps de Jésus et le Linceul. Elles ont empêchées la formation d'une partie de l'image au niveau du visage et autour des bras et des mains.

Nous savons qu'il n'y a aucune image sous les taches de sang et sous les fleurs. Deux fleurs apparaissent aussi au milieu de l'extrémité de la barbe.

L'image résulte d'une oxydation superficielle de la cellulose du lin qui n'affecte que le sommet des fibrilles du tissu. Cette oxydation est due à un phénomène thermique, puisque les pièces posées sur les yeux de l'homme du Linceul ont, elles aussi, provoqué la même oxydation. L'image est une roussissure, une légère brûlure.

L'image du corps et de la face n'a subi aucune déformation. Elle s'est formée, après l'image des marques de sang, par une projection sur un linge horizontal.

Formation par rayonnement électromagnétique

Deux chercheurs américains, John Jackson[128], et Alan Wangher[129], proposent une formation de l'image par rayonnement électromagnétique. Le chercheur John Jackson a déjà apporté sa contribution sur la tridimensionnalité de l'image.

L'examen des mains de l'homme du Linceul de Turin montre une longueur inhabituelle des doigts. Un examen attentif montre que l'on voit les os et les articulations, des doigts et de la main, y compris l'articulation carpo-métacarpienne cachée dans les muscles de la main. L'os nasal semble également se distinguer.

La résonance magnétique crée un champ magnétique de manière à changer la polarité des électrons constitutifs des cellules du corps utilisé. L'ionisation modifie des caractéristiques intimes de la structure moléculaire de l'organisme. Elle « imprime » sur un papier photographique, l'image détaillée et contrastée des différents organes rencontrés par le rayonnement, au cours d'un balayage systématique.

Le Linceul est un négatif magnétique. Un évènement a modifié la structure des électrons constitutifs des cellules du corps du crucifié. Les effets sont visibles sur le Linceul. Par l'effet photoélectrique découvert par Albert Einstein, le changement de niveau d'énergie de l'électron entraîne une émission de photons.

L'image du Linccul provient d'une émission de photons par le corps qu'il a contenu.

---

[128] Directeur du Turin Shroud Center of Colorado
[129] Professeur au Duke University Medical Center de Durham (Caroline du Nord)

Formation par émission de lumière du corps

L'isotropie et l'existence d'informations à trois dimensions confirment une formation de l'image par projection suivant une direction privilégiée par irradiation. La réalisation de l'empreinte s'explique par un rayonnement électromagnétique.

L'effet de tridimensionnalité de l'image, l'effet d'isotropie de l'image, l'absence d'image sous les taches de sang, les trous d'information 3D sous les fleurs, l'oxydation provoquée par les pièces sur les yeux indiquent que le corps est la source de l'image du Linceul. L'image s'est formée à distance par un transfert d'énergie par irradiation en provenance du corps lui-même.

L'image du Linceul résulte, comme pour une IRM[130], d'une projection de photons. Le Linceul ne présente pas de résidus de combustion. L'empreinte réalisée provient d'une irradiation électromagnétique par photons émis par le corps.

L'image est composée de nombreux points de la même couleur, plus ou moins rapprochés, de taille microscopique. L'apparence de l'image vient de la juxtaposition de points colorés. L'image a donc été produite par la lumière, par une projection de particules de lumière, les photons.

Jean 8, 12 : **« Jésus leur parla une autre fois disant : « Je suis la lumière du monde. Celui qui me suivra ne marchera pas dans les ténèbres, mais il aura la lumière de la vie. »**

---

[130] Image par résonance magnétique

4.5 Études complémentaires
4.5.1 Poussières

La macrophotographie montre sous les talons une grande quantité de poussière d'aragonite agglomérée. Les mêmes traces d'aragonite sont trouvées sur les genoux et sur le nez, mais nulle part ailleurs.

L'étude minéralogique faite par R Levi-Setti dévoile de très grandes similitudes avec l'aragonite que l'on trouve à Jérusalem. Ces poussières d'aragonite, du carbonate de calcium proviennent du travertin, une pierre utilisée en particulier à Jérusalem.

L'homme du Linceul a marché pieds nus sans avoir les mains libres pour amortir les chutes. Ses genoux et son nez ont eu avec le sol un contact suffisamment dur pour que de la poussière s'y incruste.

4.5.2 Pollens et fleurs
Pollens

Max Frei, botaniste et criminologue suisse, prélève des échantillons de la surface du Linceul en 1973 et 1978.

Il identifie 58 variétés de pollens appartenant à des familles de plantes dont 17 d'Europe, 41 d'Afrique ou d'Asie, 44 du bassin méditerranéen, 28 du territoire entre Jérusalem et Jéricho. Ces 28 dernières espèces fleurissent au printemps.

Parmi les 41 espèces d'Afrique et d'Asie, 38 espèces sont présentent simultanément dans les monts de Judée, entre la Mer Méditerranée et la Mer Morte.

La présence de ces pollens, découverte par le Dr Max Frei[131] est également confirmée en juillet 1988 par les Dr Alan Adler et Walter Mc Crone[132], et plus récemment par le Dr Avinoam Danin[133].

La découverte d'images de fleurs explique la présence de nombreux pollens sur le Linceul.

---

[131] Décédé avant de pouvoir publier l'ensemble de ses travaux
[132] Opposant à l'authenticité du Linceul
[133] Palynologue de l'université de Jérusalem

Fleurs

En 1983, Oswald Scheuermann[134] observe sur le Linceul des images florales. En 1985, ces observations sont vérifiées par le Dr Alan Whanger et Mary Whanger. Juste au-dessus de la tête, ils observent les pétales de chrysanthèmes de grande taille situés sur le côté droit à environ 15 centimètres sur le côté et 6 centimètres au-dessus par rapport au sommet de la tête. Puis ils repèrent d'autres fleurs sur le Linceul.

Les Whanger étudient la flore à partir des six livres[135] de botanique d'Israël comportant 2.000 dessins de plantes. Ils identifient alors 28 variétés botaniques sur des centaines de fleurs.

En 1995, les Whanger montrent leurs photos au professeur Danin[136], spécialiste de la flore du Proche-Orient.

Le professeur Danin a vérifié les 28 identifications d'espèces de fleur faites par les Whanger et a identifié des espèces supplémentaires à partir des images. Le professeur Danin a rapidement repéré une image de « Gundelia tournefortii - chardon » sur le Linceul et déterminé que 27 des 28 fleurs poussent dans l'environnement immédiat de Jérusalem. Le fait de les trouver en bon état de fraîcheur indique que le seul endroit dans le monde où le Linceul peut trouver son origine **c'est Jérusalem**.

Le professeur Danin a identifié en particulier des plantes dont le temps commun de floraison de toutes les fleurs est **Mars / Avril :**
- Anémone coronaria,
- Aegyptia Capparis (avec 22 des 24 anthères de 2 millimètres de diamètre),
- Chrysanthemun coronarium (plante commune en Israël),
- Cistus creticus (petit arbuste ne vivant que dans la région de Jérusalem),
- Gundelia tournefortii (50% des pollens trouvés sur le Linceul, arbuste épineux qui pousse entre Jérusalem et la Mer Morte, chardon des champs),
- Lomelosia prolifera,

---

[134] Professeur de physique allemand
[135] « La flore de Palestine » par Michael Zohary et Naomi Feinbrun-Dothan
[136] professeur de botanique à l'université hébraïque de Jérusalem

- reticulatus Hyoscyamus[137],
- Ridolfia segetum,
- Zygophyllum dumosum (câprier qui vit dans la région de Jérusalem, dans la vallée du Jourdain, dans le Sinaï)).

L'intersection spatiale de distribution des plantes est une ceinture étroite entre **Jérusalem et Hébron**. De cet endroit les habitants pouvaient cueillir ces fleurs et les déposer sur le corps de l'homme.

Le professeur Danin a identifié une fleur partiellement ouverte « un aegyptia Capparis », qui s'ouvrent progressivement au cours de la journée. Le degré d'ouverture de cette fleur permet de déterminer son heure de cueillette entre **3 et 4 heures de l'après-midi**.

Les Whanger ont comparé les changements dus au flétrissement des fleurs cueillies avec les images de fleurs sur le Linceul, et ont pu déterminer que les images sur le Linceul se sont formées entre **30 et 36 heures** après la cueillette des fleurs.

Le Dr Alan Whanger[138] a eu la confirmation par ses études que **les images ont été créées par irradiation**. La formation de l'image ressemble à celle produite par rayonnement

Fruits

Il existe des centaines de petits fruits de Pistacia Lentiscus[139] sur le Linceul[140], probablement utilisés comme épice lors des enterrements. Les fruits de Pistacia Lentiscus servent d'épices et se cueillent à l'automne pour être vendus toute l'année. Le professeur Danin a également identifié d'autres espèces de Pistacia, pistacia atlantica et pistacia palaestina. Il a découvert les fruits, pédoncules et pédicelles.

---

[137] Avec le réseau anthere et les fins filets, et aussi le pistile de la fleur, long de 16 millimètres et large de 1 millimètre qui se termine par le stigmate de 2 millimètres (partie qui reçoit le pollen)

[138] Professeur honoraire au centre médical de la Duke University, et membre de l'Association internationale des scientifiques et chercheurs pour le Linceul

[139] Drupe comestible arrondie d'environ cinq millimètres contenant une graine

[140] Notamment au-dessus à gauche de la tête

4.5.3 Monnaies

Généralités

En 1978, les études tridimensionnelles du STURP révèlent que ce sont des piécettes qui ont été posées sur les yeux du mort. Cette étude est complétée par le Père Francis L. Filas[141]. La difficulté de l'étude résidait dans la petitesse des images. Le fil du tissu mesure 0,25 mm de diamètre. Chaque piécette mesure environ 17 mm de diamètre et la taille des lettres est de l'ordre de 1 x 4 mm seulement.

Monnaie paupière droite

La photographie a permis cependant de distinguer, sur la paupière droite, un lepton[142], pièce de monnaie d'usage quotidien au début de notre ère.

La houlette de berger est visible sur la pièce. C'est la marque distinctive des pièces battues sous Ponce Pilate qui a été Préfet de Judée de 26 à 36. La photographie au microscope permet d'identifier, sur la partie arrondie en haut et à gauche de la crosse, les fragments des lettres composant la légende du lepton : de Tibère César[143].

De plus, à l'envers des leptons trouvés et porteurs de « caisaros » avec un « c », la date d'émission est inscrite : « lis » (« l » pour année, « i » pour dix, « s » pour six). Cette date est donc la 16° année du règne de Tibère, qui a commencé en 14. **Ce lepton a donc été frappé en 30 de notre ère**.

Les lettres « YCAI » ont été identifiées sur la monnaie posée sur l'œil droit. Le professeur Filas et un Professeur de Mathématiques ont déterminé les probabilités mathématiques pour une apparition fortuite des lettres « YCAI ». Le résultat obtenu était d'une chance sur 6.2273 x 10 puissance 42. Il y a donc peu de place pour le doute.

Alan Whanger, avec la technique de superposition en lumière polarisée, relève 74 points de correspondance entre l'une de ces monnaies et l'image de l'œil droit. C'est considérable, l'identification d'une empreinte digitale se fait avec 14 points de correspondance.

---

[141] Jésuite et théologien, mathématicien et physicien de l'université Loyola de Chicago
[142] Ou prutah appelé aussi pièce de la veuve -« denier » ou « obole » dans les évangiles
[143] « Tibepioy caicapoc » ou « Tibériou Kaisaros »

Monnaies paupière gauche

En 1996, Pierluigi Baima Bollone, le Pr Balossino et les Dr Zaca et Siracusa, ont mené des études sur l'œil gauche où apparaît aussi une autre forme ronde, de même diamètre, située un peu plus haut. Ils ont identifié une autre monnaie portant l'inscription « tiberiou kaisaros », ainsi que, sur la même face, l'inscription « lis » datant aussi cette pièce de la 16° année du règne de Tibère, donc de l'an 30 de notre ère. Par contre, elle ne porte pas l'image de la houlette, mais celle d'une coupe.

Pour l'œil gauche, Alan Whanger relève 73 points de correspondance avec une autre monnaie frappée seulement en l'an 29, en l'honneur de Julia, la mère de Tibère.

Enfin, Baima Bollone et Nello Balossino ont identifié, sur le sourcil gauche, une petite monnaie de la seizième année du règne de Tibère, c'est-à-dire des années 29-30.

Coutume juive

La découverte des pièces est importante car elle permet de dater avec précision l'image du Linceul. Le Linceul date de Ponce Pilate. Avant la piécette n'existait pas encore, et après cette pièce de très petite valeur n'avait plus cours. Or Pilate n'a été procurateur de Judée que de 26 à 36.

Selon la coutume juive, une pièce de monnaie était utilisée pour fermer les yeux du défunt. À la fin des années 1970, lors des fouilles d'un cimetière du premier siècle, à Jéricho, on a trouvé dans un crâne deux pièces datant du règne d'Hérode Agrippa (41-44). Idem pour un crâne du début du IIe siècle mis à jour dans le désert de Judée à En Boqeq. En 1990, une tombe familiale de la lignée du prêtre Caïphe est découverte, avec un crâne contenant une pièce frappée en l'an 42-43 sous le règne d'Hérode Agrippa.

Concernant l'impression de l'image du corps, le métal ne pouvait pas réagir sur le tissu de la même façon que les cellules du corps du Christ. Toute explication de la formation de l'image par empreinte naturelle du corps est donc impossible.

L'image ne peut être ni une production artistique ni le résultat d'une diffusion gazeuse du corps.

L'hypothèse la plus probable est donc que la roussissure de la toile a été produite par une sorte de rayonnement.

L'image de la pièce de monnaie identifiable date le Linceul à environ l'an 30 de notre ère et situe son origine en Israël. La nature de cette image indique qu'elle s'est formée par un processus complexe de radiation.

4.5.4 Objet ovale sur le cou

En août 2008, durant la conférence dans l'Ohio[144], Petrus Soons présente ses travaux sur l'image holographique du Linceul qu'il traite à partir des photos prisent par Giuseppe Enrie en 1931. Ses travaux lui permettent de mettre en évidence beaucoup de détails concernant l'image. P. Soons découvre, sous la barbe de l'homme du Linceul, un objet de forme ovale d'environ 11,5 cm x 5 cm.

Il trouve sur cet objet trois lettres en relief, en lisant de droite à gauche conformément à l'hébreu et l'araméen : AYIN- ALEPH- NUN. Ces lettres font parties de l'alphabet araméen et de l'alphabet hébreu qui en découle. Les experts en écriture ancienne en hébreu et araméen sont consultés.

Le mot hébreu est traduit par : « le petit bétail, des moutons, des chèvres » signifiant : un troupeau de petits animaux.

L'hébreu Ayin Aleph Nun se traduit aujourd'hui par Manne.

Le mot araméen Ayin Aleph Nun signifie: « L'Agneau ».

Voici ce que dit Jean-Baptiste au sujet de Jésus en Jean 1, 29 :
« Le lendemain, il vit Jésus qui venait vers lui, et il dit : « Voici l'Agneau de Dieu, qui doit enlever le péché du monde. »

Pendant son dernier repas avant la passion, Jésus fête la Pâque juive avec ses apôtres. Selon la tradition juive le repas pascal est constitué d'agneau (Exode 12,3), d'herbes amères (rappel de l'âpreté de l'esclavage en Égypte), de matza ou pain de la hâte (pain sans levain montrant la rapidité de la libération d'Égypte) et de vin.

Les évangélistes ne font pas mention de l'agneau, car l'agneau

---

[144] http://www.ohioshroudconference.com/papers/p24.pdf

est le Christ qui sera offert en sacrifice. Les évangélistes font mention du pain et du vin qui deviennent corps et sang du Seigneur.

Dans le livre de l'Apocalypse de Jean, le mot l'Agneau est mentionné 28 fois et signifie toujours Jésus Christ.

Dieu libère les hébreux de l'Égypte, du pays de servitude. Puis Dieu nourrit de la manne les hébreux durant leur errance au désert. Jésus est l'agneau immolé pour nous libérer de la servitude du péché. Jésus nous nourrit de l'eucharistie durant notre exil sur la terre

Numéro de lettre	Caractère araméen	Nom Araméen	Caractère Hébreu	Nom hébreu
1	✗	Ālaph	א	Aleph
14	)	Nun	נ, ן	Nun
16	U	ʿĒ	ע	Ayin

4.5.5 Inscriptions de lettres antiques

Découverte des inscriptions

Des inscriptions sont découvertes autour du visage mais aucune allusion n'y est faite dans le passé y compris dans la description précise laissée par les clarisses de Chambéry en 1538. Le visage est encadré de bandes plus blanches, en forme de deux « U » emboîtés.

Dans les années 70, plusieurs chercheurs, notamment les italiens Pierre Ugolotti et Aldo Marastoni en 1979, suggèrent l'existence d'inscriptions. En 1982, le R.P.DUBOIS confirme les inscriptions latines découvertes et signale l'existence de caractères grecs sur le côté droit du visage. La présence simultanée d'inscriptions en latin et en grec n'a rien d'impossible. L'inscription placée sur la croix est écrite en trois langues : Jean 19, 20 : « **Cette inscription, beaucoup de Juifs la lurent, car le lieu où Jésus fut crucifié était près de la ville. C'était écrit en hébreu, en latin et en grec.** »

En 1994 André Marion et Anne-Laure Courage[145] confirment que des lettres sont inscrites sur la face externe du Linceul. En 1995, André Marion et Anne-Laure Courage[146] entreprennent la numérisation des clichés existant du Linceul pour y appliquer un traitement informatique de l'image.

Deux bandes rectilignes sombres apparaissent alors pour former deux U géométriques et de tailles différentes, le plus gros contenant le plus petit. La plupart des groupes de signes sont disposés le long de ces bandes, à l'endroit sur les photos et donc à l'envers sur le Linceul.

Matérialité des lettres antiques
Langue

Les textes sacrés étaient en hébreu. Mais au premier siècle la langue courante est l'araméen. Le grec est la langue de l'administration, du commerce, du raffinement intellectuel, et pour les échanges commerciaux. Le grec régnait au cœur des institutions romaines. Sous Tibère s'engage la bataille culturelle pour faire du latin la langue officielle de l'état. Dans le monde gréco-romain, les textes funéraires et de lois sont écrits en partie en grec, et en partie en latin. Les textes étaient souvent écrits en grec avec l'utilisation du latin pour des passages importants comme date et signature.

Les lettres sont toutes des majuscules, en capitale carrée, avec intrusions de caractères en oncial, usage fréquent dans l'Antiquité. Le texte manifeste un style dominant avec l'irruption de deux caractères d'un autre style. Il s'agit du caractère onciale grec « ω » dans « PEZ(ω) », et du caractère onciale latin « ε » dans le mot latin « INNεCEM ». C'est donc une période de transition dans l'écrit.

Le U extérieur est écrit en grec et ses lettres mesurent 3 cm permettant une lecture à plusieurs mètres. Le U intérieur est écrit en latin

---

[145] l'Institut d'Optique Théorique et Appliquée d'Orsay
[146] Ibid.

et en grec et des lettres font à peine un tiers des premières en taille. Les deux autres mots sont en hébreu et latin.

Datation

Les paléographes confirment que ces caractères antiques grecs et latins, sont antérieurs au moins au Ve siècle. Les spécialistes français et italiens confirment que le texte est paléochrétien (Ier-IVe siècle). Les exemples les plus ressemblants sont du premier siècle.

Le texte montre une étape intermédiaire de passage de l'écriture majuscule à l'écriture onciale. La période de cette transition va du Ier au IIIe siècle. La forme du sigma anguleux et des autres lettres montre que le texte n'est pas postérieur au règne de Tibère et de Claude.

Accusation

L'autorité juive avait émis en hébreu, langue pour le sacré, une plainte contre Jésus à l'autorité romaine : « nous avons trouvé ».

En appliquant la méthode d'André Marion et d'Anne-Laure Courage, Thierry Castex a trouvé de nouveaux caractères.

L'image fait apparaître, sous le menton, une bande de 4 à 5 cm perpendiculairement à l'axe nasal. Le texte est composé d'une dizaine de ligne en hébreu, dont les mots en hébreu[147] « **Nw ms'** » qui signifient « **nous avons trouvé** ».

Ce texte rappelle le début de l'accusation de Jésus en Lc 23, 1-2 : « **¹Alors toute l'assemblée s'étant levée, ils le menèrent à Pilate ; ²et ils se mirent à l'accuser, en disant : « Nous avons trouvé que cet homme détourne notre nation en l'empêchant de payer les impôts à César et en disant de lui-même qu'il est Christ-roi. »**

Condamnation

Rome avait donné son assentiment à la plainte, en grec et latin en prononçant une sentence de mort : « condamné à mort ».

Le terme « **PEZ(ω)** » est placé à gauche sur le U intérieur et est le seul à apparaître en clair sur le négatif. André Marion et Anne-Laure

---

[147] D'après Simone Venturini, professeur d'hébreu biblique à l'université romaine de Santa Croce, et Émile Puech, directeur de l'École Biblique de Jérusalem

Courage avaient vu le verbe grec « PEZ(ω) » qui signifie « exécuter » ou « appliquer ». Barbara Frale[148] confirme le sens « exécuter », ou « rendre effectif », synonyme « d'accomplir » au sens administratif ou rituel. Barbara Frale pense comme André Dubois que le terme pouvait appartenir à un groupe de mots comme « Moi, XXX, j'exécute. »

Un « **NN** », sur le bas du U intérieur, rappelle les deux N de « IN NƐCEM ». Pour Barbara Frale, la position sous le menton d'un double N majuscule peut correspondre au terme « damno » (« je condamne »), par exemple DAMNATUS.

Les mots « **INNƐCE(M)** », « in necem », sont placés à droite sur le U intérieur. Ils signifient « à mort ». Ces mots, en latin, sont une condamnation émise par les autorités romaines. Ils font référence à une sentence, suivie d'une exécution.

Le texte du U intérieur « PEZ(ω) DAMNATUS INNECE(M) » signifient « **J'exécute la condamnation à mort** ».

Mise à disposition du corps

Le souhait de tout juif est de reposer auprès de ses pères. Mais un malfaiteur mort après une condamnation ne pouvait reposer auprès de ses pères pour ne pas les contaminer. Les condamnés étaient ensevelis à part dans la zone de Ben Hinnom, dans une fosse commune, hors de Jérusalem. Au bout de douze mois (temps de décomposition des chairs) l'état d'impureté cessait et on pouvait rendre les ossements à la famille.

L'identification du corps et la date de restitution des ossements devaient être inscrits pour éviter toute erreur.

Après le décès de Jésus survenu à 15 heures, la famille doit obtenir une autorisation donnée par Pilate, qui s'apparente à une dérogation, pour récupérer le corps. Elle peut ensuite descendre le corps de la croix, le transporter dans un tombeau neuf n'ayant jamais servi, pour que d'autres corps ne soient pas souillés par le corps du condamné.

La préparation s'est cependant faite comme si le corps devait aller dans la fosse publique comme les autres condamnés. Il était donc nécessaire de l'identifier parfaitement.

---

[148] Italienne, médiéviste et paléographe, archiviste au Vatican

Le mot « (O)ΨƐ KIA » est placé à gauche sur le U extérieur. André Marion et Anne-Laure Courage avaient vu le mot « (Ω)Ψ ΣKIA » qui signifie « Visage-ombre » ou « visage à peine visible » au lieu de « (O)ΨƐ KIA ». mais les lettres sont séparées par un blanc en deux mots. De plus le sigma « Σ » est en fait un epsilon « Ɛ ».

« (O)ΨƐ » sont les premières lueurs du soir. C'est la neuvième heure dans le découpage antique du jour. Le jour commence à 6h00, et la nuit à 18h00. La neuvième heure du jour est la quinzième heure, heure de la mort de Jésus selon les évangiles.

Le groupe de lettres KIA, début d'un mot, peut être le verbe grec kiasthai qui signifie « ci-gît » ou le mot grec kiato qui signifie « il était enlevé ». Ces deux formes dialectales grecques indiquent que le scripteur connaissait le grec comme deuxième langue.

« KIA.. » est le début d'un verbe grec impératif « κία(σθω) » signifiant « qu'il soit déposé ». Ceci correspondrait à un permis d'inhumer délivré par un fonctionnaire romain. « KIA.. » peut être aussi le début d'un verbe grec « κία(το) » signifiant : « il était déplacé, enlevé » correspondant à un procès-verbal d'autorisation d'emmener le corps.

Les noms grecs « (I)ΗΣΟΥ(Σ) » « ΝΝΑΖΑΡΕΝΝΟΣ », situés en bas et à droite du U extérieur indiquent « Jésus de Nazareth », en notant que la confusion est fréquente entre les deux voyelles E et H dans le grec de l'époque, et que ceci explique que l'adjectif des évangiles est « ΝΑΖΑΡΗΝΟΣ ».

Les non-disciples appellent Jésus comme les autres personnes en le situant dans l'espace, ou le temps.

L'appellation de l'époque correspond au nom de l'homme suivi du lieu d'origine (Simon de Cyrène, Joseph d'Arimathie, Marie de Magdala…). Ceci explique le nom Jésus de Nazareth, situant Jésus dans l'espace.

L'appellation de l'époque situe l'homme dans une lignée masculine (Jean de Zébédée, Simon de Jonas…). Ceci explique le nom Yeshua ben Yoseph, Jésus fils de Joseph, situant Jésus dans un temps et une lignée.

La nouvelle religion va reconnaître Jésus comme l'Élu, l'oint (en hébreu « maschiah », en grec « Christos »). Le fondateur va s'appeler Jésus-Christ.

Les disciples vont l'appeler : « fils de David », « Fils de Dieu », « Seigneur ». Jésus se fait appeler : « Fils de l'Homme » reprenant une prophétie de Daniel.

Le doublement des « N » dans « NNAZAPENNOΣ » était courant à l'époque. Il révèle que l'écrivain n'était pas un fin lettré.

Le texte du U extérieur « (O)ΨΕ ΚΙΑ (I)ΗΣΟΥ(Σ) NNAZAPENNOΣ » serait : « **À la neuvième heure du jour - qu'il soit enlevé Jésus de Nazareth** ».

La taille de 3 cm des caractères, visibles de plusieurs mètres, montre que ce texte est d'importance. Il correspond à une autorisation spéciale de Pilate de mode dérogatoire.

Date de restitution des ossements

Le fonctionnaire indique la date où les ossements peuvent être restitués à la famille après 12 mois de sépulture.

L'année indiquée correspond à l'étiquette « **(T)IBEP(IOΣ) Iς** » placée au-dessus du front.

Sur le front Aldo Marastoni a trouvé des traces d'écriture en grec « IBEP » Le mot (T)IBEP(IOΣ) correspond à l'empereur Tibère.

André Marion et Anne-Laure Courage avaient lu les lettres « IC » comme la première et la dernière lettre de « IHΣΟΥC » « Jésus » ou les initiales grecques de Iesous Christos, au lieu de « Iς » Mais le positionnement d'IC est à droite sur le Linceul, or sur les icônes, IC est à gauche et XC à droite du visage du Christ. En fait Iς représente, selon Barbara Frale, un nombre écrit avec les lettres de l'alphabet dans l'ordre. La lettre iota représente ainsi le nombre 10. Le nombre 6 fait exception et est représenté par la lettre sigma, proche du C latin. L'ensemble Iς fait le nombre 16.

L'année indiquée est : « Dans la seizième année de Tibère ». Tibère monte sur le trône en 14, sa seizième année est l'an 30.

Le mois indiqué est « **AΔA(P)** » placé à droite en haut au-delà du U extérieur. André Marion et Anne-Laure Courage avaient vu le mot « AΔA(M) » évoquant Adam au lieu de « AΔAP ». La référence à Adam ne s'explique pas, Paul parlera plus tard de Jésus comme du nouvel Adam. En fait « AΔA(P) » est, selon Barbara Frale, le mois hébraïque Adar, situé entre mars et avril.

La date sur le front et à droite du U extérieur « (T)IBEP(IOΣ) IϚ AΔA(P) » indique : « **Dans la seizième année du règne de Tibère au mois d'adār (shenī)** ». La date de restitution des ossements du condamné à mort à sa famille est prévue en « adār (shenī) » de l'an 30 (année bissextile). L'année entre Pâque 30 et Pâque 31 fait 383 jours. C'est une année bissextile à 13 mois. L'année comprend un deuxième mois appelé Adar.

Jésus est mort et a été enseveli douze mois avant, soit en Nissan de la même année (an 30).

Résumé

Texte du U intérieur : « PEZ(ω) DAMNATUS INNECE(M) »
Texte du U extérieur : « (O)ΨE KIA (I)HΣOY(Σ) NNAZAPENNOΣ »
Date sur le front et à droite du U extérieur « (T)IBEP(IOΣ) IϚ AΔA(P) »
La signification serait :
« **J'exécute la condamnation à mort
à la neuvième heure du jour
qu'il soit enlevé Jésus de Nazareth
dans la seizième année du règne de Tibère
au mois d'adār (shenī)** ».

Signature du fonctionnaire romain

Ce groupe est de sens opposé avec le précédent. Ils doivent être indépendants. Pour André Marion et d'Anne-Laure Courage, les caractères latins « **SB** » évoquent « Signum Baldinii » ou « sceau de Baudouin », empereur de Constantinople qui fit don de reliques à saint Louis.

Pour Barbara Frale, il peut s'agir de la signature d'un notaire impérial chargé de rédiger un document officiel. L'écriture est rudimentaire, rapide, utilisée pour transmettre un message. Les textes écrits du Linceul sont spontanés, improvisés.

Formation

Marcel Alonso a identifié des bandes claires sur lesquelles sont écrits les caractères. Il pourrait s'agir de bandes de papyrus récupérés sur les marges des rouleaux. Les papyrus ont été collés sur la partie extérieure du Linceul autour du visage.

Les bandes devaient être en papyrus pour avoir un degré de transparence permettant de voiler partiellement l'oxydation de la cellulose sans l'empêcher.

Les lettres sur le Linceul ne sont pas faites d'encre. Les lettres ont les mêmes propriétés superficielles que l'image. Elles résultent d'une oxydation des fibrilles superficielles du Lin. La formation est identique, en beaucoup moins intense, à la formation de l'image du corps sur le Linceul.

L'impression s'est faite suite à l'émission d'une intense et courte lumière provenant du corps. À Hiroshima des objets ont ainsi, sous l'intense lumière, marqué les murs de leurs ombres.

4.5.6 Poissons

En grec, la langue du Nouveau Testament, le mot poisson s'écrit « ICHTHUS » avec I comme Iesous = Jésus, CH comme CHristos = Christ, TH comme THeou = de Dieu, U comme Uios = Fils, S comme Soter = Sauveur.

Ces cinq lettres grecques sont donc l'anagramme : Jésus-Christ, Fils de Dieu, Sauveur.

La représentation graphique du poisson s'est imposée chez les premiers Chrétiens comme un signe permettant de s'identifier.

L'inscription de Pectorius et l'épitaphe d'Abercius de la fin du second siècle (voir Évangélisation d'Édesse) identifient d'ailleurs le Christ et le poisson.

Ce symbole identifie le fondement de la foi chrétienne, le kérygme : « Jésus est le Fils de Dieu. Il est mort pour nos péchés. Il est ressuscité le troisième jour. Il est notre sauveur. »

Sur le Linceul, deux poissons tête-bêche se situent en haut à droite au-dessus du visage. Le dessin représente donc le kérygme. La position tête-bêche pourrait signifier ce que dit Jésus dans les évangiles : « Je suis l'alpha et l'oméga ».

Une autre signification est que ces poissons ont la forme du Saint-Pierre, poisson de la mer de Galilée. Or c'est Pierre qui emmène le Linceul à Antioche…

4.5.7 Phylactère

« Pour montrer les difficultés dans l'interprétation de ces images en 3D, je me réfère à un objet 3D en forme de corde traversant la main gauche et un petit objet 3D inconnu sur les doigts de cette main »[149]

Une corde semble croiser la main gauche et un petit Objet 3D est visible sur les doigts de la main gauche. Le petit objet pourrait être un phylactère. Il pourrait y en avoir un également sur le front.

Le terme de phylactère est connu chez Flavius Josèphe et Philon d'Alexandrie. Du temps de Jésus, ce sont de petites boîtes carrées de parchemin ou de peau noire de veau renfermant des bandes de vélin sur lesquelles sont inscrits quatre textes bibliques.

1 - Deutéronome 6, 4-9 : **« Écoute, Israël : YaHWeH, notre Dieu, est seul YaHWeH. Tu aimeras YaHWeH, ton Dieu, de tout ton cœur, de toute ton âme et de toute ta force. Et ces commandements que je te donne aujourd'hui, seront dans ton cœur. Tu les inculqueras à tes enfants, et tu en parleras quand tu seras dans ta maison, quand tu iras en voyage, quand tu te coucheras et quand tu te lèveras. Tu les attacheras sur ta main pour te servir de signe, et ils seront comme un frontal entre tes yeux. Tu les écriras sur les poteaux de ta maison et sur tes portes. »**

2 - Deutéronome 11, 13-22 concerne les bénédictions liées à l'obéissance aux commandements de Yahvé.

3 - Exode 13, 2-10

4 - Exode 13, 11-16.

---

[149] Intervention de Petrus Soons conférence Ohio 2008 (http://www.ohioshroudconference.com/papers/p24.pdf)

4.5.8 Objets de la passion

Dans la coutume juive les objets maculés du sang de la victime d'une crucifixion étaient enveloppés dans le Linceul.

Roseau

Le professeur Danin identifie un morceau de roseau avec un nœud et un reste de feuille. Le roseau géant est commun sur la plage du Kinnereth[150].

Corde

Le professeur Danin identifie l'image d'une corde d'une longueur d'environ 10 m placée à droite de la jambe droite. Cette corde est faite à partir de Typha domingensis, plante hydrophyte commune de berges des rivières et des rivages de lacs.

Couronne d'épines

La couronne d'épines, ramenée à Paris par Saint Louis est conservée à Notre-Dame de Paris. Elle a 21 centimètres de diamètre et 1,5 cm d'épaisseur. La couronne d'épines se devine sur le Linceul à gauche du visage.

---

[150] Nom hébreu pour le lac de Génésareth

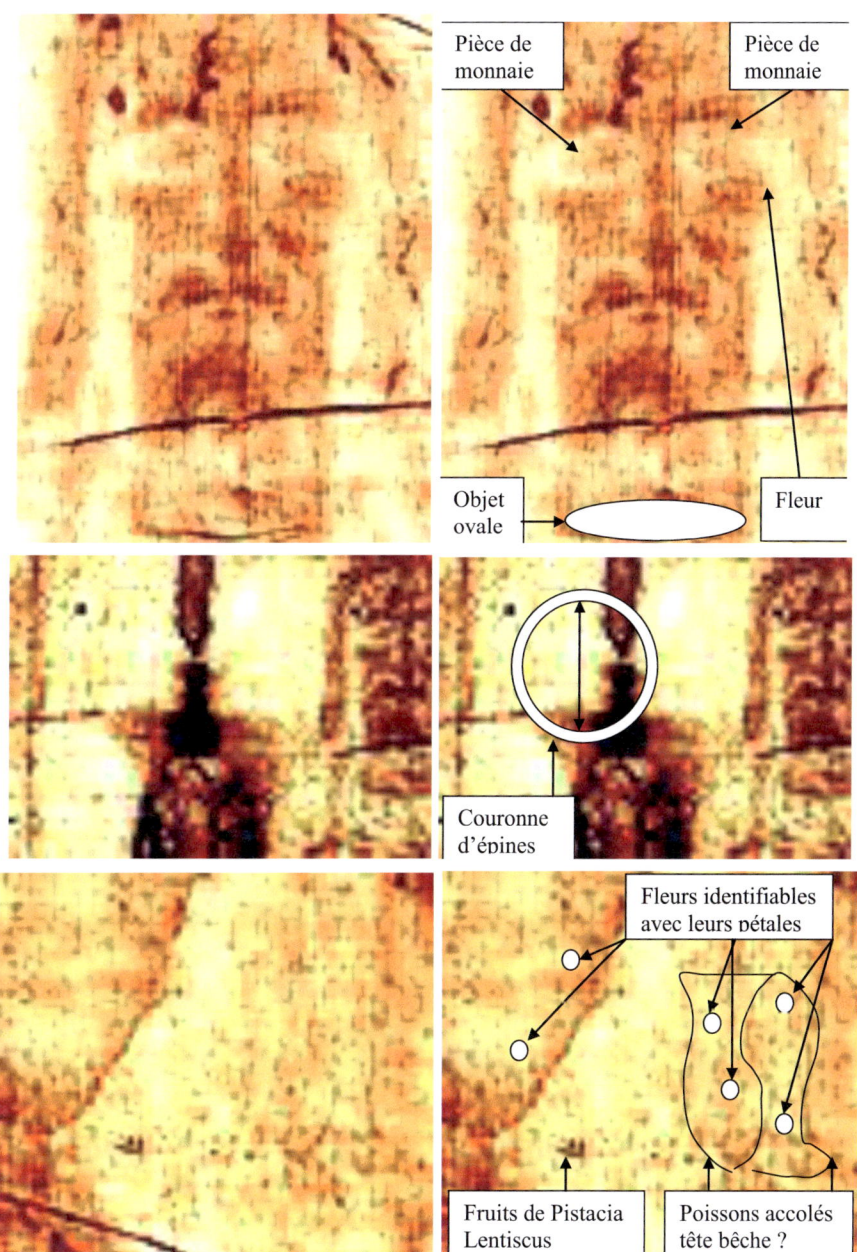

Photographies de Giuseppe Enrie de 1931
(Origine photo http://commons.wikimédia.org)

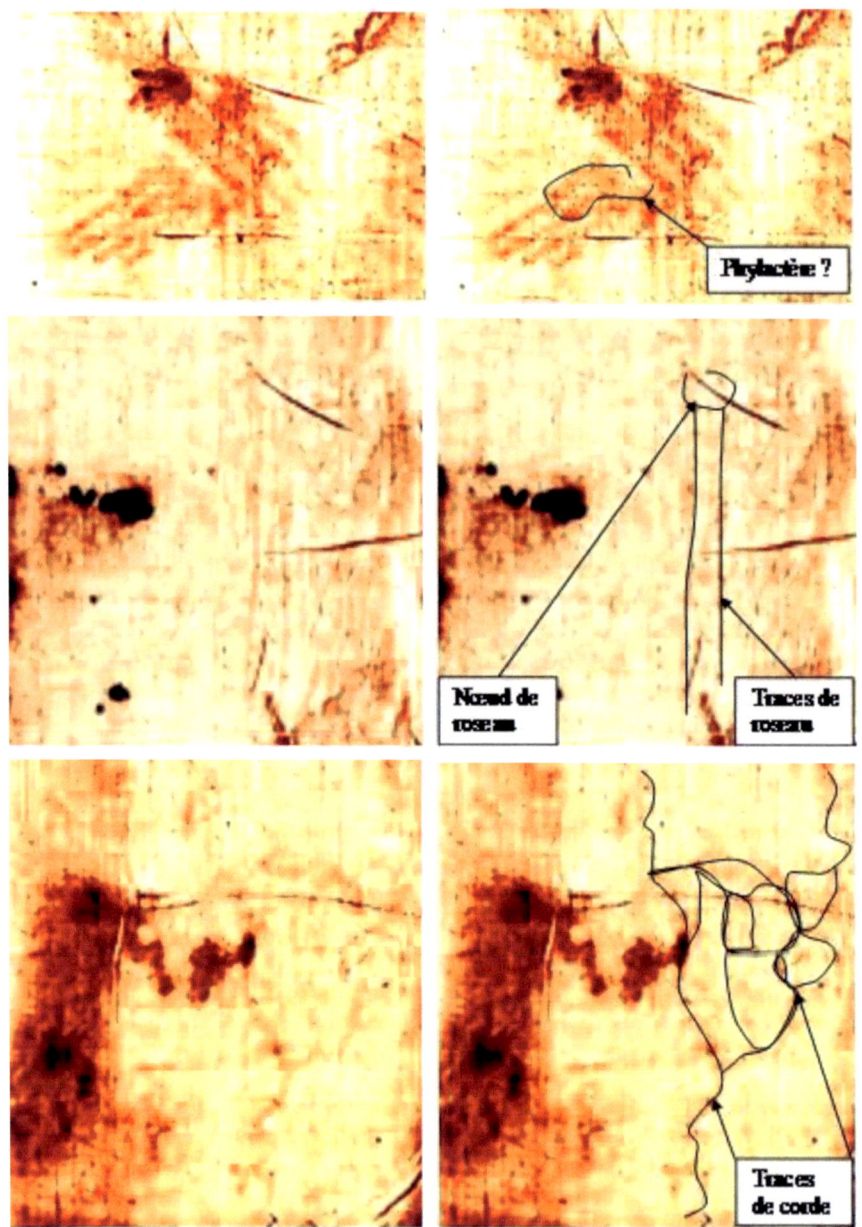

Photographies de Giuseppe Enrie de 1931
(Origine photo http://commons.wikimédia.org)

4.6 Image d'un corps mort
4.6.1 Généralités

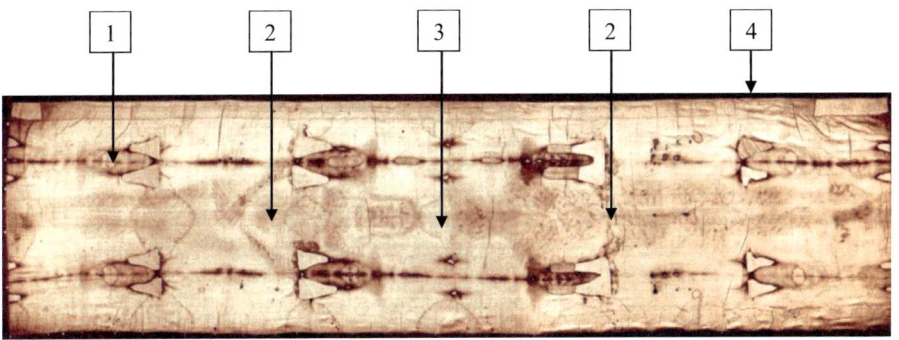

Linceul de Turin, Photographie de Giuseppe Enrie en 1931
1 - double série de figures géométriques blanches et marron foncé régulièrement disposées en deux bandes parallèles sur toute la longueur du linge dues aux brûlures de l'incendie de Chambéry dans la nuit du 3 au 4 décembre 1532
2 - silhouette d'un homme vu de face (partie gauche de l'image) et de dos (partie droite)
3- taches en forme de losanges réparties sur la silhouette et à côté - endroits qui ont échappé à l'eau lors de l'incendie de 1532
4 - bande latérale cousue, plus courte que le Linceul

Traces du flagrum romain sur l'arrière des jambes
(Photographie de Giuseppe Enrie en 1931
(Origine photo http://commons.wikimedia.org)

Généralités

L'image du Linceul est celle d'un homme au visage serein et majestueux. Elle représente, avec un réalisme saisissant, un homme qui a été battu dans les heures qui ont précédé sa mort.

Dès cet instant, l'image pose problème. Avec les sévices épouvantables subis, comment l'homme représenté peut-il être serein ? Ce n'est pas un homme ordinaire....

Les informations visibles sur le Linceul sont :
- la silhouette esquissée d'un homme vu de face et de dos ;
- les figures géométriques blanches et marron foncé disposées en deux bandes parallèles sur la longueur du linge, traces de l'incendie de Chambéry dans la nuit du 3 au 4 décembre 1532 ;
- les taches losangiques réparties sur la silhouette et en dehors d'elle, traces de l'eau utilisée lors de l'incendie de Chambéry ;
- la bande latérale cousue, plus courte que le Linceul

Les représentations du Linceul indiquent que l'homme a été couché sur le dos avec les pieds sur une extrémité du linge. L'autre extrémité a été rabattue sur sa face antérieure de la tête aux pieds.

C'est ainsi qu'il est représenté par Giovanni Battista della Rovere sur une miniature du XVIe siècle.

L'homme

L'homme représenté est mort. Il est de type sémite ou yéménite archaïque. Il est âgé entre 30 et 35 ans. Il mesure entre 1,78 et 1,81 mètre. Il pèse entre 77 et 80 kg.

C'est un homme bien bâti aux cheveux longs, barbu, moustachu, de race blanche. Les Juifs portent la barbe et les cheveux longs depuis au moins l'époque de Moïse et ne se rasent la barbe qu'en signe de deuil.

Les cheveux retombent dans le dos jusqu'au niveau inférieur des omoplates, donnant l'impression d'une queue de cheval attachée bas. Ce détail n'est jamais représenté sur une image du Christ et n'est connu que depuis le début du XXe siècle. En 1920 Gressman montre qu'il s'agit d'une coutume de l'antiquité fréquente chez les Juifs. Daniel-Rops affirme que, sauf les jours de fête, les Juifs portent cette queue de cheval nattée et enroulée sous leur couvre-chef.

L'homme représenté est couché sur le dos, nu, tête un peu fléchie en avant, bras tendus, mains croisées sur le pubis, genoux légèrement pliés, pieds croisés et en hyper extension. Il s'agit d'un corps pris par la rigidité cadavérique.

<u>Traces de coups de fouet</u>
La surface du corps est couverte à 65% de petites plaies dues à des fouets romains. La peau du tronc, du dos et des membres inférieurs en est particulièrement couverte avec plus de cent ecchymoses excoriées. Elles semblent disposées en éventail et sont souvent groupées par paires.

Les plaies sont en forme d'haltères constituées de deux parties de 10 à 12 mm de diamètre, séparées de 1,3 cm environ. Elles sont souvent groupées par 2. À certains endroits on peut voir aussi les marques que les cordes ont laissées en s'enroulant autour du corps du condamné.

Les lésions sont provoquées par un flagrum romain. Ce fouet est un instrument de torture romain composé d'un manche en bois auquel sont attachées deux cordes. Les extrémités des cordes sont lestées par des plombs ou osselets attachés deux par deux.

Les marques semblent avoir été portées horizontalement au niveau de la taille, en oblique descendante sur les jambes et en oblique ascendante sur le tronc. Elles semblent provenir des deux côtés, certaines par un fouet manié depuis le côté droit du condamné, l'autre par un fouet manié du gauche. Deux bourreaux ont infligé ce supplice romain puisque la loi juive limitait la flagellation à 40 coups.

Ces blessures existent aussi sous les plaques excoriées des épaules. Ce qui montre que le supplice du fouet a été pratiqué avant le portage de la croix.

4.6.2 Visage et nuque

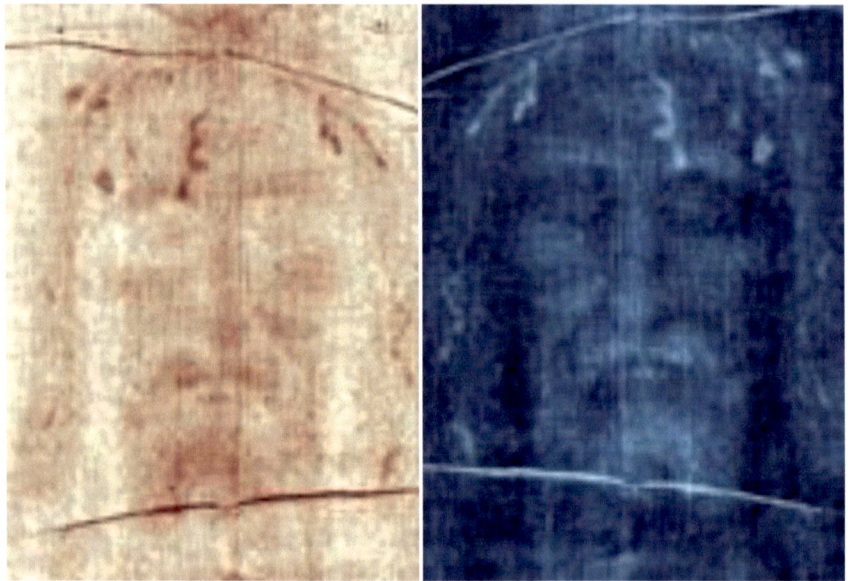

Visage du Linceul de Turin positif et négatif
(photographie de Giuseppe Enrie en 1931)

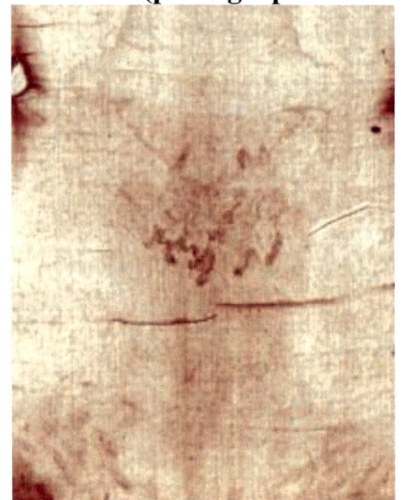

Tête du Linceul de Turin positif
Photo de Giuseppe Enrie en 1931
http://commons.wikimédia.org

Couronne d'épines –
épines toutes données
www.notredamedeparis.fr

Chevelure

Sur la partie frontale du Linceul, les cheveux de Jésus-Christ sont de chaque côté du visage et pendent sur les épaules. Sur la partie dorsale du Linceul les cheveux semblent regroupés en natte.

Couronne d'épines

Sur le centre du front, une coulée jaillit d'une blessure de la veine frontale à la limite des cheveux. Elle suit les rides formées sur le front par les plissements spasmodiques en réaction à une douleur vive et durable. La coulée a la forme caractéristique d'un « 3 » renversé. Elle s'arrête à l'arcade sourcilière gauche. Il s'agit d'un écoulement de sang veineux, lent, provenant de la plaie de la veine frontale.

Sur le front à droite, un autre caillot prend naissance à la limite des cheveux. Il descend sur les cheveux en deux coulées distinctes, fines, rectilignes. Il s'agit de la trace d'une perforation de l'artère frontale droite avec son écoulement fin, pulsatile, envoyant un petit jet de sang à quelque distance.

La découverte de la double circulation sanguine artérielle et veineuse ne date que du début du XVIIe siècle…

A la face postérieure, sur le front et le long des cheveux, on distingue de nombreuses coulées de sang, avec un parcours sinueux, qui proviennent d'une trentaine d'entailles de petit diamètre. Ces plaies sont disposées en éventail tout autour de la tête et montent jusqu'au sommet de la calotte occipitale mais respectent le visage et la nuque.

Ces coulées de sang semblent toutes s'arrêter sur une même ligne, presque horizontale passant juste au-dessus des arcades sourcilières, comme si elles avaient rencontré un obstacle.

Ces entailles sur la tête ont été provoquées par une couronne de piquants acérés posée sur la tête du condamné.

La Couronne d'épines, acquise par saint Louis, est conservée à la cathédrale Notre Dame de Paris. Elle est constituée d'un anneau de jonc sur lequel sont enroulées dans l'Antiquité des épines de jujubier, plante épineuse poussant dans des régions semi-désertiques.

Les empereurs byzantins et les rois de France donnèrent ces épines comme reliques. Il n'y a plus d'épines sur la couronne exposée chaque premier vendredi du mois à Notre-Dame de Paris.

Parfum sur la tête

L'analyse des coulées de sang derrière la tête montre des zones où le sang n'a pas mouillé les cheveux. Le sang est constitué en majeure partie d'eau. Les espaces que le sang n'a pas touchés sont imbibés d'un corps gras qui repousse l'eau. Or les évangiles nous racontent l'onction reçue par Jésus. Cinq jours avant sa mort, Marie de Béthanie lui verse sur la tête du nard, un parfum très précieux qui était à base de corps gras.

Une Coiffe[151] posée sur la tête du mort, comme un bonnet noué sous le menton, s'interposait entre les cheveux et le Linceul empêchant le transfert de sang sur le Linceul.

Coups au visage

Le visage présente des tuméfactions ou hématomes particulièrement évidents dans la partie droite du visage. Elle est plus enflée que la partie gauche. Les arcades sourcilières sont proéminentes, contuses, tuméfiées. La paupière droite semble déchirée. La pommette droite est contuse, excoriée et tuméfiée.

Le nez, présente au niveau des cartilages de l'arête, une tuméfaction et un important œdème. La base du nez est fracturée au niveau du cartilage dorsal, tout près de l'os nasal. Le septum nasal est dévié.

Les traces sur le visage nous amènent à conclure que l'homme du Linceul a reçu plusieurs coups violents portés au visage. D'après un professeur[152] de médecine légale, les coups ont été portés depuis le côté droit avec un bâton de 4 à 5 cm de diamètre.

L'homme a de plus été victime d'outrages une partie droite de la barbe et de la moustache arrachées.

Les blessures, notamment l'écoulement artériel, ont été réalisées du vivant du supplicié (juste après la mort, les artères se vident).

Les écoulements sur les tempes, montrent que le sang a pris deux directions alternativement, selon la position de la tête. Elle est alternativement en position droite, puis relâchée penchée à droite.

---

[151] Partie 3 Coiffe de Cahors
[152] Giovanni Judica Cordiglia de la faculté de Milan

4.6.3 Membres supérieurs

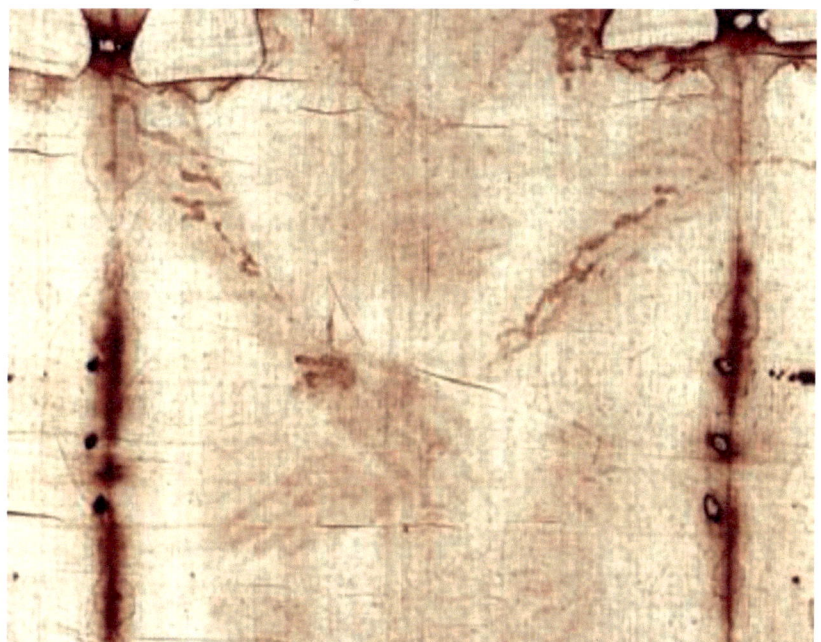

Les bras du Linceul de Turin

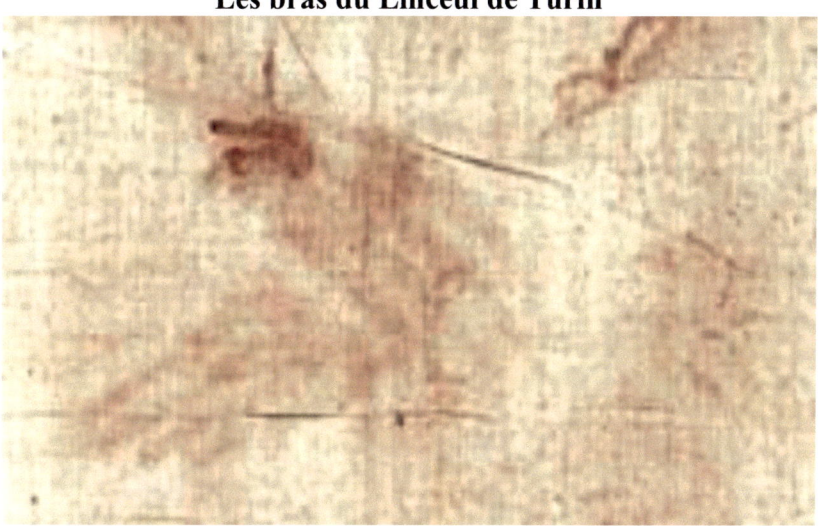

Les mains du Linceul de Turin
Photographies de Giuseppe Enrie en 1931
(Origine photo http://commons.wikimedia.org)

Blessures des membres supérieurs

Le poignet gauche comporte une marque rosée, en forme de tache étoilée, au niveau du poignet. Il s'agit d'une plaie d'environ 8 mm de diamètre au niveau du carpe gauche. Cette blessure de forme ovale s'attribue à la lésion provoquée par un instrument pointu, tel un clou.

La localisation de la blessure du clou ne se trouve pas dans la paume de la main, contrairement à l'iconographie traditionnelle du crucifiement. Elle se situe dans le poignet, précisément dans un espace libre entre les os du carpe, qui s'appelle « espace de Destot ». Le percement ne brise aucun os conformément aux Écritures.

Les clous sont enfoncés dans les poignets pour des exigences de stabilité dans la fixation des membres supérieurs à la croix. Les tissus de la paume, en effet, ne supportent pas le poids du corps sans se lacérer. Ceci est confirmé par la découverte, dans les alentours de Jérusalem, du squelette d'un crucifié du premier siècle après Jésus-Christ.

Les clous enfoncés dans l'espace de Destot affectent le nerf médian ce qui entraîne la rétraction des pouces à l'intérieur de la paume de la main. Ceci explique pourquoi sur le Linceul, seuls les 4 doigts des deux mains sont visibles.

L'image des épaules et des bras n'est plus visible à cause des brûlures du tissu provoquées par l'incendie de Chambéry de 1532. Les bras sont étendus le long du corps, avec une légère flexion à la hauteur de l'articulation du coude.

L'écoulement de sang des avant-bras prend naissance, à gauche, dans la plaie du carpe (le poignet droit est caché par la main gauche). Cet écoulement va en direction du coude et du bord cubital de l'avant-bras en suivant la ligne de plus grande pente. Les mains étaient donc plus hautes que les coudes, pouce en haut.

En regardant attentivement, on voit que l'écoulement se fait selon 2 directions, faisant entre elles un angle d'environ 20 à 25 degrés. L'angle de ces directions avec la verticale indique que les avant-bras étaient orientés vers le haut et qu'ils oscillaient entre 2 positions, l'une avec une pente de 55° environ, l'autre avec une pente de 75° environ.

La double orientation des coulées sanguines, associée à cette plaie perforante du carpe, indique que le corps a été pendu par les poignets, au moyen d'un instrument les perforant, et que le corps pouvait se relever de plusieurs centimètres. Si on fait le rapprochement entre la plaie du carpe gauche et l'abduction forcée du pouce droit, on peut conclure à une perforation des carpes au niveau de l'espace de Destot. Les deux directions correspondent aux positions prises par le condamné sur la croix d'une part la position d'abandon (le corps reste suspendu aux bras) et d'autre part la position soulevée (en s'appuyant sur les pieds).

En Jean 20, 27 : « **Puis il dit à Thomas : Porte ton doigt ici et vois mes mains, porte ta main et mets-la dans mon côté, et ne sois plus incrédule, mais croyant.** »

Dans la bible le nouveau testament est écrit en grec ancien. Or en grec ancien, il n'y a pas de mot spécifique pour poignet. C'est le même mot en grec ancien qui est utilisé pour dire main et poignet. Il est donc compréhensible que les représentations de Jésus sur la croix indiquent le percement des paumes des mains par les clous.

Position unique des mains

L'usage courant observé en Syrie-Palestine consiste à positionner les bras du mort le long du corps. L'homme du Linceul a les mains jointes sur le pubis, avec la main gauche au-dessus de la droite.

Dans les tombes juives du Moyen-âge les morts sont les mains jointes sur le pubis, avec la main droite sur la main gauche. La position des mains, d'après des rabbins, a un sens religieux. Le défunt se présente devant Dieu en implorant d'être jugé non par justice, mais selon la grâce divine.

Si cette tradition juive existait depuis l'antiquité, les personnes qui ont préparé le corps nous indiqueraient que l'homme du Linceul peut se présenter devant Dieu sans crainte d'être juger selon la seule justice et non la miséricorde.

Cette position des mains est d'autant plus surprenante que l'homme a fait l'objet d'une condamnation et mis à mort par crucifixion, peine réservée aux pires malfaiteurs.

4.6.4 Membres inférieurs

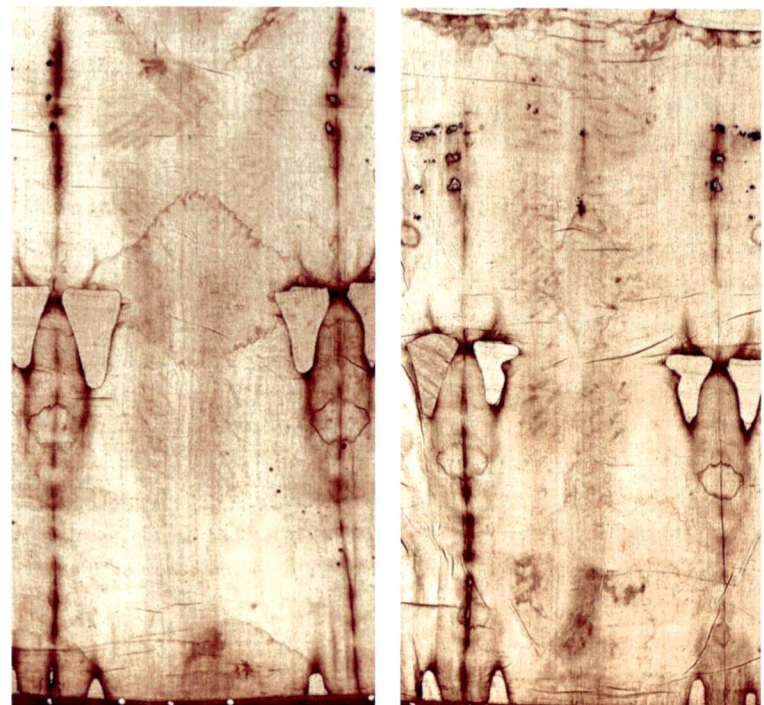

Les membres inférieurs du Linceul de Turin

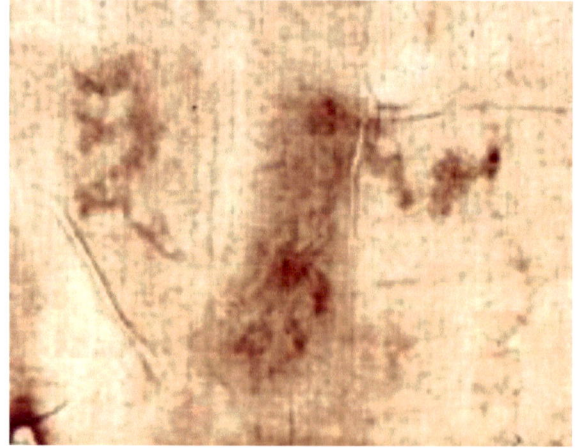

Le pied droit du Linceul de Turin
Photographies de Giuseppe Enrie en 1931
(Origine http://commons.wikimedia.org)

Les jambes sont serrées, genoux en légère flexion, le gauche un peu plus haut que le droit. Les marques caractéristiques laissées par le fouet romain sont particulièrement visibles sur les membres inférieurs.

Les genoux présentent tous les deux des écorchures provoquées sans doute par des chutes car sur ceux-ci on a retrouvé des traces de terre. Les deux rotules sont excoriées avec deux plaies arrondies de 2 centimètres de diamètre au-dessus et en dehors de la rotule droite.

Les pieds en hyper extension se chevauchent, le gauche en avant et un peu plus haut que le droit. Deux taches rosées se voient l'une au talon et l'autre près du milieu du pied droit.

La position du pied en hyper extension, lors d'une crucifixion, dégage « l'espace de Merat[153] » qui permet la pénétration d'un clou sans causer de fracture aux os du tarse. À partir du trou de sortie du clou, des filets de sang descendent vers les orteils. La mort est survenue chez cet homme alors qu'il est cloué verticalement par les pieds sur un plan dur, un seul clou ayant immobilisé les deux pieds. Le pied est alors dans une position proche de la verticale, talon plus haut que les orteils. La plaie du clou a saigné en direction des orteils avec un écoulement sanguin d'importance modérée (caillots assez fins).

La tache ronde au niveau du talon correspond à une plaie produite par la marche pieds nus sur un sol raboteux. Le saignement sur le côté externe du talon est intervenu après la mort alors que le corps est déjà dans le Linceul, avec les orteils plus hauts que le talon. Il provient de la veine de l'arcade plantaire profonde de la plaie du milieu du pied, et du sang veineux se trouvant dans les jambes entre le genou et la cheville. Le sang s'est dirigé doucement vers les pieds sous l'effet de la pesanteur et s'est écoulé par la plaie tarsienne en direction des talons, provoquant la petite hémorragie qui s'est infiltrée dans le Linceul.

Le talon du pied gauche est un peu plus haut que le droit et, lui aussi, marqué par une trace rosée en trois branches divergentes se dirigeant vers l'extérieur. Ceci indique qu'un seul clou est utilisé pour le crucifiement en superposant le pied droit au pied gauche.

---

[153] Du nom de son découvreur le docteur Merat

4.6.5 Tronc et dos

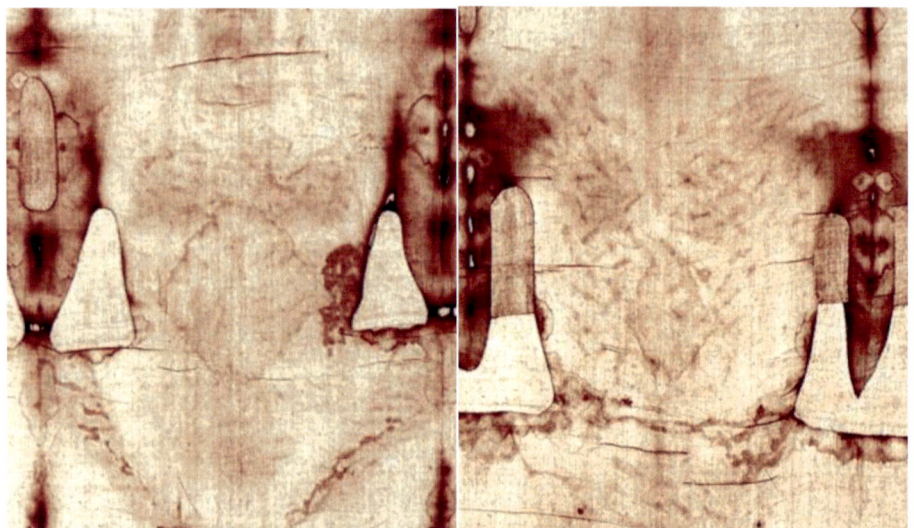

Photographie de Giuseppe Enrie en 1931
Le tronc et le dos du Linceul de Turin

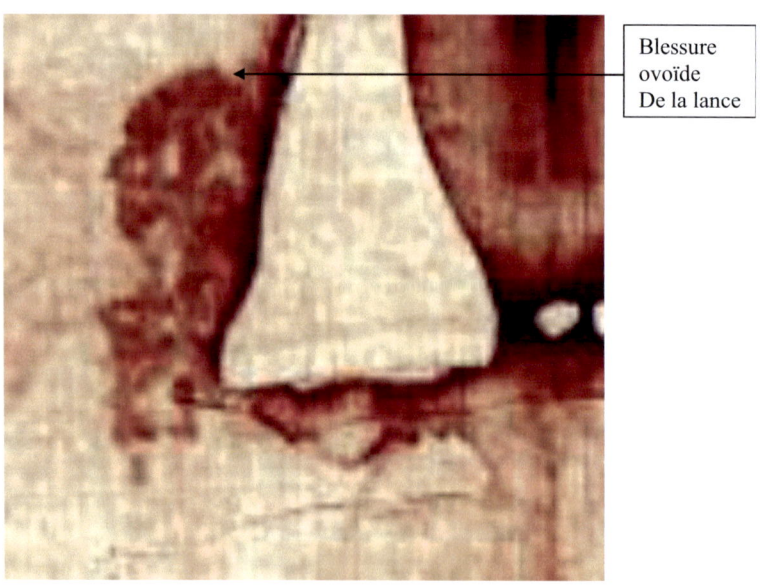

Blessure ovoïde De la lance

La plaie de la lance du Linceul de Turin - Photographie de Giuseppe Enrie en 1931 (Origine photo http://commons.wikimedia.org)

Port de la croix

Les traces du fouet romain sont visibles sur le tronc et le dos.

Des traînées rosées épaisses barrent les fosses lombaires en travers. Ces taches de sang coagulé représentent l'endroit où une ceinture ou un cordon a arrêté le flux de sang ruisselant des plaies de la flagellation. Elles se retrouvent sur la Tunique d'Argenteuil.

L'observation du Linceul aux ultraviolets dévoile une abrasion des blessures de la flagellation au niveau des épaules. Sur la face antérieure, on s'aperçoit que cette plaque se prolonge sur l'épaule droite jusqu'au niveau de la clavicule. Une autre plaque rosée, un peu plus petite, couvre l'omoplate gauche. Les ecchymoses correspondent aux marques laissées par un objet lourd et rugueux.

Les plaies sur l'épaule droite évoquent le port d'un objet lourd, rugueux et large de plusieurs centimètres qui a frotté assez longtemps pour arracher la peau. Cet objet a été porté sur l'épaule droite, en travers du dos, presque horizontalement, le dos penché en avant, l'objet venant reposer parfois brutalement sur le dos, au niveau de l'omoplate gauche.

Le portement de la croix, mentionné par les Écritures, est postérieur au supplice du fouet comme l'indique l'abrasion des blessures de la flagellation au niveau des épaules.

Matthieu (Mt 27, 32), Marc (Mc 15, 21) et Luc (Lc 23, 26) indiquent la réquisition de Simon de Cyrène pour porter la croix. Jean par contre indique que Jésus porta sa croix (Jn 19, 17) : « **Ils emmenèrent donc Jésus. Portant sa croix, il sortit vers le lieu dit du « Crâne, » ce qui se dit en hébreu Golgotha, -** » A noter que Jean est le seul témoin direct car il a accompagné Jésus jusqu'au crucifiement.

La croix est composé de deux éléments la partie verticale « stipes » et la partie horizontale ou « patibulum[154] ». La partie verticale était généralement fixée de manière permanente dans la terre à l'emplacement de l'exécution. Le condamné portait le « patibulum » de la prison au lieu du supplice.

Pilate a commis une erreur par rapport au droit romain car on n'applique qu'une seule peine (flagellation ou crucifixion).

---

[154] Planche horizontale de la croix que parfois le condamné porte lui-même sur ses épaules jusqu'au lieu de son exécution

Blessure au cœur

Sur le côté droit de la poitrine sous le pectoral droit, on distingue clairement une grande tache de sang qui jaillit d'une blessure en forme ovoïdale à la hauteur du cinquième espace intercostal droit.

Cette tache est elle-même composée de deux parties :
- une forme régulière ovale bien limitée, de 4,5 sur 1,5 cm,
- une épaisse tache rosée de 6 cm de largeur et 15 cm de long.

Cette dernière tache s'écoule dans deux directions :
- sur le corps, en dessous de la plaie,
- sur le tissu, derrière et en dessous de la réparation.

Il a été transpercé après sa mort et son corps a répandu du sang et de l'eau comme le confirme l'Évangile de Jean en 19, 34 : « **Mais un des soldats lui perça le côté avec sa lance, et aussitôt il sortit du sang et de l'eau.** »

Le sang et l'eau sont sortis de cette blessure de la cavité thoracique. Les caractéristiques de cette blessure montrent qu'elle a été infligée au condamné après sa mort.

La plaie de la face latérale droite est béante. Une plaie sur un organisme vivant entraîne un phénomène réflexe de contracture des muscles qui l'entourent aboutissant à une tentative de fermeture spontanée. Au contraire, une plaie faite sur un cadavre, même peu de temps après la mort, reste béante, les muscles ne se contractant plus.

Cette plaie a donc été causée après la mort par un instrument de forme losangique, mesurant 4,5 x 1,5 cm environ.

A l'époque, lorsque le supplicié demeure en vie trop longtemps, l'usage veut qu'on lui brise les jambes pour accélérer l'asphyxie. Pour le personnage du Linceul, cette mesure n'est pas nécessaire. La mort du condamné est vérifiée par le centurion romain en lui enfonçant son pilum dans le côté droit selon l'habitude de l'escrime romaine. La plaie sur le Linceul est bien de la dimension d'une lance romaine.

La blessure est restée béante, preuve que c'est une blessure post-mortem. L'écoulement du liquide pleural et du sang du cœur fait verticalement et s'est poursuivi alors que le corps était à l'horizontale.

Le médecin légiste belge Philippe Boxho a autopsié plus de 4000 cadavres en 32 ans de carrière. Pour lui, la flagellation a produit une inflammation des poumons et un liquide s'est installé dans la plèvre. Ceci explique que suite au coup de lance, il s'écoule de l'eau et du sang.

4.6.6 Corps d'un homme mort

Mort par crucifixion et asphyxie

Les signes de mort par asphyxie sont les suivants :
- pectoraux en saillie, contractés, tirés vers le haut ;
- thorax distendu ;
- creux épigastrique creusé, déprimé ;
- bas abdomen bombé, refoulé par le diaphragme contracturé.

L'homme est suspendu par les poignets. Il commence à étouffer à cause de l'immobilisation des côtes gênant la respiration. Le supplicié se relève de temps en temps en prenant appui sur ses pieds cloués jusqu'à ce que la douleur soit trop forte. Le corps prend donc deux positions, l'une basse, l'autre haute. Sur le Linceul les deux écoulements sanguins correspondants ont été identifiés selon des angles de 75° et 55°. L'homme est mort asphyxié, incapable de vider ses poumons distendus. La crucifixion a entraîné la mort par asphyxie.

Rigidité cadavérique

Le Docteur Petrus Soons lors du congrès d'Ohio en 2008 a fait part de ses recherches. Il a digitalisé les niveaux de gris du Linceul porteurs du codage de la troisième dimension (3D). Il a ensuite réalisé une représentation holographique à partir de ces données 3D.

Les observations de l'image dorsale sont les suivantes :
- inclinaison de la tête en avant,
- alignement des cheveux le long du cou et du dos semblant humide et ressemblant au milieu à une queue de cheval,
- tension des cuisses comme dans la rigidité cadavérique (pas d'aplanissement),
- courbure des images des blessures de flagellation suivant la courbure des cuisses,
- images des jambes dans l'image dorsale confuses (partie supérieure de la jambe droite avec peu de données 3D et jambe gauche avec des vides de données 3D),
- visibilité du pied droit et de l'extrémité du pied gauche semblant croisé sur le pied droit.

Les observations de l'image frontale sont les suivantes :
- inclinaison de la poitrine dans une position ascendante en position d'expiration d'air,
- contraction des muscles abdominaux et du diaphragme,
- rigidité des bras et orientation dans un plan presque horizontal,
- croisement de la main gauche sur la main droite,
- croisement du pied gauche au-dessus du pied droit dans la forme d'un X.

Le corps montre une rigidité extrême, produisant une forme de S avec la tête pliée vers la poitrine, et la poitrine vers l'abdomen. La poitrine montre une contraction intense d'expiration, l'abdomen est contracté. Les jambes sont à demi pliées, conservant toujours l'asymétrie causée par leur position sur la croix.

Cette position a été réalisée le plus probablement sur la croix, où la tête penche librement vers le bas. Elle a été fixée par la rigidité cadavérique et maintenu après la descente de croix. Les bras, qui montrent aussi un certain degré de rigidité, ont été forcés vers le bassin pendant les opérations d'enterrement.

<u>Blessures post mortem</u>

Un coup de lance romaine a entraîné une blessure de côté dans le cinquième espace intercostal. La blessure montre que la peau a été brusquement coupée, avec une plaie ouverte rectiligne montrant une pénétration profonde.

Un coup de lance entrant avec une inclinaison latérale d'environ 30 à 35 degrés et une inclination horizontale de 20 degrés atteint le cœur après un chemin de seulement 8-10 cm. Même si la lance n'avait pas atteint le cœur, elle causait des dégâts mortels aux poumons, un pneumothorax. Une telle perforation cause l'entrée d'air dans la cage thoracique qui entraîne une mort rapide d'autant plus si le sujet est suspendu par les bras et sans soins médicaux.

Les blessures d'une personne vivante saignent activement, tandis que cet écoulement a toutes les caractéristiques d'un drainage passif.

Cela signifie que le sang est resté un certain temps dans la cavité péricardique ou dans l'oreillette droite avant que le coup de lance ne soit la cause de l'écoulement.

Le liquide qui a coulé de la blessure sur le côté droit de la poitrine est un mélange de sang de couleur rouge et de sérum plus clair. La séparation du sang dans ses composants est un signe de mort, parce que le sang doit rester au repos pendant un certain temps et la circulation sanguine doit être évidemment arrêtée pour le permettre. La victime crucifiée, quand elle est frappée par la lance romaine, est morte depuis suffisamment longtemps.

La blessure de côté est survenue après la mort car les bords de la blessure sont clairement nets. Les bords ne se sont pas rétractés comme dans le cas d'un sujet vivant.

Immobilité du corps dans le Linceul

Ce tissu montre clairement des taches de sang issues d'un corps au moment où il était vivant, et de grands flux « post-mortem ».

L'image du Linceul très détaillée indique une immobilité parfaite du corps humain enveloppé. Le sujet est mort, puisque la formation des taches est incompatible avec n'importe quel mouvement de respiration.

Impression du sang sur le Linceul

Les traces de sang sur le Linceul sont formées par fibrinolyse. Ce processus permet le transfert de sang de la peau au tissu de lin dans une période de temps de moins de 36 heures. Quand le corps est mis dans le Linceul, le sang est probablement sec, car le sang sèche vite en plein air. Pour teinter le lin, les croûtes de sang se sont dissoutes quand le corps est à l'intérieur du Linceul humide.

Le sang sur la tête lié à la couronne d'épines est sorti quand l'homme est vivant. Il a séché sur les cheveux et, par fibrinolyse, s'est transposé au Linceul.

Absence de respiration dans le Linceul

Il n'y a aucun signe d'exhalation de gaz carbonique et de vapeur d'eau, et aucun halo dans le secteur du nez et de la bouche permettant d'évoquer une respiration.

Aucun trouble dans l'image de la poitrine, du ventre et des mains ne permet de penser à un mouvement de respiration lors de la formation de l'image. Au contraire, l'image des mains et de l'ensemble du visage montre la meilleure résolution de l'empreinte du corps.

Conclusion

L'homme, contenu dans le Linceul, est bien mort et de nombreux signes l'attestent :
- rigidité cadavérique compatible avec celui d'un homme crucifié ;
- transfert de sang par fibrinolyse dans les 30-40 heures après la mort ;
- quantité de sang, colorant le Linceul, justifiant la mort ;
- coup de lance mortel en atteignant le cœur ;
- coup de lance mortel par « l'affaissement » des poumons ;
- absence de signe de respiration du visage et de la poitrine ;
- aucun trouble de l'image due à la respiration ;
- aucune salissure ou rupture des croûtes de sang permettant l'hypothèse d'un homme s'éveillant et sortant du Linceul.

Ces observations montrent que l'homme est déjà mort quand il est enveloppé dans le Linceul.

4.7 Image d'un corps revenant à la vie
4.7.1 Étude chirurgien espagnol

<u>**Sérénité du visage incompréhensible**</u>
Corps martyrisé

L'homme du Linceul a subi des sévices épouvantables dont cet étrange négatif restitue le détail avec un réalisme saisissant. L'image imprimée sur le Linceul représente un homme qui a été battu dans les heures qui ont précédé sa mort, selon le médecin légiste.

Cet homme a vécu des coups sur le visage. Il a eu la barbe arrachée.

Jésus a été fouetté avec un fouet romain recevant plus de 100 coups par deux bourreaux. Il a eu une inflammation de la plèvre comme l'atteste le coup de lance au cœur après sa mort. Ses reins ont été endommagés ne permettant plus leur fonction normale. Son taux d'urée a augmenté dans le peu de sang qui lui restait. Il est entré en agonie.

Il a été couronné d'épines.

Il n'a pas pu traîner sa croix jusqu'au Golgotha.

Jésus a été crucifié et est mort au bout de 3 heures.

Visage serein

L'image représentée sur le Linceul est celle d'un homme au visage serein et majestueux en totale contradiction avec le corps martyrisé.

Explication

Dès cet instant, l'image pose problème. Avec les sévices subis, comment l'homme représenté peut-il avoir le visage serein ?

A moins que les sévices soit du passé. En mourant sur la croix, Jésus a fait la volonté de son Père au point de pouvoir dire avant de mourir : « Tout est accompli ».

S'il revient à la vie dans son corps, après 3 jours selon les écritures, ne peut-il être serein étant victorieux du péché, de la maladie et de la mort même ?

Revient-il à la vie dans le même corps ou dans un corps transfiguré marquant l'étape ultime de l'évolution ?

Introduction

Le docteur Bernardo Hontanilla Calatayud est directeur du service de chirurgie plastique, reconstructive et esthétique de la clinique universitaire de Navarre (Espagne). Il a publié un article « *Signes de vie sur la Figure du Suaire de Turin* » dans la revue « *Scientia et Fides* » n° *8 e*n janvier 2020. Sa thèse consiste à montrer que l'image du corps sur le Linceul correspond pas à une personne inerte, comme on le croyait jusqu'à présent, mais à une personne vivante qui se lève.

Dans cet article, le docteur explique que plusieurs éléments laissent penser que la personne représentée grâce au Linceul de Turin était en vie. Il s'agit de la position du corps imprimé sur le Linceul tenant compte du développement de la **rigidité cadavérique**. De même, la présence de **sillons faciaux** indique que la personne est vivante. Le drap de Turin montre donc à la fois une image sanguine au moment de l'ensevelissement le vendredi avec des signes de mort, mais aussi une image jaune sépia au moment de la Résurrection le dimanche avec des signes de vie.

La réalisation frauduleuse d'un tel linge était impossible car les connaissances médicales, médico-légales et traitement d'image nécessite au moins la science du XXe siècle. Si nous suivons le récit évangélique, nous constatons qu'il y a une juste symétrie entre les données présentes dans l'image et celles qui y sont décrites dans la Bible, concernant la passion, la mort et la résurrection de Jésus.

Avec son regard de chirurgien plastique, le professeur Calatayud examine et trouve sur cette image plusieurs « *signes de vie* » d'un homme en train de se relever. Cet Homme du Linceul, dont tout indique qu'il est mort de mort violente, aurait laissé en plus sur Linceul, l'image de son premier mouvement de ressuscité...

Description des phénomènes après la mort
Villalain

Le docteur Villalain réalise une étude sur la rigidité cadavérique de l'homme du Linceul.

Jésus meurt sur la croix le Vendredi 14 Nissan de l'an 30 à 15h00. Le début de la rigidité cadavérique se situe entre 20 et 45 minutes après le décès. L'intensité est maximale dans une période comprise entre 3 et 6 heures post-mortem (soit vendredi entre 18h00 et 21h00). Cette raideur serait maintenue à cette intensité pendant environ 12 heures (soit du vendredi 21h00 au samedi 9h00). Elle commence sa disparition tout au long des 12 heures suivantes (soit du samedi 9h00 au samedi 21h00). La rigidité cadavérique se résorbe complètement environ 30 à 36 heures après la mort (soit entre samedi 21h00 et dimanche 3h00).

La putréfaction commence ensuite soit vers le dimanche à l'aube.

Le docteur conclut en déclarant que le sujet du Linceul laisse son image sanguine imprimée dans un intervalle de temps qui serait compris entre 3 et 6 heures après la mort. Jésus est enseveli le vendredi à 18h00 car c'est le début du sabbat.

Rigidité ?

Cependant, les signes apparents de rigidité qui apparaissent sur l'image peuvent ne pas correspondre à des signes de raideur post-mortem tels qu'attribués de façon classique. Ainsi, l'image imprimée sur le Linceul montre une disposition atypique de semi-flexion des membres inférieurs, une semi-flexion de la tête et un placement, qui fait question, des mains sur les parties génitales.

De plus sur le visage, de manière très surprenante, nous voyons un des sillons nasolabials (vers les lèvres) et nasogéniens (vers la joue) marqués.

Demi-flexion du cou et demi-flexion asymétrique des articulations de la hanche, des genoux et des chevilles

Le docteur Mérat pensait que les pieds avaient été cloués l'un sur l'autre. Il avait démontré que cela était possible, par de multiples expérimentations avec un clou de 20 cm de long à section carrée de 8 mm.

Une autre preuve était apportée par la différence des taches de sang sous le pied droit et sous le pied gauche. Le docteur Mérat, à la suite de Barbet, remarquait que « *le pied droit seul a marqué le Suaire d'une empreinte plantaire complète, d'où un ruissellement de sang a débordé sur le linge ; du pied gauche, le talon seul a laissé une empreinte, parce que l'extrémité de ce pied reposait sur celle de l'autre. Un seul clou traversait donc les deux pieds croisés l'un sur l'autre.* »

Le docteur Mérat expliquait le fléchissement asymétrique des jambes et des pieds par le croisement de la jambe gauche au-dessus de la jambe droite au moment de l'enclouage des deux pieds ensemble. Cette position serait restée figée après la mort et le transport empressé au Sépulcre.

Pour le docteur Calatayud, le Corps de Jésus a été complètement étendu au Sépulcre, tous les membres ont été contraints afin de les mettre en contact avec la pierre du tombeau. C'est-à-dire que, pour lui, les flexions des membres causées par la crucifixion ont été annulées par les fossoyeurs : ni les bras, ni le cou, ni les jambes ne sont plus fléchis, mais sereinement étendus. Or, et là est tout le problème, il en conclut que si l'on observe tout de même sur le Linceul une jambe plus fléchie que l'autre, une empreinte plantaire complète et une flexion légère du cou, ce sont là des signes que l'Homme enveloppé dans le Linceul est en train de se relever... Le docteur Calatayud reste ébahi devant ce paradoxe incompréhensible que constitue cette « *image d'un homme mort et vivant à la fois* » qui semble être dans « la posture d'un essai de relèvement ».

Cou

L'image montre un cou semi-fléchi qui provoque une certaine élévation de la tête et une plus grande intensité dans l'impression du visage sur le lin du drap car il est plus proche du tissu. De plus, une longueur d'image globale plus courte est observée dans la partie du drap qui couvrait l'avant du corps par rapport à la longueur de l'image enregistrée sur la partie du drap du dos. Cette plus grande distance de la figure imprimée au dos du drap est due précisément à la semi-flexion du cou qui provoque une plus grande distance entre la surface cutanée postérieure du cou et la surface du drap sur sa face postérieure. Le rayonnement émis par le corps est diffusé et rend l'image plus longue (Fanti 2010). Classiquement, cette posture de la tête a été attribuée à la chute de la tête sur le thorax à la crucifixion et qui a ensuite été fixée par la rigidité cadavérique (Löring 2000). Cependant, dans les crucifixions décrites par les auteurs de l'époque et dans les tapisseries des guerres du XIXe siècle, il est décrit que les flexions de la tête sur le thorax lorsque le sujet crucifié meurt sont si prononcées qu'elles plongent la tête dans le thorax au niveau des omoplates.

Jambes

L'image montre la jambe gauche légèrement plus fléchie que la jambe droite, en rotation interne discrète, attribuant ce signe au fait que le pied gauche était à droite et les deux ont été cloués avec un seul clou dans le bois. Cette posture est ce qui impliquerait qu'un pied était sur l'autre et que cette posture sera fixée plus tard par la rigidité précoce du cadavre.

Jésus meurt le vendredi 14 Nissan à 15h00. Il est mort avant les compagnons, ainsi, on ne lui a pas fracturé les jambes, comme ils l'ont fait avec les deux autres crucifiés car il se faisait tard et le sabbat allait commencer.

Le corps a dû être demandé à Pilate. Il fallait le temps de se rendre chez Pilate, puis de revenir au Golgotha. Par conséquent, il est raisonnable de penser que Jésus-Christ a été pendu mort au bois de la croix de la neuvième heure (15 heures) à la dixième heure (16h00).

Les ensevelisseurs, lorsqu'ils ont descendu le cadavre de la croix, ont réduit la rigidité des bras qui étaient en extension d'environ 65, les rapprochant du corps, à un moment où la rigidité du corps était peu intense et toujours réductible.

L'ensevelissement devait se terminer avant le début de la première veillée (18 heures) début du samedi, jour de sabbat.

Il est possible que la posture des pieds fixée dans le Linceul, décrit comme une rigidité post mortem, n'est pas vraiment le cas, et qu'il s'agit de la tentative du sujet, post mortem, de se soulever.

Le docteur effectue des tests sur des sujets masculins entre 30 et 40 ans avec un phénotype athlétique entre 1,70 et 1,80 m de hauteur. Lorsqu'on demande au sujet de se lever de la position couchée avec les mains croisées sur le région sus-pubienne, ils montrent un déplacement de ceux-ci vers les organes génitaux lors de la flexion du tronc, une élévation et une demi-flexion de la tête et un soutien d'une plante du pied avec moins de flexion de la jambe controlatérale et un certain degré de rotation interne comme observé dans le Linceul.

Adduction (rapprochement) des bras et des avant-bras

Les membres supérieurs ne montrent aucun signe de rigidité cadavérique, comme d'autres auteurs l'observent.

Les bras sont croisés au niveau des reins sans rapport avec le positionnement de la crucifixion. Les bras ne présentent aucun signe de rigidité ni d'abduction (écartement des bras par rapport à l'axe médian du corps). Les bras sont réunis par devant, comme s'ils étaient souples et en vie.

Le professeur Calatayud ajoute que cette remarque vaut aussi pour la légère flexion du cou, du tronc et des jambes. Cette flexion des membres est le signe d'un corps en mouvement.

Dans les membres supérieurs, les muscles gravitationnels fléchisseurs tirent plus que les muscles gravitationnels extenseurs. Cependant, l'extension quasi-antigravité des avant-bras et des mains observée dans le Suaire n'a reçu aucune explication. L'explication est dans le don de force, un des quatre dons que revêt le ressuscité qui le libère de la masse pesante et de la masse inerte comme nous verrons plus loin.

De plus, les mains avec les doigts étendus semblent être placées avec l'intention de ne rien montrer de la génitalité du sujet, une position atypique compte tenu de la rigidité d'un cadavre crucifié.

Retrait des pouces
Position des pouces lors de la crucifixion

Le docteur Mérat, chirurgien orthopédiste, expliquait l'absence des pouces sur l'image du Linceul par leur flexion vers l'intérieur de la main, conséquence de la lésion du nerf médian par l'enclouage des poignets.

Le professeur Calatayud ne nie pas qu'une flexion des pouces a eu lieu au moment de la crucifixion.

Position des pouces sur le Linceul

Après la mort de Jésus, le nerf médian ne réagit plus donc logiquement les pouces devraient être en position neutre, légèrement écartés vers l'extérieur de la main, ce qui n'est pas le cas.

Les pouces ne sont pas rétractés mais que « le pouce de la main gauche, qui se trouve par-dessus la droite, attrape par-dessous le poignet droit », et que le pouce de la main droite est « tout simplement caché par la main gauche ».

L'archéologie confirme cette explication : *« Il s'agit d'une position mortuaire relativement classique retrouvée à plusieurs reprises dans différents ossuaires contemporains de Jésus-Christ. La position imprimée aux deux mains entrecroisées masque la présence effective des pouces. »*

C'est un nouveau « signe de vie », selon le professeur. Calatayud.

De plus, et abondant encore dans cette idée, les annulaires et les petits doigts des deux mains sont en extension alors qu'ils devraient être en semi-flexion en raison de l'action du nerf ulnaire qui innerve les ventres musculaires des 4e et 5e doigts du fléchisseur profond des doigts, indiquant qu'il n'y a pas de prédominance sur le nerf médian.

Présence de sillons nasogéniens et nasolabiaux sur le visage

L'auteur est dans son domaine de docteur en chirurgie plastique, esthétique et réparatrice. Les sillons nasogéniens et nasolabiaux sont les deux rides du visage s'étendant, en oblique, de l'aile du nez à la commissure labiale. Après la mort, même s'ils étaient très marqués du vivant du sujet, ils disparaissent ou s'effacent presque entièrement.

Or, le docteur Calatayud retrouve ces sillons bien visibles sur le Visage de Jésus.

Les sillons nasogéniens et nasolabiaux sont des sillons qui apparaissent bilatéralement en raison de la traction de certains muscles faciaux (Barton et Gyimesi 1997). Cette rainure se forme lorsque les muscles qui tirent vers le haut et obliquement vers la lèvre supérieure empêchent la peau de la joue et son compartiment graisseux, avec un contenu plus élastique, de pendre sur la peau de la lèvre supérieure avec l'âge. Ces rainures, selon le phénotype de la personne, apparaissent généralement à partir de 25 ans. Plus la personne est âgée et mince, plus les rainures seront marquées. La rainure disparaît en cas de paralysie faciale du côté affecté. En cas de paralysie faciale bilatérale, les deux sillons disparaissent. Une situation de paralysie faciale bilatérale apparaît à la mort lorsque les muscles du tracteur se détendent.

Dans un cadavre récent, les muscles faciaux se détendent

(Wilkinson et Rynn 2011) et les sillons disparaissent (ils s'aplatissent énormément chez les gens ayant une profondeur de rainure très profonde), la lèvre inférieure descend (la descente serait plus prononcée en cas de mort en position verticale) et la bouche s'ouvre. C'est le moment initial de la flaccidité post-mortem. C'est une pratique courante de nos jours que, lors de la préparation des cadavres, un oreiller est placé à la nuque pour provoquer la flexion de celle-ci et ainsi maintenir la mâchoire contre le thorax et donc la bouche fermée.

La présence de ces rainures sur le visage imprimé dans le Linceul nous amène dans un premier temps à penser que la personne dans le drap est vivante. L'expression faciale ressemble plus à celle d'une personne endormie qu'à celle d'une personne décédée, car le tonus musculaire involontaire est maintenu pendant le sommeil.

La présence modérée et non exagérée des sillons exclut les spasmes faciaux dus à la souffrance.

L'image sanguine du corps est l'image du mort. L'image jaune sepia du visage est l'image de Jésus ressuscitant au matin de Pâques.

Sillon inflammatoire joue droite

En disséquant l'image de la joue droite un peu plus en profondeur, on voit comment dans le tiers supérieur de la région malaire il y a un renflement compatible avec un traumatisme qui est marqué plus probablement avec un autre sillon en parallèle au sillon nasogénien et qui est typique des personnes vivantes qui ont la traction de ce sillon activé par la musculature sous-jacente qui contribue à former ce double pli. Si la personne était décédée, la relaxation du sillon nasogénien et nasolabial n'empêcherait pas la descente du sillon inflammatoire (ligne supérieure), observant une inflammation généralisée de toute la joue droite, par rapport à la gauche, mais sans formation de sillons.

Jésus a été frappé violemment au visage par les valets du Grand Prêtre (Mc 14, 65 ; Jn 18, 22), avant de l'être par les soldats romains (Jn 19, 3 ; Mt 27, 30)...

De plus, la lèvre inférieure est collée à la lèvre supérieure, ce qui indiquerait le tonus musculaire du visage. Cependant ce dernier point n'est pas forcément à prendre en compte à cause de la Coiffe de Cahors qui servait de mentonnière pour tenir la bouche fermée.

Dons de Résurrection sur le Linceul
Conclusion

Par conséquent, une explication différente peut être donnée à l'origine de la position de l'image du Linceul qui diffère de celle attribuée à la rigidité post-mortem. Ainsi, en tenant compte du fait que les périodes de raideur déjà exposées n'expliqueraient pas la position du cadavre, en tenant compte du fait que le cadavre a été manipulée dans un état de rigidité peu intense et réductible et tenant compte de la manière de crucifier Romaine, on pourrait penser que l'image s'est formée à un moment où le sujet n'était soumis à aucun effet de raideur post-mortem (donc 30 à 36 heures après la mort).

Ainsi, la posture de demi-flexion asymétrique observée dans les jambes, la demi-flexion de la tête, et surtout la présence de sillons nasogéniens marqués au niveau du visage et le placement des mains sur les organes génitaux, pourraient indiquer que nous sommes devant une personne qui amorce un mouvement de se lever et donc un raccourcissement musculaire volontaire.

Don de gloire

Un cadavre froid, même embaumé, ne rayonne pas une chaleur capable de provoquer une oxydation de son linceul.

Cette image dynamique s'est produite au moment de la Résurrection, lorsque l'Esprit du Seigneur revient dans son corps au matin de Pâques. Il est revêtu du don de gloire, un des quatre dons, qui explique l'image jaune sépia par une émission de photons en provenance du corps.

Don de force

Un gisant ne laisse pas de traces comme aériennes sur le linge qui l'enveloppe. »

Voilà bien l'insoluble paradoxe : lorsqu'un homme se relève, les points d'appui de ses membres exercent une pression plus forte que le reste du corps sur la surface où il se trouve. Dans le cas du Linceul, cela devrait logiquement s'observer par des marques plus fortes sur le tissu.

L'américain Jackson a démontré que : « *Si l'on étudie les points de l'image frontale qui sont en contact avec le linge (nez, pectoraux), l'on constate que les niveaux d'intensité sont les mêmes que les niveaux les plus sombres de l'image dorsale. C'est important, parce que si c'est un corps enveloppé dans un linge, la pression n'est pas la même sur la partie dorsale et sur la partie ventrale où elle se réduit à celle que fait le poids du linge. Or, tout se passe* **comme si les pressions étaient identiques**. *Comment expliquer cette non-différence ?* »

Au moment de la Résurrection, l'Esprit du Seigneur revient dans son corps au matin de Pâques, Jésus est revêtu du don de force, un des quatre dons, qui explique qu'il n'a plus de masse (pesante et inerte).

Don de corps spirituel

L'annonce de la résurrection a eu lieu le troisième jour. L'image imprimée sur le Linceul s'est produite lorsque Jésus-Christ initie un mouvement de soulèvement le troisième jour après sa mort.

Au moment de la Résurrection, Jésus est revêtu du don du corps spirituel, un des quatre dons. Jésus se lève et passe à travers les linges.

Don d'impassibilité

Jésus meurt le 14 Nissan à 15h00, moment où les Juifs immolent l'agneau. Jésus ressuscite le 16 avant l'aube préservant son cadavre de la corruption conformément aux Écritures.

Ps 16, 10 : « **Car tu ne livreras pas mon âme au schéol,
tu ne permettras pas que celui qui t'aime voie la corruption** »

Jésus a vaincu le péché, la maladie et la mort elle-même. Son retour à la vie est dans une nature transfigurée revêtu des quatre dons que nous avons perdus après le péché originel.

Jésus revient à la vie de 36 à 40 heures après sa mort, avant que son corps ne se décompose.

Image voulue d'un mort revenant à la vie

Le docteur Bernardo Hontanilla Calatayud pense que l'image imprimée dans le Linceul est celle d'une personne vivante.

Si nous considérons le récit évangélique, que c'est une toile qui appartenait à un rabbin juif (la queue de cheval au dos de l'image l'identifie comme un rabbin) qui a été enterrée selon la tradition juive après avoir été crucifié et fouetté selon la coutume romaine et conformément à la description des Évangiles.

L'image sanguine présente les signes statiques caractéristique d'une personne décédée (flagellation, saignement prémortem et postmortem).

L'image jaune sépia a été produite de son vivant car elle présente des signes dynamiques de vie (les sillons nasogéniens marqués, la position des mains sur les parties génitales intentionnellement cachés et les signes de soulèvement) en contradiction avec la séquence naturelle de l'apparition des signes de rigidité cadavérique.

Jésus a souhaité non seulement nous laisser les signes de sa mort mais aussi de sa résurrection sur le même objet.

La symétrie et la cohérence entre les données fournies par le Linceul et le récit évangélique, tant dans la description de la mort que dans la résurrection, sont si parfaites qu'il faut accepter la réalité historique par rapport aux événements décrits dans les Évangiles.

4.7.2 Formation de l'image jaune Sepia

Introduction

D'après le livre : « The new astonishing phenomenon detected on the Shroud » 2022 de Giuseppe Maria Catalano et la vidéo :
https://youtube.com/watch?v=xAVZp9tW5FU&si=JGnNVkeQqSM-NYSI

Une découverte importante a été faite en Italie par l'Institut international d'études avancées des sciences de la représentation spatiale.

L'enquête a été réalisée sur un négatif, copie exacte réalisée, par contact, par le photographe Gian C. Durante, des deux plaques de gélatine de bromure d'argent noir et blanc réalisées par le photographe Giuseppe Enric en 1931.

Ces plaques étant également orthochromatiques, c'est-à-dire non sensibles au rouge (blanc dans le négatif), mais sensibles au vert (gris dans le négatif), donnent un excellent contraste à la photo négative de l'image ocre grâce à l'oxydation du lin.

Les scans à très haute résolution de l'image permettent d'identifier et de reconstituer des parties du corps et des objets. Ces traits sont ensuite mis en évidence en modifiant la luminosité et le contraste.

Cette étude se fonde sur des analyses réalisées à l'aide de procédures de géométrie projective, c'est-à-dire de géométrie du rayonnement énergétique, de géométrie descriptive, de topographie et de photogrammétrie à très haute résolution, autant de techniques utilisées en archéologie et appliquées au Linceul de Turin.

Les sciences de la représentation spatiale sont les sciences qui dérivent de la géométrie projective.

Le phénomène de projection envahit l'Univers. Par système visuel, il permet la connaissance à d'énormes distances dans le microcosme et le macrocosme. Autrement, une telle connaissance, grâce aux autres sens, serait incertaine et limitée à quelques mètres autour de nous. La géométrie projective est donc la base de toute branche scientifique.

Une partie de la théorie, au moyen de diverses méthodes et systèmes, détermine le modèle représentatif bidimensionnel de tout corps tridimensionnel réel ou virtuel et, vice versa, détermine le corps tridimensionnel réel ou virtuel de tout modèle représentatif bidimensionnel.

Image par projection de photons (lumière)

La science a établi que l'image jaune sépia du Linceul était formée par l'érosion infinitésimale des surfaces supérieures de fibres de lin pur qui sont torsadées ensemble pour produire les fils du tissu.

La matière n'a pas été transférée sur le tissu par contact. L'image est thermostable. Les parties de l'image qui croisent les marques de brûlure bien connues semblent inchangées.

L'image est due à l'effet de photo-oxydation dû à l'exposition au soleil. La couleur est plus saturée là où il y a une plus grande densité de fibres altérées enroulées autour de chaque fil. Les agrandissements révèlent que très peu de fibres sont altérées là où l'image s'estompe.

Jusqu'à présent, il était admis que les projections bidimensionnelles de la surface d'un objet ne se produisaient que lorsque chaque particule de la surface émettant des ondes sphériques d'énergie électromagnétique traverse une lentille ou un diaphragme, comme en photographie, avant de rencontrer la surface de projection. Le processus devient plus simple si l'on considère le centre de la lentille ou du diaphragme comme le centre d'une étoile de lignes rayonnant de l'énergie.

L'extrême opposé se produit lorsque chaque particule transmet de l'énergie ou de la matière au plan de projection par contact direct. Cependant, si l'énergie avait été transmise par contact entre le corps et le tissu, l'image sur le tissu aplati semblerait désormais monstrueusement déformée.

L'image a donc été générée à distance.

Si une source d'énergie émet des ondes sphériques à travers un objet, comme en photographie, l'image obtenue sur la surface de projection est l'ombre de la matière plus ou moins transparente traversée par les ondes.

Alors, quel était le motif de projection d'énergie qui a produit l'image ?

Image radiographique

Les négatifs photographiques du linceul révèlent des détails de plus en plus infimes et fins, tout comme une photographie d'un corps humain réel, mais nous verrons plus tard que l'image est également similaire à une radiographie, montrant des éléments à l'intérieur du corps, comme l'étirement de l'ongle encore intérieur du poignet de la main gauche et les objets superposés.

Tout comme les plaques radiographiques imprimées par un rayonnement énergétique, l'image du Linceul s'apparente à un négatif photographique. En photographiant ce négatif, on obtient le négatif ou un négatif, ou plutôt l'image positive du corps photographié.

Formation image jaune sépia

Des études plus poussées dans le domaine de la géométrie semblent également montrer que le rayonnement produit, et qui a imprimé les images sur la toile, n'aurait duré que quelques secondes et, provenant d'une source interne mais indépendante, aurait traversé le corps lui-même et émis des particules qui auraient créé des images sur la toile, des images d'un corps vivant et en mouvement.

Quelles que soient les études actuelles et futures sur la passion, la mort et la résurrection de Jésus, ce qui ressort de la documentation déjà disponible (archéologique, historique, technologique, etc.) ne cesse d'étonner, car la science confirme sans cesse ce qui est décrit dans les Évangiles.

De plus, les données projectives montrent que les images ont été produites par rayonnement provenant d'une source géométriquement bien définie.

Origine image
Position du corps et du Linceul

La restitution du corps révèle qu'il n'y avait aucun pli dans le tissu au moment de la formation de l'image. Le tissu était posé le long du devant du corps et presque à plat le long du dos.

L'adhérence remarquable des cheveux à la tête et aux épaules contraste là encore avec la position couchée. Dans ce cas, l'air se serait détaché du visage, du cou et des épaules, s'étendant par parcours rectiligne sur le plan du sépulcre.

Comme on le sait, le processus projectif est schématisé en distinguant trois éléments : l'étoile de projection, c'est-à-dire les droites en projection qui ont en commun le centre de projection, la surface de projection et la surface projetée.

Si les droites en projection sont parallèles entre elles, la projection est dite projection parallèle et le centre de projection est dit impropre ou à l'infini, car le parallélisme des droites est obtenu par abstraction en déplaçant le centre de projection de la surface de projection à l'infini.

Tous les résultats obtenus à partir de l'enquête sont essentiels pour identifier le diagramme de rayonnement qui a produit les images du corps et des objets.

<u>Origine rayonnement</u>

Les images ont été produites par projection parallèle orthogonale sur le plan de la partie du tissu contenant l'image de l'avant du corps.

Deuxièmement, le rayonnement a produit les images de face et de dos du corps avait deux orientations opposées.

Troisièmement, l'énergie émanait du corps. Ceci est confirmé par l'absence d'images d'objets en dehors des contours du corps.

Le modèle projectif d'émission d'énergie reste immobile tandis que le corps et les objets bougent.

Cela signifie que l'énergie émane bien du corps, mais qu'elle provient d'une source infinie qui rayonne toujours dans la même direction avec deux orientations opposées.

Nous nous heurtons ici aux limites des notions géométriques que nous avons utilisées jusqu'à présent, liées à notre monde terrestre au médiocosme.

Pour comprendre l'origine du diagramme de projection du rayonnement, nous devons étendre la géométrie projective au macro et au microcosme. Comme la physique, les notions géométriques que nous utilisons pour expliquer les phénomènes terrestres ne suffisent plus dans le macro et le microcosme. Dans ces espaces. la notion de ligne droite n'est plus acceptable, car dans un sens absolu, c'est-à-dire qu'en l'absence d'observateur, le théorème de courbure de l'espace[155] montre que chaque ligne est en fait une circonférence.

On peut encore s'appuyer sur la notion de ligne droite pour représenter des phénomènes proches de nous, mais pour représenter les immenses étendues du microcosme et du macrocosme, nous sommes obligés de penser exclusivement en termes de circonférences. Donc, pour l'observateur humain, les lignes euclidiennes peuvent être appelées circonférences maximales.

Donc, l'énergie est émise par une source sur une circonférence maximale dans deux directions opposées avant de se retrouver en tout point de la même circonférence. Par conséquent, ce point reçoit de l'énergie de deux orientations opposées.

Les lignes parallèles dans le médiocosme sont en réalité des circonférences maximales ayant le même point commun, le centre de projection, dans le cas d'une source d'énergie.

Cependant, la géométrie projective démontre également avec le Théorème Fini[156] que la source rayonnante peut être aussi bien éloignée dans le macrocosme que dans le microcosme à cause de ces espaces. Macrocosme et microcosme, divisé par une surface fermée, comme une sphère ou le corps ou le Linceul, sont, dans un sens absolu, équivalent. Donc une source lointaine dans le microcosme, à l'intérieur du corps, irradie dans deux orientations opposées, tout comme une source lointaine dans le macrocosme, à l'extérieur du corps.

C'est le motif de projection qui explique comment le rayonnement atteint et oxyde le tissu en lin.

En résumé, une source de pulsations lointaines, à l'intérieur du corps, rayonne dans les deux directions opposées tous les atomes du corps en mouvement et des objets en mouvement.

Ce que nous avons décrit ici est ce que la science basée sur la géométrie projective a démontré jusqu'à présent.

---

[155] (Giuseppe M. Catalano, *Orthogonal Photographic Projection* l'1_jectio11. CIPAXIII INTERNATIONAL SYMPOSIUM, Cracow, 1990.
[156] Giuseppe M. Catalano, *Les dimensions de l'espace*, Institut international d'études internationales sur les sciences de la représentation spatiale. Palerme 2008.

L'étude du phénomène ouvre de vastes nouveaux domaines de recherche, d'intérêt mutuel pour la géométrie projective et la physique. ce qui aura probablement un impact majeur sur toutes les branches du savoir et donc sur notre existence même.

Le Linceul est un objet scientifique sur un monde qui nous est encore inconnu, un livre de science que l'homme vient d'ouvrir.

Le rayonnement est émis dans deux directions
La source de rayonnement est très éloignée et à l'intérieur du corps
Le modèle projectif de l'émission d'énergie reste immobile
Pendant que le corps et les objets bougent

4.7.3 Corps en mouvement

Introduction

D'après le livre : « The new astonishing phenomenon detected on the Shroud » 2022 de Giuseppe Maria Catalano et
la vidéo :
https://youtube.com/watch?v=xAVZp9tW5FU&si=JGnNVkeQqSM-NYSI

L'enquête photogrammétrique révèle la présence d'images d'objets connus (deux tefillin) mais aussi d'objets jamais observés dans les analyses précédentes (des clous, un perizonium, un type de sous-vêtement utilisé dans l'Antiquité, des chaînes, les anneaux d'une chaîne ornementale…).

Détection de mouvements

Le rayonnement produit l'image de l'objet alors qu'il adopte différentes positions, c'est-à-dire lorsqu'il se déplace.

Le phénomène de séquence d'images ne se limite pas à un objet. Il existe en réalité des dizaines d'images, souvent partiellement superposées, des mêmes objets.

Le phénomène révélé sur le linceul est similaire au résultat de la photographie stroboscopique, qui capture rapidement les images d'un objet en mouvement (ex : balle de tennis), sur une seule image, en utilisant un flash qui émet plusieurs éclats de lumière rapides. La science utilise cette technique pour enregistrer l'évolution du phénomène qu'elle souhaite étudier

La solidité de ces résultats réside selon la méthode scientifique dans l'objectivité des données et dans le fait que la restitution photogrammétrique est répétable.

Plusieurs images distinctes et séquentielles qui démontreraient que l'homme enveloppé dans le linge se serait déplacé après la mort. Les radiations, émises par le corps auraient alors imprimé sur le linge une séquence d'images superposées mais distinctes. En pratique, le corps s'est déplacé, et avec lui les objets visibles sur lui.

L'analyse photographique à très haute résolution a permis de montrer comment les objets, et les membres mêmes du corps de l'homme du Linceul, sont imprimés plusieurs fois et dans des positions différentes, comme s'ils bougeaient au moment de la très forte émission de plusieurs flash de lumière qui les a imprimés.

Le mouvement de la main indique un effort musculaire. Par conséquent, un mouvement volontaire est extrêmement important. Cette découverte extraordinaire que les images ont été produites par des éclats d'énergie consécutifs et qu'elles montrent les différentes positions adoptées par la main pendant le mouvement bouleverse complètement les idées établies ouvrant une nouvelle façon de voir le contenu que la relique a transporté à travers le temps. Il n'y a pas une seule image sur le linceul mais plutôt plusieurs images superposées les unes sur les autres sur la même photographie pendant quelques secondes de transmission d'énergie.

Certains objets aident plus que d'autres, ce sont les éléments métalliques comme les clous car ils sont assez gros. Les images d'eux sont nettes et leurs contours sont distincts, tout comme les autres objets, ils nous aident à comprendre ce qui s'est passé au cours de ces quelques secondes où l'un des objets peut être vu entre les deux images les plus extérieures de la main droite.

<u>Chaînes</u>

La restitution des segments de chaînes à proximité du poignet du bras droit est une autre démonstration que **les rayons de projection étaient parallèles**. La restitution montre que ces anneaux sont tous identiques et toroïdaux, c'est-à-dire en forme de beignet. Les deux courbes formant le contour apparent de chaque anneau ont les mêmes axes de symétrie, ce qui n'arrive qu'en projection parallèle. De plus, la vue latérale de l'anneau le plus bas est limitée à deux circonférences, confirmant qu'il s'agit de projections parallèles orthogonales.

La même chaîne est visible plus bas, se terminant presque à angle droit par rapport à l'axe longitudinal du corps. Les anneaux sont identiques à ceux observés dans la première position, confirmant une fois de plus que les images sont le résultat d'une projection parallèle, orthogonale au plan du tissu.

Tous les anneaux, aussi bien ceux du bras droit que ceux de la jambe droite, ont une épaisseur d'environ 5 mm et un diamètre proche de 40 mm.

Extrait du livre du même auteur : « *Pièces à conviction du Messie d'Israël* » éditions bod.fr :

« *L'empereur latin de Constantinople Baudouin II, « cède » à son cousin Louis IX une grande quantité de reliques de 1239 à 1242. Par une lettre officielle datée de juin 1247, Baudouin confirme en les listant la cession des reliques à saint Louis (**Annexe 1.3.2 du livre précité**).*

Parmi ces reliques, il y a la chaîne et les menottes par lesquelles le Seigneur a été lié[157].

Suite à la Révolution française, les reliques de la Sainte-Chapelle sont transférées successivement à l'Abbaye royale de Saint-Denis, à l'hôtel des monnaies, puis à la commission temporaire des arts sous la garde du secrétaire de la commission Monsieur Oudry. En 1804 les reliques sont remises à l'église de Paris, mais on ne retrouve pas le Roseau.

La notice de l'abbé Coterel indique qu'une partie des reliques est déposée au Cabinet des Médailles antiques de la Bibliothèque nationale. En 1796 s'y voyait encore la Couronne, le fer de la Lance, les Menottes, un morceau de la Pierre du Sépulcre de notre Seigneur et une petite Fiole de son sang. En 1804, la Couronne, la Pierre et la Fiole sont remis à l'église métropolitaine de Paris. À cette époque on ne retrouve plus ni les Menottes, ni le fer de la Lance. »

Petits anneaux

De petits anneaux formant une courte chaîne ont été détectés sur le côté gauche du visage près de la couronne. La restitution a montré que le profil de chacun de ces anneaux plus petits a un aspect plus fini que les anneaux simples et grossiers que nous avons identifiés plus tôt, suggérant une fonction décorative plutôt que pratique.

La petite chaîne se compose de vingt et un anneaux et descend sur la paupière et la joue, parallèlement à la cloison nasale.

Ensuite, un balayage haute résolution permet la restitution d'un petit objet hexagonal en bout de chaîne. Cela suggère que la chaîne est un bracelet ou qu'elle est portée avec un pendentif.

---

[157] « catenam etiam, sive vinculum ferreum, quasi in modum annuli factum, quo creditur idem Dominus fuisse ligatus »

La restitution de l'objet hexagonal obtenue à partir des images plus nettes révèle que le pendentif était probablement une pierre semi-précieuse ou précieuse montée sur métal, compte tenu de la netteté et de la perfection de son contour.

La pierre a une face régulière, hexagonale, en forme de pyramide et six bords latéraux minces et rectangulaires.

La petite chaîne, détectée plus tôt sur le visage, est également visible dans des positions différentes, moins distinctes. Le fait qu'il ait été identifié dans plusieurs positions différentes révèle qu'il y avait un mouvement lors de l'émission d'énergie qui oxydait le tissu.

Ceinture du caleçon et respiration

Une confirmation du modèle de projection qui a généré l'image provient de la détection d'un vêtement et notamment de sa ceinture.

Sur les images de face et dorsal, on peut voir le très faible contour de ce que la recherche historique a identifié comme un caleçon. Il s'agissait d'une large bande de tissu enroulée autour de la taille et des hanches jusqu'aux genoux.

Lorsque le corps était en position verticale, le sang coulant des blessures était arrêté et détourné par le tissu noué autour de la taille.

Datant de l'époque de Moïse, le caleçon était porté avec une ceinture en peau de serpent (Encyclopédie historique des costumes A. Racinet, Ed. Gremese, Rome, 1990).

Les contours clairs et linéaires de la ceinture nous indiquent qu'elle était faite d'un matériau plus épais et plus compact que le vêtement.

Les bords horizontaux de la ceinture sont congruents, c'est-à-dire qu'un bord peut être translaté et superposé à l'autre. La constance qui en résulte du segment AB entre deux points quelconques le long des bords dans la direction de translation est une confirmation supplémentaire que l'image est le résultat d'une projection parallèle orthogonale. De plus, la boucle, qui, en raison de ses contours très nets, est vraisemblablement en métal, constitue un anneau parfait.

Des marques symétriques sont visibles sur la ceinture comme celles sur la peau du Python Regius, l'un des plus petits pythons africains.

D'autres images de la ceinture de caleçon peuvent être vues autour de ses images les plus claires, certaines au-dessus et d'autres en dessous.

La position prostrée du corps avec les poignets croisés aurait gêné l'expansion thoracique. **En effet, les mouvements de la ceinture peuvent être liés aux deux phases de la respiration abdominale**.

Bras et mains

Les bras sur l'image de face du corps semblent être dans une position anormale.

La symétrie du corps par rapport à l'axe longitudinal contraste fortement avec l'asymétrie des mains. Les bras sont symétriques jusqu'aux poignets, mais la main droite est nettement plus basse que la gauche.

L'examen des doigts de la main droite produit un résultat inattendu. La configuration anatomique de la main droite démontre que le bras était déjà significativement détaché de la surface du Linceul et que le poignet y était presque perpendiculaire lors de l'émission du rayonnement.

L'index et le majeur sont étendus tandis que l'annulaire et l'auriculaire sont pliés vers la paume avec les deuxième et troisième phalanges bien visibles. Le pouce est également plié vers la paume et est donc en grande partie caché par la main. On peut voir la troisième phalange, dépassant entre le majeur et l'annulaire, ainsi que le fin auriculaire, bien que celui-ci soit tournée vers l'estomac.

Par conséquent, les tissus corporels s'avèrent transparents aux rayonnements émis par le corps.

Main

La même main droite est vue dans une position différente. Cette fois, elle est serrée dans un poing. C'est la première manifestation, très importante, du phénomène que nous avions initialement comparé à l'effet stroboscopique de la photographie moderne. En fait, entre ces deux positions, nous pouvons voir des fragments d'autres positions adoptées par la même main droite.

En attendant, le constat que cette configuration anatomique de la main indique un effort musculaire, donc un mouvement volontaire. est extrêmement important.

Cette découverte extraordinaire que les images ont été produites par des éclats d'énergie consécutifs, et qu'elles montrent les différentes positions adoptées par la main droite pendant le mouvement, bouleverse complètement les idées établies, ouvrant une nouvelle façon de voir le contenu que la relique a transporté à travers le temps.

Il s'agit d'une seule image sur le Linceul, mais plutôt de plusieurs images superposées les unes sur les autres sur le même photogramme pendant quelques secondes de transmission d'énergie.

Pied

Comme les mains, les pieds présentent également une nette anomalie. La position de la plante des pieds sur l'image dorsale du corps n'est pas compatible avec la position des jambes. En particulier, la semelle gauche est nettement décalée vers la gauche par rapport à la position de la jambe. En fait, les positions correctes sont également visibles, mais les images qui en découlent sont très faibles.

Clous
Clou main droite

Entre les deux images les plus extérieures de la main droite, on trouve les contours ondulés d'un objet en forme de cigare, avec une **extrémité dans la célèbre tache de sang** dense sur le Linceul, près de l'image du poignet. Et à l'intérieur, on voit les contours linéaires qui permettent de restituer un autre clou, similaire en forme et en taille au précédent. Les contours ondulés sur les côtés du clou, l'extrémité supérieure correspondant parfaitement au trou par lequel le sang s'est écoulé pour sortir de la tache, et le type de rayonnement pénétrant suggèrent que l'objet contenu par le trou l'a produit.

À côté de la tête du clou se trouvent quelques-unes des nombreuses images adjacentes de la même tête qui ont été laissées par le mouvement survenu lors de la transmission de l'énergie.

Il est donc probable que le clou de la main droite, qui présente les mêmes contours ondulés sur les côtés, se trouvait également à l'intérieur du trou lors de la transmission de l'énergie qui a laissé une empreinte sur celui-ci.

Clou main gauche

Les contours ondulés d'un objet en forme de cigare peuvent être vus avec une extrémité dans la célèbre tache de sang dense sur le linceul. Près de l'image du poignet et à l'intérieur on voit des contours linéaires qui permettent de restituer à un autre clou de forme et de taille similaire au précédent les contours ondulés sur les côtés du clou. L'extrémité supérieure correspondant parfaitement au trou d'où le sang s'est répandu pour sortir de la tache et le type de rayonnement dont nous parlerons plus tard suggère que l'objet contenant le clou est le trou

En attendant, il est important de noter qu'à côté de l'image du clou sur la main gauche se trouvent d'autres images similaires du même clou. Ils sont quasiment parallèles aux premiers et en partie superposés. Une autre image probablement du même clou a été détectée directement au-dessus du poignet de la main gauche. Cette fois cependant, ses contours sont beaucoup plus nets, ce qui suggère qu'il était en dehors de la main. a restitution révèle que la longueur réelle de la tige est de 125 millimètres et la pointe de 9 millimètres, alors que les côtés de la tête carrée mesurent environ 9 millimètres, tandis que les côtés de la tête carrée font environ 9 mm..

De plus, la main gauche s'est déplacée vers le bas et cela aussi était un **mouvement volontaire** comme nous le verrons bientôt lorsque nous examinerons un objet qu'elle a desserré. Des fragments de positions intermédiaires sont montrés ci-dessous par les clous en particulier qui apparaissaient à gauche de la position finale de la main.

Le mouvement et surtout la position adoptée par la main sont mis en valeur notamment par le filet de sang visible qui s'écoulait du trou pratiqué par le clou.

La main gauche s'est également déplacée vers le bas, et cela aussi était un mouvement volontaire.

Les mouvements de main ont déplacé les objets qui y étaient attachés.

Clou pied droit

Les investigations menées restituent un clou sur le pied droit, là encore le clou a une tige effilée de section carrée comme les deux autres clous sur les mains. La pointe du clou a été détectée dans de nombreuses positions différentes près du talon. Plusieurs images dans différentes positions apparaissent également plus bas.

Les images sont très rapprochées et toujours superposées. En alignement avec la première image on peut voir **le trou avec un clou encore à l'intérieur** et bien d'autres images adjacentes et superposées de la pointe puis à côté d'une image claire ou d'un clou renversé.

Il est important de comprendre pourquoi au cours de cette séquence on voit de manière inattendue le clou renversé avec une pointe en forme de pyramide sur une base hexagonale plutôt que carrée. Le tissu est posé sur la plante du pied mais à cause de la présence du clou. Le tissu est soulevé au-dessus de la pointe avant de redescendre pour s'accrocher à nouveau à la semelle.

Le rayonnement provenant de l'intérieur du corps est perpendiculaire au plan et est orienté vers le haut.

Lorsque la pointe se rétracte et que le tissu s'aplatit le segment et le rouge se déplace au-dessus de l'entrée du trou et l'image sur le tissu montre la pointe tournée vers le bas. En effet la partie du tissu recouvrant la pointe en forme de pyramide a une plus grande surface que les quatre faces triangulaires.

L'image du clou s'élargit vers la pointe, car le tissu, initialement soulevé par la pointe pour former deux plans comme un toit en pente, repose désormais sur un plan simple.

Si nous suivons la séquence d'images de la pointe nous voyons qu'à l'entrée du trou elle est orthogonale il est projeté sur un plan comme toutes les autres images du corps et des objets que nous avons détectés et pointant vers le haut cela signifie que le tissu est maintenant plat et le pied est tourné de telle manière que la semelle est moins inclinée par rapport au plan horizontal le rayonnement émanant du corps est maintenant dirigé vers le bas et l'image du clou montre la pointe tournée vers le talon donc par rapport au corps entier

Conclusion des clous

L'homme a été décloué de la croix. On a laissé les clous dans les poignets et dans les pieds pour ne pas endommager davantage le corps. De plus tous les objets tachés de sang devaient être enterrés avec le mort.

Tefilah
Tefilah bras gauche

En examinant le poing, nous pouvons voir le contour de quelque chose qui ressemble à une petite bande de tissu enroulée autour du milieu du pouce.

Un nœud coulant sur une petite sangle aux contours linéaires distincts a été identifié. Le nœud est tenu entre l'annulaire et le majeur de la main gauche placé en position initiale.

La même sangle peut être détectée dans de nombreuses autres positions, avec une petite boîte en forme de cube. Cela a été identifié comme une tefilah.

Les Tefilines sont des paires de Tefilah. Ce sont d'anciens objets juifs ayant une signification religieuse, portés uniquement par les hommes. L'un est enroulé autour du bras gauche et l'autre est étroitement attaché autour de la tête avec des lanières de cuir. Chaque sangle contient une boîte en cuir en forme de cube contenant quatre rouleaux de passages bibliques. Il s'agit d'une interprétation littérale du commandement biblique de lier la parole divine autour du bras près du cœur et entre les yeux près de l'esprit.

Il est important de noter que le nœud de la tefilah, celui qui doit être noué à la tête, est différent du nœud – un nœud coulant – de celui qui doit être noué au bras gauche.

Une étude du bras gauche montre la sangle de tefila enroulée, comme le veut la tradition, à plusieurs reprises autour de l'avant-bras, du dos de la main et des doigts.

Ici ce ne sont que quelques-unes des nombreuses positions détectées, montrant la sangle initialement serrée autour des bras puis se déroulant progressivement au fur et à mesure qu'elle descend vers la partie inférieure du corps.

Cependant, ce sont les images de la petite boîte située sur la partie supérieure de l'avant-bras qui ont permis d'identifier l'objet.

La restitution démontre que ces objets en forme de cube sont tous exactement de même taille et présentent un décor circulaire au milieu de la face opposée à la base. Certaines images montrant une série claire de positions se superposent en partie les unes aux autres, comme dans la photographie stroboscopique, et parce qu'elles témoignent des mouvements de l'objet, elles pourraient fournir des informations sur les éclats d'énergie qui ont imprimé l'image sur le tissu.

Tefilah front

Plusieurs images de la sangle de tefilah qui, selon la foi juive, doit être nouée au-dessus du front, sont visibles sur le Linceul.

Beaucoup forment un léger angle par rapport à l'axe de symétrie du visage, et la séquence de contours rectilignes indique qu'une traction a été appliquée. Ceux qui sont dans une position plus oblique paraissent moins tendus.

Ensuite, il y a d'autres images, presque superposées, de l'objet positionné transversalement à cet axe, au-dessus des yeux. Encore une fois, les contours de l'objet sont distincts et il présente la même décoration en forme de losange.

Au centre, une boîte de tefilah est visible sur l'une des images à sangle oblique. Là encore, la boîte semble parfaitement cubique et posée sur un socle en carré, comme le prescrit la tradition juive. L'image de la boîte est atténuée par les images de la sangle. Au centre de la face opposée à la base de la boîte, qui est un carré parfait car positionné sur un plan parallèle au plan du Linceul, on voit un embellissement circulaire entouré de 12 lobes.

Certaines des positions restituées par les images sur le front nous donnent des informations préliminaires sur la trajectoire suivie par la boîte. De sa position initiale haute, correctement placée sur l'axe du visage, il se déplace vers le bas sur une courte distance, puis s'incline en s'éloignant de l'axe avant de revenir vers l'arcade sourcilière.

La restitution montre que ce cube a les mêmes dimensions et le même ornement circulaire du boîtier relevé sur le bras gauche.

Bande de tissu recousue
Bande de tissu autour de la taille

L'image de face du corps montre le contour pâle, légèrement ondulé et irrégulier de ce qui a été établi comme étant une bande ou un tissu noué autour de la taille.

Sur l'image dorsale, la bande apparaît ondulée et froissée, comme cela se produit normalement lorsque du tissu est noué autour d'un corps.

Elle s'étend presque jusqu'aux genoux où, comme il convient à la position couchée du corps, elle dévie vers le mollet droit et disparaît juste au-dessus des chevilles, se coinçant entre elles.

Cette bande de tissu fait immédiatement penser à la bande que l'on peut voir aujourd'hui rattachée à l'un des côtés longitudinaux du Linceul. D'une largeur d'environ 8 cm et d'une longueur de 386 cm, elle a été détachée du tissu puis soigneusement recousue, exactement là où elle se trouvait auparavant. Ses extrémités obliques s'arrêtent à 15 cm d'une extrémité de la bande la plus large et à 35 cm de l'autre. Il manque donc les deux segments d'angle marqués en bleu.

La bande sur l'ellipse mesure entre 7,8 et 8,6 cm de large. Si l'on calcule qu'un segment enroulé une fois et demie autour de la taille mesurerait 163 cm, et que l'on ajoute 126 cm pour la longueur de la partie avant et 97 cm pour la partie arrière, on obtient un total de 386 cm, soit la même longueur que la bande latérale réelle.

La restitution montre que les bandes correspondent.

Inscription sur la bande de tissu

Le rayonnement traverse les objets et en produit une image. Ainsi, l'énergie qui a laissé une empreinte sur le tissu du Linceul a également traversé la bande de lin nouée autour de la taille, que l'on voit aujourd'hui recousue à l'endroit où elle avait été arrachée ; et avant de laisser une empreinte de la bande sur le tissu, il faut qu'elle ait imprimé sur la bande l'image de la partie du corps traversée par les rayons de projection. Pour cette raison, l'image du Linceul sur la zone des mains a été comparée avec l'image de la bande elle-même refixée dans sa position actuelle.

Main droite

Regardons attentivement les images d'une partie du poing droit fermé et du bout de l'auriculaire et de l'annulaire de la main gauche dans l'image de la bande, car ces mêmes images peuvent être revues sur la bande elle-même recollée. Dans ce cas. on voit le devant du poing, car les images se correspondent si l'image est retournée autour de l'axe de couture. L'image de la phalange avec le clou sur le petit linge le confirme.

Le fait que l'image ait été renversée indique que la bande n'était pas en contact avec le Linceul lors de l'émission d'énergie, comme le montre le dessin de gauche, mais positionné entre les mains et le devant du corps. En effet, le dos de la main droite était projeté sur le Linceul. et la paume sur la bande.

L'énergie qui laissait une impression sur le linge de la bande provenait donc de la surface interne des mains.

L'absence de la partie supérieure des mains dans l'image de la bandelette recollée indique qu'un objet encore non identifié, opaque aux radiations, a été placé entre la partie supérieure des mains et la bandelette, donc entre les mains et le corps.

Cette observation est également liée au fait que toute la section examinée de la bande recollée est remplie d'images formées par rayonnement, souvent superposées de manière répétée.

Image boucle ceinture

La boucle de la ceinture caleçon, placée sur une surface parallèle au tissu, apparaît en haut de cette image. Sa forme, sa taille et sa position correspondent aux données obtenues par restitution à partir de l'image principale du Linceul. Nous, nous pouvons voir plus d'images de la boucle, située dans différentes positions. Ceux-ci montrent le mouvement de la boucle et comment elle a tourné par rapport à sa position initiale.

Les grands axes des ellipses fournissent les diamètres réels des circonférences dont elles sont la projection.

La restitution montre que les grands axes des deux ellipses sont identiques aux diamètres des circonférences de la boucle de la ceinture caleçon. Sur une image, on peut également voir l'axe de la boucle, étiré le long d'un diamètre de l'ellipse intérieure, correspondant à un diamètre de la circonférence intérieure réelle.

Le fait que l'image de la boucle soit imprimée sur la bande de lin nouée autour de la taille nous indique que la ceinture était attachée par-dessus.

Conclusion

Le bout d'un autre doigt est visible à une courte distance du petit doigt de la main droite : lui aussi est en grande partie masqué par l'objet non identifié. Puis, dans de nombreuses directions différentes, les contours d'objets linéaires ressemblant à des sangles de téfilines, dont certains sont identifiables grâce au décor en forme de losange.

Cela confirme que la bande recollée – qui doit encore être examinée dans son intégralité – est la même bande qui a été enroulée autour de la taille de l'homme qui présente toutes les caractéristiques d'être Jésus de Nazareth.

Utilisation de la bande

En accord avec la vie de Jésus de Nazareth, l'hypothèse la plus probable est que la bande a été retirée pour soutenir le corps pendant qu'il était descendu de la croix.

La mort de Jésus a lieu vendredi 14 nisan an 30 à 15h00. Le sabbat commence à 18h00 et il faut que Jésus soit mis au tombeau avant le début du Sabbat

Joseph et Nicodème vont rapidement au palais du gouverneur pour demander à Pilate de pouvoir récupérer le corps. Ils vont ensuite au magasin du temple achetait un Linceul en lin.

Pour déclouer le corps de Jésus et le descendre de la croix sans l'abimer, ils ont besoin « d'une corde ». Ils décident de couper une bande du Linceul de 9 cm de large sur 4, 35 m correspondant à la longueur du Linceul.

La bande aurait été posée autour de la taille comme on le voit sur le Linceul. Puis les deux extrémités auraient été relevées sur le patibulum et nouées ensemble derrière les stipes afin de soutenir le corps une fois les clous retirés. Enfin, une coupe nette et oblique sous le nœud aurait laissé tomber le corps.

Cela expliquerait pourquoi les extrémités de la bande latérale rattachée manquent.

Après la Résurrection, la bande aurait été recousue sur le Linceul. Le point de coupure est antique correspondant à celui d'un linge de Massada donc avant l'an 70.

Corps ressuscitant

Pour la première fois et depuis longtemps, la géométrie projective qui étudie en termes simples les modèles géométriques de l'énergie rayonnée et les images que forme l'énergie a été appliquée au Linceul de Turin.

Comme dans tous les domaines de recherche, la géométrie projective aurait dû être la première science appliquée au Linceul, les autres sciences travaillant ensuite sur les résultats obtenus. Cependant, cela ne s'est pas passé ainsi. En 2000, la mère de toutes les sciences a finalement tourné son attention vers le Linceul avec des résultats incroyables.

Une source pulsée située au plus profond du corps de l'homme au Linceul rayonnait tous les atomes du corps en mouvement et des objets en mouvement dans deux directions opposées.

Tous les résultats de restitution démontrent la présence d'un motif de projection jamais vu auparavant dans la nature, mais toujours scientifiquement possible. Cette découverte a été réalisée conformément à la méthode galiléenne de la science moderne.

N'importe quel expert en photogrammétrie pourrait répéter les mêmes étapes et obtenir les mêmes résultats.

Mais la science, sous forme de médecine légale et d'analyses de sang, a établi que l'homme du Linceul était mort lorsque le sang a imprégné le long tissu. Et comme on sait que le rayonnement n'est pas passé à travers les taches, on peut déduire que cela s'est produit après la formation des taches, c'est-à-dire après la mort de l'homme.

Le mouvement volontaire enregistré sur le Linceul s'est donc produit après la mort de l'homme.

Bien que beaucoup puissent trouver cette conclusion inacceptable, elle s'appuie sur la science contemporaine, la même science que personne ne remet en question lorsqu'il s'agit d'ondes électromagnétiques, de particules élémentaires, d'avions, d'ordinateurs, de téléphones portables, d'un nouveau médicament qui peut sauver des vies ou toute autre innovation qui était jusqu'à récemment inconcevable.

Avant la découverte de l'électromagnétisme, si l'un de nos ancêtres avait parlé au téléphone avec quelqu'un sur un autre continent ou avait vu un train suspendu dans les airs sur un coussin électromagnétique, il aurait ressenti la même surprise déconcertante qui nous envahit aujourd'hui. La guérison de nombreuses maladies que nous tenons aujourd'hui pour acquises aurait semblé impossible il y a quelques siècles.

La science n'a pas de limites, aucune peur, aucun préjugé, sinon, cela ne permettrait pas de progresser vers la compréhension de la réalité. Le scientifique est heureux lorsqu'il découvre un phénomène qui nous perturbe et nous éclaire.

L'homme du Linceul est revenu à la vie après sa mort, émettant de l'énergie qui a produit les effets que nous pouvons constater aujourd'hui. Mais cette nouvelle vie est différente de la première. La découverte de la photographie a permis de constater ces effets sur le Linceul.

L'homme du Linceul est revenu à la vie et les images sur la relique du Linceul en sont une des preuves.

La vie tend vers la vie. La vie mène à la conscience de soi et à l'autodéfense contre l'adversité.

L'homme est le seul être qui remet en question sa propre essence, sa propre existence, qui possède la capacité de pénétrer la réalité de l'univers.

Cette capacité est la science, qui existe pour nous aider à comprendre et à défendre la vie.

5 Voile de Manoppello

Visage de Manoppello
(http//en.wikipedia.org))

5.1 Présentation générale

Les Juifs mettent sur la tête de leur mort une coiffe. Ils couvrent ensuite le corps du défunt d'un Linceul. Ils ajoutent un Voile pour couvrir le visage dans le but de retenir les parfums. Le Voile de Manoppello, tissu très fin, a été posé sur le visage de Jésus au tombeau.

La Vierge Marie, la Mère de Jésus, est sans doute la dépositaire de ce tissu. Il lui permet de voir le visage de son fils ressuscité à Éphèse. Le Voile est resté ensuite en Turquie en Cappadoce, lieu de nombreuses églises souterraines. En 574 le Voile est transféré à Constantinople, capitale de l'empire chrétien d'Orient. En 705, suite sans doute aux luttes iconoclastes, le Voile est transféré à Rome. En 1506, il est envoyé mystérieusement à Manoppello.

Le Voile mesure 17 cm sur 24 cm. Il est en byssus marin, c'est une espèce de soie marine, un tissu de grande valeur pour l'époque.

L'image du visage est sur une pièce de byssus transparente un peu comme une diapositive. L'image apparaît ou disparaît suivant l'angle de la lumière. L'image apparaît sur les deux côtés du tissu. La formation de l'image du Voile est similaire à celle du Linceul.

La description de l'image montre sur les deux côtés du Voile le visage d'un homme encadré de cheveux avec du sang.

Les études complémentaires montrent un éclat de verre sur le Voile qui peut provenir d'un antique reliquaire du Vatican.

5.2 Données historiques
De Jérusalem à Éphèse et Camulia

Le Voile est sans doute conservé par Marie, la Mère de Jésus, et par saint Jean à Éphèse. Jean prend Marie chez lui à Éphèse.

Jean 19, 27 : « **Ensuite il (Jésus) dit au disciple : « Voici votre mère. » Et depuis cette heure-là, le disciple la prit chez lui. » et Actes 1, 14 : « Tous ceux-là, d'un même cœur, persévéraient dans la prière avec des femmes et Marie, la mère de Jésus, et avec ses frères. »**

Le Transitus Virginis est attribué à Leucio, disciple de Saint Jean. Il précise que le corps de Marie est porté au ciel. Ce texte apocryphe témoigne que Marie demeure au centre de la communauté.

Dans une version du Transitus, datée du début du VIe siècle, on lit : « *Après l'Ascension, cette Vierge Immaculée avait coutume de porter l'image formée sur le Suaire qu'elle avait reçue des mains divines, afin de toujours avoir sous les yeux et contempler le beau visage de son Fils. Chaque fois qu'elle priait, elle disposait l'image au levant et priait ainsi vers elle, en élevant les mains.* »

Ensuite de nombreuses églises en grande partie souterraine attestent d'une présence chrétienne en Cappadoce de la Turquie actuelle.

Constantinople

En 574, le Voile est transféré de Camulia en Cappadoce à Constantinople. L'empereur de Byzance s'agenouille chaque année devant cette sainte relique de la chrétienté.

Le poète Teofilatto Simocatta écrit un poème de louange sur la bataille de la rivière Arzamon en 586. Il indique l'obtention de la victoire de l'armée byzantine par la présence de l'image, qualifiée de « *non peinte, et non tissée, mais réalisée par l'art divin* ».

Le 25 mars 624, Héraclius de Constantinople conduit son armée vers le territoire Perse. L'étendard déployé en tête de cette armée était une icône miraculeuse du Christ dite « Non faite de main d'homme[158] ».

Un poète[159] de cour contemporain présente cette expédition comme la première croisade pour la reconquête de la Vraie Croix.

---

[158] Acheiropoïète
[159] Georges de Pisidie

En 626, le patriarche Sergios organise une procession sur les remparts de Constantinople. Il porte l'image du Christ « non-faite de main d'homme », alors que la ville est assiégée par les Perses. La ville est préservée, les Perses vaincus. Elle disparaît de Constantinople en 705, au temps de la seconde période du règne de l'empereur Justinien II.

Rome
Luttes iconoclastes

Des luttes iconoclastes ensanglantent l'empire byzantin entre les VIIe et IXe siècles. En l'an 705, le patriarche Germanos envoie par bateau le Voile à Rome à l'époque du pape Jean VII. Ce dernier expose le Voile et le place dans la chapelle Saint Pierre au Vatican.

Le pape Etienne II (752 - 757) porte l'icône acheiropoïète du Christ en procession pour conjurer l'invasion des Lombards.

Cette relique demeure ensuite cachée dans le « Sancta Sanctorum » depuis le pontificat de Grégoire II jusqu'en 843, durant le temps des luttes iconoclastes. Cette pièce de tissu, diaphane et fine, est cachée. Elle est posée sur l'icône dite « *Non faite de main d'homme*[160] » du Sancta Sanctorum de Saint-Jean-de-Latran. L'icône a gardée le nom de « *Non faite de main d'homme* » même après le retrait du voile.

En 1011, cette sainte face est mentionnée dans un bref pontifical du pape Serge IV. On y entretenait dix lampes continuellement allumées.

Légende de Véronique

Dans les années 1190 du temps du pape Célestin III, la relique est appelée Voile de Sainte Véronique. La légende indique qu'une sainte femme, aurait essuyé le Visage du Christ sur son chemin de croix. Sur ce linge se serait imprimé le visage du Christ. La Bible ne fait pas mention de l'intervention d'une Véronique sur le chemin de croix.

L'image sur le voile de Manoppello ne peut avoir été obtenue lors du chemin de croix car dans ce cas ce serait le visage du Linceul de Turin. Le visage sur le Voile de Manoppello est autre, c'est le visage du ressuscité, le visage de Jésus transfiguré.

---

[160] Acheiropoïète

Origine de la légende

Ce Voile est l'effigie véritable, la représentation de la Sainte face vivante de Jésus. C'est la « vraie icône » du Seigneur en latin « vera icon » qui devient « Veronica » c'est-à-dire « Véronique ».

Le Voile est la manifestation de la Victoire du Seigneur Jésus. C'est le « porteur de victoire » du Seigneur en grec « pherô nikê » qui devient « pherenikê » c'est-à-dire « Véronique ». Effectivement, cette étoffe porte la face de Jésus ressuscité. La Résurrection du Seigneur est sa victoire totale et définitive sur le péché, la maladie et même la mort.

A Rome cette relique est proposée à la dévotion des nombreux pèlerins. Elle est très connue à l'époque et bien plus que le Linceul de Turin. C'est la vraie icône du Christ ressuscité et victorieux, connue plus tard sous le nom de Voile de Manoppello.

Culte du Voile

Le pape fait construire un autel pour cette relique dans la chapelle de Jean VII, à l'intérieur de l'ancienne église Saint-Pierre.

Pour mettre fin au schisme religieux qui sépare l'Occident et l'Orient, des négociations sont engagées. À cette occasion vers l'an 1190, le pape reçoit de Byzance un dais (umbella) en tapisserie avec une représentation du Christ du Linceul de Turin. Ce dais sert pour exposer le portrait du Christ. Le dais est détruit mais Jacobo Grimaldi, archiviste du XVIIe siècle, nous l'a décrit.

Sous le règne du pape Innocent III[161], le Voile est transporté de la chapelle Saint Laurent du Latran à une chapelle de la basilique Saint-Pierre de Rome, sous le nom de Veronica. Le pape lance le culte et la vénération du Voile du Saint Visage et l'expose à Saint-Pierre. Il est remplacé au Sancta Sanctorum[162] par une icône représentant le Sauveur.

Les pèlerins affluent de toute l'Europe vers Rome et s'en retournent avec des portraits miniatures du Christ d'après le saint Voile. Cette relique est plus célèbre, à cette époque, que le Linceul de Turin.

---

[161] 1198-1216
[162] Le « Sancta Sanctorum » ou chapelle Saint Laurent est une annexe de la basilique. Ce sanctuaire, ancienne chapelle privée des papes est reliée au palais pontifical du Latran. Suite au départ des Papes pour Avignon en 1313, le palais primitif du Latran est démoli et remplacé. À partir de ce moment-là, le « Sancta Sanctorum » reste isolé, bien que faisant toujours partie de la basilique.

Icône dite « Acheiropoïète » « Sancta Sanctorum » Saint-jean-de-Latran et Voile de Manoppello
(envoi de Mr. Paolo Galosi et http://en.wikipedia.org)

**Reliquaire de 1350 pour de le Voile Manoppello à Rome
Cadre vitre en cristal de roche brisé
dans le trésor de la Basilique Saint-Pierre.**

Disparition de la relique à Rome

La basilique Saint Pierre érigée sous Constantin est démolie sous le pape Jules II. La nouvelle basilique est reconstruite à partir du 18 avril 1506. C'est à cette époque que le Voile disparaît de Rome. De la Veronica romaine, il reste une corniche avec des vitres fracturées. Le Voile est placé dans une caisse pendant la construction de Saint Pierre en 1506. Les travaux de la basilique dureront jusqu'au 18 novembre 1626.

Période trouble

Le 6 mai 1527, Rome est attaqué et pillé par l'empereur Charles Quint. Le pape Clément VII (26 mai 1478 – 25 septembre 1534) se réfugie au château Saint Ange avec les biens les plus précieux dont le Voile de Manoppello. Le commandant du château Saint Ange possède une propriété à Manoppello[163]. Il finira ses jours à Manoppello. Il est probable qu'il est voulu mettre la relique à l'abri loin de Rome.

Faux voile à Rome

Dans la nouvelle basilique, inaugurée en 1626, un autel est érigé au-dessus de la tombe de saint Pierre avec quatre piliers. Chaque pilier contient une relique : le Voile de Véronique, la lance, un fragment de la vraie croix, le crâne de saint André.

Un document témoigne de la nouvelle installation de la relique, en réalité un faux qui la remplace, au cours d'une cérémonie solennelle. Le 21 mars 1606, l'icône est placée dans une niche creusée à l'intérieur du pilier de la coupole appelé « de la Veronica ».

En 1629, Urbain VIII met fin à l'exposition du voile (en réalité un faux) et exige que toutes les copies réalisées soient détruites sous peine d'excommunication.

Arrivée du Voile à Manoppello
Récit des villageois

Devant l'intérêt des pèlerins pour le Voile, douze villageois inventent une histoire en 1629 donc à la même époque que l'ordre de

---

[163] Enquête du journaliste allemand Paul Badde

destruction des copies du Voile[164]. Le récit fait état d'un ange apportant le visage du Christ à Manoppello en 1506, bien avant le sac de Rome. L'histoire raconte donc à dessein que la relique de Manoppello ne peut pas être le Voile de Véronique de Rome.

Avec la référence à l'ange est-ce un clin d'œil au passage du Voile de Manoppello par le château Saint Ange ? Le commandant du château, lié à Manoppello, fait-il office du bon ange qui amène le Voile à Manoppello ?

Récit des capucins

L'arrivée à Manoppello du Voile de la Sainte Face est racontée dans la « Relatione historica » du père Donato da Bomba (**Annexe 5**), composée entre 1640 et 1646. Le récit relate l'arrivée mystérieuse du Voile à Manoppello en 1506 dans les mains de Giacom'Antonio Leonelli, docteur en physique.

En 1618 Marzia Leonelli, descendante et héritière de Giacom'Antonio, vend le Voile à Donat'Antonio De Fabritiis. Ce dernier le donne en 1638 aux Capucins de Manoppello. En 1646, un acte notarié authentifie la donation du Voile par Antonio de Fabritiis.

Les Capucins mettent la relique dans une châsse exposée sur le maître autel. Les pèlerins affluent des régions environnantes.

Les recherches sur les origines de l'image sacrée ont été entreprises par le père théologien Donato da Bomba à la demande des capucins. Elles font l'objet d'un rapport historique. Il met en évidence le caractère miraculeux de la relique. Le document est lu au cours d'une réunion publique, approuvé et signé le 6 avril 1646. Il est conservé aux archives historiques de la mairie de Manoppello.

Le troisième dimanche du mois de mai et le 6 août, à l'occasion de la solennité liturgique de la Transfiguration de Notre Seigneur les pèlerins sont particulièrement nombreux. Dans les évangiles, le jour de la Transfiguration le Seigneur Jésus s'est montré avec son visage de gloire aux apôtres Pierre, Jacques et Jean.

L'église a été plusieurs fois refaite. L'église actuelle est baroque avec un plan basilical à trois nefs riches d'autels et de décorations. Les Pères capucins ajoutent en 1952 à l'édifice sacré, une maison du pèlerin

---

[164] Enquête du journaliste allemand Paul Badde

avec hôtellerie ouverte aux pèlerins. La maison est en pleine végétation dans les contreforts de Maiella. Le long de la rue menant au sanctuaire se trouve un chemin de croix réalisé en pierre de Maiella.

Le vendredi 1er septembre 2006, le Saint-Père Benoît XVI s'est rendu à Manoppello dans les Abruzzes, au sanctuaire de la Sainte Face. Le pape a réalisé ce pèlerinage pour le cinquième centenaire de l'arrivée du Voile à Manoppello. Ce déplacement de Benoît XVI a une portée historique, c'est la première fois qu'un pape fait ce pèlerinage.

Identification du Voile de Manoppello avec la relique de Rome

Le Voile de Manoppello est la relique de Rome dont le culte est instauré par le pape Innocent III. Pour l'affirmer, le Père Pfeiffer se base sur les arguments suivants.

Le reliquaire[165] de 1350 est fait de deux verres de protection en cristal de roche. Ce reliquaire, destiné à un objet qui pouvait être exposé des deux côtés, contenait la Veronica. La Veronica (vraie icône) est décrite par les sources médiévales comme un linge transparent, très fin, présentant une image visible des deux côtés. Ce reliquaire, de forme carrée, a des dimensions compatibles avec le Voile de Manoppello.

Aucune image n'apparaît sur la pseudo Veronica conservée à Saint-Pierre. Elle n'est d'ailleurs pas exposée en public depuis le XVIIe siècle. Les chercheurs De Waal et Wilpert et Jean-Paul II n'y trouvent aucune image. Le linge de Rome n'est d'ailleurs pas transparent. Le reliquaire de 1350 est remplacé par un autre[166] à Rome vers la moitié du XVIe siècle, et ensuite par celui que l'on connaît actuellement.

Un document témoigne de la nouvelle installation de la relique – c'est-à-dire, comme on le suppose, du faux qui la remplace.

La Veronica présente un visage aux yeux ouverts, comme il apparaît dans toutes ses représentations antérieures à 1606, tandis qu'une copie de cette même année présente un visage aux yeux fermés. Peu après, Paul V interdit de nouvelles copies de la relique, sous peine d'excommunication. Enfin Urbain VIII ordonne en 1628 que toutes les copies existantes, faites dans les années précédentes, soient détruites.

---

[165] Conservé dans le trésor de la basilique vaticane
[166] Désormais perdu

5.3 Caractéristiques du Voile

Le Voile mesure 17 x 24 centimètres. Il est enserré entre deux plaques de verre entourées d'un cadre en argent reposant sur un pied. La toile est fine et transparente comme une diapositive. Exposée devant la lumière d'une fenêtre, on ne voit plus que le cadre à contre-jour, et au milieu un grand rectangle blanc.

Le byssus marin constitue la matière du Voile. C'est une sorte de soie brune aux reflets dorés appelée aussi soie marine ou laine de poisson. Le byssus est un ensemble de fibres sécrétées par certains mollusques bivalves en Méditerranée appelés Pinna nobilis. Ces mollusques utilisent ces fibres pour adhérer au substrat. Ces fibres sont produites par une glande dite glande byssogène.

La récolte se fait au moment de la pleine lune. Le peignage, le filage et le tissage permettent d'obtenir le précieux tissu. Le byssus prend une teinte dorée après macération dans le jus de citron, et une teinte claire et brillante après être trempé dans l'urine de vache.

Dans l'antiquité, le byssus est très recherché. Le précieux fil est tissé pour la finesse et la splendeur de la trame pour les rois et les prêtres. Le byssus est retrouvé dans les tombes des pharaons. Cette matière est déjà connue des Phéniciens.

L'Ancien Testament en parle comme d'un tissu précieux servant pour les tapis du Saint des Saints ainsi que l'Éphod, la tunique des grands prêtres.

1 Chroniques 15, 27 : **« David était couvert d'un manteau de byssus, ainsi que tous les lévites qui portaient l'arche, les chantres et Chonénias, qui dirigeait le transport de l'arche, parmi les chantres ; et David avait sur lui un éphod de lin. »**

L'art du byssus est connu de la princesse Bérénice, fille du roi Hérode. Elle devient la favorite de l'empereur romain Titus après la destruction de Jérusalem.

Cette matière est récoltée jusqu'au milieu du XXe siècle dans le golfe de Tarente et en Sardaigne. On utilise notamment le byssus pour confectionner des gants, des bonnets, mais toujours des objets luxueux. La production a aujourd'hui disparu.

Madame Chiara Vigo est la dernière personne à tisser le Byssus. Selon cette experte, le Voile montre les caractéristiques d'un tissage de byssus marin.

Le Voile est transparent. Or le byssus est le seul tissu qui peut être traversé par la lumière. Cette particularité est compatible avec la Sainte-Face, qui disparaît dans la lumière. La disparition de la face à la lumière est l'un des aspects le plus troublant de la relique.

5.4 Formation de l'image

Généralités

L'image du visage est sur une pièce de byssus délicate et transparente. L'image est toujours visible après 2000 ans d'existence.

L'image apparaît ou disparaît selon l'angle de la lumière. Le visage ne s'observe que sous un angle particulier ou en plaçant un écran opaque derrière lui. L'image est transparente à la lumière, gris ardoise dans la pénombre, ocre foncée dans l'ombre. À la lumière artificielle, les reflets dorés du tissu paraissent donner relief et profondeur au visage.

Image non peinte

En 1998, 1999, le professeur Donato Vittore[167] a examiné au microscope le tissu du Voile. Le professeur a enregistré sur ordinateur l'image du Voile de Manoppello avec un scanner numérique haute résolution, utilisé sur les satellites pour prendre les images de la terre. L'image peut ainsi, avec un ordinateur, être analysée dans son ensemble ou fibre par fibre.

Le Voile a une texture très fine, ce qui lui donne une extraordinaire transparence. L'image est visible de façon identique des deux côtés du Voile avec les mêmes teintes de couleur. Une peinture ne peut donner la même image des deux côtés.

Avec un grossissement très important, le professeur Vittore a découvert l'absence de résidus de couleur. L'imprégnation d'un tissu avec de la peinture donne des petites bavures, or aucune bavure n'apparait dans le dessin du Voile. Les contours de l'image sont très nets au niveau de l'œil et de la bouche. Le professeur Vittore exclut la formation de l'image de la Sainte Face par une peinture à l'huile ou à l'aquarelle.

---

[167] De la faculté de médecine de l'université de Bari

Le professeur Giulio Fanti[168] a examiné, par microscopie et spectroscopie, le tissu du Voile. L'analyse menée en lumière ultraviolette avec la lampe de Wood indique que ni le tissu, ni l'image de la Sainte Face ne présentent une fluorescence appréciable. Ceci confirme l'absence de substances d'amalgame des couleurs. L'analyse par lumière infrarouge montre l'absence d'une ébauche préalable et de corrections.

Un tissu constitué à partir de Byssus marin ne peut être peint, comme le déclare le dernier tisserand de Byssus Chiara Vigo.

Il n'est pas possible de peindre avec la plus grande perfection les deux côtés d'un tissu comme le Voile qui est transparent. L'image est visible des deux côtés, et est unique au monde.

Variation de couleurs

En regardant le visage et en se déplaçant de droite à gauche, les couleurs des lèvres du visage changent du rose vers le brun clair. Avec une lumière en diagonale sur l'arrière du Voile, un brun clair est visible et les différentes nuances de rose disparaissent. Avec une lumière sur l'avant du Voile, la couleur devient brune plus intense et des points rouges de la couronne d'épines apparaissent. Sans lumière artificielle, les couleurs disparaissent et le visage apparaît dans les teintes gris clair.

Cette variation de couleurs ne se trouve que dans la nature : poissons de la mer des Caraïbes, ailes de papillons de zones tropicales variant, selon l'angle d'éclairage, entre le bleu et le gris… La variation de couleurs de l'image est identique à celle de la nature.

Positif photographique

L'image a les caractéristiques d'une pellicule photographique positive. Elle est imprimée comme sur une diapositive.

Image à 3 dimensions

L'image semble en trois dimensions lorsqu'on la regarde à une certaine distance et sous un certain angle.

---

[168] Professeur d'Ingénierie mécanique et thermique à l'université de Padoue

Isotropie de l'image
L'image du Voile ne permet pas de déceler une direction privilégiée de lumière. L'absence de direction de la lumière est inconnue dans la photographie classique.

Précision de l'image
L'image est très précise et à haute résolution : traits des cheveux, de la barbe, de la moustache, iris de l'œil.

Absence de saturation de l'image
L'image n'est ni surexposée, ni sous-exposée à la lumière. Elle est à haute résolution. La « surexposition » entraînerait un « brouillage », la sous-exposition rendrait l'image indiscernable.

Image digitale
Le contour de l'iris, note ailleurs le Père H. Pfeiffer, se détache nettement sur le fond clair du blanc de l'œil. Il s'agit naturellement d'une ligne courbe. Si elle était peinte, certains fils seraient traversés en biais par la couleur de l'iris. Or, il n'en est rien. Avec un fort agrandissement on remarque que le contour est en escalier. Il ne peut donc s'agir d'un coup de pinceau qui aurait nécessairement suivi l'arrondi de l'iris.

Non distorsion
L'image n'est pas faite par contact étroit car il n'y a pas de distorsion dans les zones au relief accentué comme le visage. L'image n'a pas de distorsion, ce qui lui donne un aspect réaliste.

L'image représente le visage d'un homme dont les proportions de chacune des parties sont respectées. L'image représentée sur le Voile en 2 dimensions est obtenue par une projection orthogonale sur un plan d'un visage à 3 dimensions.

Double image
L'image se présente avec la même intensité de couleur des deux côtés, qu'on la regarde du verso ou du recto.

Formation par effet thermique
Des fibres des pupilles semblent brûlées, comme si une source de chaleur avait lésé le tissu.

Superposition parfaite avec le Linceul
La sœur Blandine Pascalis Schlömer a montré la parfaite superposition du Voile avec le Linceul. Un peintre n'aurait pu reproduire tous les détails du Linceul de chaque côté du Voile de Manoppello de façon aussi parfaite.

Formation par rayonnement électromagnétique
L'image sur le Voile s'est formée, comme pour le Linceul de Turin, en deux temps. Dans un premier temps se forment les taches de sang (si celles-ci se confirment telles sur le Voile), et dans un deuxième temps l'image du corps et du visage. Le caractère bidimensionnel des taches que l'on suppose hématiques, considérées indépendamment des traits en relief du visage, font en effet pencher en faveur de l'existence de deux moments différents.

L'origine de la formation de l'image du visage sur le Voile parait identique à celle du corps sur le Linceul.

L'énergie nécessaire à la formation de l'image émane du corps lui-même et non d'une source extérieure. Le corps est lui-même la source de l'image du Voile comme du Linceul. La cause de l'image est dans les deux cas une émission de lumière à partir du corps lui-même.

Les mystiques et les chercheurs concordent sur le fait que ce portrait du visage du Christ est d'origine surnaturelle.

5.5 Description de l'image

Le Voile porte sur les deux faces le visage d'un homme encadré de cheveux avec du sang. La coloration est intense. Le visage est tracé avec précision. Les nuances de couleur sont sur le brun. Les lèvres sont légèrement rosées. C'est le visage d'un vivant avec les yeux ouverts.

Les cheveux tombent sur les épaules et sont bouclés aux extrémités.
Le front est haut avec au milieu une mèche ébouriffée. Il est moucheté de rose évoquant des plaies.
Les yeux sont bruns et regardent intensément de côté et vers le haut, laissant entrevoir le blanc sous l'iris.
La joue droite paraît enflée.
Le nez est tuméfié et semble cassé. Les narines sont inégales.
La moustache est clairsemée avec des poils séparés.
Les lèvres sont mouchetées de rose, évoquant des plaies.
La barbe est divisée en deux parties. Elle est partiellement arrachée par endroits.
Le visage est asymétrique, contusionné, avec un côté plus enflé.

Des taches se distinguent. Elles pourraient être du sang, en particulier près de la bouche et du nez. Ces taches sont bidimensionnelles et sans rapport avec le relief du visage.
De minuscules taches de sang, au centre duquel se trouve un petit trou, sont dues à la couronne d'épines. Elles sont mises en évidence par les photos digitales haute définition du professeur Donato Vittore[169].

Sur le Voile de Manoppello, le corps de Jésus ressuscité garde les traces de la passion.
Pour le professeur Heinrich Pfeiffer, jésuite de l'université pontificale Grégorienne de Rome, la toile de Manoppello serait bien le Suaire qui recouvrait la tête du Christ dans le sépulcre. L'hypothèse est confirmée par Sœur Blandine Paschalis Schlömer, une trappistine allemande, experte en iconographique.

---

[169] Université de Bari

5.6 Études complémentaires

L'archiviste de Saint-Pierre, Giacomo Grimaldi rapporte dans une liste datée de 1618 que les verres de protection du reliquaire de 1350 sont brisés. Or un éclat de verre est collé sur le bord inférieur du Voile de Manoppello.

Le Père Pfeiffer, jésuite, pense que l'éclat de verre sur la toile appartient à l'antique reliquaire du Vatican. En effet en 1506 le Voile disparaît de Rome et il reste de la vraie Veronica romaine, une corniche avec des vitres fracturées.

Les irrégularités dans les bords de la relique suggèrent qu'elle aurait été transférée d'un cadre à l'autre.

6 Concordance des Linges entre eux

6.1 Tunique d'Argenteuil et Linceul de Turin

Les études scientifiques soulignent la convergence des taches de sang de groupe AB entre la Tunique et le Linceul :

« sur les photos du dos de la Tunique, prise aux infrarouges, une plaque de sang séché de 15 x 15 cm, est située à l'extrémité de l'omoplate gauche. Cette tache correspond à une grande tache circulaire située sur l'épaule de l'homme du Linceul. Cinq taches de sang situées l'une derrière l'autre, correspondent à la crête des vertèbres dorsales. Elles se prolongent sous la ceinture par trois petites taches qui correspondent aux vertèbres lombaires et se terminent par une grande tache à la hauteur du sacrum. Une autre tache importante qui se trouve autour de la taille, semble indiquer qu'une ceinture ou un cordon pourrait avoir retenu le flux de sang qui coulait des plaies de la flagellation et que nous trouvons coagulé sur les reins de l'homme du Linceul, mêlé au sang provenant du coup de lance qui a frappé le cœur. »

L'Institut d'Optique d'Orsay a réalisé une étude comparative des deux reliques en numérisant et optimisant par ordinateur les photographies.

Les zones tuméfiées se retrouvent en correspondance sur les deux reliques. Elles dessinent deux axes se coupant à angle droit en forme de croix, chacun atteignant environ vingt centimètres de largeur.

La poutre verticale reposait sur l'épaule gauche de Jésus formant un angle de plus ou moins trente degrés avec la verticale. La poutre transversale reposait sur l'épaule droite de Jésus. Les traces suggèrent donc que le Christ a porté toute la croix. Certains condamnés ne portaient que le patibulum, la poutre transversale de la croix.

Des scientifiques américains ont réalisé une étude planimétrique sur le Linceul. Des français ont effectué la même étude sur la Tunique. La simulation effectuée a permis de représenter la Tunique sur le corps du condamné. La correspondance entre les taches de sang de la Tunique et les traces de blessure que l'on voit sur le Linceul est apparue frappante et conforte l'hypothèse du port d'une croix.

La correspondance exacte des blessures semble être un argument essentiel en faveur de l'authenticité des deux reliques. Elles ont bien enveloppé le même homme, Jésus de Nazareth.

6.2 Suaire d'Oviedo et Linceul de Turin

Correspondance entre Suaire et Linceul

L'analyse chimique du Suaire révèle la première coïncidence c'est-à-dire la présence de sang du groupe AB sur les deux linges. L'analyse montre également toute une série de contaminants inorganiques déjà détectés sur le Linceul : calcium, potassium, silicium et soufre. Les deux linges ont dû être soumis à un traitement similaire.

En superposant les taches du Suaire au visage du Linceul, on est frappé par la concordance qui se dégage de cette superposition.

Les plaies dues à la couronne d'épines sont beaucoup plus abondantes sur le Linceul que sur le Suaire d'Oviedo, le sang d'une partie des plaies devait être séché.

La longueur du nez calculée d'après les taches du Suaire d'Oviedo est la même que celle du nez de l'homme du Linceul. La longueur du nez est de huit centimètres. Le cartilage du nez est cassé sur le Suaire comme sur le Linceul.

La barbe se divise en deux petites pointes, la gauche étant plus fournie que la droite, sur les deux linges. Un flux important de sang grumeleux apparaît sur le côté droit de la barbe sur les deux linges. Cela s'explique parfaitement en fonction de l'inclinaison à droite de la tête du Christ encore en croix. La plupart des spécialistes admettent que le Christ s'est parfois appuyé sur le clou de ses pieds pour respirer et même pour parler. Or, d'après les Évangiles, le Christ est crucifié entre deux larrons et, d'après la tradition, le « bon larron » se trouvait à sa droite.

Mgr Ricci a déjà noté la coïncidence entre de nombreuses traces de sang. Cependant, l'image du Suaire provient d'un linge enroulé sur la tête du mort, tandis que celle du Linceul s'est formée sur une surface relativement plane. De plus, sur le Suaire, la partie autour des narines a été pressée pour arrêter le sang. Le linge une fois déployé fait nécessairement apparaître le visage trop large. Ces différences de formation des deux images donnent lieu à de savants calculs mathématiques.

Le Suaire d'Oviedo est retiré avant que le crucifié ne soit mis dans le Linceul. Le Suaire présente de nombreux plis, clairement identifiés à la lumière rasante, qui correspondent à ceux que l'on obtient en plaçant une serviette autour d'une tête.

En superposant les images polarisées du Suaire et du Linceul, Alan Whanger a pu préciser la découverte capitale de correspondance du Suaire d'Oviedo et du Linceul de Turin. En fait, pour le seul visage, plus de soixante-dix taches de sang coïncident et, pour le crâne et la nuque, plus de cinquante.

Il faut savoir qu'une quinzaine de points de coïncidence suffisent pour authentifier des empreintes digitales. Ces points indiquent que le Suaire d'Oviedo a recouvert le même visage que le Linceul de Turin et que les deux linges sont de la même époque.

La conclusion s'impose. C'est le visage du même supplicié que les deux linges ont recouvert : Jésus de Nazareth.

6.3 Coiffe de Cahors et Linceul de Turin

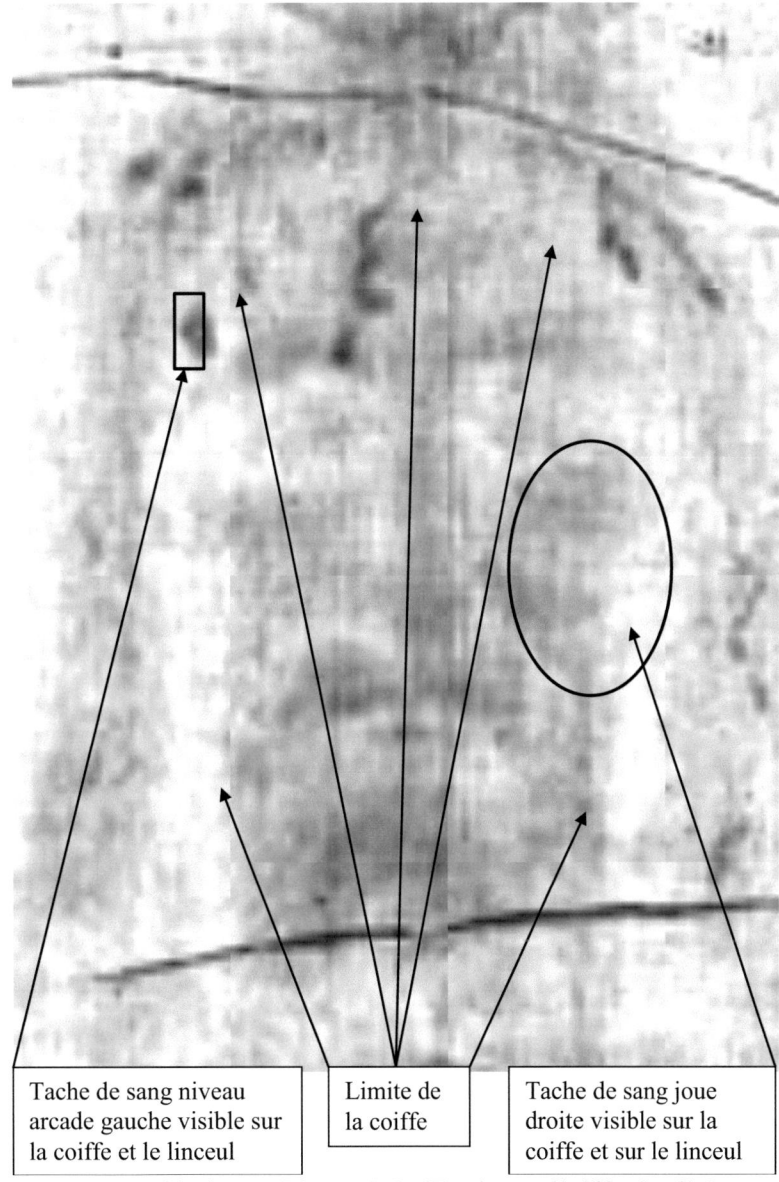

Tache de sang niveau arcade gauche visible sur la coiffe et le linceul

Limite de la coiffe

Tache de sang joue droite visible sur la coiffe et sur le linceul

Comparatif visage Linceul de Turin et Coiffe de Cahors (Photographie de Giuseppe Enrie en 1931 – http://commons.wikimedia.org)

Côté droit à l'extérieur de la Coiffe, en dessous de l'oreille, on aperçoit un léger nuage produit par une tache intérieure ayant percé toute l'épaisseur de la Coiffe. Cette tache correspond sur le Linceul de Turin à l'arrachement de la partie droite de la barbe.

Côté gauche à l'extérieur de la Coiffe, sur le devant près de la bordure, vers le milieu au niveau de l'arcade sourcilière, une tache correspond avec le Linceul.

Côté arrière de la Coiffe, en bas à gauche près de la couture, une tache correspond avec le Linceul à des blessures des épines au niveau de la nuque.

L'ensemble des autres blessures de la Coiffe et du Linceul sont complémentaires et dessinent la couronne d'épines (front et nuque pour le Linceul, tête et nuque pour la Coiffe).

La Coiffe de Cahors a la forme et les dimensions d'un bonnet laissant le visage à découvert et muni de deux pans destinés à s'attacher sous le menton pour maintenir la bouche fermée après la mort. Ce dispositif explique pourquoi, la barbe paraît comme poussée en avant sur l'image tridimensionnelle. La Coiffe de Cahors semble visible sur le Linceul si on admet qu'il pourrait y avoir deux images superposées.

Sur l'image frontale positive ce qui est visible c'est :
- une chevelure abondante retombant sur les épaules,
- des bandes claires entourant la totalité du visage et pouvant correspondre à une Coiffe,
- les cheveux couronnant la tête mais un peu comme une perruque,
- la coulée de sang du milieu du front subitement masquée,
- la barbe un peu poussée vers l'avant (incidence due à la mentonnière).
-

Sur l'image frontale, une zone autour du visage se présente sans image corporelle et sans taches de sang. Pour le sang, cela peut être lié à la présence d'une mentonnière qui a épongée le sang.

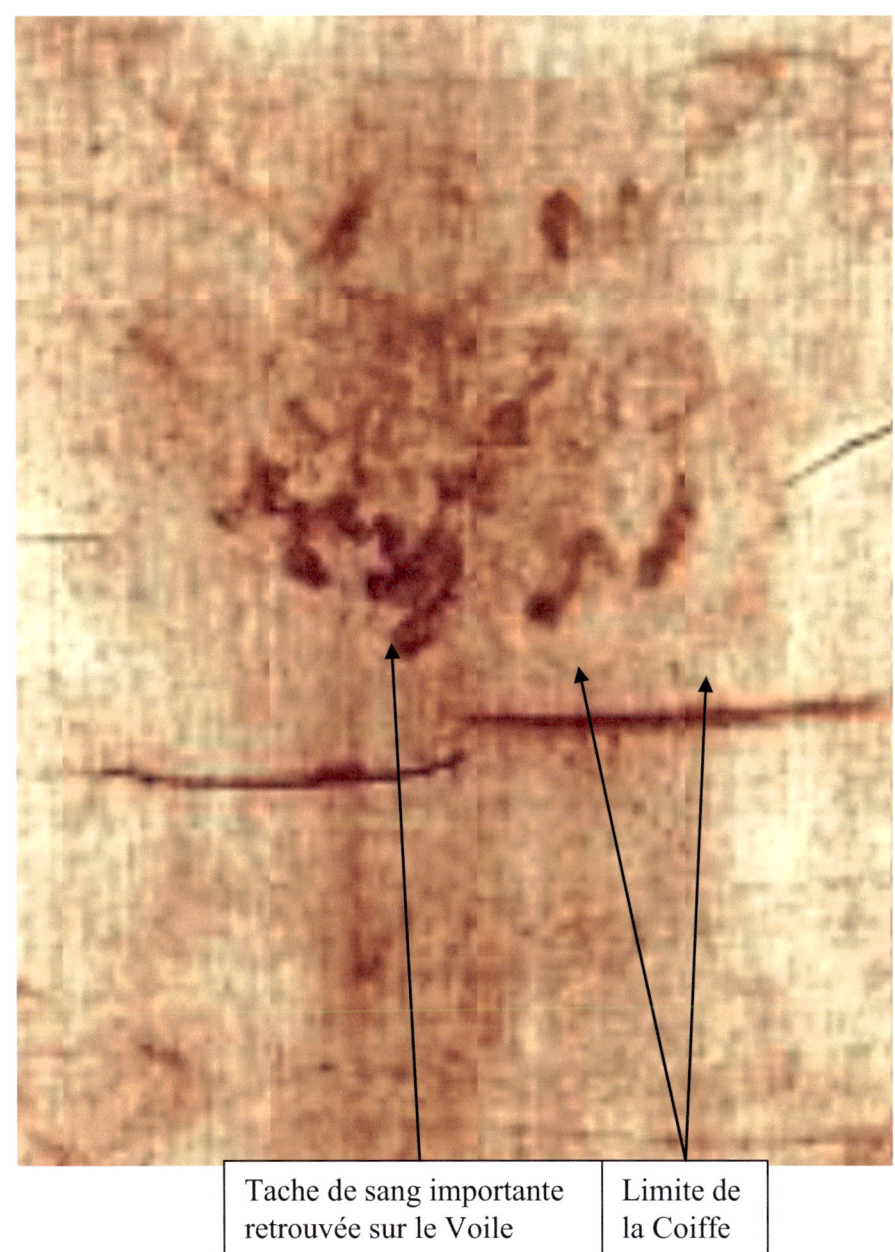

| Tache de sang importante retrouvée sur le Voile | Limite de la Coiffe |

Comparatif visage Linceul de Turin et Coiffe de Cahors

**(Photographie de Giuseppe Enrie en 1931
http://commons.wikimedia.org)**

Sur l'image dorsale, une zone est moins nette sur la nuque, le cou, le haut des épaules.

Sur l'image dorsale ce qui est visible c'est :
- une natte de cheveux,
- un resserrement juste en dessous du pli, au niveau de la nuque pouvant correspondre au serrage de la mentonnière.

La mise en place de la Coiffe a limité l'impression sur le Linceul de taches de sang au sommet du crâne et à l'arrière de la tête à l'exception de la nuque.

Le visage est plus arrondi sur le Voile de Manoppello que sur le Linceul de Turin. Sur le Linceul, entre les côtés du visage et les cheveux se trouve une zone d'ombre rectiligne qui ne permet pas de voir le côté du visage. Ceci se confirme en regardant au niveau des yeux sur le Voile et sur le Linceul. Cette zone de chaque côté du visage ne contient pas d'image sur le Linceul. La Coiffe de Cahors, entre la tête et le Linceul, a fait ombre sur le Linceul au moment où le corps a émis « une énergie » pour imprimer le Linceul. Par contre, une fois traversée la Coiffe et le Linceul, cette « énergie » a pu imprimer le Voile sans ombre portée.

6.4 Voile de Manoppello et Linceul de Turin

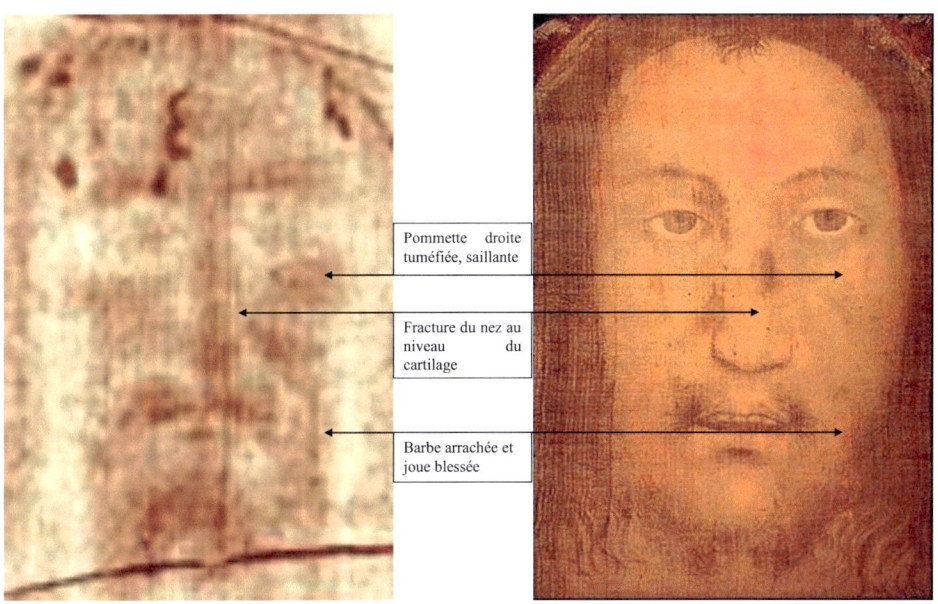

**Comparatif visage Linceul de Turin et visage de Manoppello
(Photographie de Giuseppe Enrie en 1931
http://commons.wikimedia.org et http://en.wikipedia.org)**

Images

Le Voile de Manoppello et le Linceul de Turin sont les deux seules vraies images du visage du Christ, des images non faites de mains d'homme (dites « acheiropoïètes »).

Les images du Linceul et du Voile ne sont visibles qu'à une certaine distance. Elles contiennent des informations en trois dimensions. Les taches de sang sont cependant en deux dimensions.

Certaines fibres sont légèrement brûlées comme si une source de chaleur avait lésé le tissu. Quelques fibres sont brûlées pour le Linceul à l'endroit de l'image des cuisses et pour le Voile au niveau des pupilles.

Ces informations communes au Linceul et au Voile suggèrent une formation de l'image avec le même procédé.

Traces de la passion

Le visage représenté sur le Voile de Manoppello porte les mêmes traces de la passion que le Linceul de Turin :
- visage contusionné,
- front et lèvres mouchetés du rose des plaies,
- joue droite enflée,
- nez cassé au niveau du cartilage,
- barbe partiellement arrachée par endroits,
- minuscules taches, probablement de sang, au centre duquel se trouve un petit trou, peut être dû à la couronne d'épines.

Superposition des visages

Les études ont confirmé que le même visage est imprimé sur le Voile de Manoppello et sur le Linceul de Turin. Les poils de la barbe des deux images coïncident parfaitement. Une restitution en 3D des images a montré de nombreux points de correspondance entre l'image du Voile et l'image du Linceul.

Le père Pfeiffer, jésuite, a vérifié la superposition parfaite du visage du Linceul de Turin et du visage du Voile de Manoppello. Après des recherches de plusieurs dizaines d'années sur ce Voile fin, le père Pfeiffer n'a plus de doute : « Partant du fait que le visage du Linceul de

Turin et le visage du Voile de Manoppello sont parfaitement superposables, on est amené à admettre que les deux images, du Voile et du Linceul, se sont formées en même temps. C'est-à-dire dans les trois jours qui vont de la sépulture de Jésus à sa résurrection, à l'intérieur du sépulcre. Le Voile de Manoppello et le Linceul de Turin sont les deux seules vraies images du visage du Christ, des images dites « acheiropoïètes », c'est-à-dire qui ne sont pas dues à la main de l'homme ».

Sœur Blandine Paschalis Schlömer est religieuse trappiste allemande, et artiste peintre iconographe. Elle a découvert que le visage de Manoppello concorde en tous points avec celui du Linceul, dans les mesures et dans les blessures. Sœur Blandina observe que les visages du Voile et du Linceul de Turin sont identiques : même format, même forme, mêmes stigmates. La superposition du Voile et du Linceul montre une longue série de points de contact. La seule différence est que, contrairement au Voile, le Linceul présente l'image de plaies encore sanglantes.

Le Linceul de Turin présente un visage aux yeux fermés, plus rigide et plus osseux (influence de la Coiffe de Cahors) que la Sainte Face de Manoppello qui a les yeux ouverts et apparaît plus détendue.

Le Linceul de Turin et le Voile de Manoppello représentent une même personne, Jésus de Nazareth. Sur le Linceul de Turin, Jésus apparaît comme celui qui a été torturé et crucifié. Sur le Voile de Manoppello, Jésus apparaît comme celui qui est vainqueur et vivant. Il a vaincu la mort et il est le Vivant à jamais.

Le professeur Andreas Resch a été professeur à l'académie Alphonsienne et à l'académie de l'Université pontificale du Latran. Ses domaines de recherches sont l'éthique et le paranormal. La science du paranormal correspond aux phénomènes qui sont à la limite de la possibilité de la compréhension scientifique à cause de leur non répétitivité. Le Voile de Manoppello intéresse donc le professeur.

Une méthode empirique, scientifique, a été utilisée pour établir la corrélation de points sur les deux reliques. Il y a une corrélation statistique mathématique de 95% à 100%. Ce très haut niveau de corrélation est une preuve de la coïncidence entre les deux visages de

Manoppello et de Turin.

Cela conduit les chercheurs à émettre l'hypothèse que les deux reliques ont été placées ensemble sur le visage du Christ. Le Voile est posé sur le Linceul. S'il en était autrement, la concordance des deux images au centième de millimètre serait impensable.

La comparaison scientifique de l'image du visage sur le Linceul de Turin et celle sur le Voile de Manoppello montre qu'elles ont exactement la même taille et sont superposables.

Quelques différences sont cependant observables :
- le Linceul est comme un négatif photographique, alors que le Voile est un positif ;
- les blessures qui apparaissent sur le Linceul de Turin n'apparaissent pas toutes sur la Sainte Face de Manoppello, et celles qui y apparaissent ont des dimensions réduites et semblent en quelque sorte plus atténuées ;
- les blessures visibles sur le visage du Linceul sont ouvertes, alors que sur le tissu de Manoppello les blessures sont refermées ;
- la bouche et les yeux sont fermés sur le Linceul de Turin alors que sur le Voile de Manoppello ils sont ouverts.

Les chercheurs qui ont étudié le Linceul et le Voile sont arrivés à la conclusion que le visage est identique sur les deux tissus. Cette similitude des visages laisse penser que les deux images se sont formées au même endroit et presque en même temps.

6.5 Conclusion des linges

Groupe sanguin

Monsieur Claude Jacquet a mis en évidence « la concordance hématologique des 3 grandes Reliques du Christ conservées à Turin, Oviedo et Argenteuil », notamment la particularité du groupe sanguin AB commun à toutes ces reliques.

Les groupes sanguins de la Coiffe de Cahors et du Voile de Manoppello ne sont pas actuellement connus.

Les groupes sanguins ne sont pas connus à l'époque du Christ.

La probabilité pour chaque relique que le sang soit du groupe AB est de l'ordre de 5%. La probabilité que les trois reliques soient de type AB est de l'ordre de 5% x 5% x 5%, soit une chance sur 8000.

Pollens

Le professeur Lucotte a décelé 18 espèces de pollens sur la Tunique d'Argenteuil, dont la plupart sont des plantes anciennes méridionales. Sur ces 18 espèces, 6 concordent avec celles du Linceul de Turin et 7 concordent avec celles du Suaire d'Oviedo.

Concordance des plaies

Sur le Linceul et la Tunique d'Argenteuil sont inscrites les traces liées au portage de la croix. Les traces de sang à la taille pouvant provenir d'un écoulement des plaies de la flagellation.

Sur le Linceul et le Suaire d'Oviedo sont inscrites les plaies de la couronne d'épines, le nez cassé au niveau du cartilage, un flux important de sang sur le côté droit de la barbe.

Sur le Linceul et la Coiffe de Cahors sont inscrites les traces liées à la couronne d'épines et à la blessure sur la joue droite avec arrachement de la barbe.

Sur le Linceul et le Voile de Manoppello sont inscrites les plaies du visage contusionné, l'enflure de la joue droite. Le nez semble cassé, et la barbe est partiellement arrachée par endroits. Le front et les lèvres mouchetés de rose évoquent autant de plaies. Les blessures dues à la couronne d'épines sont identifiables.

Les plaies concordent entre les reliques et avec l'évangile.

Concordance des morphologies et des visages

La correspondance des visages du Linceul de Turin et du Voile de Manoppello montre que l'homme est de type juif. Le nez mesure environ 8 centimètres. La barbe se divise en deux petites pointes, la partie gauche est plus fournie que la droite. Les visages du Linceul et du Voile ont la même dimension et sont superposables.

Les chercheurs qui ont étudié le Linceul et le Voile sont arrivés à la conclusion que le visage est identique sur les deux tissus. Cette similitude des visages laisse penser que les deux images se sont formées au même endroit et presque en même temps.

La concordance des linges entre eux renforce leur authenticité.

Concordance des linges entre eux

La concordance des cinq linges entre eux et avec les Évangiles attestent la réalité de la mort et de la Résurrection de Jésus-Christ.

7 Sainte face du Seigneur

7.1 Visage de Jésus dans la Bible

La Bible et même les Évangiles ne donnent aucun renseignement sur l'apparence physique de Jésus.

D'après la Genèse 32, 31 : « **Jacob nomma ce lieu Phanuel ; « car, dit-il, j'ai vu Dieu face à face, et ma vie a été sauve. »**

Et le prophète Isaïe nous dit en 53, 2b : « **..... Il n'avait ni forme ni beauté pour attirer nos regards, ni apparence pour exciter notre amour. »**

Isaïe 63, 9a : « **Dans toutes leurs angoisses, il a été en angoisse, et l'ange de sa face les a sauvés.... ».**

Psaume 45 (44) 3 : « **Tu es le plus beau des enfants des hommes, la grâce est répandue sur tes lèvres ; oui Dieu t'as béni pour toujours ! »**

Jean nous raconte dans son évangile en 12, 21 : « **Ils s'approchèrent de Philippe, qui était de Bethsaïde de Galilée, et ils lui firent cette demande : « Seigneur, nous voudrions voir Jésus. ».**

A l'opposé du silence sur le physique, les textes précisent les aspects de la psychologie et des sentiments de Jésus :

Le Seigneur est parfois véhément en Matthieu 11, 20 : « **Alors il se mit à faire des reproches aux villes où il avait opéré le plus grand nombre de ses miracles, parce qu'elles n'avaient pas fait pénitence... »**, et en Marc 11, 15 : « **Ils arrivèrent à Jérusalem. Et étant entré dans le temple, il se mit à chasser ceux qui vendaient et achetaient dans le temple, et il renversa les tables des changeurs, et les sièges de ceux qui vendaient des colombes.... ».**

Le Seigneur est tendresse et pitié en Marc 1, 41 : « **Ému de compassion, il étendit la main, le toucha et lui dit : « Je le veux, sois guéri. »**, et en Luc 7, 13 : « **Le Seigneur l'ayant vue, fut touché de compassion pour elle, et il lui dit : « Ne pleurez pas. »**

Le Seigneur pleure sur son ami Lazare qui est mort en Jean 11, 35 : « **Jésus pleura. Alors les Juifs dirent : « Comme il l'aimait ! »**

Le Seigneur est exaltation et joie en Luc 10, 21 : « **Au même moment, il tressaillit de joie par l'Esprit Saint et il dit : « Je vous bénis, Père, Seigneur de ciel et de la terre, de ce que vous avez caché ces choses aux sages et aux prudents, et les avez révélées aux simples. Oui, Père, car tel fut votre bon plaisir. »**

Le Seigneur est parfois troublé en Jean 13, 21 : « **Ayant ainsi parlé, Jésus fut troublé en esprit, et il déclara net : « En vérité, en vérité, je vous le dis, l'un de vous me livrera. »**

Les évangiles ne parlent pas de l'aspect physique de Jésus. Pourquoi n'avons-nous aucun renseignement sur le physique de Jésus ? Est-ce parce que Jésus avait deux apparences une dans son ministère avant sa mort et une après sa Résurrection ? Es-ce parce que nous avons ces deux représentations « non faites de main d'homme » comme en photographie, avec la « preuve » de sa mort et de sa résurrection ?

7.2 Visage de Jésus sur le Linceul et le Voile

Linceul de Turin

Le Linceul de Turin est connu, étudié scientifiquement comme aucun objet au monde. Le Linceul reflète la passion d'un homme.

Il émane du visage du Linceul, la majesté, la sérénité, la toute-puissance, le pardon et la bonté. Ce visage a une mystérieuse et lumineuse présence.

Olivier Clément parle ainsi du Visage de l'homme du Linceul : « Ce Visage, c'est le Visage des visages. Ce Visage que la mort ne peut plus fermer, parce qu'il est passé par la mort. Ce Visage définitivement ouvert. Ce Visage qui est présent dans la profondeur de notre enfer ; qui est là, non plus pour nous juger, mais qui nous ouvre en quelque sorte tous les visages. Le christianisme apparaît comme la religion des visages. Quand on regarde ce Visage extraordinaire du Linceul de Turin, on voit le visage d'un mort qui n'est pas mort, d'un mort qui est plus fort que la mort ; un visage qui porte en lui toute la souffrance du monde ! (…) Et en même temps, un autre visage apparaît qui est le Visage du Ressuscité ».

Nous ne pouvons nous arrêter au visage du Christ crucifié, car « Il est ressuscité ». Le Linceul est la représentation du Christ dans la mort. Nous avons la représentation du Christ dans sa résurrection avec le Voile de Manoppello.

Voile de Manoppello

Les yeux grands ouverts rayonnent d'une paix intérieure. C'est là le visage de la compassion. Les lèvres entrouvertes sur les dents semblent indiquer une satisfaction pour saluer une aurore nouvelle.

Ce visage est l'innocence qui se trouve chez les jeunes enfants et rarement chez les adultes.

Le Saint Visage de Manoppello est contemplation. Il a le cœur d'un agneau et la force d'un lion.

Apocalypse 5, 5-6 : « **⁵Alors l'un des Vieillards me dit : « Ne pleure point ; voici que le lion de la tribu de Juda, le rejeton de David, a vaincu, de manière à pouvoir ouvrir le livre et ses sept sceaux. » ⁶Et je vis, et voici qu'au milieu du trône et des quatre animaux, et au milieu des vieillards, un Agneau était debout : il semblait avoir été immolé ; il avait sept cornes et sept yeux, qui sont les sept Esprits de Dieu envoyés par toute la terre. »**

Le Seigneur révèle sa Sainte Face dans son incarnation et nous laisse une image vivante avec les yeux ouverts de sa Sainte Face avec le Voile de Manoppello. Le Christ a un visage personnalisé, individualisé, concret, réel.

La Sainte Face est l'expression personnelle du Verbe, le visage du Sauveur. Devant ce visage nous devenons comme les apôtres témoins de sa Résurrection. Ce visage est vie au-delà de la mort, joie au-delà de la tristesse, beauté au-delà de la dégradation...

Visage d'une personne réelle

Le père jésuite Heinrich Pfeiffer[170] considère qu'il y a 2 modèles fondamentaux de l'image du Christ, l'un est le Linceul de Turin, l'autre est la Sainte Face de Manoppello.

Le père remarque en particulier que les joues des images classiques du Christ sont presque toujours inégales, comme c'est le cas pour le Linceul de Turin et pour la Sainte Face. Le visage est asymétrique conformément à l'image du Christ, contrairement au visage symétrique idéal des représentations des divinités antiques.

Les représentations du Christ réalisées sont des arguments supplémentaires pour l'identification d'une part du Linceul de Turin avec le Mandylion d'Édesse, d'autre part de la Sainte-Face de Manoppello avec Camulia en Cappadoce.

---

[170] Spécialiste mondial d'icônographie chrètienne - Professeur d'histoire de l'art chrètien - Collaborateur de l'institut international de recherche sur le visage du Christ

Les recherches du père Heinrich établissent que le Voile est le modèle original des anciens peintres du Christ, tant en Occident qu'en Orient. Selon le Père Pfeiffer, le modèle des modèles, la racine de l'arbre dont sont nées toutes les représentations du Seigneur est le Saint Visage conservé dans le sanctuaire de Manoppello dans les Abruzzes. Le père Heinrich Pfeiffer explique que cette image a servi de modèle pour les représentations postérieures de la Sainte Face, y compris les portraits dans les catacombes romaines du IVe siècle.

Sœur Blandine, de l'ordre des Trappistines, a travaillé avec le Père P. André Resch[171]. Ils ont démontré que certaines icônes célèbres du Christ — comme celles du Monastère Sainte-Catherine au Sinaï — concordent presque parfaitement avec le Linceul de Turin et avec le Visage de Manoppello, avec une correspondance qui se situe entre 95% et 100%. Ce pourcentage exclut scientifiquement le hasard et porte à conclure que les deux toiles ont servi de modèle pour toute l'iconographie classique du Christ entre le IVe et le XIVe siècle.

Représentation classique du Christ
L'image classique du Christ est caractérisée par un visage allongé avec un long nez, deux bandes de cheveux qui tombent sur les épaules, une moustache et une barbe souvent divisées en deux parties. Les yeux sont légèrement élevés, afin de montrer le blanc de l'œil.

Souvent, ce blanc d'œil est également peint sur les images du Christ qui regardent l'observateur. Dans ce cas, l'image ne correspond pas à la nature, parce que le blanc des yeux ne serait plus visible par l'observateur qui fait face à son interlocuteur. C'est donc que l'artiste s'est attaché à reproduire ce détail du « modèle ». Pour les yeux le seul modèle est le Voile de Manoppello.

---

[171] Professeur de sciences du paranormal auprès de l'Académie Alphonsienne de l'Université du Latran

Les joues des images classiques du Christ sont presque toujours inégales, de sorte que le visage est asymétrique. Les artistes n'ont pas cherché à reproduire un portrait idéal, mais ont cherché à reproduire le visage même du Christ. Pour la structure fortement asymétrique, le modèle est le Linceul de Turin ou la Sainte-Face de Manoppello.

Le visage sur le Linceul de Turin présente sur le milieu du front une traînée de sang qui présente des similitudes avec des mèches de cheveux des icônes byzantines. Les artistes ont reproduit scrupuleusement ce qu'ils voyaient du Linceul.

Le visage sur la Sainte-Face de Manoppello présente au milieu du front une touffe de cheveux courts, qui confirme l'influence de la relique sur les images de l'art. Cette touffe de cheveux peut être présente ou non sur les images de type classique du Christ.

Paul Vignon, biologiste français, compare l'image du Linceul et les portraits antiques de Jésus. Il constate une vingtaine de points de convergence. Il constate la ride creusée au milieu du front, le signe en u entre les yeux, la déviation nasale, la tuméfaction des pommettes, un sourcil plus haut que l'autre, la touffe de cheveux au sommet du front en réalité du sang en forme de trois inversé.

7.3 Visage copié
Représentations du Christ au IIIe, IVe et Ve siècle

Jusqu'au début du IVe siècle le Christ est représenté imberbe. Le Linceul de Turin n'était pas disponible (caché dans un mur).

Dans les peintures des catacombes romaines, le regard du Christ est orienté vers le haut et le blanc des yeux est visible. Ces données font penser à une influence de la relique de Manoppello.

Jésus, bon berger, catacombe Domitille, crypte Lucina - 200 CE)

Jésus, bon berger, catacombe plafond - S. Callisto IIIe siècle (http://commons.wikimédia.org)

Jésus, bon berger, catacombe de Priscille à Rome, IIIe siècle (http://commons.wikimédia.org)

Christ, détail remise de la loi, sainte Constance Rome IVe siècle
http://commons.wikimédia.org

Catacombe romaine Commodille fin du IVe, début du Ve siècle
(http://commons.wikimédia.org)

Représentation du Christ au VIᵉ et VIIᵉ siècle

Des icônes antérieures au milieu du VIᵉ siècle placent la plaie du cœur à gauche. La plaie du cœur des icônes postérieures est figurée à droite. Cette évolution s'explique par la connaissance du Linceul sur lequel la plaie du cœur est située à droite.

Les exemples parmi les plus anciens de cette évolution sont : la crucifixion de l'icône du Codex de Rabula[172] datée de 586, la crucifixion datée début VIIIᵉ siècle de la chapelle Santa Maria Antiqua à Rome, la crucifixion de la fresque carolingienne de l'église Saint-Pierre-les-églises en Vienne pouvant datée de la fin du VIIIᵉ.

A noter qu'historiquement le Linceul disparaît d'Édesse sans doute de l'an 260[173] à l'an 525[174]. Les icônes ne pouvaient s'inspirer du Linceul qu'à partir de l'an 525.

Le Christ Pantocrator du Sinaï, datant du VIᵉ siècle, est considéré comme la plus ancienne icône du Christ Pantocrator dans le monde. Le Linceul de Turin et le Voile de Manoppello ont servi de modèles.

Le Christ est en gloire, jeune et barbu. Il tient le livre des Écritures d'une main, car il accomplit l'Écriture, il est le Verbe, la parole incarnée. Sa main fait le geste de l'enseignement ou le geste de bénédiction avec deux doigts bien séparés qui symbolisent sa double nature, divine et humaine, et ses trois autres doigts groupés et unis en signe de la Trinité. Ses yeux ne sont pas symétriques pour traduire le fait qu'il nous regarde mais qu'il regarde aussi au-delà de tout ce qui est. Son regard est à la fois autorité et douceur, lion et agneau, comme le Voile de Manoppello (Apocalypse 5, 5-6).

Cette icône byzantine a été étudiée par le Dr. Alan Whanger de la Duke University qui a compté plus de 46 points de correspondance lors de la superposition de l'icône avec le Linceul de Turin.

La basilique de Saint Apollinaire à Ravenne en Italie fut achevée peu avant l'an 549. Elle possède une copie du Mandylion[175], au centre de l'immense croix ornée de joyaux qui se trouve au milieu de l'abside de la basilique.

---

[172] Ou évangile de Rabula
[173] Siège d'Édesse par les Perses
[174] Découverte du Mandylion (Linceul) dans l'épaisseur d'un mur lors de travaux de reconstruction suite à une inondation à Édesse
[175] Nom du Linceul de Turin à Édesse

Christ Pantocrator fin VIᵉ s. Monastère Ste Catherine Sinaï

Icône Ascension Codex de Rabula Manuscrit syriaque datée de 586

Icône crucifixion Codex de Rabula, Manuscrit syriaque daté de 586
(http://commons.wikimédia.org)

Représentation du Christ du VIIIᵉ au Xᵉ siècle

La décoration de la chapelle de Santa Maria Antiqua à Rome est attribuée au fils d'un curateur byzantin du palais impérial. Elle comporte une crucifixion datée du début du VIIIᵉ siècle. Le Christ représenté a plusieurs caractéristiques du Linceul : cheveux en bandeaux, mèche sur le front, joue gauche un peu plus haute, ride entre le nez et la lèvre supérieure.

L'icône de la sainte Face, « véronique romaine » se trouve au Sancta Sanctorum à Saint-Jean-de-Latran. Du VIIIᵉ au XIIᵉ siècle, elle est recouverte, selon l'hypothèse du père Heinrich Pfeiffer, par le Voile actuellement conservé à Manoppello. Cette icône est alors connue par les sources antiques comme « acheiropoïètes » (non faite de main d'homme). Ce nom correspond à la réalité lorsque le Voile de Manoppello est posé dessus. Après le départ du Voile pour Manoppello, l'icône reste connue à Rome sous le nom de « Veronica » (« vraie icône[176] »).

Le monastère Sainte Catherine au Mont Sinaï possède une icône datée de 944 représentant le roi Abgar recevant le « Mandylion[177] ».

La basilique sainte Sophie à Constantinople est ornée d'une mosaïque de la fin du IXᵉ siècle située au dessus du portail royal du narthex. Les mosaïques de la porte impériale ornent le tympan qui surmonte la porte réservée à l'empereur. La mosaïque représente l'empereur byzantin, Léon VI le sage, implorant le Christ. Comme pour le Christ Pantocrator du monastère de Sainte-Catherine, le Christ fait de sa main le geste de l'enseignement ou le geste de bénédiction. Deux doigts sont séparés pour sa double nature, divine et humaine, et ses trois autres doigts sont groupés et unis en signe de la Trinité.

Sur le livre que tient le Christ, on peut lire : ΕΙΡΗΝΗ ΥΜΙΝ. ΕΓΩ ΕΙΜΙ ΤΟ ΦΩΣ ΤΟΥ ΚΟΣΜΟΥ. « La paix soit avec vous. Je suis la Lumière du monde. » (Jean 20, 19 – 20, 26 – 8, 12). Les deux médaillons, de chaque côté des épaules du Christ, représentent, à sa gauche, l'archange Gabriel, fondateur de l'église, tenant une houlette, et à sa droite, sa mère, Marie.

---

[176] Vera icona
[177] Nom du Linceul de Turin à Édesse

L'empereur Léon VI implorant le Christ (fin IXe siècle) Ste Sophie

**Le roi Abgar recevant le « Mandylion » vers 944
Monastère Sainte Catherine du Sinaï
(http://commons.wikimédia.org)**

Représentations du Christ du XIe au XVIIe siècle
Icône de Gênes

L'icône de la Sainte Face de Gênes est une peinture du visage du Voile de Manoppello conservée dans la petite église de Saint-Barthélemy des Arméniens à Gênes.

Le Professeur Colette Dufour-Bozzo[178] a étudié en 1969 l'icône avec l'aide technique du Professeur Pico Cellini[179]. Chaque pièce dont elle est composée fut étudiée à l'aide de radiographies et de tomographies.

L'image est une détrempe au blanc d'œuf. Elle apparaît légèrement retouchée ainsi que le montre la tomographie.

Le cadre est de la fin du XIVe siècle, tandis que le support et l'image sont antérieurs. Le professeur Bozzo a montré que l'image avait été imprimée sur un tissu collé sur une planchette de bois.

De Constantinople sont déjà parties de nombreuses reliques vers la France grâce à Charlemagne et Saint Louis (Tunique d'Argenteuil, Linceul de Turin, couronnes d'épines….).

En 1362, l'Empire de Byzance est fortement menacé par la progression des Turcs. L'empereur Jean V Paléologue donne l'icône au capitaine Génois Léonard Montaldo suite aux aides militaires apportées. Ce dernier quitte Constantinople avec l'icône et devient ensuite Doge.

En 1384, la Sainte Face est donnée par Montaldo à l'église de Saint Barthélémy des Arméniens de Gênes. La famille Montaldo possède des terres et des maisons à proximité de cette église.

En 1507, au temps de l'occupation de Gênes de la part du Roi de France Louis XII, la Sainte Face est volée et portée en France. Quelques mois plus tard, grâce à l'intervention des ambassadeurs et des riches marchands-banquiers Génois (on trouve Giano Grillo parmi eux), cette Relique retrouve sa place à Gênes.

Au début du XVIIe siècle, A. Calcagnino fait des recherches historiques sur la Sainte Face.

---

[178] de L'université de Gênes
[179] de L'université de Rome

Sainte face de Gênes et cadre du XIVe
Wolfgang licence libre GNU

Icône de Laon

Le « Visage de Laon » est situé dans la Cathédrale de Laon en France. C'est une icône vernie peinte à Constantinople entre 1201 et 1204[180], copie peinte du Mandylion.

Le nimbe et l'épigraphe paléoslave sont caractéristiques de l'époque de Manuel 1er Comnène, empereur byzantin de 1143 à 1180. L'icône est une copie peinte du Mandylion, et son inscription signifie : « image du Seigneur sur le tissu ». Cette œuvre reproduit la façon dont le Mandylion-Linceul était à Constantinople.

L'icône serbe de la famille royale des Nemanjic fut donnée aux moines serbes de Bari, près de Rome. L'icône fut donnée à Jacques de Troyes en remerciement d'une démarche de conciliation effectuée en tant que délégué du pape Innocent IV. En 1249 l'archidiacre Jacques de Troyes, futur pape Urbain IV, offre l'icône à sa sœur Sibylle, abbesse des Cisterciennes de Montreuil en Thiérache.

André Grabar a étudié le Mandylion de Laon à partir de 1923. Il écrivait en 1934 : « C'est une œuvre slave remarquable, d'un intérêt archéologique considérable ».

D'après un manuscrit du VIe siècle, le Linceul / Mandylion était dans sa châsse rectangulaire comme une « doublure en quatre ».

L'histoire de l'image d'Édesse précise que le linge est recouvert d'un treillis damassé de fils d'or, laissant au centre un halo circulaire où apparaît le Visage. Le treillis est bordé d'une frange clouée à une tablette en bois. C'est ce que représente l'icône de Laon, où l'on voit même le dessin des attaches et des clous. La radiographie de la planche a montré la présence de petits clous tout autour. L'icône de Laon était représentée comme son modèle, recouverte d'un treillis d'or damassé.

Icône de San Silvestre

L'icône de la Sainte Face de San Silvestre est située dans la chapelle Sainte Mathilde au Vatican. C'est une icône peinte sur bois du visage du Voile de Manoppello. Elle est dans un cadre de style baroque.

La plus ancienne mention écrite la concernant remonte à 1517. L'icône était conservée dans l'église San Silvestre de Rome jusqu'en 1870.

---

[180] http://www.artbible.net/

Sainte Face San Silvestre Chapelle Ste Mathilde Vatican
Wolfgang licence libre GNU

Sainte face de Laon peinte entre 1201 et 1204
(http://commons.wikimédia.org)

Représentation de la déploration

A partir du début du XIe siècle, le professeur Kurt Weitzmann, du Département d'art et d'archéologie de l'université de Princeton, New Jersey, établit que la vieille mise au tombeau du Christ « momifié » dans des bandelettes est remplacée par la scène de déploration.

Le changement brutal dans les représentations des funérailles du Christ est la conséquence de la connaissance du Linceul au moment de son arrivée à Constantinople. Le tissu de lin plié à Édesse[181] est déplié à Constantinople[182]. En effet sur ces œuvres une grande pièce de tissu est représentée, pièce faisant une double longueur d'homme identifiable au Linceul.

Du XIe au XIIe siècle, l'art byzantin représente le corps du Christ de trois façons différentes.

La première représentation est la déploration. Dans ces œuvres, les mains sont toujours croisées sur le bas-ventre, à la hauteur des poignets, la droite sur la gauche, conformément au détail du Linceul.

La deuxième représentation est faite sur les pièces de tissu liturgique de l'Église orthodoxe utilisées lors de la procession du Vendredi Saint. Le Christ est debout bien qu'il soit mort. Les mains sont croisées sur le corps du Christ étendu dans la mort comme pour les œuvres de déploration,

La troisième représentation, du XIIe siècle, est celle de la résurrection du Christ en gloire. Le Christ, avec les marques de sa passion, se lève du tombeau les mains croisées dans la position du Linceul.

---

[181] Appelé Mandylion
[182] Appelé Linceul

Christ en majesté, détail avec IC XC, grec IHCOYC XPICTOC (Jésus-Christ) Sainte Sophie, Istanbul. 1280

Toile « le Fiammenghino » de Gianbattista delle Rovere conservée à la Galerie Sabauda (Milan 1575-1640)

(http://commons.wikimédia.org)

8 Mort et ensevelissement de Jésus

8.1 Passion et mort de Jésus

8.1.1 Condamnation

Agonie à Gethsémani

Lc 22, 39-46 : « ³⁹Etant sorti, il s'en alla, comme de coutume, vers le mont des Oliviers ; les disciples aussi l'accompagnèrent. ⁴⁰Lorsqu'il fut à l'endroit, il leur dit : « Priez afin de ne pas entrer en tentation. » ⁴¹Et il s'éloigna d'eux environ d'un jet de pierres ; et, s'étant mis à genoux, il priait, disant : « ⁴²Père, si vous voulez, détournez de moi ce calice. Cependant, que ce ne soit pas ma volonté, mais la vôtre qui soit faite. » ⁴³Et lui apparut, venant du ciel, un ange qui le réconfortait. ⁴⁴Et se trouvant en agonie, il priait plus instamment, et sa sueur devint comme des gouttes de sang qui tombaient sur la terre. ⁴⁵S'étant relevé de sa prière, il vint vers les disciples, qu'il trouva plongés dans le sommeil à cause de la tristesse. ⁴⁶Et il leur dit : « Pourquoi dormez-vous ? Levez-vous et priez, afin que vous n'entriez point en tentation. »

De même Mc 14, 32-42 et Mt 26, 36-46

Au mont des oliviers, L'évangéliste Luc, médecin, précise que Jésus sue des gouttes de sang. Dans une situation de stress vraiment très intense le sang exsude des vaisseaux et l'organisme sue du sang.

Au verset 44, Luc nous précise que Jésus entre en agonie...

« Puis il ne parle plus que pour dire entre ses halètements : « Dieu ! Dieu ! Dieu ! » Il l'appelle à chaque battement de son cœur et il semble qu'à chaque battement le sang déborde. L'étoffe tendue sur les épaules s'en imbibe et devient sombre malgré le grand clair de lune qui l'enveloppe tout entier.

Pourtant une clarté plus vive se forme au-dessus de sa tête, suspendue à environ un mètre de Lui, une clarté si vive que même le Prostré la voit filtrer à travers les ondulations des cheveux déjà alourdis par le sang et malgré le voile dont le sang couvre ses yeux. Il lève la tête... La lune resplendit sur le pauvre visage et encore plus resplendit la lumière angélique semblable au diamant blanc-azur de l'étoile Vénus. Et apparaît la terrible agonie dans le sang qui transsude des pores. Les cils, les cheveux, la moustache, la barbe sont aspergés et couverts de sang. Le sang coule des tempes, le sang sort des veines du cou, les mains dégouttent du sang. Il tend les mains vers la lumière angélique et quand les larges manches glissent vers les coudes, les avant-bras du Christ se voient en train de suer du sang. Dans le seul visage les larmes tracent deux lignes nettes à travers le masque rouge.

Il enlève de nouveau son manteau et s'essuie les mains, le visage, le cou, les avant-bras. Mais la sueur continue. Il presse plusieurs fois l'étoffe sur son visage en la tenant pressée avec ses mains, et chaque fois qu'elle change de place, apparaissent nettement sur l'étoffe rouge foncé les empreintes qui, humides comme elles le sont, semblent être noires. Sur le sol l'herbe est rouge de sang.

Jésus paraît près de défaillir. Il délace son vêtement au cou comme s'il se sentait étouffer. Il porte la main à son cœur et puis à sa tête et l'agite devant son visage comme pour s'éventer, en gardant la bouche entrouverte. Il se traîne vers le rocher, mais plutôt vers le sommet du talus, et s'y appuie le dos. Il reste les bras pendants le long du corps, comme s'il était déjà mort, la tête pendant sur la poitrine. Il ne bouge plus.[183] *»*

---

[183] « L'Évangile tel qu'il m'a été révélé » Maria Valtorta - Tome 9, chap 22, page 205-206

Arrestation

Jésus est trahi par Juda, mais il se livre librement.

Jn 18, 6 : « **Lors donc qu'il (Jésus) leur eut dit : « C'est moi », ils reculèrent et tombèrent à terre.** »

Comparution devant les autorités religieuses
Comparution devant Hanne

Après son arrestation Jésus est conduit au palais du grand prêtre Hanne, beau-père de Caïphe, qui était le grand prêtre cette année-là.

Jn 18, 13-14 : « **[13]Et ils l'emmenèrent d'abord chez Anne, car il était beau-père de Caïphe, lequel était grand prêtre cette année-là. [14]Or Caïphe était celui qui avait donné ce conseil aux Juifs : « Il est avantageux qu'un seul homme meure pour le peuple. »** »

Jean suit Jésus de son arrestation à sa crucifixion.

Jean 18, 22 : « **À ces mots, un des satellites (gardes) qui se trouvait auprès de Jésus, lui donna un soufflet, en disant : « C'est ainsi que tu réponds au Grand Prêtre ? »** »

Première séance du Sanhédrin le 14 nisan an 30

Jésus est ensuite envoyé ligoté à Caïphe.

Mc 14, 53 : « **[53]Ils emmenèrent Jésus chez le grand prêtre, et tous les grands prêtres, les anciens et les scribes se réunirent.** »

Jésus confirme au grand prêtre qu'il est le Fils de Dieu. Jésus défend la vérité bien que se prétendre Dieu entraîne une condamnation à mort. Mais sa mort suivi de sa résurrection attestera qu'il est bien Dieu. Il accomplira ainsi le signe de Jonas et le signe du temple qu'il a donnés.

Marc 14, 61-65 : « **[61]Mais il (Jésus) garda le silence et ne répondit rien. Le grand prêtre l'interrogea de nouveau et lui dit : « Es-tu le Christ, le Fils du Béni ? » [62]Jésus dit : « Je le suis, et vous verrez *le Fils de l'homme assis à la droite de la Puissance et venant avec les nuées du ciel.* » [63]Et le grand prêtre déchira ses vêtements et dit : « Qu'avons-nous encore besoin de témoins ? [64]Vous venez d'entendre le blasphème : que vous paraît-il ? » Tous le condamnèrent comme méritant la mort. [65]Et quelques uns se mirent à cracher sur lui, et, lui voilant le visage, ils le frappaient du poing, en lui disant : « Prophétise ! » ; et les satellites lui** administraient des soufflets. »

Matthieu 26, 67-68 : « **[67]Alors ils lui crachèrent au visage et le frappèrent avec le poing ; [68]d'autres le souffletèrent, en disant : « Prophétise-nous, Christ ! Quel est celui qui t'a frappé ? »**

Le Linceul de Turin, analysé par le médecin légiste, montre que l'homme mis dans le Linceul a été battu dans les heures qui ont précédé sa mort. Le Linceul nous précise la passion et la mort d'un homme. Le visage de l'homme comporte de nombreuses traces de coups et d'humiliation. La pommette droite et la paupière droite sont abimées. Le nez présente une fracture au niveau du cartilage. La partie droite de la moustache et de la barbe sont arrachées.

La Coiffe de Cahors montre trois taches sur le visage dues à la joue droite endommagée et à l'arrachage de la partie droite de la barbe et de la moustache.

Le Voile de Manoppello indique une joue droite enflée, le nez est cassé comme sur le Linceul de Turin au niveau du cartilage. La barbe est partiellement arrachée.

Le Suaire d'Oviedo, le Linceul de Turin et le Voile de Manoppello indiquent une longueur du nez identique de huit centimètres. Le cartilage du nez est cassé sur le Suaire comme sur le Linceul. Ils montrent que la barbe se divisait en deux petites pointes avec la partie gauche plus fournie.

Le Suaire d'Oviedo, La Coiffe de Cahors, le Linceul de Turin et Le voile de Manoppello révèlent que le côté droit de la barbe a été arraché.

Deuxième séance du Sanhédrin pour le verdict le 14 nisan an 30

Mt 27, 1-2 : « **[1]Le matin venu, tous les grands prêtres et les anciens du peuple prirent une délibération contre Jésus pour le faire mourir. [2]Et, après l'avoir lié, ils l'emmenèrent et le remirent à Ponce Pilate, le gouverneur.** »

Mc 15, 1 : « **[1]Dès le matin les grands prêtres tinrent conseil avec les anciens et les scribes, tout le Sanhédrin ; après avoir lié Jésus, ils l'emmenèrent et le remirent à Pilate.** »

En attendant l'heure de rencontrer les romains, ils font faire à Jésus de longs détours dans la cité pour en faire un sujet de moquerie.

Comparution devant les autorités civiles

Jésus est conduit devant Pilate qui, apprenant que Jésus est Galiléen, l'envoie à Hérode.

Luc 23, 11 : « **Hérode le traita avec mépris, ainsi que ses hommes d'armes, se moqua de lui et, après l'avoir revêtu d'un vêtement de couleur éclatante, il le renvoya à Pilate.** »

Jésus comparaît ensuite à nouveau devant Pilate. Matthieu 27, 26 : « **[26]Alors il (Pilate) leur relâcha Barabbas ; et, après avoir fait flageller Jésus, il le remit (aux soldats) pour être crucifié.** »

Flagellation

Le Linceul de Turin montre que l'homme du Linceul a été flagellé par plus de 100 coups sur tout le corps par un flagrum romain.

Les fouets sont munis de lanières au terme desquelles se trouvent des petites structures en métal qui ressemblent à des haltères. D'après ce qu'on voit sur le linceul, c'est cela qui a servi à frapper le Christ.

Deux bourreaux romains ont infligé ce supplice avec une rare violence.

Ce supplice était suffisant, compte tenu de la violence des impacts, pour tuer, mais le condamné était dans la force de l'âge et de constitution robuste. La loi juive limite la flagellation à 40 coups car les juifs n'ont pas le droit d'infliger la mort. Cela confirme une action romaine.

Scène de dérision

Matthieu 27, 27-30 : « **[27]Alors les soldats du gouverneur prirent Jésus avec eux dans le prétoire, et ils assemblèrent autour de lui toute la cohorte. [28]L'ayant dévêtu, ils jetèrent sur lui un manteau écarlate. [29]Ils tressèrent une couronne avec des épines, qu'ils posèrent sur sa tête, avec un roseau dans sa main droite ; et, fléchissant le genou devant lui, ils lui disaient par dérision : « Salut, roi des Juifs ! » [30]Ils lui crachaient aussi dessus et, prenant le roseau, ils en frappaient sa tête.** »

Le Linceul de Turin montre que l'homme a été ceint à la tête d'une couronne d'épines. Du front jusqu'à la nuque, de nombreuses marques correspondent aux blessures infligées. Ceci permet d'identifier l'homme du Linceul comme le Jésus des évangiles.

En fait la couronne avait une forme de tiare. Ce sont des plantes du désert qui poussent dans le coin qui ont été utilisées. Elles ont des aiguilles très longues, à peu près trois ou quatre centimètres et sont extrêmement pointues à l'extrémité. Quand l'aiguille entre dans la peau, elle fait une blessure en forme de trou. C'est ce qu'on appelle une lésion punctiforme. Cette partie du corps saigne beaucoup. Les cheveux sont pleins de sang comme l'indique le linceul.

L'image du roseau trouvée sur le Linceul correspond à la scène de moquerie des soldats.

La Tunique d'Argenteuil a une tache importante à l'endroit où une ceinture ou un cordon a arrêté le flux de sang ruisselant des plaies de la flagellation. Ce flux de sang se retrouve coagulé sur les reins de l'homme du Linceul.

Le Suaire d'Oviedo présente de petits trous provoqués sans doute par des épines.

La Coiffe de Cahors porte 10 traces sanglantes attribuables à la couronne d'épines.

Le Voile de Manoppello indique de minuscules traces de sang sur la tête dues aux épines de la couronne.

État physiologique de Jésus

La cage thoracique a subi des coups très violents, un traumatisme important. Une inflammation des poumons est vraisemblable avec un liquide pleural. Après la mort de Jésus, le coup de lance du romain confirmera ce liquide car il sortit de la plaie de l'eau et du sang.

La conséquence pour Jésus est une difficulté à respirer.

La violence des coups sur les reins entraîne un dysfonctionnement de ceux-ci. Jésus a perdu beaucoup de sang par la flagellation et le couronnement d'épines. Il se trouve en hypo volémie (déficit de sang dans le système circulatoire).

La conséquence pour Jésus est une augmentation de l'Urée dans le sang et un empoisonnement progressif et douloureux de tout le corps.

Nous pouvons donc estimer qu'après la flagellation et le couronnement d'épines, il est vraisemblable que Jésus entre en agonie…

Chemin de croix

Matthieu 27, 31 : « **Après s'être moqués de lui, ils lui retirèrent le manteau, lui remirent ses vêtements et l'emmenèrent pour le crucifier** »

Jean 19, 14-15 : « **[14]C'était la préparation de la Pâque, environ la sixième heure. Il dit aux Juifs : « Voilà votre roi ! » [15]Sur quoi ils crièrent : « À mort ! À mort ! Crucifie-le ! » Pilate leur dit : « Crucifierai-je votre roi ? » Les grands prêtres répondirent : « Nous n'avons de roi que César ! »**

Anne-Catherine Emmerich confirme dans ses écrits que Jésus-Christ porta sa croix (**Annexe 8**).

Jésus, portant sa croix, est emmené vers le lieu du Crâne (Golgotha en hébreu). Il tombe plusieurs fois. Les soldats demandent à Simon de Cyrène de porter la croix. Anne-Catherine Emmerich confirme dans ses écrits que Jésus-Christ porta sa croix.

Mt 27, 32 : « **[32]En sortant, ils rencontrèrent un homme de Cyrène, nommé Simon, qu'ils réquisitionnèrent pour porter sa croix.** »

« *J'avais une blessure à l'épaule, d'une profondeur de trois doigts, qui touchait trois os, lorsque je portais la croix* », révéla un jour Jésus-Christ à saint Bernard de Clairvaux. Ce dernier a ensuite développé une dévotion profonde envers la Sainte Plaie de l'épaule du Christ, tout comme Padre Pio.

Le Linceul de Turin montre des plaies excoriées sur l'épaule droite évoquant le port de la croix.

Les poussières d'aragonite de Jérusalem sont retrouvées sous le talon, sur les genoux et sur le nez de l'homme du Linceul. Sur le chemin, il marchait pieds nus. L'homme est tombé avec la croix ce qui explique qu'il n'a pas pu se retenir avec les mains d'où l'impact sur les genoux et le nez. Les genoux présentent tous les deux des écorchures.

L'image de corde trouvée sur le Linceul correspond à la corde utilisée pendant le chemin de croix.

Une plaque de sang séchée est située à l'extrémité de l'omoplate gauche de la Tunique d'Argenteuil. Elle correspond à la grande tache de sang circulaire que l'on aperçoit sur l'épaule de l'homme du Linceul. Les taches de sang imprégnées dans le tissu correspondent au supplice du portement de la croix qui précède la crucifixion.

Les zones tuméfiées sur le Linceul et sur la Tunique forment deux axes se coupant à angle droit et ayant environ vingt centimètres de largeur. Ces traces suggèrent donc que le Christ a porté toute la croix, la poutre verticale reposant sur son épaule gauche, la poutre transversale reposant sur l'épaule droite. Jésus a porté sa croix entière (Jn 19, 17).

Violation de la législation
Erreur du Sanhédrin

Le jugement s'est passé sans respecter les formes. La Règle posée par la Michna qui devait déjà être appliquée à l'époque est :

« *Dans les causes non capitales, le jugement a lieu pendant le jour et le verdict peut être rendu pendant la nuit ; dans les causes capitales le jugement a lieu le jour, et le verdict doit être aussi rendu pendant le jour. Dans les causes non capitales, le verdict d'acquittement ou de condamnation peut être rendu le même jour ; dans les causes capitales, un verdict d'acquittement peut être rendu le même jour, mais un verdict de condamnation ne peut pas l'être avant le jour suivant. C'est pourquoi des jugements ne peuvent avoir lieu la veille d'un sabbat ou la veille d'un jour de fête* » (Sanh. 4, 1)

La première séance servait à établir les faits. La deuxième séance était pour annoncer le verdict. Elle devait se dérouler un autre jour en cas de condamnation à mort. Or ici les deux séances ont lieu le même jour…

A cause de la sentence de mort, le Sanhédrin doit en référer à Rome. En effet, lors de la destitution d'Archélaüs, les romains ôtèrent aux juifs le droit de prononcer une peine de mort[184].

Erreur du pouvoir romain

Pilate a commis une erreur par rapport au droit romain. En effet, pour une faute, on n'applique qu'une seule peine. Or la peine de flagellation est une peine qui peut conduire à la mort et qui suffit. La crucifixion va s'ajouter et correspond à une erreur de procédure. Pilate est dépassé par les évènements.

---

[184] « Guerres juives » Flavius Josèphe, II 117.167.

8.1.2 Crucifiement

Crucifiement Près de Jérusalem, vendredi 7 avril 30

<u>Vin mêlé de fiel</u>

Mt 27, 33-34 : « ³³Puis, étant arrivés à un lieu dit Golgotha, c'est-à-dire lieu du Crâne, *³⁴ils lui donnèrent à boire du vin mêlé de fiel* ; mais l'ayant goûté, il ne voulut pas boire. »

Mc 15, 23 : « ²³Et ils lui donnèrent du vin mêlé de myrrhe, mais il n'en prit pas ; »

<u>Crucifixion et inscription</u>

Jn 19, 16 - 22 : « ¹⁶Alors il le leur livra pour être crucifié. Ils emmenèrent donc Jésus. ¹⁷Portant sa croix, il sortit vers le lieu dit du Crâne – ce qui se dit en hébreu Golgotha, -¹⁸où ils le crucifièrent, et deux autres avec lui, un de chaque côté et Jésus au milieu. ¹⁹Pilate fit aussi écrire une inscription pour la mettre sur la croix ; elle portait ces mots : « Jésus de Nazareth, le roi des Juifs. » ²⁰Cette inscription, beaucoup de Juifs la lurent, car le lieu où Jésus fut crucifié était près de la ville ; c'était écrit en hébreu, en latin et en grec. ²¹Aussi, les grands prêtres des Juifs dirent à Pilate : « N'écris pas : Le roi des Juifs, mais : il a dit : Je suis le roi des Juifs ». » ²²Pilate répondit : « Ce que j'ai écrit, je l'ai écrit. »

Partage des vêtements

Le partage des vêtements est annoncé par les psaumes et Jean en témoigne. Les soldats se partagèrent à quatre ses vêtements. Ils tirèrent au sort sa tunique sans couture afin que s'accomplisse les Écritures.

Jn 19, 23-24 : « **23Quand les soldats eurent crucifié Jésus, ils prirent ses vêtements, dont ils firent quatre parts, une part pour chaque soldat, et aussi sa tunique. Or la tunique était sans couture, toute d'un seul tissu depuis le haut (jusqu'en bas). 24Ils se dirent donc les uns aux autres : « Ne la déchirons pas, mais tirons au sort à qui elle sera. » (C'était) pour que s'accomplît cette parole de l'Écriture : « Ils se sont partagé mes vêtements, et ils ont tiré ma robe au sort. » C'est ce que firent les soldats. »**

Pardon

Lc 23, 33 – 34 : « **33Lorsqu'ils furent arrivés au lieu appelé Calvaire, ils l'y crucifièrent ainsi que les malfaiteurs, l'un à droite, l'autre à gauche. 34Et Jésus disait : « <u>Père, pardonne-leur : ils ne savent pas ce qu'ils font.</u> » Et se partageant ses vêtements, ils les tirèrent au sort. »**

Après son crucifiement entre deux malfaiteurs, Jésus demande à son Père de pardonner à ceux qui ont participé à sa condamnation et à son exécution. Nous sommes tous concernés par ce pardon car nous sommes tous pécheurs.

Moquerie

Lc 23 35 - 43 : « **³⁵Le peuple se tenait là et regardait. Même les chefs raillaient, disant : « Il en a sauvé d'autres ; qu'il se sauve lui-même, s'il est le Christ de Dieu, l'Élu ! » ³⁶Les soldats aussi se moquèrent de lui, s'avançant pour lui présenter du vinaigre, ³⁷et disant : « Si tu es le roi des Juifs, sauve-toi toi-même ! » ³⁸Il y avait aussi au-dessus de lui une inscription en caractères grecs, latins et hébraïques : « Celui-ci est le roi des Juifs. »**
³⁹Or l'un des malfaiteurs mis en croix l'injuriait, disant : « N'es-tu pas le Christ ? Sauve-toi toi-même, et sauve-nous ! » ⁴⁰Mais l'autre le reprenait, disant : « Tu n'as pas même la crainte de Dieu, toi qui subis la même condamnation ! ⁴¹Pour nous, c'est justice, car nous recevons ce que nous méritent les choses que nous avons faites ; mais lui n'a rien fait de mal. » ⁴²Et il dit : « Jésus, souvenez-vous de moi, quand vous reviendrez avec votre royauté. » ⁴³Et il lui dit : « <u>Je te le dis en vérité, aujourd'hui tu seras avec moi dans le Paradis.</u> »

La parole de Jésus est une réponse à la supplique du bon larron.

Le Linceul de Turin montre que l'homme a été crucifié avec 3 clous. Les clous des mains ont pénétré les poignets assurant une prise solide sans hémorragie et sans causer de fracture aux os du carpe. Les clous vont léser le nerf médian et provoquer la rétractation des pouces observée sur l'image du Linceul. La lésion du nerf médian va provoquer une douleur d'autant plus atroce que la crucifixion va entraîner un mouvement incessant pour éviter l'asphyxie.

L'homme a été crucifié avec le même clou pour les deux pieds. Le clou a pénétré dans un espace accessible lorsque le pied est en hyper extension sans causer de fracture aux os du tarse.

La Tunique d'Argenteuil, tissée d'une seule pièce, est tirée au sort par les soldats. En plus de cette Tunique, les soldats font quatre parts des vêtements du Christ. C'est donc qu'il y a quatre vêtements en plus de la Tunique : le manteau et/ ou la robe de dessus, la longue bandelette jetée autour du cou sur les épaules, un scapulaire de laine sur le haut du corps et un linge autour des reins, les sandales et la ceinture.

Marie et Jean

Jn 19, 25, 27 : « ²⁵**Près de la croix de Jésus se tenaient sa mère, et la sœur de sa mère, Marie la (femme) de Clopas, et Marie de Magdala. ²⁶Jésus voyant sa mère et, auprès d'elle, le disciple qu'il aimait, dit à sa mère : « <u>Femme, voilà votre fils.</u> » ²⁷Ensuite il dit au disciple : « <u>Voilà votre mère.</u> » Et depuis cette heure-là, le disciple la prit chez lui.** »

Jésus confie sa mère à Jean, le disciple qu'il aimait. Sur le plan spirituel Marie devient la mère des croyants. Elle va pouvoir aider Jean à approfondir le mystère du Christ.

8.1.3 Mort

Abandon

Mt 27, 45-46 : « **⁴⁵Depuis la sixième heure jusqu'à la neuvième, il se fit des ténèbres sur toute la terre. ⁴⁶Vers la neuvième heure Jésus s'écria d'une voix forte : « <u>Eli, Eli, lema sabacthani ?</u> », c'est-à-dire : « <u>Mon Dieu, mon Dieu ? Pourquoi m'avez-vous abandonné ?</u> »**

A l'instant dernier, Jésus vit l'ultime déréliction. Il a endossé notre humanité jusqu'à vivre la solitude de l'homme face à la mort.

Mais Jésus porte aussi sa mission de témoignage jusqu'au bout. Les psaumes n'étaient pas annoncés par leur numéro à l'époque mais par le premier verset. Jésus renvoie donc au psaume 22/21.

Vinaigre

Mt 27, 34 : « **Ils lui donnèrent à boire du vin mêlé de fiel ; mais l'ayant goûté, il ne voulut pas boire.** »

Jn 19, 28 - 29 : « **²⁸Après cela, Jésus sachant que désormais tout était accompli, dit, afin que l'Écriture fût accomplie : « <u>J'ai soif.</u> » ²⁹Il y avait là un vase plein de vinaigre. On imbiba de vinaigre une éponge, qu'on mit autour (du bout) d'une hysope et on l'approcha de sa bouche.** »

L'herbe amère c'est l'amertume du temps de l'esclavage en Égypte. A chaque Pâque, les Juifs commémorent ce temps qui précède leur libération par YaHWeH.

L'hysope est un symbole d'humilité.

Avant la dixième plaie d'Égypte, YaHWeH demande à Moïse une action qui protégera les hébreux de la dixième plaie. Ils doivent utiliser de l'hysope pour mettre du sang sur les linteaux et les montants.

Ex 12, 21-22 : « **²¹Moïse convoqua tous les anciens d'Israël, et leur dit : « Choisissez et prenez un agneau pour vos familles, et immolez la Pâque. ²²Puis, prenant un bouquet d'hysope, vous le tremperez dans le sang qui sera dans le bassin, et vous toucherez avec le sang qui sera dans le bassin le linteau et les deux montants de la porte.** »

Accomplissement

Jn 19, 30 : « **³⁰ Quand Jésus eut pris le vinaigre, il dit : « C'est accompli » et inclinant la tête, il rendit l'esprit.** »

En Jean 19, 30 la dernière parole de Jésus sur la croix, juste avant sa mort, est : « **C'est accompli** » ou « **Tout est achevé** » ou « **Tout est accompli** ». Jésus a réalisé sa mission. Les Écritures et les prophéties du Messie d'Israël sont réalisées en Jésus.

Confiance

Lc 23, 44-48 : **⁴⁴Il était alors environ la sixième heure, et il se fit des ténèbres sur la terre entière jusqu'à la neuvième heure, le soleil s'étant éclipsé, ⁴⁵et le voile du Sanctuaire se fendit par le milieu. ⁴⁶Et, Jésus clama d'une voix forte : « Père, je remets mon esprit entre vos mains. » Et, ce disant, il expira.
⁴⁷Le centurion, ayant vu ce qui s'était passé, glorifia Dieu, disant : « Réellement, cet homme était un juste ! » ⁴⁸Et toutes les foules rassemblées à ce spectacle, après avoir regardé ce qui s'était passé, s'en retournaient en se frappant la poitrine.** »

Voile du sanctuaire

Mt 27, 50-54 : « **⁵⁰Jésus poussa de nouveau un grand cri et rendit l'esprit.
⁵¹Et voilà que le voile du Sanctuaire se fendit en deux, du haut en bas, la terre trembla, les rochers se fendirent, ⁵²les sépultures s'ouvrirent et les corps de beaucoup de saints défunts ressuscitèrent : ⁵³Et, sortis des sépulcres, après sa résurrection, ils entrèrent dans la ville sainte et apparurent à beaucoup. ⁵⁴Le centurion et ceux qui, avec lui, gardaient Jésus, voyant le tremblement de terre et ce qui se passait, furent saisis d'une grande frayeur et dirent : « Vraiment, c'était le Fils de Dieu ! »**

« Le corps se tend tout entier ; dans la dernière des trois contractions c'est un arc tendu, vibrant, terrible à voir, et puis un cri puissant, impensable en ce corps épuisé, se dégage, déchire l'air, le

« grand cri » dont parlent les Évangiles et qui est la première partie du mot *« maman »... Et plus rien...*[185] »

Au moment de la mort de Jésus, le voile du sanctuaire se déchire en deux. Le voile du sanctuaire sépare le saint du saint réservé à Dieu où seul le prêtre pénètre une fois par an pour la fête du Kippour.

Après le sacrifice de Jésus, Dieu peut à nouveau habiter son temple, l'homme libéré du péché… A noter d'ailleurs que Jésus naît le jour de la fête d'Hanoucca, ou fête des lumières, ou fête de la consécration du Temple (voir « Jésus au fil des jours » du même auteur).

La croix de déréliction est devenue la croix glorieuse. Elle devient la liaison entre le ciel et la terre. Elle a percé ce qui séparait l'homme de Dieu.

En se déchirant le voile montre que Dieu n'est plus séparé de son peuple. Jésus, agneau immolé sans tache, par son sacrifice, nous réconcilie avec Dieu. Nous pouvons inviter Dieu à demeurer en nous.

Mort de Jésus
Jésus meurt à Jérusalem, le vendredi 7 avril 30 à 15 h.

Le Linceul de Turin montre que l'homme est mort crucifié par asphyxie. L'homme est suspendu par les poignets. Il commence à étouffer à cause de l'immobilisation des côtes gênant la respiration. Le supplicié se relève en prenant appui sur ses pieds cloués jusqu'à ce que la douleur soit trop forte. Le corps prend donc deux positions, l'une basse, l'autre haute et sur le Linceul les deux écoulements sanguins correspondants ont été identifiés selon des angles de 75° et 55° particulièrement au niveau des avant-bras.

Le crucifié va fabriquer de l'acide lactique dont l'accumulation provoque une tétanie musculaire qui atteint progressivement les muscles du diaphragme. Le processus d'asphyxie est lent, néanmoins la réponse du supplicié va être d'aider le mouvement du diaphragme en tirant sur ses bras. La crucifixion de l'homme du Linceul est attestée par l'aspect tétanique de certains muscles, dont la forme est très gonflée. Les pectoraux sont en saillie, contractés, tirés vers le haut, surélevés. Le thorax est distendu. Le creux épigastrique est creusé, déprimé. Le bas de

---

[185] « L'Évangile tel qu'il m'a été révélé » Maria Valtorta T9, Ch29, P296.

l'abdomen est bombé, refoulé par le diaphragme contracturé.

Le Suaire d'Oviedo indique aux scientifiques que l'homme est mort crucifié de par la composition chimique des taches dues aux liquides s'écoulant du nez et de la bouche.

Des altérations superficielles de la surface du linge peuvent être dues à la présence de vinaigre.

Après la mort de l'innocent, le visage est essuyé par le Suaire d'Oviedo. Le corps est descendu de la croix. Le visage est essuyé avec le même Suaire jusqu'au Sépulcre.

Mort de Jésus d'après le médecin légiste Philippe Boxho

La mort du Christ sur la croix, c'est une mort par ce qu'on appelle une asphyxie posturale. C'est une asphyxie, une carence en oxygène qui vient de la mauvaise posture qu'il a sur la croix. Il a les bras en arrière avec le torse qui est bien en avant. Dans cette position, vous avez d'importantes difficultés à respirer. Son taux d'oxygène va donc diminuer progressivement parce qu'il ne respire plus correctement. Les échanges qui se font habituellement dans le poumon, c'est-à-dire prendre de l'oxygène et rejeter du CO_2, ne se font plus correctement. Ce qui veut dire que progressivement, à cause du CO_2, le sang devient acide, c'est ce qu'on appelle une acidose. Et comme cette acidose est mue par une respiration qui est déficiente, en médecine, on appelle ça une acidose respiratoire. C'est de cela que meurt le Christ. Il meurt parce que son sang atteint un pH acide qui est incompatible avec la vie. La hausse du taux de CO_2 a également pour conséquence de provoquer des crampes très douloureuses dans tous les muscles. Le corps devient raide, douloureux de partout et surtout, il est figé. C'est une mort atroce…

Mort rapide de Jésus sur la croix d'après le médecin Philippe Boxho

La plupart du temps il fallait plusieurs jours pour mourir par crucifixion. On achevait généralement les condamnés en leur fracassant le membre inférieur de façon à ce qu'ils ne puissent plus prendre appui sur leurs jambes. Ils mouraient donc plus rapidement de l'asphyxie posturale qu'engendre la crucifixion.

Dans le cas du Christ, un soldat romain lui aurait percé le côté. Il en serait sorti de l'eau et du sang. Quel était l'objectif de ce geste ? Est-ce étonnant de voir sortir de l'eau et du sang du côté du Christ ?

Ponce Pilate est informé du fait que le Christ est mort. Il est étonné qu'il meurt aussi vite. Il a tout de même été flagellé avant donc il a toutes les raisons d'être terriblement amoindri, même s'il a une bonne stature. Ponce Pilate est inquiet. Il envoie un soldat vérifier cette information. Il plante donc une lance dans le côté plutôt que de lui fracasser les jambes. Ici, le soldat veut être convaincu de sa mort. Il prend donc sa lance et la plante dans le côté du Christ. St Jean nous donne alors la seule véritable observation scientifique présente dans l'Evangile. Il dit clairement ce qui doit sortir du côté : de l'eau et du sang. Pierre Barbet se trompe. Lui dit que le sang à l'intérieur du corps sédimente, ce qui signifierait qu'en post-mortem, les éléments les plus lourds du sang seraient dans le bas et les éléments les plus légers seraient dans le haut. En fait, quand vous laissez du sang dans un tube, vous allez voir tous les globules rouges au-dessus et les globules blancs en dessous. Du plasma, surnage au-dessus. Cela signifie que le sang sédimente. Or, j'ai autopsié à peu près 4000 personnes. Et je peux vous dire que le sang ne sédimente jamais dans le corps. C'est une erreur. Ce n'est donc pas la bonne solution, mais il y en a une. Quand le Christ reçoit tous les coups de fouet sur le thorax et sur le corps en général, le poumon en souffre et est contusionné. Toute contusion engendre une surfusion de plasma dans la cavité qui se situe entre le thorax et le poumon. C'est quelque chose que je constate régulièrement en autopsie. Et donc, quand le soldat plante sa lance, elle traverse le champ pulmonaire et touche le cœur. La lance traverse le champ pulmonaire qui est plein plasma. Donc le plasma s'écoule. Puis la lance touche le cœur. Le sang s'écoule. C'est une observation rigoureusement exacte sur le plan scientifique. C'est Jean qui la rapporte et pour la rapporter, soit il était là, soit il y a un témoin qui lui a rapporté ce qu'il a vu. On retrouve d'ailleurs cette trace sur le linceul de Turin.

Reconnaissance
Mt 27, 54 : « **[54]Le centurion et ceux qui, avec lui, gardaient Jésus, voyant le tremblement de terre et ce qui se passait, furent saisis d'une grande frayeur et dirent : Vraiment, c'était le Fils de Dieu !** »

Sang et eau

Jn 19,31-37 : « ³¹**Comme c'était la Préparation, pour que les corps ne restassent pas sur la croix durant le sabbat, – car le jour de ce sabbat était solennel, - les Juifs demandèrent à Pilate qu'on leur rompît les jambes et qu'on les enlevât. ³²Les soldats vinrent donc, et ils rompirent les jambes du premier, puis de l'autre qui avait été crucifié avec lui. ³³Venant à Jésus, comme ils virent qu'il était déjà mort, ils ne lui rompirent pas les jambes ; ³⁴mais un des soldats lui perça le côté avec sa lance, et aussitôt il sortit du sang et de l'eau. ³⁵Et celui qui a vu en rend témoignage, – et son témoignage est vrai, et il sait qu'il dit vrai, – pour que vous aussi, vous croyiez. ³⁶Car cela est arrivé pour que fût accomplie l'Écriture :** *Aucun de ses os ne sera brisé.* ³⁷**Et une autre Écriture encore dit :** *Ils regarderont celui qu'ils ont transpercé.* »

Lorsque le supplicié demeure en vie trop longtemps, l'usage veut qu'on lui brise les jambes pour accélérer l'asphyxie. Pour le personnage du Linceul, cette mesure n'est pas nécessaire.

La mort du condamné est vérifiée par le centurion romain en lui enfonçant son pilum dans le côté droit selon l'habitude de l'escrime romaine. La plaie sur le Linceul de Turin est bien de la dimension d'une lance romaine. La blessure est restée béante, preuve que c'est une blessure post-mortem. L'écoulement de l'eau de la plèvre et du sang du cœur s'est fait verticalement et s'est poursuivi alors que le corps était à l'horizontale.

L'homme du Linceul n'a eu aucun de ses os brisé comme le disent les Écritures pour Jésus. L'homme du Linceul n'a eu aucun os brisé malgré le cartilage du nez cassé, les clous enfoncés dans les poignets et les pieds. Il n'a pas eu les jambes brisées comme souvent pour les crucifiés.

Ex 12, 46 : « **On ne la (la Pâque) mangera que dans la maison ; vous n'emporterez point de chair hors de la maison, et vous ne briserez aucun os.** ».

Ps 34/33, 21 : « **Il (le juste) garde tous ses os, aucun ne sera brisé.** »

8.2 Mort et ensevelissement de Jésus

8.2.1 Lieu de la mort de Jésus

Lieu de la mort de Jésus

L'analyse du Linceul de Turin précise le lieu de l'évènement. Les poussières d'aragonite sont trouvées sur les talons, les genoux et le nez. Ces poussières d'aragonite proviennent du travertin, une pierre utilisée en particulier à Jérusalem.

Le professeur Danin a déterminé que 27 des 28 fleurs du Linceul poussent dans l'environnement immédiat de Jérusalem.

Un morceau de roseau, commun sur la plage du Kinnereth, est visible avec un nœud et un reste de feuille.

L'image d'une corde, d'une longueur d'environ 10 m, est placée à droite de la jambe droite. Cette corde est faite à partir de Typha domingensis, plante hydrophyte commune de berges des rivières et des rivages de lacs.

Il existe des centaines d'image de petits fruits de Pistacia Lentiscus utilisés comme épice lors des enterrements.

Sur le Linceul les savants trouvent des traces d'aloès et de myrrhe.

La couronne d'épines est faite à partir d'un roncier de la région.

Le Calvaire fait partie du mont Moriah. Le texte hébreu de la Genèse nomme ainsi la montagne où Abraham allait sacrifier son fils.

8.2.2 Date de la mort de Jésus

Heure de la mort de Jésus

Nous lisons en Jean 11, 9a : « **Jésus répondit : « N'y a-t-il pas douze heures de jour ? »**. Le jour et la nuit avaient chacun douze heures. La nuit va de 18h00 à 6h00 et donc le jour de 6h00 à 18h00.

Or Matthieu 27, 45-46 et Luc 23, 44-46 nous disent que Jésus est crucifié à partir de la sixième heure (du jour), que l'obscurité se fit sur toute la terre jusqu'à la neuvième heure, et que Jésus rendit alors l'esprit. Donc Jésus meurt à la neuvième heure du jour c'est-à-dire à 15h00.

Le professeur de botanique Israélien Danin a identifié une fleur sur le **Linceul de Turin** en partie ouverte « un aegyptia Capparis ». Celle-ci s'ouvre au cours de la journée ce qui permet de déterminer son heure de cueillette entre 15h00 et 16h00.

Jour et mois de la mort de Jésus
Règle de Badu

Les pharisiens ne tolèrent pas le travail je jour de sabbat. Cette date du vendredi 14 nisan leur pose deux problèmes. L'obligation de faire la moisson de l'Homer au soir de la Pâque aurait imposé de travailler un jour de sabbat. Le jour Hosanna rabba, 7e jour de la fête des Tabernacles tombe cent quatre-vingt trois jours après la Pâque soit le 21 thisri. Ce jour il faut cueillir et porter les rameaux. Or si Pâque est un vendredi, le 21 thisri est un samedi.

La solution pour régler ces deux problèmes est de reculer la Pâque d'un jour. Les pharisiens égorgent les agneaux le vendredi 14 nisan et mange la Pâque le samedi 15 nisan qui commence la veille à 18h00. La moisson de l'Homer peut être réalisée le dimanche 16 nisan qui commence la veille à 18h00. La cueillette des rameaux du 7e jour de la fête des Tabernacles tombe un dimanche.

La règle de Badu sera officialisée pour régler ce problème.

Jésus et les siens, venant de Galilée, pouvaient s'en tenir au calendrier réel, et n'étaient pas tenus de translater la fête d'un jour !

Correspondance avec la Pâque juive

Dans l'ancienne alliance, l'agneau sans défaut est sacrifié dans la journée du 14e jour du premier mois (Nissan). Ce sacrifice, avec le sang mis sur le linteau des portes protège les premiers-nés d'Israël lors du passage de l'ange exterminateur dans la nuit du 15e jour. Cette septième plaie pour l'Égypte permet le départ des Juifs de la maison de servitude.

Esdras 6, 19 : « **Les fils de la captivité célébrèrent la Pâque le quatorzième jour du premier mois.** »

Dans la nouvelle alliance, l'agneau immolé sans défaut est le Verbe incarné sans péché. C'est la Pâque parfaite, le sacrifice expiatoire du Dieu fait homme… Jésus prend sur Lui toutes les conséquences de nos péchés. Il paie le prix de nos péchés et réalise l'alliance du sang en mourant sur la croix.

La fête de la Pâque dure sept jours, du 15 au 21 Nissan. Le calendrier officiel du Temple célèbre la Pâque le 15 Nissan. Le 14 Nissan est le jour de la préparation avec l'immolation des agneaux au Temple.

Marc 14, 12 : « **Le premier jour des Azymes, où l'on sacrifiait la pâque, ses disciples lui dirent : « Où voulez-vous que nous allions faire les préparatifs pour que vous mangiez la pâque ? »**

La Sainte Cène a lieu le soir au début du 14ème jour de Nissan (le jour commence à 18 heures). C'est ce même jour où l'agneau pascal est immolé chez les Juifs au temple en mémoire de leur libération.

Marc 15, 42 : « **Le soir étant déjà venu, comme c'était la Préparation, c'est-à-dire veille de sabbat… »**

Sabbat solennel ou double sabbat

Jean 19, 31a : « **Comme c'était la Préparation, pour que les corps ne restassent pas sur la croix pendant le sabbat, - car le jour de ce sabbat était solennel,… »**

Selon Jean, le jour de la mort de Jésus est le jour de la Préparation du Sabbat. Le sabbat est le samedi. Le jour de la préparation du sabbat est un vendredi. Jean nous précise aussi qu'il s'agit d'un sabbat solennel, c'est-à-dire de Pâque. Le jour de la mort de Jésus est donc un vendredi qui précède la Pâque du samedi. La préparation de Pâque est le 14ème jour de Nissan.

Ce jour les agneaux sont immolés sur le parvis du Temple selon le rituel de la Pâque juive en mémoire de la libération du pays d'Égypte.

Confirmation du mois par Maria Valtorta

Les samaritains échangent avec Jésus

« *Et tu crois y réussir ? Que pourras-tu faire de plus que tu n'as déjà fait pour amener tes adversaires à ta parole ? Quoi ? Si même la résurrection de l'homme de Béthanie n'a pas suffi pour faire dire aux juifs que tu es le Messie de Dieu ?* »

« *J'ai encore quelque chose à faire de plus grand, de beaucoup plus grand que ce que j'ai déjà fait.* »

« *Quand, Seigneur ?* »

« *Quand la lune de Nisan sera pleine. Faites attention alors.*[186] »

Année de la mort de Jésus
Année

La mort de Jésus a eu lieu pendant que Pilate était préfet de Judée, donc après 26 et avant 36, année où Pilate est rappelé à Rome.

L'image sur le Linceul, à l'emplacement des yeux, représente des pièces de monnaies datables des années 29-30.

Le calcul astronomique permet de savoir que le vendredi 14 Nissan correspond au 7 avril de l'année 30 ou au 3 avril de l'année 33. La date cohérente avec la date des pièces du Linceul est l'année 30.

Jésus meurt donc en l'an 30 dans l'après-midi du jour de la « parascève », jour de la préparation de la fête de Pessah (Pâque juive), sixième jour de la semaine soit le vendredi.

Jésus meurt le **vendredi 14 Nissan de l'an 30**, ce qui correspond, au **vendredi 7 avril de l'année 30 vers 15h00**.

Confirmation de l'année par la vie de Jésus

Jean 2, 20 : « **Les Juifs lui dirent : « C'est en quarante-six ans que ce sanctuaire a été bâti, et vous, en trois jours vous le relèverez ! »**

D'après les historiens, la rénovation du mont du Temple et les extensions du second temple de Jérusalem sont réalisés par Hérode Ier le Grand. Ce projet a commencé en l'an 19 av. J-C. Si on ajoute les 46 ans dont parle Jean nous arrivons à l'an 27 (en tenant compte que l'an 0 n'existe pas).

Il s'agit de la première Pâque à laquelle participe Jésus lors de son ministère public Jean 2, 13. Le ministère du Seigneur a donc commencé la fin de l'année 26.

L'évangéliste Jean évoque 3 Pâques où Jésus monte à Jérusalem avant sa propre Pâque. Ceci nous donne pour date de la mort de Jésus l'an 30.

---

[186] « L'Évangile tel qu'il m'a été révélé » Maria Valtorta – Tome 8, Ch 19, page 164

Confirmation de l'année dans la prophétie des Soixante-dix septénaires de Daniel

Le prophète Daniel rapporte ce que l'ange Gabriel lui a dit concernant le temps de l'avènement du Messie par la prophétie des soixante-dix septénaires.

Daniel 9, 25-26 : « **25Sache donc et comprends : Depuis la sortie d'une parole ordonnant de rebâtir Jérusalem, jusqu'à un oint, un chef, il y a sept semaines (septénaires), et soixante-deux semaines (septénaires) ; elle sera rebâtie, places et enceinte, dans la détresse des temps.**

Daniel 9, 27 : « **27Il conclura une alliance ferme avec un grand nombre pendant une semaine (septénaire) ; et, au milieu de la semaine (septénaire), il fera cesser le sacrifice et l'oblation, et sur l'aile des abominations viendra un dévastateur, et cela jusqu'à ce que la destruction et ce qui a été décrété se répandent sur le dévasté.** »

Le mot hébreu traduit par « semaine » est « Shabuwa » qui signifie « sept ou période de sept », un septennat d'années. Une semaine représente donc sept années.

Le règne du roi Artaxerxés débute en 465 av. JC. Le décret est donc datable entre 458 et 457. Le roi Artaxerxés a donné une copie d'une lettre à Esdras permettant aux Juifs de rebâtir Jérusalem. Cette lettre est précisée dans Esdras 7, 11-26.

Esdras 7, 8 : « **Esdras arriva à Jérusalem le cinquième mois de la septième année du roi.** ».

D'après le verset 25, l'oint, le chef viendra au bout de 69 semaines soit 483 ans. En ajoutant à l'an 458/457 la durée de 483 ans nous arrivons à l'an 26. Jésus sera oint lors de son baptême en l'an 26.

D'après le verset 27 il conclura une alliance pendant 7 ans mais au milieu des sept ans il fera cesser le sacrifice et l'oblation. Jésus fait par sa mort cesser tous les sacrifices. Il est l'agneau parfait immolé. Sa mort arrive donc au bout de 3 ans ½. Le ministère de Jésus commence vers la fin de l'an 26. Sa mort survient donc vers le début de l'an 30.

Confirmation par la date antique inscrite sur le Linceul (4.6.5)

Sur le Linceul les caractères « ΨΕ » laissent deviner le mot « (O)ΨΕ », les premières lueurs du soir. C'est la neuvième heure dans le découpage antique du jour. Le jour commence à 6h00, et la nuit à 18h00. La neuvième heure du jour est la quinzième heure pour nous, heure de la mort de Jésus selon les évangiles.

Sur le Linceul le fonctionnaire a indiqué la date à laquelle les ossements peuvent être restitués à la famille après 12 mois de sépulture. Les caractères « IBEP Iς AΔA » laissent deviner les mots « (T)IBEP(IOΣ) Iς AΔA(P) »

L'année indiquée est « (T)IBEP(IOΣ) » et « Iς ». Ils signifient : « Dans la seizième année de Tibère ». Tibère monte sur le trône en 14, sa seizième année est l'an 30, année où Jésus est crucifié. L'année entre Pâque 30 et Pâque 31 fait 383 jours. C'est une année bissextile.

Le mois indiqué est Adar. Le calendrier lunaire des Juifs étaient constitué de 12 mois de 29 à 30 jours. Il était donc en retard de onze jours chaque année sur le calendrier solaire. Le raccordement se faisait avec un cycle de 19 années, 12 années simples de 12 mois et 7 années bissextiles de 13 mois en ajoutant un deuxième « adar » : « adār shenī ».

Un condamné à mort, dont la date de restitution des ossements à sa famille est prévue le 14 adār shenī d'une année bissextile (comme l'an 30) est mort et a été enseveli dans la fosse publique douze mois avant, soit le 14 Nissan de la même année (an 30).

Confirmation hébraïque dans le Talmud
Écrits hébraïques

Les Juifs pensent avoir reçus deux lois à l'époque de Moïse. La loi écrite de la Torah de la Bible, et la loi orale transmise pendant 1500 ans. Des rabbins écrivent en hébreu la loi orale constituant ainsi la Misnah terminant vers 200 après J.-C. Des rabbins, à Jérusalem et à Babylone, rajoutent ensuite des commentaires en araméen constituant le Gemara. Les Talmud de Jérusalem et de Babylone sont constitués de la Misnah et du Gemara vers 500 après J.-C.

Confirmation du jour et du mois dans le Talmud

Le témoignage du Talmud de Babylone rapporte que Jésus a été pendu au bois la veille de Pâque, soit le 14 Nissan. (Sanhédrin 43a : « La veille de la Pâque on a pendu Jésus Nazaréen »). Jésus est mort un vendredi, veille du jour de la Pâque, selon les évangiles. La mort de Jésus a eu lieu le 14 Nissan soit le vendredi 7 avril vers 15h00.

Confirmation de l'année dans le Talmud

Le traité Yoma, dans la Michna, traite du Yom Kippour et particulièrement de son rite à l'époque du second Temple. Il existe deux versions du talmud, celui de Babylone et celui de Jérusalem.

Nous lisons dans le Talmud de Babylone : « *Nos rabbins enseignent : au cours des quarante dernières années avant la destruction du Temple le sort n'a pas été soulevé dans la main droite, ni la sangle de couleur rouge ne devient blanche, ni la plus occidentale des lumières ne brille, et les portes de la Hekel du Temple s'ouvrent par elles-mêmes.*[187] »

Nous lisons un passage identique dans le Talmud de Jérusalem : « *Quarante ans avant la destruction du Temple, la lumière occidentale s'éteint, le fil rouge reste rouge, et le sort pour l'Éternel arrive toujours dans la main gauche. Ils ferment les portes du Temple la nuit, et les trouvent au matin grandes ouvertes.* ».

Les deux Talmuds racontent la même chose indiquant la prise en compte des évènements dans la communauté juive.

Le premier de ces miracles se rapporte au **tirage au sort** le jour du Grand Pardon (Yom Kippour – Lévitique 16). Le tirage détermine lequel des deux boucs serait offert en expiation à Dieu (pierre blanche), et lequel serait le bouc émissaire envoyé à Azazel chargé des fautes du peuple (pierre noire). Avant l'année 30 après J.-C. le Grand Prêtre tire l'une des deux pierres, noire ou blanche. De l'an 30 à l'an 70 le Grand Prêtre tire au hasard et le sort désigne la pierre noire. La probabilité de réalisation d'une telle occurrence est de 2 à la puissance 40. En d'autres termes, les chances sont d'une chance sur mille milliard (1 suivi de 12

---

[187] Talmud de Babylone section Yoma 39b

zéros). Le lot pour Azazel, la pierre noire, est sorti par hasard 40 fois de suite de l'an 30 à l'an 70 après J.-C. ! Cela a été considéré comme un évènement catastrophique pour Israël signifiant que quelque chose avait changé fondamentalement dans ce rituel de Yom Kippour. Dieu semble ne pas agréer cette cérémonie d'expiation des péchés d'Israël. Ce tirage au sort est également accompagné d'un autre miracle qui est décrit ci-après.

Le deuxième miracle concerne la **bande de pourpre** ou tissu attaché au bouc Azazel. Une partie de ce tissu rouge est retiré du bouc et attaché à la porte du Temple. Cette pratique traditionnelle est liée à Israël confessant ses péchés. Le péché de la nation est solennellement mis sur le bouc Azazel qui sera envoyé (bouc émissaire) au désert. Le péché est représenté par la couleur rouge de la toile (la couleur du sang). Chaque année, le chiffon rouge sur la porte du Temple devient blanc, comme pour signifier que l'expiation d'un nouveau Yom Kippour est agréable à Dieu. Cet évènement annuel s'est passé jusqu'à l'an 30 après J.-C. Ensuite pendant les 40 années précédant la destruction du Temple, le ruban cessa de devenir blanc. Le tissu reste rouge, signifiant que les péchés d'Israël n'ont pas été graciés et effacés, créant consternation parmi les Juifs.

Ces deux miracles, concernant **l'expiation des péchés** (tirage au sort et tissu rouge), montrent que la communauté a perdu la faveur du Seigneur. L'expiation annuelle, réalisée par l'observation typique du Yom Kippour, n'est pas réalisée comme prévue. L'expiation est apparemment à réaliser d'une autre manière.

Le 7 avril de l'an 30 après J.-C. (le 14 Nissan, jour du sacrifice de l'agneau pascal) le Messie Yeshua est retranché d'Israël. Il est mis à mort en expiation pour les péchés des hommes. L'expiation n'est plus réalisée par les deux boucs offerts lors de Yom Kippour. Le transfert se fait sur le Christ sans péché, innocent agneau pascal. Le sacrifice messianique est livré avec la promesse du pardon des péchés. La grâce est donnée par Dieu à ceux qui acceptent une relation personnelle avec le Messie. Le mécanisme prévoyant le pardon des péchés est changé en l'an 30 après J.-C.

Le miracle des **portes du Temple** est reconnu par les autorités religieuses juives. Il s'agit de l'ouverture spontanée des portes du

Temple le matin alors qu'elles sont fermées chaque soir. Ce phénomène s'est produit pendant 40 ans à compter de l'an 30 après J.-C. Yohanan ben Zaccaï, autorité juive de premier plan de ce temps, déclare qu'il s'agit d'un signe de la catastrophe imminente de la destruction du Temple.

Le quatrième miracle concerne la **ménorah du Temple** (candélabre). La lampe occidentale sur la ménorah demeure allumée comme signe que la Gloire de Dieu demeure sur Israël et dans le Saint des Saints du Temple. La lampe la plus importante des sept bougeoirs de la ménorah dans le Temple ne brille pas. Chaque soir, pendant les 40 années précédant la destruction du Temple, la lampe principale du chandelier du Temple s'éteint d'elle-même, quelles que soient les précautions prises par les prêtres. Quelque chose se passe d'anormal à partir de la crucifixion du Messie. La lumière de la ménorah, représentant la présence de Dieu, s'éteint miraculeusement.

Ces deux miracles concernent **la présence de Dieu dans le Saint des saints du Temple** (portes ouvertes et lumière éteinte). Ils confirment ce qui se passe au moment de la mort de Jésus lorsque le rideau du Saint des Saints se fend (Matthieu 27, 50-51). Ils signifient que tous peuvent maintenant entrer dans le Temple, même avoir accès au plus intime de la présence de Dieu, le Saint des Saints. Ces deux miracles indiquent également que la présence de Dieu n'est pas réduite au Saint des Saints. La présence de Dieu peut être en nous car nous sommes le Temple de Dieu selon Saint Paul en 1 Cor 3, 16 : « **Ne savez-vous pas que vous êtes un temple de Dieu, et que l'Esprit de Dieu habite en vous ?** » (idem 2 Cor 6, 16).

Les quatre signes liés à l'an 30 après J.-C. n'ont pas d'explications naturelles. Ces signes se dérouleront pendant 40 ans. Les Talmud de Jérusalem et de Babylone indiquent que 40 ans avant la destruction du Temple, les sacrifices d'expiations ont perdu leur pouvoir, et que la présence de Dieu n'est plus manifeste dans le Temple. La ville de Jérusalem et son Temple sont détruits par les Romains en l'an 70. Les sacrifices d'expiation perdent leur pouvoir en l'an 30 car notre Pâque, Jésus, a été immolée cette année-là.

Confirmation du sort (expiation des péchés) par Maria Valtorta

Maria Valtorta rapporte les paroles de Jésus : « *Il (Le Seigneur) ne reviendra pas non plus cette fois après que l'immolation de l'Agneau aura décidé les sorts.*[188] »

L'immolation de l'agneau en l'an 30 décide des sorts pour le jour du Grand Pardon (Yom Kippour) de l'an 30 à l'an 70, année de la destruction du Temple. Le tirage détermine le bouc offert en expiation à Dieu, et le bouc émissaire envoyé à Azazel chargé des fautes du peuple.

Le tirage systématique de la boule noire pendant quarante ans montre à Israël que YaHWeH n'agrée plus le sacrifice du Kippour.

Confirmation des portes ouvertes (présence de Dieu) par Maria Valtorta

Maria Valtorta rapporte les paroles de Jésus au chef de la synagogue des affranchis romains à Jérusalem :

« *Quand il (Le sacrifice de Jésus) sera accompli, rappelle-toi cela, ô homme, s'ouvriront les rideaux sacrés et les portes célestes. Car YaHWeH ne sera plus présent par sa gloire dans le Saint des Saints, et il sera inutile de mettre un voile entre l'Inconnaissable et les mortels,*[189] »

L'immolation de l'agneau en l'an 30 permet à chaque homme de devenir le Temple de Dieu. Le rideau du Temple se déchire et pendant quarante ans les portes du Temple restent ouvertes car Dieu ne sera plus présents par sa gloire dans le Saint des Saints.

Les autorités religieuses juives remarquent l'ouverture spontanée des portes du Temple le matin alors qu'elles sont fermées chaque soir pendant 40 ans de l'an 30 à l'an 70.

---

[188] « L'Évangile tel qu'il m'a été révélé » Maria Valorta Tome 7, chap. 231, pages 526
[189] L'Évangile tel qu'il m'a été révélé » Maria Valorta Tome 7, chap. 231, pages 525-526

8.2.3 Préparation pour l'ensevelissement

Ensevelissement

Jn 19, 38-42 : « [38]Après cela, Joseph d'Arimathie, qui était disciple de Jésus, mais en secret par crainte des Juifs, demanda à Pilate d'enlever le corps de Jésus, et Pilate le permit. Il vint donc et enleva son corps. [39]Nicodème, qui précédemment était venu vers lui de nuit, vint aussi, apportant un mélange de myrrhe et d'aloès, environ cent livres. [40]Ils prirent donc le corps de Jésus et l'entourèrent de bandelettes avec les aromates, selon la manière d'ensevelir en usage chez les Juifs. [41]Or, au lieu où il avait été crucifié, il y avait un jardin, et dans le jardin un sépulcre neuf, où personne n'avait encore été mis. [42]C'est là, à raison de la Préparation des Juifs, le sépulcre étant proche, qu'ils mirent Jésus. »

Mc 15, 46 : « Ayant acheté un linceul, il (Joseph d'Arimathie) le (Jésus) descendit, l'enveloppa dans le linceul, le déposa dans un sépulcre qui avait été taillé dans le roc, et il roula une pierre à l'entrée du sépulcre. »

De la croix au tombeau

Ce vendredi 7 avril, c'est la préparation de la Pâque pour les Juifs. Le sabbat commence le vendredi à 18h00. L'inhumation doit être terminée à 18h00 (début du sabbat et de la Pâque juive).

Jésus est mort comme un droit commun. Le corps est considéré comme impur. Il ne peut toucher d'autres corps. Il n'est restitué à la famille qu'au bout d'un an, après décomposition des chairs.

Joseph d'Arimathie demande l'autorisation à Pilate pour récupérer le corps. Il sera mis dans un tombeau neuf, sans risque de « contaminer » d'autres corps. Pilate donne donc son accord.

Nicodème et Joseph d'Arimathie sont membres du Sanhédrin. Ils ont accès au magasin du Temple et achète un Linceul en lin fin.

Pour déclouer le corps de Jésus et le descendre de la croix sans l'abimer, ils ont besoin « d'une corde ». Ils décident de couper une bande du Linceul de 9 cm de large sur 4, 35 m correspondant à la longueur du Linceul.

La bande aurait été posée autour de la taille comme on le voit sur le Linceul. Puis les deux extrémités auraient été relevées sur le patibulum et nouées ensemble derrière les stipes afin de soutenir le corps une fois les clous retirés. Enfin, une coupe nette et oblique sous le nœud aurait laissé tomber le corps. Cela expliquerait pourquoi les extrémités de la bande latérale rattachée manquent.

Les corps des crucifiés sont descendus de la croix par enlèvement des clous.

« La paume gauche est déclouée. Le bras retombe le long du Corps qui maintenant pend à demi détaché. Ils disent à Jean de monter lui aussi, en laissant les échelles aux femmes.

Jean, monté sur l'échelle où était d'abord Nicodème, passe le bras de Jésus autour de son cou et le tient ainsi, tout abandonné sur son épaule, en l'enlaçant par son bras à la taille et il le tient par la pointe des doigts pour ne pas heurter l'horrible déchirure de la main gauche, qui est presque ouverte. Quand les pieds sont décloués, Jean a beaucoup de mal à tenir et soutenir le Corps de son Maître entre la croix et son propre corps.

Marie se place déjà au pied de la croix, assise en lui tournant le dos, prête à recevoir son Jésus sur ses genoux. Mais le plus difficile c'est de déclouer le bras droit. Malgré tous les efforts de Jean, le Corps pend complètement en avant et la tête du clou est profondément enfoncée dans la chair, et comme ils ne voudraient pas le blesser davantage, les deux hommes compatissants peinent beaucoup. Finalement ils saisissent le clou avec les tenailles et le sortent tout doucement.

Jean tient toujours Jésus par les aisselles, avec la tête renversée sur son épaule, pendant que Nicodème et Joseph le saisissent l'un aux cuisses, l'autre aux genoux, et le descendent avec précaution en le tenant ainsi par les échelles.[190] »

Marie prend Jésus sur ses genoux et enlève la couronne d'épines.

Le corps n'est pas lavé, la loi juive, connue de Joseph d'Arimathie et Nicodème, interdit de laver le corps en cas de mort violente.

Joseph et Nicodème emmène le corps de Jésus vers le tombeau de Joseph d'Arimathie. Ils sont suivis de Marie soutenue par sa belle-sœur et le Magdeleine. Viennent ensuite Marthe, Marie de Zébédée et Suzanne qui ont ramassé les clous, les tenailles, la couronne, l'éponge et

---

[190] « L'Évangile tel qu'il m'a été révélé » Maria Valorta Tome 10, chap. 609, pages 146-147

le roseau.

Au moment de l'ensevelissement, les objets tachés de sang sont mis avec le corps.

Le **Suaire d'Oviedo** a servi à essuyer le visage du Christ, sur la croix, à la descente de croix, et enfin pendant le transport au tombeau.

Les rites traditionnels de la religion juive sont expliqués en 1926 par Monseigneur Landrieux, évêque de Dijon. La tête est enveloppée d'un double suaire, ou capuce. Le premier se noue sous le menton laissant le visage à découvert. Le second voile la face.

Selon les usages funéraires du temps, pour la sépulture du Christ, on utilisa un grand drap (le Sindone), les bandages (othonia) et au moins deux suaires : un, interne, pour tenir la bouche fermée comme une mentonnière, et un autre, externe, qui lui couvrait le visage.

Onguents

Les Juifs, après la mort, embaument les corps d'aromates. Aëtius l'ancien précise que six livres d'aromates suffisent pour embaumer un corps. Pour Notre Seigneur, on utilise cent livres de myrrhe et d'aloès.

Le corps de Jésus est posé sur le Linceul avec les clous dans les chairs et la bande enroulée autour de la taille. Il est couvert d'onguents. Le corps est enseveli nu comme cela se pratiquait avant le VIIe siècle. L'ensevelissement est effectué les mains croisées sur le pubis, position constatée dans le cimetière de Qumran.

Pose des linges

L'historien Jan Wilson est le spécialiste britannique du Linceul. Il confirme que la loi juive, inscrite dans la Mishnah, prévoit que le corps du défunt doit être apprêté dans les tachrichim. Il s'agit d'ensemble complet de vêtements funéraires comprenant une pièce de vêtement recouvrant la tête du mort. Les Juifs appellent ce bonnet pathil.

C'est ainsi que l'on retrouve le corps de Zacharie, sous l'empereur Honorius (395-423), avec la tête enveloppée d'une Coiffe.

Selon le Révérend Père Ollivier (la Passion) : « Le corps était entouré de longues bandes de toile ou de coton assez étroites superposées en plusieurs épaisseurs et, à mesure qu'elles s'enroulaient, on les imprégnait de la mixture indiquée par l'Évangile…

Par-dessus, on croisait en tous les sens des bandes plus étroites encore, qui achevaient d'emmailloter le cadavre comme nous le montrent les bas-reliefs des sarcophages de Latran, où la résurrection de Lazare est si souvent représentée. La tête était recouverte d'un capuce dont les mêmes bas-reliefs nous conservent la très fidèle image. Le premier, laissant le visage à découvert, se nouait sous le menton ; l'autre voilait même la face et se trouvait fixé par la dernière bandelette enroulée autour du cou. »

La tête de Jésus-Christ est couverte de la Coiffe laissant le visage à découvert. Le Voile de Manoppello couvre le visage.

La **Coiffe de Cahors** couvre la tête, et la boutonnière permet de maintenir le menton et la bouche fermée.

« *...Pour finir, la tête. Après l'avoir enduite avec soin, de manière que les traits disparaissent sous la couche d'onguents, ils lient le menton avec une bande pour maintenir la bouche fermée.* » (Maria Valtorta, dans « L'évangile tel qu'il m'a été révélé »).

Sur le **Linceul de Turin** les savants ont trouvé des traces d'aloès et de myrrhe.

« *Elle (Marie) partagea ce qui restait de la chevelure du Sauveur en trois parties, une partie sur chaque tempe, et l'autre sur le derrière de la tête, et lorsqu'elle eut démêlé les cheveux de devant, et qu'elle leur eut rendu leur poli, elle les fit passer derrière les oreilles.* »

(D'après Catherine Emmerich)

Des **piécettes** sont posées sur les yeux du mort selon la tradition hébraïque. La photographie a permis de distinguer, sur chaque paupière du **Linceul de Turin**, une pièce de monnaie de l'époque.

Un **objet ovale** se voit sous la barbe de l'homme du Linceul, au niveau de son cou. Il porte l'inscription « L'agneau » écrit en Araméen.

Une corde semble croiser la main gauche et un petit Objet 3D est visible sur les doigts de la main gauche. Le petit objet pourrait être un **phylactère**. Le terme de phylactère est connu chez Flavius Josèphe et Philon d'Alexandrie. Du temps de Jésus, ce sont de petites boîtes carrées de parchemin ou de peau noire de veau renfermant des bandes de vélin sur lesquelles sont inscrits quatre textes bibliques.

Les objets maculés du sang de la victime sont posés sur le Linceul selon la coutume juive : **couronne d'épines, roseau, cordes** (visibles sur le Linceul), **clous**...

Des **fleurs** sont posées en nombre. Des petits **fruits** Pistacia Lentiscus sont posés comme épice.

Le **Linceul** est ensuite replié pour couvrir le devant du corps.

« Marie gémit plus fort. Puis ils soulèvent le côté du Linceul qui pend et le replient sur Jésus. Il disparaît sous la grosse toile du Linceul. Ce n'est plus qu'une forme couverte par une toile. » (Maria Valtorta, dans « L'évangile tel qu'il m'a été révélé »).

« Joseph regarde que tout soit bien en place et appuie encore sur le Visage un suaire de lin et d'autres linges, qui ressemblent à de courtes et larges bandes rectangulaires, qui vont de droite à gauche, au-dessus du Corps et tiennent en place le Linceul, bien adhérent au Corps. Ce n'est pas le bandage que l'on voit dans les momies, ni même dans la résurrection de Lazare. C'est un embryon de bandage. » (Maria Valtorta, dans « L'évangile tel qu'il m'a été révélé »).

Il est fort possible que les **deux linges de Compiègne**, de 2,34 m x 1,17 m, imbibés de liqueurs et d'onguents, et de 0,60 m x 0,60 m, avec des vestiges de taches rouges, aient été placés au-dessus du Linceul.

Au moins **trois bandes** ont été posées préalablement sous le Linceul. Elles sont nouées pour attacher le Linceul autour du corps. Les parties latérales du corps sont généralement sans empreinte, ni taches provenant des blessures sur cette partie du corps. Les exceptions correspondent à l'incidence de la pression des bandes sur le Linceul.

La coulée de sang du cœur, consécutive au coup de lance, est particulièrement visible. Elle s'explique par l'existence d'un lien assurant l'adhésion du corps avec le Linceul au niveau de la poitrine. La trace d'un lien peut être entrevue autour de la cheville par une adhérence particulière et anormale du tissu du Linceul à cet endroit. Des taches de sang ont imprégné le tissu par deux fois, comme si le drap avait été pressé contre les pieds. Une dernière bande est installée au niveau du cou permettant la visibilité de l'objet ovale.

Ces trois bandes sont évoquées dans les reliques de Compiègne.

Maria Valtorta mentionne un **deuxième Linceul** qualifié de propre car il n'était pas directement au contact du corps de Jésus.

« À l'intérieur du coffre il y a une séparation horizontale qui le

*divise en deux compartiments. Dans le compartiment inférieur il y a un calice et un plat de métal. Dans le compartiment le plus élevé, au milieu, le **calice** qui a servi à Jésus à la Dernière Cène et pour la première Eucharistie, les restes du pain partagé par Lui, déposés sur un petit plat précieux comme le calice. À côté du calice et du petit plat qui est posé dessus, il y a d'un côté la **couronne d'épines, les clous et l'éponge**. De l'autre côté **un des Linceuls enroulé, le voile avec lequel Nique avait essuyé le visage de Jésus, et celui que Marie avait donné à son Fils pour qu'il s'enveloppe les reins.**[191] »*

La mention d'un des Linceuls indique le fait d'au moins deux Linceuls. Ici le Linceul mentionné est celui qui a enveloppé directement le corps de Jésus après sa mort (voir « *Pièces à conviction du Messie d'Israël* » du même auteur). Plus tard, Lazare remet à Marie le Linceul propre.

« *C'est le Linceul propre dans lequel fut enveloppé le très Pur après la torture et — bien que rapide et relative — et la purification de ses membres souillés par ses ennemis, et l'embaumement sommaire. Joseph, quand Lui ressuscita, les retira tous les deux du Tombeau et les porta chez nous, à Béthanie, pour empêcher qu'ils ne soient soumis à des profanations sacrilèges. Dans la maison de Lazare, les ennemis de Jésus n'osent pas beaucoup se hasarder, et moins que jamais depuis qu'ils savent comment Rome a blâmé la conduite de Ponce Pilate. Puis, après un premier temps, le plus dangereux, nous t'avons donné le premier Linceul et Nicodème a pris l'autre et l'a porté dans sa maison de campagne.*[192] »

Le Linceul propre est le deuxième Linceul (voir « Pièces à conviction du Messie d'Israel » du même auteur).

Le **Voile de Manoppello** est ensuite posé pour ralentir l'évaporation des arômes funèbres dont était couverte la tête du Seigneur.

« Marie s'agenouilla près de la tête de Jésus posa au-dessus un linge très fin qu'elle avait reçu de la femme de Pilate, et qu'elle portait autour de son cou, sous son manteau » (Catherine Emmerich).

Catherine Emmerich décrit Marie, la Mère de Jésus, tandis qu'elle

---

[191] « L'Évangile tel qu'il m'a été révélé » Maria Valtorta, Tome 10 chap. 26 page 231
[192] « L'Évangile tel qu'il m'a été révélé » Maria Valtorta, Tome 10 chap. 29 page 246

prépare le corps de son Fils pour la sépulture. Marie couvre le visage de Jésus avec « un linge très fin » (byssus marin), reçu de la femme de Pilate. La femme de Pilate pouvait détenir ce tissu précieux et coûteux.

Sépulture d'exception
Mise en sépulture

Joseph d'Arimathie, membre éminent du grand conseil (Mc 15, 43), va demander à Pilate le corps de Jésus. Une demande faite par la famille aurait été refusé à cause de la condamnation. Le transfert du corps imposait une autorisation du représentant de l'empereur. Joseph obtient gain de cause et va déposer le corps dans un sépulcre neuf correspondant à un riche membre du Sanhédrin (Jn 19, 41 – Lc 23, 53 – Mt 27, 60). Le corps du condamné ne risque donc pas de contaminer d'autres corps. Ainsi Joseph honore le corps de Jésus et respecte la Loi.

Linceul en lin fin

La fibre de lin est tordue fréquemment en « s » selon la position des fibres au séchage. La fibre peut être tordue exceptionnellement en « z » en forçant sa position naturelle. Les sources hébraïques anciennes parlent alors de « lin retors ». Cette torsion en « z » donne un lin fin et précieux.

Joseph d'Arimathie, membre du Sanhédrin, a accès au magasin du Temple et donc au lin réservé au Temple. Les évangiles nous disent que Joseph d'Arimathie achète un lin pur pour ensevelir Jésus.

Le lin fin était utilisé pour le voile du Temple (voir Exode et Lévitique). Jésus est le chemin entre Dieu et l'homme. Le voile du Temple n'est plus la limite entre Dieu et l'homme où seul le grand prêtre a le droit de rencontrer Dieu. Le voile du Temple s'est déchiré. Tout homme peut désormais rencontrer Dieu par Jésus. Il est l'alliance en lui-même de Dieu et de l'homme, étant une personne en deux natures.

Le lin fin (appelé sadîn shel buz) est utilisé par le grand prêtre (Exode et Lévitique) pour la liturgie de Yom Kippour, le jour de l'Expiation. Le culte le plus solennel des Hébreux consistait à laver les péchés de tout le peuple d'Israël dans le sang des agneaux parfaits offerts en sacrifice. Jésus est le grand prêtre éternel. Il est l'agneau immolé qui porte les péchés du monde et nous assure si nous le voulons le pardon de Dieu.

Marques de reconnaissance

Nicodème amène cent livres de myrrhe et d'aloès, quantité importante et chère, pour l'ensevelissement. Les disciples déposent en grand nombre des fleurs.

Jn 19, 39 : « **[39]Nicodème, qui précédemment était venu vers lui de nuit, vint aussi, apportant un mélange de myrrhe et d'aloès, environ cent livres.** »

8.3 Préparation à la Résurrection
8.3.1 Ré-animation ou Résurrection
Retour à la vie

Jésus lors de sa vie terrestre ramène à la vie un jeune homme à Naïn en Luc 7, 11-17, la fille de Jaïros, chef de la synagogue en Luc 8, 40-56, et son ami Lazare en Jean 11, 1-44. Ces ré-animations ne sont pas comparables à la résurrection de Jésus. Ces personnes reviennent en effet à la vie dans leur corps mortel.

Le Père soutient le Fils, car Jésus dira au moment de la résurrection de Lazare en Jn 11, 41-42 :

« ^{41}On ôta donc la pierre. Et Jésus leva les yeux en haut et dit : « Père je vous rends grâce de ce que vous m'avez exaucé. ^{42}Je savais bien que vous m'exaucez toujours ; mais c'est à cause de la foule qui est à l'entour que je l'ai dit, afin qu'ils croient que c'est vous qui m'avez envoyé. »

Résurrection de Jésus

Mais la Résurrection de Jésus sera tout autre chose qu'un simple retour à la vie terrestre après la mort. La Résurrection sera une transfiguration, une libération des lois physiques et biologiques, conséquences du péché.

« Le Seigneur ne se contente pas de dire, par des mots, que les morts ressusciteront, mais il accomplit la résurrection. Il réveille l'enfant morte depuis peu (Mt 9, 18-26), puis il rend à sa mère le jeune homme que l'on avait accompagné à la tombe et qu'il avait relevé de son cercueil.

Reste à voir si le sort espéré sera à l'image de ce qui existe à présent. Si ce devait être le cas, je dirais, que les hommes n'auraient plus qu'à fuir l'espérance de la résurrection. Car si les corps sont rendus à la vie dans l'état qui était le leur au moment de la mort, c'est un malheur sans fin que les hommes attendent à travers la résurrection.

Le blé, certes, une fois disséminé en terre, perd la petitesse de sa taille ainsi que ses propres marques ; il ne se perd pas lui-même. Tout en demeurant lui-même, il devient épi. Il diffère tout à fait de ce qu'il était, par sa taille, sa beauté, sa variété, son allure. De même, la nature humaine abandonne dans la mort toutes ses caractéristiques, acquises du fait de son état passionné, je veux dire le déshonneur, la corruption, la faiblesse, la différence due à l'âge ; elle ne se perd pourtant pas elle-même, mais elle accède, comme un épi, à l'incorruptibilité, à la gloire, à l'honneur, à la puissance, à la perfection totale, à la disparition de ses propriétés naturelles propres au fonctionnement de son existence, à son passage enfin vers un état spirituel et impassible.[193] »

---

[193] Saint Grégoire de Nysse, théologien Cappadociens décédé en 394

8.3.2 Annonce de la résurrection de Jésus

Signe de Jonas

Pour authentifier sa mission et sa parole, Jésus fait des prodiges. Il guérit les malades, chasse les démons, et soumet les éléments. Mais lorsque les scribes et les pharisiens lui demandent un signe, il donne comme signe sa résurrection après être resté trois jours dans la terre.

Mt 12, 38-40 : « **[38]Alors quelques-uns des scribes et des Pharisiens prirent la parole et dirent : « Maître, nous voudrions voir un signe de vous. » [39]Il leur répondit : « Une génération mauvaise et adultère réclame un signe : il ne lui sera pas donné d'autre signe que le signe du prophète Jonas. [40]Car de même que Jonas fut trois jours et trois nuits dans le ventre du poisson, ainsi le Fils de l'homme sera dans le sein de la terre trois jours et trois nuits. »**

Paul dit que le point central de la foi, c'est la résurrection du Christ. 1 Co 15, 14 ; « **Et si le Christ n'est pas ressuscité, notre prédication est donc vaine, vaine aussi est votre foi. »**

Signe du temple

Les Juifs demandent à Jésus un miracle pour justifier son autorité. Le signe que Jésus donne aux Juifs c'est la destruction de son corps et le retour à la vie de ce corps après trois jours.

Jn 2, 18-22 : « **[18]Alors les Juifs, prenant la parole, lui dirent : « Quel miracle nous montrez-vous, pour agir de la sorte ? » [19]Jésus leur répondit : « Détruisez ce sanctuaire et je le relèverai en trois jours. » [20]Les Juifs lui dirent : « C'est en quarante-six ans que ce sanctuaire a été bâtie, et vous, en trois jours vous le relèverez ? » [21]Mais lui parlait du sanctuaire de son corps. [22]Lors donc qu'il fut ressuscité d'entre les morts, ses disciples se souvinrent qu'il avait dit cela, et ils crurent à l'Écriture et à la parole que Jésus avait dite. »**

Jean indique qu'en parlant du Temple Jésus parle de son corps. De même que le Temple était avant l'incarnation le lieu de la présence de Dieu, de même le corps de Jésus est le lieu de la présence de Dieu par l'incarnation du Verbe. Avec Jésus la présence de Dieu n'est plus dans le Saint des Saints du Temple mais dans chaque homme qui le désire. 1 Co 3, 16 : « **Ne savez-vous pas que vous êtes un temple de Dieu… »**

Annonce de la résurrection

Jésus annonce à l'avance, à plusieurs reprises, à ses disciples et à ses apôtres qu'il va mourir, mais que le troisième jour il ressuscitera d'entre les morts. C'est ce que nous relatent les trois évangiles synoptiques.

Mt 16, 21 : « **[21]Jésus commença depuis lors à déclarer à ses disciples qu'il fallait qu'il allât à Jérusalem, qu'il souffrît beaucoup de la part des anciens, des grands prêtres et des scribes, qu'il fût mis à mort et qu'il ressuscitât le troisième jour.** »

Mt 17, 22-23 : « **[22]Comme ils étaient groupés en Galilée, Jésus leur dit : « Le Fils de l'homme doit être livré entre les mains des hommes, [23]et ils le mettront à mort, et il ressuscitera le troisième jour. Et ils furent vivement attristés.** »

Mt 20, 17-19 : « **[17]Comme Jésus allait monter à Jérusalem, il prit à part les Douze et leur dit en chemin : « [18]Voici que nous montons à Jérusalem, et le Fils de l'homme sera livré aux grands prêtres et aux scribes, et ils le condamneront à mort, [19]et ils le livreront aux Gentils pour être bafoué, flagellé et crucifié ; et il ressuscitera le troisième jour.** »

Mt 26, 32 : « **Mais, après que je serai ressuscité, je vous précéderai en Galilée.** »

Maître de la Vie

Jésus annonce qu'il donne sa vie de lui-même mais qu'il a le pouvoir de la recouvrer. Jésus donne sa vie en tant qu'homme et il a le pouvoir de la retrouver parce qu'il est Dieu. En faisant cela, Jésus fait la volonté de son Père et est aimé de celui-ci.

Jésus dit à ses disciples :

Jn 5, 21 : « **Car, de même que le Père ressuscite les morts et rend la vie, ainsi le Fils aussi rend la vie à qui il veut.** »

Jn 10, 17-18 : « **[17]C'est pour cela que le Père m'aime : parce que je donne ma vie pour la recouvrer. [18]Personne ne me l'enlève, mais c'est moi qui la donne de moi-même ; j'ai le pouvoir de la donner et j'ai le pouvoir de la recouvrer : voilà le commandement que j'ai reçu de mon Père.** »

8.3.3 Transfiguration

Transfiguration

Le récit de la transfiguration se trouve en Matthieu 17, 1-8, en Marc 9, 2-8 et en Luc 9, 28-36. Il suit l'annonce par Jésus de la nécessité de renoncer à soi-même pour le suivre.

Luc 9, 28-31 : « **^{28}Il se passa environ huit jours après (qu'il eut dit) ces paroles, et, prenant avec lui Pierre, Jean et Jacques, il monta sur la montagne pour prier. ^{29}Pendant qu'il priait, l'aspect de son visage devint autre, et son vêtement d'un blanc éblouissant. ^{30}Et voilà que deux hommes conversaient avec lui : c'étaient Moïse et Elie, qui, apparaissant en gloire, parlaient de sa mort qu'il devait accomplir à Jérusalem.** »

Au moment de la transfiguration, Luc nous dit, que l'aspect du visage de Jésus devint autre.

Matthieu nous dit : « **son visage resplendit comme le soleil, et ses vêtements devinrent blancs comme la lumière.** » et Marc : « **Ses vêtements devinrent étincelants, tout blancs, tels qu'aucun foulon sur la terre ne saurait blanchir ainsi.** ».

La gloire du Fils de l'homme montre qu'il est Fils de Dieu. C'est la gloire du Christ ressuscité. Il a vaincu par sa mort et sa résurrection, les forces des ténèbres y compris la mort.

Anticipation de la résurrection

Matthieu 17, 9 : « **Comme ils descendaient de la montagne, Jésus leur dit ce commandement : « Ne parlez à personne de cette vision, jusqu'à ce que le Fils de l'homme soit ressuscité des morts.** »

Après la résurrection, les apôtres pourront parler de la transfiguration. L'évènement de la transfiguration et celui de la résurrection sont liés. La transfiguration est une anticipation du Christ ressuscité, du Christ vainqueur, du Christ en gloire. Cette anticipation de la résurrection est pour Pierre, Jacques et Jean. À travers eux elle est pour l'humanité. Jésus est Dieu, et le temps n'a pas d'emprise sur lui. Il est hors du temps et dans le temps. Il est ressuscité dans l'éternité.

Cette anticipation est une aide pour accepter, comprendre, reconnaître la résurrection quand elle se produira.

Choix de Pierre, Jacques et Jean

Pierre est le chef de l'Église universelle (Matthieu 16, 18-19).
Jacques l'apôtre est le fils de Zébédée et le frère de Jean.
Jean est celui qui a le plus pénétré le mystère de Jésus.

Choix de Moïse et Élie

Moïse apporte les dix commandements donnés par Dieu lui-même. Il libère son peuple de l'esclavage de Pharaon avec l'aide de Dieu. Moïse est une image anticipée du Christ qui va libérer son peuple de l'esclavage du péché.

Élie est un prophète important. Le prophète parle de la part de Dieu. Jésus est venu nous parler de Dieu son Père.

La sépulture de Moïse n'est pas connue. « **^{5}Moïse, le serviteur de YaHWeH, mourut là, dans le pays de Moab, selon l'ordre de YaHWeH. ^{6}Et il l'enterra dans la vallée, au pays de Moab, vis-à-vis de Beth-Phogor. Aucun homme n'a connu son sépulcre jusqu'à ce jour.** » Dt 34, 5-6

Élie a été emporté au ciel, il n'a donc pas de sépulture. « **Ils continuaient de marcher en s'entretenant, et voici qu'un char de feu et des chevaux de feu les séparèrent l'un de l'autre, et Elie monta au ciel dans un tourbillon.** » 2Rois 2, 11.

Moïse et Élie ont eu une révélation privilégiée de Dieu. Ils ont vu ce que Dieu leur donnait de voir de lui-même. Jésus a non seulement vu Dieu, mais est Dieu Lui-même. Son corps n'est plus accessible, il est monté au ciel après sa résurrection au jour de l'ascension.

Accomplissement de la Loi et réalisation des prophéties

Jésus accomplit la loi (Matthieu 5, 17) par le commandement qui la synthétise et la transcende, Matthieu 22, 37-40 : « **^{31}il (Jésus) lui dit : « Tu aimeras le Seigneur ton Dieu de tout ton cœur, de toute ton âme et de tout ton esprit. ^{38}C'est là le plus grand et le premier commandement. ^{39}Un second lui est égal : Tu aimeras ton proche comme toi-même. ^{40}En ces deux commandements tient toute la Loi et les Prophètes.** » Jésus réalise toutes les prophéties le concernant.

9 Résurrection de Jésus

9.1 Résurrection

9.1.1 Durée entre la mort et la Résurrection

Résurrection

Le corps de Jésus est dans le tombeau depuis le vendredi 7 avril de l'an 30 à 18h00. Mais soudain à l'aube du premier jour de la semaine, le corps n'est plus dans la sépulture…

Comment estimer la durée entre la mort et la résurrection de Jésus ?

Ps 16, 10 : **« Car tu ne livreras pas mon âme au schéol, tu ne permettras pas que ton pieux serviteur voie la fosse. »**

En Ac 2, 30-32 : **« ^{30}Comme donc il (David) était prophète et savait que Dieu lui avait juré par serment de faire asseoir sur son trône un fils de son sang, ^{31}voyant d'avance, il a parlé de la résurrection du Christ, en disant qu'il n'a pas été abandonné dans le séjour des morts, et que sa chair n'a pas vu la décomposition. ^{32}C'est ce Jésus que Dieu a ressuscité : nous en sommes tous témoins. »**

Os 6, 3a : **« Après deux jours, il nous fera revivre ; le troisième jour, il nous relèvera, et nous vivrons devant lui. »**

L'analyse scientifique du Linceul montre une absence de métabolites de décomposition. Le processus de décomposition d'un corps engendre des composés biochimiques caractéristiques dans les 25 à 30 heures après la mort.

Le corps imprime, dès l'ensevelissement, des taches de sang sur le tissu du Linceul. L'analyse de ces taches montre que le contact entre le corps et le Linceul s'est produit de 2 à 3 heures après la mort. Le processus de la coagulation sanguine indique aussi que le contact a duré entre 36 et 40 heures.

L'analyse des images de fleurs sur le Linceul permet de

déterminer la durée de flétrissement des fleurs. Les images de fleurs se sont formées entre 30 et 36 heures après que les fleurs ont été cueillies.

Mais comment peut-on remplir ces 3 conditions ?

Si la première condition n'est pas à prendre en compte car le Saint de Dieu ne pouvait connaître la corruption, il reste les deux dernières conditions avec une seule solution 36 heures.

Le professeur de botanique Israélien Danin identifie une fleur « un aegyptia Capparis » qui s'ouvre au cours de la journée. Ceci permet de déterminer son heure de cueillette entre 15h00 et 16h00.

Donc le Christ meurt vers 15h00 conformément aux Écritures (Matthieu 27, 46). Les disciples cueillent des fleurs pour la mise au tombeau dont une « un aegyptia Capparis ». Le corps est dans le tombeau au plus tard à 18h00, début du jour du sabbat. Donc si le corps est dans le sépulcre le vendredi à 18h00, et si l'on rajoute 36 heures, le corps est sorti du Linceul le dimanche vers 6h00 dès l'aurore.

Jean 20, 1 : « **Le premier jour de la semaine, Marie de Magdala vint au sépulcre, dès le matin, alors qu'il faisait encore sombre, et elle vit la pierre enlevée du sépulcre.** »

Comment expliquer la durée entre la mort et la Résurrection
Temps hâté par l'amour

Dans le récit de la résurrection, nous avons vu que le Seigneur reste 36 heures dans le Linceul. Il devait rester trois jours dans la tombe soit 72 heures. Comment comprendre cet écart ?

Il faut comprendre que la parole est respectée (Mt 12,38-40 ; Mt 16, 21). Jésus reste trois jours vendredi, samedi, dimanche dans la mort.

Mais les temps sont hâtés par l'amour et pour l'amour :
- l'amour de Marie dont un glaive a transpercé le cœur,
- l'amour de Marie de Magdala qui sait le prix payé par Jésus,
- l'amour de Jean celui qui a pénétré le mystère du Verbe,
- l'amour de Pierre qui se ronge de remords,
- l'amour de tous les autres disciples connus ou anonymes,
- mais surtout l'amour du Verbe pour ses disciples.

Alors, oui, les temps sont hâtés et le Verbe ne reste que de l'ordre de 36 heures dans la nuit du tombeau.

Explication dans la Didascalie

La Didascalie[194] explique le décalage entre l'annonce de la Résurrection trois jours et trois nuits après la mort, et la réalité de la mort le vendredi, suivie de la Résurrection le dimanche :

« Ils le crucifièrent ce même vendredi, car il souffrit le vendredi à la sixième heure ; ces heures, durant lesquelles notre Seigneur fut crucifié, sont comptées pour un jour ; il y eut ensuite trois heures d'obscurité, (ces heures) sont comptées pour une nuit. Puis de la neuvième heure jusqu'au soir il y eut trois heures de jour[195] ; vint ensuite la nuit du samedi de la passion. – Car il est écrit dans l'évangile de Matthieu[196] : « Le soir du samedi qui commence le Dimanche, Marie de Magdala et une autre Marie vinrent pour voir le sépulcre, et il y eut un grand tremblement de terre, parce que l'ange du Seigneur descendit et roula la pierre. » Et encore le jour du samedi, et alors trois heures de nuit après le samedi, durant lesquelles notre Seigneur [et ressuscita]. Ainsi fut accomplie la parole ; Il faut que le fils de l'homme passe trois jours et trois nuits dans le sein de la terre[197], comme c'est écrit dans l'évangile. Il est encore écrit dans David : « voilà que tu as disposé les jours avec mesure[198] ». C'est écrit ainsi, parce que ces jours et ces nuits ont été diminués.

Dans la nuit qui commence le dimanche[199], il apparut à Marie de Magdala, et à Marie, fille de Jacques, et, au matin du dimanche, il alla près de Lévi, puis il nous apparut à nous-mêmes. »

---

[194] La Didascalie c'est-à-dire l'enseignement catholique des douze apôtres et des saints disciples de notre Sauveur traduite du syriaque pour la première fois par F. Nau professeur à l'institut catholique de Paris chapitre 21. L'auteur serait un évêque, juif de naissance, du début du IIIe siècle en Syrie septentrionale

[195] D. fait ainsi deux jours du vendredi

[196] Mt 18, 1

[197] Mt 12, 40

[198] Ps., 38, 6

[199] Chez les Hébreux, la journée commence le soir. Le dimanche commence donc le samedi soir

9.1.2 Résurrection et effets sur les linges

Comment expliquer la cause de l'empreinte sur le Linceul et le Voile ?

La cause de l'empreinte du corps sur le Linceul s'explique par la première propriété du corps ressuscité, **la gloire** (1Co 15, 43a). La gloire fait resplendir les corps glorieux.

L'image des taches de sang sur les linges se forme pendant 36 heures dès que le corps est mis dans le Linceul et jusqu'à sa sortie du Linceul. Cette image se forme par contact et transfert de liquide entre le corps et les linges. Le Linceul a bien épousé le relief du corps au moment de l'ensevelissement, comme en témoignent les taches de sang du côté de la tête qui sont un peu décalées vers l'extérieur.

L'image du corps s'est imprimée postérieurement, au moment de la sortie du corps du Linceul. En effet, l'image du corps ne s'est pas imprimée sous les traces de sang. L'image de la face et de l'ensemble du corps est très précise et n'a subi aucune déformation. L'image est le résultat d'une projection sur un linge absolument plan.

Les images des pièces de monnaie et l'objet ovale sous le cou laissent une trace sur le Linceul indiquant un effet thermique de production de l'empreinte. Les images des fleurs sont produites par irradiation avec un rayonnement. Sur l'empreinte du Linceul les os des doigts et des mains sont visibles, ainsi que l'os nasal. Les parties internes visibles sur le Linceul sont les parties dures du corps les plus proches de la surface de la peau. Elles ont dégagé une dose de radiation supérieure à celle des tissus mous environnants.

L'empreinte sur le tissu est superficielle et correspond à une profondeur infime du tissu. En effet sur le Linceul l'analyse montre que l'image résulte d'une oxydation superficielle de la cellulose du lin. Cette oxydation est due à un phénomène thermique, puisque les pièces posées sur les yeux de « l'homme du Linceul » ont, elles aussi, provoqué la même oxydation. De plus, des fibres sur le Linceul et le Voile sont légèrement brûlées.

Au moment de la Résurrection, une lumière émane du corps du Christ. La lumière a, en même temps, un aspect ondulatoire (onde électromagnétique) et corpusculaire (photons). Cette lumière va produire une image par une légère brûlure sur le Linceul et sur le Voile.

L'image sur le Linceul est constituée d'une série de points colorés plus ou moins rapprochés. L'intensité de la teinte jaune dépend de la densité des points colorés de teinte identique. De même avec un agrandissement on remarque que le contour de l'iris sur le voile est en escalier. Ces éléments confirment l'impact sur les linges des particules de lumière, les photons.

Les chercheurs expliquent l'empreinte sur le Linceul, ses caractéristiques de tridimensionnalité[200] et d'isotropie[201]. L'empreinte est due à une émission de lumière à partir du corps lui-même avec une énergie considérable selon les chercheurs américains John Jackson[202] et Alan Wangher[203].

---

[200] Informations trois dimensions contenues sur les deux dimensions du Linceul
[201] Absence de toute direction dans l'image, de direction privilégiée de lumière.
[202] Directeur du Turin Shroud Center of Colorado
[203] Professeur au Duke University Medical Center de Durham

Comment expliquer l'intensité de l'empreinte sur le Linceul ?

L'intensité de l'empreinte du corps du Linceul s'explique par la deuxième propriété du corps ressuscité, **la force** (1Co 15, 43b). La force c'est le don d'être affranchi du poids de la matière.

La position horizontale de l'homme dans le Linceul est confirmée par les coulées de sang après la mort, la position des jambes en légère flexion, la position des pieds.

L'empreinte sur le Linceul présente des particularités : absence d'aplatissement du corps au niveau des épaules, absence d'aplatissement du corps au niveau des fesses et des mollets, silhouettes de face et de dos de même intensité malgré le poids du corps.

Les spécificités de l'empreinte de l'homme n'ont qu'une explication, le corps n'est plus soumis à la pesanteur. Le corps de Jésus n'est plus soumis aux lois physiques. Il n'est plus soumis aux lois de la pesanteur. Le poids du corps ne fait plus son effet. Cela explique que les silhouettes de face et de dos sur le Linceul sont de même intensité.

Comment expliquer que le corps de Jésus n'ait pas été retrouvé ?

Le fait de ne pas retrouver le corps mort de Jésus s'explique par la quatrième propriété du corps ressuscité, **l'impassibilité**. L'impassibilité, c'est le don d'immortalité du corps.

Le corps ressuscité n'est plus soumis à la mort. Le corps ressuscité n'est plus soumis aux lois de la biologie. Le corps de Jésus n'a jamais été retrouvé. Il est monté au ciel avec son corps ressuscité, le jour de l'Ascension.

Comment expliquer alors la sortie du corps du Linceul ?

La sortie du corps du Linceul s'explique par la troisième propriété du corps ressuscité, **le corps spirituel** (1Co 15, 44). Le corps spirituel c'est le don de pénétrer les autres corps sans rencontrer aucune résistance.

Le matin de Pâques un « évènement » se produit. Le corps n'est plus soumis aux principes d'exclusion de Pauli. Ce principe explique que deux particules de matière ne peuvent pas occuper le même espace-temps. Le corps passe au travers de la Coiffe, du Linceul et du Voile sans laisser de traces d'arrachement des fibrilles du lin ou des caillots sanguins.

En effet le corps contenu dans le Linceul de Turin est sorti du Linceul sans laisser de traces de la séparation corps-tissu : absence de traces d'arrachement des fibres du lin et de traces d'arrachement des caillots sanguins. Un pansement qu'on arrache garde des traces de croutes et de fibres arrachés, rien de tel sur le Linceul.

Jésus ne sort pas des toiles funèbres. Il passe à travers les linges Jésus ne sort pas non plus par l'entrée du sépulcre. Il le traverse par la propriété du corps ressuscité. Par sa résurrection, Jésus passe d'un corps à dimension temporelle à un corps à dimension éternelle. Il n'est plus soumis aux lois physiques. La pierre du tombeau a été roulée pour être un signe de la résurrection.

Récit de la résurrection

Le corps du crucifié est là dans son Linceul depuis le vendredi vers 18h00. Le corps de l'homme est dans le tombeau depuis 36 heures.

Le matin de Pâques vers 6h00 du matin, l'esprit de Jésus-Christ revient dans son corps avec une énergie considérable. Le corps reprend vie, mais c'est un corps sous un autre aspect. Il s'agit d'un corps ressuscité avec les quatre propriétés spécifiques.

Le troisième jour, le Père ressuscite le Fils dans la puissance du Saint-Esprit selon les Écritures. L'Esprit du Seigneur revient dans son corps, mais dans un corps glorifié qui change de statut, de caractéristiques.

La résurrection de Jésus n'est pas la résurrection de Lazare. Lazare revient simplement à la vie avec son corps mortel, et il devra à nouveau mourir. Avant la résurrection de Lazare, Jésus dit à Marthe en Jean 11, 25-26 : « **25Jésus lui dit : « Je suis la résurrection et la vie : celui qui croit en moi, quand même il mourrait, vivra ; 26et quiconque vit et croit en moi, ne mourra jamais. Le croyez-vous ? »**

Jésus est le premier ressuscité. Sa résurrection est une anastase[204] selon Jean Guitton. Jésus revient dans un corps renouvelé avec d'autres caractéristiques. Jésus, le Verbe de Dieu, est la lumière.

Jean 1, 9 : « **La vraie lumière était celle qui éclaire tout homme venant dans le monde.** »

Jean 8, 12 : « **Jésus leur parla une autre fois disant : « Je suis la lumière du monde. Celui qui me suivra ne marchera pas dans les ténèbres, mais il aura la lumière de la vie. »**

En Jean 12, 46a : « **Moi (Jésus), je suis venu dans le monde en tant que lumière, afin que quiconque croit en moi ne reste pas dans les ténèbres.** ».

Une image ténue du visage existe à l'envers [205] du Linceul, mais il n'y a pas d'image au niveau de l'envers du dos. Cette découverte récente a pour conséquence, puisque aucune coloration n'existe à l'intérieur du tissu, que l'image peut être dite doublement superficielle : évidente sur l'endroit, très faible sur l'envers et rien entre les deux.

---

[204] De Anastasis, résurrection en grec
[205] Face cachée jusqu'en 2002 par la Toile de Hollande

L'image sur le Voile de Manoppello existe des deux côtés du tissu.

Au moment de la résurrection, le corps rayonnant imprime son image sur le Linceul. Au niveau de la tête, le rayonnement rencontre d'abord la Coiffe puis le Linceul. L'image du Linceul est donc affectée de la présence de la Coiffe. Puis le Christ ressuscité glorieux traverse la Coiffe qui se détache de la tête.

Ensuite le devant du corps traverse la partie supérieure du Linceul de façon optimum pour que les radiations laissent une empreinte. En traversant, l'autre côté du Linceul reçoit un peu de rayonnement ce qui explique la double superficialité de l'image.

La partie dorsale du corps ne traverse pas la partie inférieure du Linceul mais laisse son empreinte par contact direct avec le linge et par rayonnement. Le Linceul et la Coiffe s'affaissent sur eux-mêmes par gravité.

Le visage traverse ensuite le Voile de Manoppello et laisse son empreinte des deux côtés du Voile. Le Voile est un très fin byssus (espèce de soie marine). Il s'imprime donc facilement des deux côtés par effet de la lumière (rayonnement et photon). Le Linceul en lin, linge plus épais, ne s'imprime nettement que d'un côté. L'autre côté laisse une image très tenue l'énergie n'étant plus suffisante.

Le Linceul en lin s'affaisse sous l'action de la gravité. Le Voile en byssus garde la mémoire de forme. C'est un tissu très fin qui, sous l'effet de l'humidité et de la chaleur, reste dans le positionnement que lui avait donné le visage de Jésus (effet amidonnage repassage).

Le corps a traversé le Linceul par le haut ce qui explique la double superficialité et les informations tridimensionnelles du devant du corps, et l'absence de double superficialité et de dimensions tridimensionnelles du dos.

Le corps a traversé le Voile de Manoppello ce qui explique la double superficialité et les informations tridimensionnelles de l'image du visage.

Les radiations ont été optimales pour réaliser l'empreinte sans altérer le tissu. Quelques fibres semblent brûlées au niveau de l'image des cuisses sur le Linceul de Turin. Quelques fibres semblent brûlées au niveau des pupilles du Voile de Manoppello.

9.1.3 Choix de l'agneau du sacrifice

<u>Intérêt de Dieu pour l'homme</u>

Ps 8, 5-7 : « ^{5}Qu'est-ce que le mortel, pour que tu te souviennes de lui, et le fils de l'homme, pour que tu t'intéresses à lui ? ^{6}Tu l'as fait de peu inférieur à dieu, de gloire et de splendeur tu l'as couronné. ^{7}Tu lui as donné pouvoir sur toutes les œuvres de tes mains, tu as mis toutes choses sous ses pieds… »

Le vivant est une entité organisée s'efforçant de maîtriser les échanges qu'elle a avec son environnement dont elle se différentie. Le vivant contrôle les échanges entre l'intérieur et l'extérieur de lui-même avec pour objet de garder sa structure et son fonctionnement.

Les végétaux contrôlent les échanges liés à la lumière, l'eau, la chimie. Les animaux contrôlent les échanges d'apprentissage, d'affect et d'émotions. L'animal se limite à l'instinct, s'il a mal il se retire.

Le règne humain se fonde sur la capacité de faire des erreurs et d'en tirer partie. L'homme fait la régulation de la régulation des échanges. Il n'est pas limité à l'instinct.

Un animal s'il a faim et voit de la nourriture mange. L'homme peut décider de jeûner. Maximilien Kolbe, prêtre polonais, détenu à Auschwitz, s'offre de mourir de faim à la place d'un père de famille. L'homme peut ainsi décider des choses contraires à la régulation normale. Il peut mettre sa vie en danger et doit rechercher la sagesse.

La capacité du contrôle du contrôle n'est pas automatique (ni instinctive) et ne peut être programmé. Ce qui est non programmable, même avec l'intelligence artificielle, est une intelligence volonté accédant à la liberté.

Une intelligence volonté capable de décider dans un domaine non programmable met l'homme en danger s'il décide que son intelligence est auto-référente. C'est l'erreur du péché originel. Adam et Ève ont voulu se passer de Dieu et être auto suffisant. Je peux décider quelque chose contraire à ce qui me fait exister.

La nature humaine a cette capacité de recevoir une information que l'expérience du monde ne peut nous donner. C'est un nouvel échange d'une intelligence (l'homme) qui peut se tromper avec une intelligence (Dieu) qui ne peut se tromper.

Il ne faut pas confondre les conditions d'existence (animalité) avec l'existence (image de Dieu).

L'instrumentation du corps est collective et s'exprime par les paroles. Les neurones sont l'instrumentation de l'intelligence dans un rituel pour communiquer.

Les animaux ont une communication affective mais pas d'intelligence à intelligence.

Le contrôle du contrôle suppose une intelligence fonctionnant avec d'autres intelligences. Le contrôle du contrôle non programmable est faillible. Il existe un contrôle du contrôle infaillible et unique. C'est l'annonce du Messie. Après la résurrection, Jésus contrôle les lois physiques et biologiques.

Être en devenir

Après les six jours de la création, Dieu se retire dans son shabbat. Dieu confie la création à l'homme et notamment l'homme à lui-même.

La nature humaine n'est pas complète et achevé. Elle est laissée à notre appréciation, à notre intelligence volonté liberté.

L'intelligence-volonté libre de l'homme peut soit lui servir à améliorer ses conditions d'existence, la programmation, le contrôle des échanges de notre entité avec son environnement, soit à établir une relation avec sa propre source (Dieu).

Notre vie animale est donnée. Notre vie humaine est donnée potentiellement. Il nous faut la construire en trouvant des référents, au début nos parents, nos maîtres. Mais cela ne suffit pas. Sans référent qui transcende l'homme et qui lui donne un sens existentiel, l'homme est voué au désespoir. L'intelligence humaine est faite pour connaître Dieu. La révélation vient par Jésus, vrai Dieu et vrai homme.

Dieu donne à l'homme deux talents la liberté et le temps. La liberté permet à l'homme de faire des choix tout au long de ses états de conscience. La durée est une succession d'états de conscience de l'homme. Le temps permet la connaissance progressive. La liberté et le temps permettent l'apprentissage de l'homme. Le temps mesure le changement de l'homme depuis son état initial à son devenir.

Être de relation horizontale et verticale

L'intelligence est potentiellement libre.

La nature humaine s'établit dans le dialogue d'intelligence à intelligence par la parole. Une intelligence instrumentalise le langage de ses sens pour essayer de partager un savoir avec autrui en passant par ses sens et son intelligence.

Chez l'animal, une relation affective n'est adressée qu'à celui d'en face. Chez l'homme, une parole humaine est adressée à tout homme.

Pour faire un nouvel animal, il faut un mâle et une femelle, c'est l'acte sexuel par l'union des corps.

Pour faire un nouvel homme, il faut l'union d'un homme et d'une femme. La parole (au sens large) est primordiale pour l'union des deux êtres. En l'absence de parole, les humains s'abaissent à leur animalité.

L'homme qui s'engage sur sa seule animalité est en contradiction avec lui-même. L'homme est un être doté de paroles. La nature humaine se caractérise par un dialogue d'intelligence à intelligence ritualisé par la parole.

L'intelligence volonté de l'homme ne relève ni de lois ni de l'aléatoire. Il y a une rupture dans l'évolution car c'est une nouvelle catégorie de vivant dotée de liberté.

L'intelligence humaine est vouée au désespoir sans la révélation d'une intelligence qui le transcende. L'intelligence humaine est faite pour retrouver celui qui la fonde, Dieu. Cette rencontre se fait par une aspiration de l'homme et la grâce d'une révélation divine.

La foi est l'assentiment de l'intelligence à la vérité révélée.

Rachat

La Bible nous parle du rachat de l'homme dans les psaumes, dans les prophéties d'Isaïe, dans l'évangile de Luc.

Ps 31, 6 : « **Entre tes mains je remets mon esprit ; tu m'as racheté, YaHWeH, Dieu fidèle !** »

Is 43, 1b : « **Ne crains pas, car je t'ai racheté ; je t'ai appelé par ton nom, tu es à moi !** »

Isaïe 44, 22 : « **J'ai effacé tes transgressions comme un nuage, et tes péchés comme une nuée : reviens à moi, car je t'ai racheté.** »

Lc 1, 67-69 : « ⁶⁷Et Zacharie, son père, fut rempli du Saint-Esprit, et il prophétisa, en disant :
⁶⁸**Béni soit le Seigneur, le Dieu d'Israël,**
Parce qu'il a visité et racheté son peuple,
⁶⁹**et qu'il a suscité pour nous une corne de salut,**
Dans la maison de David, son serviteur… »

S'il y a eu rachat, c'est donc qu'il y a eu perdition mais aussi qu'il y a eu préalablement un achat

Achat

D'où venons-nous ?

Nous sommes créés pour le Père par le Seigneur Jésus-Christ.

1Co 8, 6 : « **… pour nous, néanmoins, il n'y a qu'un seul Dieu, le Père, de qui viennent toutes choses et pour qui nous sommes, et un seul Seigneur, Jésus-Christ, par qui sont toutes choses et par qui nous sommes.** »

Tout a été fait par et à travers Jésus :

« **Tout par lui (le Verbe) a été fait, et, sans lui, rien n'a été fait de ce qui a été fait.** » (Jn 1, 3).

C'est dans le Verbe qui s'abaisse en prenant condition humaine impassible que naît le jardin d'Eden et le premier homme et la première femme.

Rm 11, 36 : « **Oui, de lui, par lui et pour lui sont toutes choses. À lui la gloire pour toujours ! Amen !** »

« **car c'est en lui (Jésus-Christ) que toutes choses ont été créées…** » (Col 1, 16a).

« **Voici ce que dit l'Amen, le Témoin fidèle et véritable, le Principe de la création de Dieu :** » Ap 3, 14b.

« *Dans cette humanité du Fils fait homme, qui est le chair de sa Parole faite chair, se trouve le principe de la corporéité par laquelle le Logos divin, en s'incorporant toute l'humanité, et par elle l'univers entier, doit réaliser au niveau du créé toute la Sagesse incréée de Dieu, tout son plan de la créature.*[206] »

---

[206] « Le fils éternel » Louis Bouvier, pages 488 et 489

Perdition de l'homme

L'homme a été créé par Dieu. Il appartient à Dieu.

Dieu a fait l'homme maître de toute la création (Gn 1, 26).

Mais l'homme a pris du fruit de l'arbre de la connaissance désobéissant à Dieu. Il s'est assujetti au serpent. L'homme qui dominait la création s'est laissé dominer par le serpent. Il doit sortir du lieu de la présence de Dieu (Gn 3, 23). Il sera nécessaire de racheter l'homme au Mal.

Mais qui doit payer le rachat de l'homme ?

Qui doit pourvoir au rachat ?

Dieu a donné à Abraham et Sarah un enfant dans leur vieillesse : Isaac.

Dieu demande à Abraham de lui offrir son fils en sacrifice (Gn 22, 1-19). Abraham monte sur la montagne avec ce qu'il faut pour le sacrifice. Mais Isaac s'étonne : « **[7]Il (Abraham) répondit : « Me voici, mon fils. » Et Isaac dit : « Voici le feu et le bois ; mais où est l'agneau pour l'holocauste ? » [8]Abraham répondit : « Dieu verra à trouver l'agneau pour l'holocauste, mon fils. ». Et ils allaient tous deux ensembles. »** Gn 22, 7-8

C'est à Dieu de pourvoir le rachat de l'homme car l'homme lui appartenait avant de se perdre par le péché. Cependant l'homme est à l'image de Dieu, libre. Il faudra donc que l'homme accepte son rachat.

Dans Exode 13, tout premier-né de l'homme est racheté avec un agneau (Ex 13, 13). C'est un signe (Ex 13, 14-15) pour rappeler que YaHWeH a fait sortir son peuple de la maison de servitude.

Quel est le prix à payer par Dieu pour racheter l'homme qui lui appartenait ? Quel est le prix de l'homme ? Quel est le prix pour libérer l'homme de la servitude du péché ?

Prix à payer pour le rachat de l'humanité
Rachat par l'or et l'argent

L'homme ne peut être racheté avec l'or et l'argent.

« **[18]sachant que vous avez été affranchis de la vaine manière** de vivre que vous teniez de vos pères, non par des choses périssables, de l'argent ou de l'or, [19]mais par un sang précieux, celui de l'agneau sans défaut et sans tache, le sang du Christ, [20]qui a été désigné dès avant la création du monde, et manifesté dans les derniers temps à cause de vous. » 1P 1, 18-20.

Rachat avec le sang des animaux
L'homme ne peut être racheté avec le sang des animaux.

« [11]**Mais le Christ ayant paru comme grand prêtre des biens à venir, c'est en passant par un tabernacle plus excellent et plus parfait, qui n'est pas construit de main d'homme, c'est-à-dire, qui n'appartient pas à cette création-ci,** [12]**et ce n'est pas avec le sang des boucs et des taureaux, mais avec son propre sang, qu'il est entré une fois pour toute dans le saint des saints, après avoir acquis une rédemption éternelle.** [13]**Car si le sang des boucs et des taureaux, si la cendre d'une vache, dont on asperge ceux qui sont souillés, sanctifient de manière à procurer la pureté de la chair,** [14]**combien plus le sang du Christ qui, par l'Esprit éternel, s'est offert lui-même sans tache à Dieu, purifiera-t-il notre conscience des œuvres mortes ;, pour servir le Dieu vivant ?** » He 9, 11-14

« car l'âme de la chair est dans le sang, et je vous l'ai donné en vue de l'autel pour qu'il servît d'expiation pour vos âmes… » Lv 17,11.

Rachat par un homme
L'homme ne peut être racheté par un homme. L'homme a été fait à l'image de Dieu. Son esprit est immortel. L'homme est devenu mortel à cause de son péché. Comment un mortel pourrait-il racheter un immortel ?

« **L'homme ne peut racheter un frère, ni présenter à Dieu sa rançon. Trop couteux est le rachat d'une vie…** » Ps 49, 8.

Rachat par un ange
L'homme ne peut être racheté par un ange. Le rachat par les anges n'est pas possible. Les anges sont des serviteurs. L'homme est un fils adoptif, dans Jésus-Christ, du Père.

« **Auquel des anges en effet Dieu a-t-il jamais dit : « Tu es** mon Fils, aujourd'hui je t'ai engendré » ? Et encore « Je serai pour lui un père, et il sera pour moi un Fils » ? » He 1, 5.

« **Ne sont-ils pas tous des esprits au service de Dieu, envoyés comme serviteurs pour le bien de ceux qui doivent recevoir l'héritage du salut ?** » He 1, 14.

Valeur de l'homme

La valeur de l'homme est plus grande que l'or, le sang des animaux, l'homme, les anges. Après la chute (le péché), l'homme ne peut plus se racheter lui-même. La valeur de chaque homme, c'est la valeur de Jésus lui-même.

C'est ce que dit Jésus à la reine Brigitte de Suède :

« *Je t'aime d'un amour infini, plutôt que d'être privé de ton âme, j'endurerai ma passion et ma mort pour toi seule.* »

L'homme est à l'image et à la ressemblance de Dieu lui-même.

« **Puis Dieu dit : « Faisons l'homme à notre image, selon notre ressemblance… »** Gn 1, 26a. « **Et Dieu vit tout ce qu'il avait fait, et voici cela était très bon.** » Gn 1, 31

Agneau du sacrifice
Nécessité d'un homme pour racheter l'homme

L'homme a chuté dans sa nature humaine. Il doit être racheté par un être qui prend sa nature humaine.

« **[14]Puis donc que les « enfants » ont eu en partage le sang et la chair, lui (Jésus) aussi y a participé également, afin de briser par sa mort la puissance de celui qui a l'empire de la mort, c'est-à-dire du diable, [15]et de délivrer ceux que la crainte de la mort retenait toute leur vie assujettis à la servitude. [16]Car certes ce n'est pas à des anges qu'il vient en aide, mais c'est à la postérité d'Abraham. [17]De là vient qu'il a dû être fait semblable à ses frères, afin d'être un Pontife miséricordieux et qui s'acquittât fidèlement de ce qu'il faut auprès de Dieu, pour expier les péchés du peuple ; [18]car, c'est parce qu'il a souffert, et a été lui-même éprouvé, qu'il peut secourir ceux qui sont éprouvés.** » He 2, 14-18.

Nécessité d'un Dieu pour racheter l'humanité

Jésus serait mort sur la croix pour un seul homme. Mais Jésus étant Dieu, son sacrifice dans sa nature humaine permet de sauver chaque homme et donc l'humanité entière. « **Car en lui (Christ) habite corporellement la plénitude de la divinité.** » Col 2, 9

Nécessité d'un agneau Dieu et Homme

Jésus enseigne Jacques : *« C'est aussi pour eux (les gentils) que je suis venu, parce que, en vérité, pour le seul Israël aurait été disproportionné l'anéantissement de Dieu en une chair pouvant endurer la mort. S'il est vrai que mon Amour m'aurait fait m'incarner avec joie même pour le salut d'une seule âme, la Justice, qui fait partie de Dieu, impose que l'Infini s'anéantisse pour une infinité : le Genre Humain.[207] »*

Le Christ doit être Dieu mais avec une chair qui Lui est unie, pour pouvoir accomplir l'expiation de la chair coupable. Seul un Homme-Dieu peut accomplir la rédemption de l'homme et apaiser Dieu.

« Je vous ai tant aimés, je vous aime tant que j'ai obtenu du Père de m'anéantir Moi-même. Je vous ai tant aimés, je vous aime tant que j'ai demandé de consumer toute la Douleur du monde pour vous donner le salut éternel.[208] »

Méthode du rachat

Pour nous racheter, Jésus doit nous suivre, non dans le péché mais dans les conséquences de notre chute. Le Fils de dieu s'incarne dans un corps passible en Jésus pour par sa mort et sa Résurrection, nous mériter le salut.

« **En effet, la solde payée par le péché, c'est la mort ; mais le don de Dieu, c'est la vie éternelle dans le Christ Jésus notre Seigneur.** » Rm 6, 23

« **[17]Quand je le vis, je tombais à ses pieds comme mort ; et il posa sur moi sa main droite, en disant : « Ne crains point ; [18]je suis le Premier et le Denier, et le Vivant ; j'ai été mort, et voici que je suis vivant aux siècles des siècles ; je tiens les clefs de la mort et de l'enfer.** » Ap 1, 17-18

---

[207] « L'Évangile tel qu'il m'a été révélé » Maria Valtorta – Tome 4, Ch 121, page 216
[208] « L'Évangile tel qu'il m'a été révélé » Maria Valtorta – Tome 7, Ch 182 pages 179

Charité et mérites de Jésus, Homme-Dieu

L'apôtre Barthélémy parle à Jésus des gentils :

« *Mais ils n'ont pas eu recours au Sauveur...* »

« *Mais le Sauveur souffrira pour eux, pour eux aussi. Tu n'imagines pas, Barthélémy, quelle étendue de valeur auront mes mérites d'Homme-Dieu ?* »

« *Mon Seigneur, ils sont toujours inférieurs à ceux de Dieu, à ceux que tu as par conséquent depuis toujours.[209]* »

« *Juste et pas juste ta réponse. Les mérites de Dieu sont infinis, dis-tu. Tout est infini en Dieu. Mais Dieu n'a pas de mérites, en ce sens qu'il n'a pas mérité. il a des attributs, des vertus qui Lui sont propres. Lui est Celui qui est : la Perfection, l'Infini, le Tout-Puissant. Mais pour mériter il faut accomplir, avec effort, quelque chose qui est au-dessus de notre nature. Ce n'est pas un mérite de manger, par exemple. Mais cela peut devenir un mérite de manger avec parcimonie, en faisant de vrais sacrifices pour donner aux pauvres ce que nous épargnons. Ce n'est pas un mérite de rester silencieux, mais cela le devient quand on reste silencieux en ne répliquant pas à une offense, et cætera.*

Maintenant tu comprends que Dieu ne peut se forcer Lui-même, étant Parfait, Infini. Mais l'Homme-Dieu peut se forcer Lui-même en humiliant l'infinie Nature divine jusqu'aux limites humaines, en triomphant de la nature humaine qui en Lui n'est pas absente ou métaphorique mais réelle, avec tous ses sens et ses sentiments, avec ses possibilités de souffrance et de mort, avec sa volonté libre.

Personne n'aime la mort, surtout si elle est douloureuse, prématurée et imméritée. Personne ne l'aime, et pourtant tout homme doit mourir. Aussi on devrait regarder la mort avec le même calme dont on voit finir tout ce qui a vie. Eh bien, je force mon Humanité à aimer la mort. Non seulement cela. Moi, j'ai choisi la vie pour pouvoir avoir la mort. Pour l'Humanité. En effet, en qualité d'Homme-Dieu, j'acquiers ces mérites qu'en restant Dieu je ne pouvais acquérir. Et avec eux, qui sont infinis, sous la forme où je les acquiers, à cause de la Nature divine unie à l'humaine, à cause des vertus de Charité et d'Obéissance par

---

[209] « L'Évangile tel qu'il m'a été révélé » Maria Valtorta – Tome 6, Ch 136, page 368

lesquelles je me suis mis en condition de les mériter, à cause de la Force, de la Justice, de la Tempérance, de la Prudence, de toutes les vertus que j'ai mises dans mon cœur pour qu'il soit bien accueilli de Dieu, mon Père, j'aurai une puissance infinie non seulement comme Dieu, mais comme l'Homme qui s'immole pour tous, c'est-à-dire qui atteint l'extrême limite de la Charité. C'est le sacrifice qui donne le mérite. Plus grand est le sacrifice et plus grand est le mérite. À sacrifice complet, mérite complet. À sacrifice parfait, mérite parfait. Et il peut servir selon la sainte volonté de la victime, à laquelle le Père dit : « Qu'il en soit comme tu veux ! » parce qu'elle l'a aimé sans mesure et qu'elle a aimé le prochain sans mesure.[210]

Que devons-nous faire

Dieu ne peut pas nous sauver malgré nous. Il nous a fait libres. Nous devons croire au seigneur Jésus, pleinement homme et pleinement Dieu. Il est mort à cause de nos péchés et il est ressuscité le troisième jour, nous libérant du péché, de son emprise, et de ses conséquences. Nous devons accepter que Jésus ait payé le prix pour nous.

« En effet, Dieu a tellement aimé le monde qu'il a donné son Fils unique, afin que quiconque croit en lui ne périsse point, mais ait la vie éternelle. » Jn 3, 16

Fort de cette certitude, nous devons donner notre vie à Jésus-Christ, confiant dans son amour pour nous montrer le chemin vers le Père, et confiant dans sa promesse de nous guider par le Saint-Esprit.

« A ceci nous avons connu l'amour, c'est que lui a donné sa vie pour nous. Nous aussi, nous devons donner notre vie pour nos frères. » 1Jn 3, 16

---

[210] « L'Évangile tel qu'il m'a été révélé » Maria Valtorta – Tome 6, Ch 136, page 369

9.1.4 Sens de la Résurrection de Jésus-Christ

Création d'origine

Genèse 1, 26a : « **Puis Dieu dit : « Faisons l'homme à notre image, selon notre ressemblance…** » et Genèse 1, 27 « **Et Dieu créa l'homme à son image ; il le créa à l'image de Dieu : il les créa mâle et femelle.** »

Dieu crée les deux premiers humains au jardin d'Éden. L'homme est alors uni à Dieu.

Rupture du péché

L'homme et la femme désobéissent à Dieu en mangeant du fruit de l'arbre de la connaissance du bien et du mal. Désormais la rupture est consommée entre Dieu et l'homme. En désobéissant à Dieu, ils deviennent indépendants de Dieu.

Le connu est dans le sujet connaissant. Dieu ne peut donc connaître le mal. A partir du moment où l'homme connaît le mal il s'exclut de la présence de Dieu.

Adam et Ève ont péché contre Dieu. Ils perdent le don de clarté.

Dieu revêtit Adam et Ève de tuniques de peau (Genèse 2, 21). Le corps de l'homme devient pesant (masse). Il faudra de l'énergie pour le déplacer. Le corps massif limite l'homme. L'homme perd le don d'agilité.

Dieu rend l'homme indépendant. L'homme ne peut pu faire un avec un autre corps matériel. L'homme perd le don de subtilité. Chaque corps est restreint à un espace indépendant des autres corps.

Dieu empêche Adam et Ève d'accéder à l'arbre de vie (Genèse 2, 22). Ils deviennent mortels. Ils perdent le don d'impassibilité. Leur mauvais choix n'est pas définitif. Ils vont pouvoir changer par leur choix au fil de leur connaissance avec le temps et la causalité.

Dieu fait sortir Adam et Ève du jardin d'Éden pour l'univers matériel que nous connaissons.

Notre univers est caractérisé par la matière qui localise les corps et les êtres, l'énergie qui meut et transforme, l'espace qui permet la disjonction et la distance entre les corps matériels, le temps et la causalité qui mesure l'évolution globale et le changement individuel.

Dans cet univers, Dieu donne l'être en mettant la présence dans les corps biologiques « créés » par nos parents. Genèse 2, 7 : « **YaHWeH ; Dieu forma l'homme de la poussière du sol, et il souffla dans ses narines un souffle de vie, et l'homme devint un être vivant.** »

Nos péchés nous privent du jardin d'Éden et des quatre dons préternaturels.

Accomplissement des Écritures

Lors de son ministère public, Jésus annonce que personne ne peut lui enlever la vie mais que c'est lui qui la donne de lui-même, librement. Jésus donne sa vie parce que c'est la volonté de son Père.

Jn 10, 17-18 : « **[17]C'est pour cela que le Père m'aime : parce que je donne ma vie pour la recouvrer. [18]Personne ne me l'enlève, mais c'est moi qui la donne de moi-même ; j'ai le pouvoir de la donner et j'ai le pouvoir de la recouvrer : voilà le commandement que j'ai reçu de mon Père.** »

En Jean 19, 30 la dernière parole de Jésus sur la croix, juste avant sa mort, est : « **C'est accompli** » ou « **Tout est achevé** » ou « **Tout est accompli** ». Jésus a réalisé sa mission. Les Écritures et les prophéties du Messie d'Israël sont réalisées en Jésus.

Énigme du Linceul

Sur le Linceul le corps représenté est athlétique mais martyrisé de façon extrême et unique. C'est le cas d'une double peine qui n'avait pas court chez les Romains (flagellation et supplice de la croix). C'est le seul cas connu d'une torture avec une couronne d'épines.

Le Linceul ne montre pas un visage défiguré, crispé, tétanisé par la douleur. C'est un visage de paix intérieure, de sérénité. Jésus a accompli la mission conformément à la volonté du Père. Le visage reflète une majesté, une transcendance.

C'est le visage du Fils de l'Homme. C'est le visage de l'Homme transcendé. C'est le visage de l'Homme, Fils de Dieu. C'est le visage de l'Homme à l'image de Dieu.

Cette représentation sur le Linceul est donc humainement

impossible. Un corps torturé comme celui-là ne s'explique pas avec un visage d'une telle sérénité.

Accomplissement des fêtes juives Pessah et Kippour
La fête de Pessah est la fête juive de l'agneau sans défaut, dont on ne brise aucun os, qui est immolé. Son sang est mis sur le linteau et les montants des portes pour que l'ange de la mort passe son chemin et ne frappe pas les premiers nés d'Israël lors de la dernière plaie d'Egypte. Après cette dernière plaie, pharaon libère les hébreux.

Jésus est l'agneau immolé sans défaut, dont on ne brisera aucun os. Il donne sa vie pour les pécheurs. Il accomplit sur lui la justice de Dieu.

La fête de Kippour est la fête de la repentance. Le grand prêtre tire au sort entre deux boucs. Le premier bouc est immolé pour l'Éternel. Son sang est versé par le grand prêtre, qui rentre seul dans le Saint des Saints, sur le couvercle de l'arche de l'alliance. Ainsi Dieu ne voit plus les péchés commis volontairement. Le second bouc est chargé des péchés d'Israël. Le bouc « émissaire » porte les péchés d'Israël. Il est envoyé au désert, la demeure de d'Azazel (Satan). Le péché est renvoyé à l'envoyeur.

Jésus se charge de nos « fautes » pour en subir les conséquences « La mort ». Il est le bouc émissaire. Jésus représente aussi le bouc offerte en sacrifice. Il est immolé et son sang nous lave de nos péchés.

Incarnation et Résurrection
Incarnation
Le Verbe nous accompagne dans les conséquences de notre chute. Le Verbe va s'anéantir lui-même, prenant condition humaine mortelle, par son incarnation en Jésus. Les quatre dons sont suspendus pendant la vie terrestre du Verbe incarné en Jésus pour nous rejoindre dans notre humanité déchue. Son corps devait être passible pour nous mériter notre salut.

Rédemption

Le Verbe s'abaisse encore, prenant sur lui le poids de nos péchés en portant sa croix et en mourant sur le bois de la croix. Il a pris sur lui la dette que nous avions envers Dieu à cause de nos errements. Jésus est l'agneau immolé offert en holocauste pour la rémission des péchés. Il fait mourir dans sa mort « l'habit de peau » que nous ont valu le péché originel et tous nos péchés.

Mais Jésus ressuscite le troisième jour revêtant un « habit de peau » transfiguré, libéré des lois physiques et biologiques. Il est le premier ressuscité, et nous montre le chemin pour nous libérer du péché et de ses conséquences, et pour qu'un jour nous soyons aussi ressuscités.

La Résurrection de Jésus inaugure le monde nouveau d'où le mal a enfin disparu et avec lui la souffrance et la mort. Elle inaugure l'homme nouveau libéré du péché et de ses conséquences. Jésus nous appelle à le suivre dans la résurrection où nous revêtirons comme lui un corps spirituel, libéré des contingences du monde matériel par les quatre propriétés de clarté, d'agilité, de subtilité et d'impassibilité.

Voile du Temple et Chair du Christ
Hébreux 10, 19 : « **Ainsi donc, frères, puisque nous avons, par le sang de Jésus un libre accès dans le sanctuaire, par la voie nouvelle et vivante, qu'il a inaugurée pour nous à travers le voile, c'est-à-dire sa chair … »**

Le voile du Temple s'est déchiré (Matthieu 27, 51). Le Saint des Saints du Temple est devenu accessible à tous. Dieu veut faire sa demeure en chacun de nous. Nous sommes appelés à être le Temple de sa présence.

La chair du Christ a été offerte en sacrifice parfait car Jésus est le Saint de Dieu, sans péché et sans tache. Comme le voile du Temple, sa chair s'est déchirée pour nos péchés et à travers ce sacrifice nous avons accès au Saint des Saints, à Dieu le Père. Il a payé le prix pour nous et nous offre de renouveler l'alliance de l'homme avec Dieu le Père, à travers son sacrifice, la mort du Fils de l'homme pour que renaisse le fils de Dieu que nous sommes.

Résurrection de Jésus-Christ et libération des conséquences du péché
Le Verbe s'incarne prenant notre condition humaine déchue par

le péché. Il accepte, bien que sans péché, la suspension de ses quatre dons et les limites de la matière. Il meurt pour nos péchés et ressuscite le troisième jour revêtu des quatre dons préternaturels.

Résurrection de l'homme à la suite du Christ

Sagesse 2, 23 : « **Car Dieu a créé l'homme pour l'immortalité, et il l'a fait à l'image de sa propre nature.** »

Après avoir guéri un paralytique à la piscine de Bethesda le jour du sabbat, Jésus déclare aux Juifs.

Jean 5, 28-29 : « **[28]Ne vous en étonnez pas, parce que vient l'heure où tous ceux qui sont dans les sépulcres entendront sa voix, [29]et ils (en) sortiront : ceux qui auront fait le bien ressuscitant pour la vie, ceux qui auront fait le mal ressuscitant pour la condamnation.** »

Adam a un corps avec les quatre dons préternaturels avant la chute. Après la chute il revêt un corps biologique mortel.

Christ a assumé notre condition humaine, soumise aux lois physiques et biologiques. Mais par sa résurrection il a montré le chemin pour qu'à sa suite nous soyons transformés en étant libérés du péché et des conséquences du péché (lois physiques et biologiques). Nous devons tous mourir dans notre corps biologique pour revêtir à la suite du Christ un corps transfiguré. À la suite du Christ, lors de la résurrection des morts nous serons revêtus des quatre dons préternaturels.

1 Co 15, 51-54 : « **[51]Voici un mystère que je vous révèle : Nous ne nous endormirons pas tous, mais tous nous serons changés, [52]en un instant, en un clin d'œil, au son de la dernière trompette, car la trompette retentira et les morts ressusciteront incorruptibles, et nous, nous serons changés. [53]Car il faut que ce corps corruptible revête l'incorruptibilité, et que ce corps mortel revête l'immortalité.** «

[54]Lorsque ce corps corruptible aura revêtu l'incorruptibilité, et que ce corps mortel aura revêtu l'immortalité, alors s'accomplira la parole qui est écrite : « La mort a été engloutie pour la victoire. »

Ressuscités à l'image du Christ ressuscité nous serons complètement libres.

Nous serons libérés :
- De la matière et de l'énergie (poids de la matière et besoin d'énergie) devenant pleins de force par le don d'agilité,
- de l'espace (possibilité de pénétrer d'autres corps sans rencontrer aucune résistance) devenant corps spirituels par le don de subtilité,
- du temps et de la causalité (poids de la corruption et de la mort) devenant immuables et immortels par le don d'impassibilité,
- du péché (corruptibilité et ignominie) devenant glorieux par le don de clarté.

9.2 Caractéristiques du corps ressuscité
9.2.1 Les quatre dons

Dans la première épître aux Corinthiens (15, 42-44) Saint Paul nous parle des propriétés du corps ressuscité :

« **^{42}Ainsi en est-il pour la résurrection des morts. Semé dans la corruption, le corps ressuscite, incorruptible ; ^{43}semé dans l'ignominie, il ressuscite glorieux ; semé dans la faiblesse, il ressuscite plein de force ; ^{44}semé corps animal, il ressuscite corps spirituel.** »

Brigitte de Suède (1302-1373) rapporte ses visions :
« *Comme l'âme est devenue immortelle et immuable en moi, ainsi le corps, par l'union avec elle, deviendra immortel ; il perdra sa pesanteur, il sera subtil et léger. Le corps glorifié passera à travers tous les obstacles et ne craindra ni l'eau ni le feu.^{211}* ».

Maria Valtorta (1897-1961) nous relate les paroles de Jésus à Jacques :
« *Je te promets que je viendrai te guider par mon Esprit, lorsque la glorieuse Résurrection m'aura délivré des limites de la matière.^{212}* ».

Maria Valtorta nous relate la conversation de Jésus à Judas :
« *...je suis Un avec le Père et avec l'Amour, Un ici comme au Ciel — si en Moi existent les deux natures, et le Christ, par la nature humaine et tant que sa victoire ne l'aura pas libéré des limites humaines, est à Éphraïm et ne peut être autre part en cet instant; comme Dieu : Verbe de Dieu, je suis au Ciel comme sur la Terre, ma Divinité étant toujours omniprésente et toute puissante...^{213}* »

---

[211] « Dialogue » de Brigitte de Suède, ch. XLI, extraits du paragraphe 53
[212] L'Évangile tel qu'il m'a été révélé » de Maria Valtorta, Tome 4, chap. 121, page 220
[213] Ibid - Tome 8, Ch 28, page 261

Maria Valtorta nous relate les paroles de Jésus à ses disciples après sa Résurrection :

« Mais pour Moi n'existe plus l'esclavage des distances. Et ces apparitions simultanées vous ont désorienté vous aussi. Vous vous êtes dit : « Ces gens-là ont vu des fantômes. » Vous avez donc oublié une partie de mes paroles, c'est-à-dire que je serai dorénavant à l'orient et à l'occident, au septentrion et au midi, où je trouverai juste d'être, sans que rien ne me l'empêche, et rapidement comme la foudre qui sillonne le ciel. Je suis un Homme véritable. Voici mes membres et mon Corps, solide, chaud, capable de se mouvoir, de respirer, de parler comme le vôtre. Mais je suis le vrai Dieu. Et si pendant trente-trois ans la Divinité a été, pour une fin suprême, cachée dans l'Humanité, maintenant la Divinité, bien qu'unie à l'Humanité, a pris le dessus et l'Humanité jouit de la liberté parfaite des corps glorifiés. Reine avec la Divinité, elle n'est plus sujette à tout ce qui est limitation pour l'Humanité.[214] »

Il ressuscite plein de force ou l'agilité c'est le don d'être affranchi du poids de la matière.

Il ressuscité corps spirituel ou la subtilité c'est le don de pénétrer les autres corps sans rencontrer aucune résistance.

Il ressuscité glorieux ou la clarté c'est le don qui fait resplendir les corps glorieux.

Le corps ressuscite incorruptible ou l'impassibilité, c'est le don d'immortalité du corps.

Les dons avaient été suspendus pendant la vie terrestre de Jésus. Son corps devait rester passible pour nous mériter notre salut.

---

[214] « L'Évangile tel qu'il m'a été révélé » de Maria Valtorta Tome 10 page 174

Marie d'Agreda (1602-1665) nous dit dans ses écrits sur la résurrection :

« *et dans le même instant l'âme du Seigneur se réunit à son corps, et lui donna la vie et la gloire immortelle. En quittant le Linceul et les parfums, il fut revêtu des quatre dons de gloire, de la clarté, de l'impassibilité, de l'agilité et la subtilité, qui avaient été suspendus dans le temps de sa Conception, afin de le laisser passible, et de lui donner de mériter notre gloire, en suspendant la sienne. Ces dons lui furent rendus dans le degré et la proportion qui répondait à la gloire de son âme, et à l'union qu'elle avait avec la Divinité. La clarté qu'il eut surpassait celle des autres corps glorieux, comme la splendeur du Soleil, celle d'une Étoile. L'impassibilité rendit son corps inaltérable. La subtilité le rendit si pur, qu'il pénétrait les autres corps sans aucune résistance, comme s'il eût été un pur Esprit : c'est ainsi qu'il pénétra la pierre du sépulcre, sans la remuer et sans la rompre, en la manière qu'il était sorti du Sein Virginal de sa très-Sainte Mère. L'agilité le rendit si spiritualisé, qu'il surpassait l'activité des Anges : il pouvait par lui-même se transporter d'un lieu à un autre avec plus de vitesse qu'eux, comme il le fit quand il apparut aux Apôtres, et en d'autres occasions.*[215] »

« *La subtilité le rendit si pur, qu'il pénétrait les autres corps sans aucune résistance, comme s'il eût été un pur Esprit : c'est ainsi qu'il pénétra la pierre du sépulcre, sans la remuer et sans la rompre, en la manière qu'il était sorti du Sein Virginal de sa très-Sainte Mère.*[216] ».

---

[215] Maria d'Agreda « La cité mystique de Dieu » Tome second P 119-120 chez Seguin Ainé 1819
[216] Maria d'Agreda « La cité mystique de Dieu » Tome second P 119 chez Seguin Ainé 1819

Thomas d'Aquin, grand lecteur d'Hugues de Saint Victor, rapporte ses propos lorsqu'il aborde le sacrement de l'Eucharistie :

« *Hugues de Saint-Victor a prétendu que le Christ, avant la passion, assuma à des époques diverses les quatre dons d'un corps glorifié : la subtilité lors de sa naissance, quand il sortit du sein intact de la Vierge ; l'agilité, lorsqu'il marcha à pied sec sur la mer ; la clarté, dans la transfiguration ; l'impassibilité à la Cène, lorsqu'il donna à ses disciples son corps à manger. Et selon cette thèse, il donna à ses disciples un corps impassible et immortel.[217]* »

Le pape Benoît XVI nous dit :

« *... Mais, précisément, la résurrection du Christ est bien plus, il s'agit d'une réalité différente. Elle est – si nous pouvons pour une fois utiliser le langage de la théorie de l'évolution – la plus grande « mutation », le saut absolument le plus décisif dans une dimension totalement nouvelle qui soit jamais advenue dans la longue histoire de la vie et de ses développements: un saut d'un ordre complètement nouveau, qui nous concerne et qui concerne toute l'histoire...*

La résurrection fut comme une explosion de lumière, une explosion de l'amour, qui a délié le lien jusqu'alors indissoluble du « meurs et deviens ». Elle a inauguré une nouvelle dimension de l'être, de la vie, dans laquelle la matière a aussi été intégrée, d'une manière transformée, et à travers laquelle surgit un monde nouveau.[218] »

---

[217] Thomas d'Aquin « Somme théologique » Partie 3 Question 81 Réponse
[218] Homélie du Pape Benoît XVI le Samedi Saint 15 avril 2006 à la Basilique Vaticane.

9.2.2 Don de force ou d'agilité

Don d'agilité du ressuscité

Saint Paul nous dit du corps ressuscité en **1 Cor 15, 43b** : « **semé dans la faiblesse, il ressuscite plein de force** ».

Maria d'Agreda nous dit : « L'agilité c'est le don d'être affranchi du poids de la matière. »

Après la résurrection, Jésus n'est plus soumis dans son corps aux lois physiques. Il est affranchi de l'enfermement de la matière. Jésus a la connaissance et arrive au bon moment dans les lieux où se trouvent ses disciples. Il se déplace instantanément. Il apparaît ou disparaît instantanément.

En Luc 24, 31 : « **Alors leurs yeux s'ouvrirent et ils le reconnurent ; et il disparut de leur vue.** »

En Luc 24, 36 : « **Comme ils discouraient ainsi lui se trouva au milieu d'eux et leur dit : « Paix à vous !** »

Don temporaire d'agilité de Jésus avant sa mort

Mt 14, 22-33 : « [22]Aussitôt il obligea les disciples à monter dans la barque et à passer avant lui sur l'autre rive pendant qu'il renverrait les foules. [23]Quand il eut renvoyé les foules, il monta dans la montagne pour prier à l'écart ; et, le soir venu, il était là seul. [24]Or, la barque était déjà à plusieurs stades de la terre, battue par les vagues, car le vent était contraire. [25]À la quatrième veille de la nuit, il vint vers eux en marchant sur la mer. [26]Les disciples, le voyant marcher sur la mer, furent troublés et dirent : « C'est un fantôme ! » et ils poussèrent des cris de frayeur. [27]Aussitôt Jésus parla, leur disant : « Prenez confiance, c'est moi, ne craignez point. » [28]Pierre prenant la parole : « Seigneur, dit-il, si c'est vous, ordonnez que j'aille à vous sur les eaux. [29]Il lui dit : « Viens ! » et Pierre, étant sorti de la barque, marcha sur les eaux pour aller à Jésus. [30]Mais, voyant la violence du vent, il eut peur, et comme il commençait à enfoncer, il s'écria : « Seigneur, sauvez-moi ! » [31]Aussitôt Jésus étendit la main, le saisit et lui dit : « Homme de peu de foi, pourquoi as-tu douté ? » [32]Et lorsqu'ils furent montés dans la barque, le vent cessa. [33]Alors ceux qui étaient dans la barque se prosternèrent devant lui, disant : « Vous êtes vraiment le Fils de Dieu. »

Jésus en marchant sur l'eau manifeste temporairement le don d'agilité.

Maria Valtorta nous relate cet épisode :

« Il (Jésus) parvient à la rive fouettée par les vagues qui font sur la grève une bordure bruyante et écumeuse. Il poursuit rapidement son chemin comme s'il ne marchait pas sur l'élément liquide tout agité, mais sur un plancher lisse et solide. Maintenant Lui devient lumière.[219] *»*

---

[219] « L'Évangile tel qu'il m'a été révélé » Maria Valtorta – Tome 4, Ch 137, page 334

Don temporaire d'agilité de Philippe

A partir de Actes 8, 26 nous voyons que Philippe est envoyé par un ange sur la route de Jérusalem à Gaza. Il entend un Éthiopien lire le prophète Isaïe. Philippe témoigne de la bonne nouvelle de Jésus-Christ et le baptise dans l'eau suite à sa demande.

Actes 8, 39-40) : « **[39]Mais, quand ils furent remontés de l'eau, l'Esprit du Seigneur enleva Philippe, et l'eunuque ne le vit plus car il poursuivait tout joyeux sa route. [40]Quant à Philippe, il se trouva dans Azot, et il alla jusqu'à Césarée, en annonçant la bonne nouvelle dans toutes les villes par où il passait.** »

Philippe est transporté instantanément par l'Esprit du Seigneur de la route de Jérusalem-Gaza à Azot.

Don temporaire d'agilité de David du Plessis[220]

Deux personnes vinrent un jour trouver le prédicateur David du Plessis, le Monsieur Pentecôte américain, pour une urgence. Ils avaient couru quinze minutes et demandaient l'intervention du prédicateur auprès d'une personne pour une prière de délivrance.

David sortit précipitamment et tandis qu'il levait le pied pour courir, il le reposa devant le domicile de la personne en attente. Les deux personnes, qui l'avaient alerté, mirent à nouveau quinze minutes en courant pour le rejoindre.

---

[220] « Monsieur Pentecôte David du Plessis » – Traduction Émile Dallières - Editions Foi et Victoire 1981

Libération physique du poids de la matière

Ces deux cas évoqués, Philippe et David, montrent un déplacement instantané de personnes, et donc de corps pesants, parfois sur des distances conséquentes. Ils ont eu, de façon temporaire, le don d'agilité. Ils ont pu être affranchis du poids de la matière, et se déplacer instantanément pour arriver au bon moment.

Il existe de nombreux cas avérés de lévitation parmi les mystiques chrétiens : Joseph de Cupertino, Mariam Baouardy en religion sœur Marie de Jésus Crucifié…

Il s'agit d'une libération du champ de Higgs et du boson de Higgs. C'est le champ de Higgs qui donne la masse aux particules et aux corps matériels. En absence de ce champ et sans masse, les corps ne sont plus soumis ni à la gravité (masse pesante) ni à une accélération (masse inerte). Ils peuvent se déplacer instantanément sans énergie.

9.2.3 Don du corps spirituel ou de subtilité

Don de subtilité du ressuscité

Saint Paul nous dit du corps ressuscité en **1 Cor 15, 44 : « semé corps animal, il ressuscite corps spirituel »**

Maria d'Agreda nous dit : « La subtilité c'est le don de pénétrer les autres corps sans rencontrer aucune résistance. »

Après la résurrection, Jésus traverse les obstacles. C'est ce que nous voyons dans les versets suivants de Jean.

En Jean 20, 19 : **« Le soir venu, ce même jour, le premier de la semaine, les portes de la maison où étaient les disciples étant fermées par peur des Juifs, Jésus vint et, debout au milieu d'eux, il leur dit : « Paix à vous ! »**

Jean 20, 26 : **« Et, huit jours après, ses disciples étaient de nouveau dans la maison, et Thomas avec eux. Jésus vint, les portes étant fermées, et debout au milieu d'eux, il dit : « Paix à vous ! »**

« Jésus est apparu d'une manière très curieuse. Le mur derrière les convives, tout d'une pièce sauf le coin de la porte, s'est illuminé en son milieu, à une hauteur d'environ un mètre du sol, d'une lumière faible et phosphorescente comme est celle que produisent certaines gravures qui ne sont lumineuses que dans l'obscurité de la nuit. La lumière, haute d'environ deux mètres, a une forme ovale comme une niche. Dans la clarté, comme si elle avançait de derrière les voiles d'un brouillard lumineux, se dégage avec une netteté grandissante Jésus.

Je ne sais pas si j'arrive à bien m'expliquer. Il semble que son Corps coule à travers l'épaisseur du mur. Il ne s'ouvre pas, il reste compact, mais le Corps passe tout de même. La lumière paraît la première émanation de son Corps, l'annonce de son approche. Le Corps, tout d'abord est formé de légères lignes de lumière, comme je vois au Ciel le Père et les anges saints : immatériel. Puis il se matérialise de plus en plus en prenant en tout l'aspect d'un corps réel, celle de son Divin Corps glorifié.

J'ai mis longtemps pour décrire, mais la chose est arrivée en quelques secondes. [221] »

---

[221] « L'évangile tel qu'il m'a été révélé » Maria Valtorta, Tome 10, Chap.15, page 81

Don temporaire de subtilité de Jésus avant sa mort
Prophète Isaïe

Isaïe annonce le signe de Dieu : une vierge va concevoir. Marie est vierge de tout péché y compris du péché originel.

Is 7, 14 : « **C'est pourquoi le Seigneur lui-même vous donnera un signe : Voici que la vierge a conçu, et elle enfante un fils, et elle lui donne le nom d'Emmanuel.** »

Isaïe en 66, 7 annonce une naissance sans travail et sans douleur. Marie est vierge de tout péché y compris du péché originel elle n'a donc pas à souffrir les douleurs de l'enfantement (Gn 3, 16).

Is 66, 7-8 : « **⁷Avant d'être en travail, elle a enfanté ; avant que les douleurs lui vinssent, elle a mis au monde un enfant mâle. ⁸Qui a jamais entendu chose pareille, qui n'a jamais rien vu de semblable ? Un pays naît-il en un jour, une nation est-elle enfantée d'un seul coup, que Sion, à peine en travail ait mis au monde ses fils ?** »

Protévangile de Jacques 18 et 19 :

« **Et il (Joseph) trouva là une grotte, l'y introduisit, mit près d'elle ses fils et sortit chercher une sage-femme juive dans la région de Bethléem.** »

« **Et elle (sage-femme) partit avec lui (Joseph), et ils s'arrêtèrent à l'endroit de la grotte. Et une nuée obscure couvrait la grotte. Et la sage-femme dit : « Mon âme a été exaltée aujourd'hui, car mes yeux ont vu des choses merveilleuses aujourd'hui : que le salut est né pour Israël. » Et aussitôt la nuée commença à se retirer de la grotte et une grande lumière apparut dans la grotte, de sorte que les yeux ne pouvaient la supporter. Et peu à peu cette lumière se mit à se retirer jusqu'à ce qu'apparût un petit enfant ; et il vint prendre le sein de sa mère Marie. Et la sage-femme poussa un cri et dit : « Comme il est grand pour moi, le jour d'aujourd'hui : c'est que j'ai vu cette merveille inouïe. » Et la sage-femme sortit de la grotte, et Salomé la rencontra. Et elle lui dit : « Salomé, Salomé, j'ai à te raconter une merveille inouïe : une vierge a mis au monde, ce dont sa nature n'est pas capable. » Et Salomé dit : « Aussi vrai que vit le Seigneur mon Dieu, si je n'y mets mon doigt et si je n'examine sa nature, je ne croirai jamais qu'une vierge ait enfanté.** »

Maria Valtorta nous rapporte les paroles reçues de Marie.

« *Moi seule, sans tache et sans union humaine, ait été exempte de la douleur de l'enfantement. La tristesse et la douleur sont les fruits de la faute. Moi qui étais la « Sans faute », je devais connaître pourtant la douleur et la tristesse parce que j'étais la Corédemptrice. Mais je ne connus pas le déchirement de l'enfantement. Non. Je n'ai pas connu cette souffrance.*[222] »

« *Et la lumière croît de plus en plus. L'œil ne peut la supporter. En elle, comme absorbée par un voile de lumière incandescente, disparaît la Vierge… et en émerge la Mère.*[223] »

La naissance de Jésus se produit de façon miraculeuse. Le nouveau-né Jésus passe au travers du corps de Marie par la propriété de la subtilité. Après la naissance de Jésus, Marie est donc toujours vierge.

Marie n'est pas souillée par le péché originel. Elle n'a pas à subir les conséquences du péché originel de Genèse 3, 16 : « **À la femme il dit : « Je multiplierai te souffrances, et spécialement celles de ta grossesse ; tu enfanteras des fils dans la douleur ; ton désir te portera vers ton mari, et il dominera sur toi. »**

Le dogme de la virginité perpétuelle de Marie signifie la virginité à la conception de Jésus, et la virginité à la naissance de Jésus.

Au Concile du Latran, en 649, le Pape Martin Ier, a proclamé la Virginité perpétuelle de Marie. Marie fut toujours vierge, aussi bien avant la naissance de son divin fils qu'après.

Don temporaire de subtilité des apôtres

Le grand prêtre fait arrêter et jeter en prison les apôtres. Un ange les fait sortir de prison. Les satellites envoyés par le grand prêtre reviennent faire leur rapport.

Ac 5, 23 – 25 : « [23]**en disant : « Nous avons trouvé la prison soigneusement fermée, et les gardes debout devant les portes ; mais après avoir ouvert, nous n'avons trouvé personne à l'intérieur. »** [24]**Quand le grand prêtre, le commandant du temple et les princes des prêtres eurent entendu ces paroles, ils furent dans une grande**

---

[222] « L'évangile tel qu'il m'a été révélé » T1 page 142
[223] « L'évangile tel qu'il m'a été révélé » T1 page 171

perplexité au sujet des prisonniers, ne sachant ce que ce pouvait être. ²⁵En ce moment quelqu'un vint leur dire : « Ceux que vous aviez mis en prison, les voilà dans le temple et ils enseignent le peuple. »

La prison est fermée et les gardes sont bien présents devant les portes mais les apôtres ne sont plus là.

Don temporaire de subtilité d'Yvonne-Aimée[224]

Lors d'un pèlerinage à Lisieux dans les années 90, nous avons eu le privilège de rencontrer le Père Labutte qui a été le Père spirituel de Mère Yvonne-Aimée de Jésus. Il nous a donné le témoignage suivant.

Le Père reçoit le 16 février 1943 une dépêche l'informant qu'Yvonne-Aimée a été arrêtée par la Gestapo. Le lendemain, il se rend à Paris avec sa mère qui souhaitait voir une nièce à l'église de Pantin.

Dans le métro, Yvonne Aimée lui apparait (par bilocation) et lui dit « Prie ! Prie ! Si tu ne pries pas assez….on m'embarquera ce soir pour l'Allemagne…Ne le dis à personne ! ».

Le Père, après avoir prié à la chapelle de la médaille miraculeuse, rue du Bac, se rend chez les Augustines. Il demande à aller prier dans le bureau d'Yvonne-Aimée.

Soudain, il entend dans le bureau un bruit sourd, semblable à celui d'un cavalier sautant de cheval. Il se retourne et se retrouve en présence d'Yvonne-Aimée alors que le bureau est toujours fermé et que le couvent est bouclé par crainte de la Gestapo.

La mère Yvonne-Aimée avait été transportée corps, âme et esprit de la prison au couvent.

Libération physique du principe d'exclusion de Pauli

Dans le cas d'Yvonne-Aimée, elle « arrive » avec son corps matériel dans son bureau fermé, à l'intérieur d'un couvent fermé à clé. Elle a eu, de façon temporaire, le don de subtilité. Elle a pu pénétrer les autres corps sans rencontrer aucune résistance. C'est une libération de la loi physique d'exclusion de Pauli.

---

[224] « Yvonne Aimée de Jésus, ma mère selon l'Esprit » Paul Labutte, François-Xavier de Guibert

9.2.4 Don de gloire ou de clarté
Don de clarté du ressuscité Corps glorieux

Saint Paul nous dit du corps ressuscité en **1 Cor 15, 43a : « semé dans l'ignominie, il ressuscite glorieux »**

Maria d'Agreda nous dit : « La clarté c'est le don qui fait resplendir les corps glorieux. »

Avant la résurrection, lors de la transfiguration, Jésus se montre dans un corps glorieux, son visage resplendit comme le soleil et ses vêtements devinrent blancs comme la lumière (Matthieu 17, 2). C'est comme si Jésus anticipait la résurrection pour préparer les disciples à sa mort et à sa résurrection.

Après la résurrection, lors de la conversion de Saul qui deviendra saint Paul, une lumière venue du ciel enveloppa Saul de sa clarté (Jean 9, 3-6) manifestant la gloire de Jésus ressuscité.

Si la clarté fait resplendir les corps glorieux, le corps de Jésus devrait resplendir après la résurrection. Or ce n'est pas le cas d'une façon visible. Pour quelles raisons ne resplendit-il pas ?

Dans les évangiles Marie de Magdala est la première à voir Jésus ressuscité.

En Jean 20, 17 : « **Jésus lui dit : « Ne me touchez plus ! car je ne suis pas encore remonté vers le Père ; mais allez vers mes frères, et dites-leur : je vais remonter vers mon Père et votre Père, vers mon Dieu et votre Dieu. »**

L'apôtre Thomas est incrédule et Jésus lui dit en Jn 20, 27 : « **Puis il dit à Thomas : « Porte ton doigt ici et vois mes mains, porte ta main et mets-là dans mon côté, et ne soit plus incrédule, mais croyant. »**

Jésus dit à Marie-Madeleine : « ne me touche pas », alors qu'il va dire à Thomas « porte ta main et mets-là dans mon côté ». Pourquoi cette différence d'attitude ?

Le Ressuscité se présente à Marie-Madeleine sans sa gloire. Le chrétien est en chemin vers le Père. Le chrétien est un « petit Christ » en route vers la gloire qu'il partagera avec Dieu. Jésus ressuscité se montre pleinement homme, même si son corps a changé de caractéristiques. Il n'est pas écrasant dans sa gloire, mais proche de ses disciples, proche de chaque homme. Il se met à notre portée.

A la résurrection le Christ ne peut se montrer dans toute sa gloire. Pourtant il est bien ce Jésus que les disciples ont connu, le Fils de l'homme. Les disciples auront déjà bien du mal à le reconnaître et à accepter sa résurrection.

Les disciples sont appelés à faire un pas de foi ce qui les rend plus proches de nous.

Cependant trois apôtres ont vu le Christ en gloire lors de la transfiguration.

En Matthieu 17, 1-2 : « **¹Six jours après, Jésus prend avec lui Pierre, Jacques et Jean son frère, et il les emmène à l'écart sur une haute montagne. ²Et il se transfigura devant eux : son visage resplendit comme le soleil, et ses vêtements devinrent blancs comme la lumière.** »

Don de clarté, Jésus identique et différent

Après la résurrection, Jésus est le même et est tout autre. Jésus est difficile à reconnaître pour ses disciples.

Les deux visages du Linceul de Turin et du Voile de Manoppello bien que superposables ne sont pas identiques. C'est le témoignage des disciples qui ont connu le Maître et qui l'ont vu ressuscité.

Marie de Magdala voit Jésus sans le reconnaître. Elle croit qu'elle a affaire au gardien du jardin. Elle ne le reconnaît que lorsque Jésus l'appelle par son prénom : « **Marie** ».

Jésus appelle Marie par son prénom, avec tout son cœur. Cet appel est l'appel de l'amour, de ce Jésus qui est Dieu. Il s'est fait homme pour nous rencontrer chacun personnellement...

En Jean 20, 14-16 : « **¹⁴Ce disant, elle se retourna et vit Jésus qui était là ; et elle ne savait pas que c'était Jésus. ¹⁵Jésus lui dit : « Femme, pourquoi pleurez-vous ? Qui cherchez-vous ? » Elle, pensant que c'était le jardinier, lui dit : « Seigneur, si c'est vous qui l'avez emporté, dites-moi où vous l'avez mis, et j'irai l'enlever. » ¹⁶Jésus lui dit : « Mariam ! » Elle, se retournant, lui dit en hébreu : « Rabbouni ! » c'est-à-dire : « Maître ».**

En Marc 16, 12 : « **Ensuite il se montra sous une autre forme à deux d'entre eux qui cheminaient, se rendant à la campagne.** »

Jésus ressuscité apparaît aux disciples d'Emmaüs. Ils ne le reconnurent pas, bien que cheminant avec lui. Ils ne le reconnurent qu'à la halte lorsque Jésus bénit et rompt le pain. **Luc 24, 32 : « Et ils se dirent l'un à l'autre : « Est-ce que notre cœur n'était pas brûlant en nous, lorsqu'il nous parlait sur le chemin, tandis qu'il nous dévoilait les Écritures ? »**

Jésus, après sa Résurrection, envoie ses disciples en Galilée.
Mt 28, 16-20 : « **[16]Les onze disciples s'en allèrent en Galilée, sur la montagne que Jésus leur avait désignée. [17]En le voyant, ils se prosternèrent ; mais il y en eut qui doutèrent.**
Des disciples doutent car Jésus n'a pas la même apparence.

En Jean 21, 4 : « **Le matin déjà venait : Jésus se tenait sur le rivage, mais les disciples ne savaient pas que c'était Jésus.** »
Les disciples n'ont rien pris pendant toute la nuit. Jésus leur dit de jeter le filet du côté droit de la barque. Ils prennent beaucoup de poisson et c'est à ce moment que se remémorant un évènement similaire Jean s'écrie : « C'est le Seigneur ! ».
En Jean 21, 12 : « **Jésus leur dit : « Venez déjeuner.» Aucun des disciples n'osait lui demander : « Qui êtes-vous ? », sachant que c'était le Seigneur. »**

Jésus ressuscité se présente sur une nouvelle apparence. Pourquoi ce changement ? Est-ce pour montrer que sa personne a changé d'état passant d'un état pouvant pécher, changeant, soumis au poids de la matière ; à un état ne pouvant plus pécher, immuable et libéré des lois physiques et biologiques ? Est-ce pour nous montrer que l'homme, temple de Dieu, est purifié et accède à un état libéré du péché et de ses conséquences ? Est-ce pour nous montrer qu'au-delà des apparences, c'est la présence qui compte ? Est-ce pour nous montrer le Seigneur est là et souhaite habiter tout homme de bonne volonté ?

Don temporaire de clarté de Jésus avant sa mort

Lc 9, 28-36 : « ²⁸Il se passa environ huit jours après qu'il eut dit ces paroles, et, prenant avec lui Pierre, Jean et Jacques, il monta sur la montagne pour prier. ²⁹Pendant qu'il priait, l'aspect de son visage devint autre, et son vêtement d'un blanc éblouissant. ³⁰Et voilà que deux hommes conversaient avec lui : c'étaient Moïse et Élie, ³¹qui, apparaissant en gloire, parlaient de sa mort qu'il devait accomplir à Jérusalem. ³²Pierre et ses compagnons étaient accablés de sommeil ; mais, s'étant réveillés, ils virent sa gloire et les deux hommes qui se tenaient avec lui. ³³Or, comme ils se séparaient de lui, Pierre dit à Jésus : « Maître, il nous est bon d'être ici ; faisons trois tentes : une pour vous, une pour Moïse et une pour Élie, » ne sachant pas ce qu'il disait. ³⁴Comme il disait cela, il se fit une nuée qui les couvrit de son ombre ; et ils furent saisis de frayeur tandis qu'ils entraient dans la nuée. ³⁵Et de la nuée se fit entendre une voix qui disait : « Celui-ci est mon Fils élu : écoutez-le. » ³⁶Pendant que la voix parlait, Jésus se trouva seul. Et ils gardèrent le silence, et ils ne racontèrent rien à personne, en ce temps-là, de ce qu'ils avaient vu. »

Au moment de la transfiguration, Luc nous dit, que l'aspect du visage de Jésus devint autre. Le ressuscité avec le don de clarté est à la fois le même et tout autre, au point que les disciples ne le reconnaîtront pas tout de suite.

A la transfiguration Jésus se montre en ressuscité avec le don de clarté pour préparer Pierre, Jacques et Jean à vivre sa résurrection.

Don temporaire de clarté Séraphin de Sarov

« Alors le Père Séraphin me prit par les épaules et les serrant très fort dit :

- *Nous sommes tous les deux, toi et moi, en la plénitude de l'Esprit-Saint. Pourquoi ne me regardes-tu pas ?*
- *Je ne peux pas, Père, vous regarder. Des foudres jaillissent de vos yeux. Votre visage est devenu plus lumineux que le soleil. J'ai mal aux yeux…*

Le Père Séraphin dit :
- *N'ayez pas peur, ami de Dieu. Vous êtes devenu aussi lumineux que moi. Vous aussi vous êtes à présent dans la plénitude du Saint-Esprit, autrement vous n'auriez pas pu me voir.*
Inclinant sa tête vers moi, il me dit à l'oreille :
- *Remerciez le Seigneur de nous avoir accordé cette grâce indicible. Vous avez vu – je n'ai même pas fait le signe de croix. Dans mon cœur, en pensée seulement, j'ai prié : « Seigneur, rends-le digne de voir clairement, avec les yeux de la chair, la descente de l'Esprit-Saint, comme à tes serviteurs élus lorsque tu daignas leur apparaître dans la magnificence de Ta gloire !*[225] *»*

---

[225] Séraphin de Sarov, entretiens avec Motovilov pages 176-177 par Irina Gorainoff, Desclée De Brouwer

Don temporaire de clarté Symphorose Chopin

Symphorose Chopin (1924-1983), mystique stigmatisée, a vécu dans un bâtiment préfabriqué, à Rueil-Malmaison jusqu'à sa mort.

La nuit de Noël 1965, la maladie retenait Symphorose alitée. Elle n'avait pu se rendre à la messe de minuit. Tandis qu'elle priait, elle fut « ravie en extase » et « reçut la communion de la main d'un ange ».

Sa sœur cadette Berthe, qui dormait auprès d'elle, fut alors réveillée par une vive lumière : « *Assise dans son lit, les mains croisées sur la poitrine, les yeux fermés, Symphorose était toute brillante, comme une ampoule ; il y avait de la lumière dans toute la chambre. Même maman s'en est avisée, malgré qu'elle dormait de l'autre côté. Il y a eu ensuite la sirène des pompiers et du bruit dans l'escalier, parce que les voisins croyaient que la maison brûlait* ».

Libération de l'absence de clarté du corps non encore glorieux

Séraphin et Motovilov sont revêtus de lumière. Ils ont eu, de façon temporaire, le don de clarté. Leurs corps sont devenus resplendissants comme les corps glorieux.

9.2.5 Don d'incorruptibilité ou d'impassibilité

Don d'impassibilité du ressuscité

Saint Paul nous dit du corps ressuscité en **1 Cor 15, 42b** : « **Semé dans la corruption, le corps ressuscite, incorruptible** »

Marie d'Agreda nous dit : « L'impassibilité, c'est le don d'immortalité du corps. »

Après la résurrection, Jésus n'est plus mortel dans son humanité. C'est le don d'impassibilité dont parle Marie d'Agreda.

En Actes 1, 9 : « **Quand il eut dit cela, il fut élevé (de terre) sous leur regard, et un nuage le déroba à leurs yeux.** »

Corps en chair et en os

Mais le corps de Jésus est une réalité physique. Il a une consistance. Ce n'est pas un hologramme.

Jésus permet à Thomas de le toucher en Jean 20, 27 : « **Puis il dit à Thomas : « Porte ton doigt ici et vois mes mains, porte ta main et mets-la dans mon côté, et ne sois plus incrédule, mais croyant.** »

Jésus, pour montrer qu'il n'est pas qu'un esprit mais qu'il a un corps se laisse toucher par ses disciples et mange avec eux en Luc 24, 36-43 : « **^{36}Comme ils discouraient ainsi, lui se trouva au milieu d'eux et leur dit : « Paix à vous ! » ^{37}Saisis de stupeur et d'effroi, ils croyaient voir un esprit. ^{38}Et il leur dit : « Pourquoi êtes-vous troublés, et pourquoi des pensées s'élèvent-elles dans vos cœurs ? ^{39}Voyez mes mains et mes pieds ; c'est bien moi. Touchez-moi et constatez, car un esprit n'a ni chair ni os, comme vous voyez que j'en ai. » ^{40}Et ce disant, il leur montra ses mains et ses pieds. ^{41}Comme ils ne croyaient pas encore à cause de leur joie et qu'ils étaient dans l'étonnement, il leur dit : « Avez-vous ici quelque chose à manger ? ^{42}Ils lui donnèrent un morceau de poisson grillé. ^{43}Il le prit et en mangea devant eux.** »

Don temporaire d'impassibilité de Jésus avant sa mort

Jésus est venu pour accomplir la volonté du Père par sa mort. Le don d'impassibilité est donc suspendu pendant sa vie terrestre. Jésus devait par sa mort et sa résurrection nous mériter le salut.

Dons d'incorruptibilité et d'impassibilité

L'impassibilité est le fait de ne plus être soumis à la souffrance et à la mort, c'est le don d'immortalité du corps. Jésus est le premier ressuscité dans un corps impassible.

Bien que différent, le don d'impassibilité fait penser au don d'incorruptibilité. Les deux dons concernent la biologie.

L'incorruptibilité est le fait, pour un corps mort, de ne pas se putréfier. Des centaines de corps de mystiques ne sont pas atteints par la décomposition contrairement aux règles élémentaires de la biologie. Ces corps de saints auraient reçu une grâce divine pour ne pas tomber en poussière. L'Église catholique en authentifie plus d'une centaine.

Trois exemples de cas d'incorruptibilité

Catherine Labouré est religieuse dans la communauté des Filles de la Charité fondée par Vincent de Paul rue du Bac à Paris. En 1830 elle est témoin d'une apparition de la Vierge Marie qui lui demande de faire frapper une médaille avec ces mots : « O Marie conçue sans péché, priez pour nous qui avons recours à vous ». En 1933 son corps, exhumé pour sa béatification, est retrouvé intact. Son corps repose dans une châsse en verre dans la chapelle du couvent de la rue du Bac à Paris.

Bernadette Soubirous est témoin en 1858 de plusieurs apparitions de la Vierge Marie dans la grotte de Massabielle à Lourdes. Elle décède en 1879 à Nevers à l'âge de trente-cinq ans. Son corps est exhumé à trois reprises pour les besoins du procès de béatification. A chaque fois son corps est retrouvé intact. Elle repose désormais dans une châsse de verre et de bronze dans la chapelle de l'espace Bernadette à Nevers.

Thérèse-Marguerite du Sacré-Cœur, carmélite, est morte en 1770 d'une gangrène généralisée. Or son corps s'est desséché sans aucune trace de putréfaction.

Dans les cas d'incorruptibilité des corps de saints ce qui est troublant c'est que les conditions d'inhumation auraient dû entraîner la putréfaction. Les corps, retrouvés non corrompus, côtoient les corps en état de décomposition avancée dans les tombes voisines.

Cas de libération des lois biologiques
Absence d'alimentation et de sommeil de Marthe Robin

Marthe Robin (1902-1981), la mystique de Châteauneuf-de-Galaure, resta plus de 50 ans sans manger, sans boire et sans dormir.

Absence d'alimentation de Madame R, Rolande Lefebvre

L'inédie de Rolande Lefebvre dura plus de 20 ans. Elle est vérifiée médicalement à l'Hôtel-Dieu à plusieurs reprises : du 20 au 23 février 1976, du 28 mars au 2 avril 1976, du 4 au 9 avril 1977. Le quatrième contrôle sera le plus concluant. Il est réalisé, à la demande de l'évêque pendant cinquante jours à partir du 22 avril 1980.

Ce jeûne défie les lois biologiques. En l'absence de boisson la mort survient au bout de 5 à 6 jours. En l'absence de nourriture la mort survient au bout de quelques semaines. Or Rolande Lefebvre ne perd pas de poids malgré les rejets naturels.

Libération des contraintes de la nature matérielle

Cette libération des contraintes de la nature matérielle, est comme une participation anticipée à la condition des corps glorieux.

9.3 Témoignages

9.3.1 Témoignage de Jean

Témoignage de Jean

Jean 20, 1-10 : « ¹Le premier jour de la semaine, Marie de Magdala vint au sépulcre, dès le matin, alors qu'il faisait encore sombre, et elle vit la pierre enlevée du sépulcre. ²Alors elle courut trouver Simon-Pierre et l'autre disciple que Jésus aimait, et elle leur dit : « On a enlevé du sépulcre le Seigneur, et nous ne savons où on l'a mis. »

³Pierre partit ainsi que l'autre disciple, et ils allèrent au sépulcre. ⁴Ils couraient tous deux à la fois, mais l'autre disciple courut plus vite que Pierre et arriva le premier au sépulcre. ⁵Et en se penchant, il vit les bandelettes posées là, mais il n'entra pas. ⁶Puis arriva aussi Simon-Pierre, qui le suivait, et il entra dans le sépulcre : il vit les bandelettes posées là, ⁷et le suaire qui avait été sur la tête, posé non pas avec les bandelettes, mais dans un endroit à part, enroulé. ⁸Alors entra aussi l'autre disciple, qui était arrivé le premier au sépulcre : il vit et il crut. ⁹Car ils n'avaient pas encore compris l'Écriture, qu'il devait ressusciter d'entre les morts. ¹⁰Et les disciples s'en retournèrent chez eux. »

L'apôtre Jean vit et crut. Le fait de voir les linges et le Voile qui a recouvert la tête de Jésus permet à Jean de croire à la résurrection du Verbe. Comment peut-on se l'expliquer ?

Jean a vu les linges (Linceul de Turin, Coiffe de Cahors, bandelettes) gisant à terre. Le Linceul est posé. Le corps du mort est parti. Le tissu s'est aplati.

Le Voile de Manoppello, qui a recouvert la tête, n'est pas déposé avec les bandelettes. Il est roulé à part dans un autre endroit. Pourquoi cette différence entre les deux tissus ? Le Voile est roulé à part. A-t-il gardé sa place et la forme du visage ?

C'est la position du Linceul et du Voile qui ont convaincu Jean que le corps du Seigneur n'a pas été dérobé, comme le pense Marie de Magdala, mais qu'il s'est réveillé d'entre les morts.

Position de l'épiscopat italien et de Don Antoine Persili

Jean, selon la traduction de la Conférence épiscopale italienne, **« vit les bandages à terre et le suaire qui, lui, avait été mis sur la tête, non par terre, avec les bandages, mais plié dans un endroit à part... et il vit et il crut » (Jean 20, 6-8)**.

Don Antoine Persili, érudit, a traduit directement du grec ce passage. D'après lui, Jean « vit les bandages détendus (affaissés, mais non défaits) et le Suaire (Voile), qui était sur sa tête, non pas avec les bandages détendus, mais au contraire enroulé (non pas détendu avec les bandages, mais comme amidonné et relevé) dans une position unique (qui n'est pas naturelle) ».

Pour le Père Persili, c'est là la raison de croire instantanée de Jean. Si le corps avait été dérobé, il aurait dû être dégagé des bandages. En outre, le Suaire (Voile), selon son interprétation, était figé dans une position particulière, comme « amidonné » et relevé comme s'il contenait encore le corps du Seigneur, qui en réalité n'y était plus.

Jean a compris que le Verbe est ressuscité et que son corps est passé au travers du tissu. Par la suite il passera au travers des murs en Jean 20, 19 et 26.

La résurrection du Seigneur a imprimé son visage et a rigidifié le Voile.

Traduction du grec

Matthieu, Marc et Luc, décrivant l'ensevelissement de Jésus, emploient le terme grec « sindon » soit « drap de lin » ou « linceul ».

Jean, lui, emploie le terme « othonia », forme plurielle de « othonion » qui signifie « étoffe de lin », c'est-à-dire « les linges » (Linceul, Coiffe de Cahors, bandelettes).

Le terme « keimena » veut dire « gisants ».

Le mot « soudarion » signifie « suaire ».

Le mot grec « chôris » à deux sens possibles, soit « séparé, mis à part » selon Saint Jérôme, soit « distinct ».

Le mot grec « entetuligmenon » signifie « disposé en rond ».

Les termes « eis hena topon » se traduisent par « à la même place ».

La traduction devient alors :

Jean 20, 6-7 : « ⁶**Arrive, à son tour Simon-Pierre qui le suivait ; il entre dans le tombeau et considère les linges (Linceul de Turin, Coiffe de Cahors, bandelettes) gisants ⁷et le suaire (Voile de Manoppello) qui avait recouvert la tête ; non pas gisant à plat avec les linges, mais distinct, disposé en rond à la même place (ou enroulé, lui, en place).** »

Jean 20, 8 : « **C'est alors que l'autre disciple, celui qui était arrivé le premier, entra à son tour dans le tombeau ; il vit et il crut.** »

Les deux disciples voient les linges (Linceul de Turin, Coiffe de Cahors, bandelettes) exactement comme ils avaient été mis lors de l'ensevelissement du Christ au tombeau, sauf que les linges sont affaissés, gisants.

Les deux disciples voient le Suaire (Voile de Manoppello), se distinguant des autres linges. Il est resté enroulé, en rond, rigidifié dans la forme que lui donnait la tête de Jésus. Il est à la même place que lorsqu'il était posé sur le visage de Jésus.

Le corps du Christ est sorti du Linceul sans changer la disposition des linges. Jean en conclut d'une part que l'on n'a pas volé le cadavre comme le croit au début Marie-Madeleine, d'autre part que le Christ a traversé les linges.

Pour Jean, le Christ est donc ressuscité car son corps glorieux a traversé les linges. Pour Pierre, la visitation du Christ sera sans doute nécessaire pour qu'il croie.

Explication sur la position du Linceul et du Voile

Comment expliquer la position du Linceul, de la Coiffe et des bandelettes gisants à plat ? Comment expliquer la position du Voile enroulé, en place ?

L'image tant sur le Linceul que sur le Voile est due à une roussissure, une légère brûlure provoquée par un rayonnement électromagnétique (lumière). La source de cette lumière est le corps enveloppé dans le Linceul et le Voile.

Comment expliquer que le Linceul n'a pas gardé la mémoire de forme après la résurrection ? Comment expliquer que le Voile a seul gardé la mémoire de forme après la résurrection ?
Lors de la résurrection le Christ est en gloire comme lors de la transfiguration sur le Mont Tabor. Le Christ en gloire est lumineux, et cette lumière va produire une déshydratation et une roussissure des tissus mortuaires. Une fois le corps sorti, les tissus plus lourds vont s'affaisser. Le Voile en byssus, très léger, va légèrement se rigidifier et conserver sa forme pendant un certain temps.
Le Voile a acquis une mémoire de forme comme un linge repassé après amidonnage. Après avoir repassé un tissu, préalablement humidifié, avec un fer, celui-ci tend à garder la forme donnée au moment du repassage.

Le Voile de Manoppello, resté en place après la résurrection, vient corroborer la formation de l'image du Linceul et du Voile à partir d'une émission de photons émanant du corps lui-même et produisant un « coup de soleil », un éclat de chaleur …

9.3.2 Crédibilité des témoins

« **Ressuscité le matin, le premier jour de la semaine, il apparut d'abord à Marie la Magdaléenne, de laquelle il avait chassé sept démons.** » Mc 16, 9

« **Réellement le Seigneur est ressuscité, et il est apparu à Simon**. » Lc 24, 35b

« **Après cela, Jésus se manifesta de nouveau aux disciples au bord de la mer de Tibériade** » Jn 21, 1a

Les témoins de la résurrection sont des gens simples. Ils représentent le peuple. S'ils avaient inventé une histoire, les disciples n'auraient jamais dit qu'ils ne reconnaissent pas le Ressuscité qui les avait quitté trois jours auparavant.

Mais les témoins, en gens simples et honnêtes, ne font que raconter leur expérience du ressuscité tel qu'ils l'ont vécu. Les disciples ne reconnaissent pas Jésus ressuscité et le disent simplement.

Marie-Madeleine pense s'adresser au jardinier, alors qu'il s'agit de Jésus ressuscité. Elle ne le reconnaît que lorsqu'il l'appelle par son nom. À ce moment Jésus lui révèle son être intérieur (Jn 20, 14-16).

Les disciples d'Emmaüs cheminent avec Jésus sans le reconnaître. Ils le reconnaissent à la fraction du pain en se disant : « **Est-ce que notre cœur n'était pas brûlant en nous, lorsqu'il nous parlait …** ». La révélation leur vient par l'amour de cette présence dans leur cœur (Mc 16, 12 et Lc 24, 32).

Les apôtres eux-mêmes le voient au bord du rivage sans savoir qu'il s'agit du Maître (Jn 21, 4). Ils le reconnaissent lorsque Jésus leur dit de jeter le filet à droite de leur barque et qu'ils prennent beaucoup de poissons (Jn 21, 12).

Les disciples reconnaissent Jésus à son être intérieur. C'est bien le Christ. Mais son apparence extérieure a changé. Son corps n'est plus le même, c'est un corps de ressuscité avec des propriétés spécifiques.

9.3.3 Témoins de la résurrection

Apparition aux femmes

Le matin de la résurrection le premier jour de la semaine, Jésus apparaît à Marie de Magdala dont il avait chassé sept démons nous dit Marc en 16, 9. Pourquoi Jésus a t-il choisi une femme, de surcroit ancienne démoniaque comme premier témoin ?

La crédibilité du témoin exige, surtout à l'époque, de choisir un homme. Le témoin choisi est assimilable à une déséquilibrée pour le commun comme ancienne démoniaque. D'ailleurs lorsque Marie Madeleine annonce sa rencontre, elle n'est pas crue (Mc 16, 11).

Marie de Magdala, Jeanne et Marie, mère de Jacques et d'autres femmes rapportent aux onze et aux autres disciples ce que les deux anges en habits éblouissants leur ont dit au tombeau. Mais ils ne les crurent pas, prenant les propos des femmes pour du radotage (Luc 24, 9-10).

Pourquoi avoir choisi des femmes comme premiers témoins ?

Les femmes sont, par leur côté intuitif, les plus à même de comprendre et d'accepter les grandes révélations. Les hommes par contre, par leur côté rationnel, sont plus lents à croire. Ils peuvent cependant approfondir la révélation pour mieux la comprendre..

Le Seigneur apparaît dans l'ordre de l'amour. Il apparaît d'abord à sa mère. Puis à Marie-Madeleine qui sait le prix que Jésus a payé pour elle l'ayant délivré de 7 démons. Puis à Pierre, son pontife.

Jean le croyant

Pierre et Jean vont au tombeau pour constater par eux-mêmes. Jean n'a pas besoin de voir le ressuscité pour croire.

Jean, c'est le disciple que Jésus aimait, nous dit la parole (Jn 13,23 ; 19,26 ; 20,2 ; 21,7 ; 21,20). Jean c'est le disciple qui est le plus en communion avec Jésus, le disciple qui comprend le mieux le mystère de Jésus. Étant le disciple qui connaît le mieux le Seigneur, c'est sans doute celui qui aime le plus. Le Seigneur s'adapte à nos possibilités d'amour comme nous le voyons avec Pierre lors de l'apparition de Jésus au bord du lac de Tibériade. Cette adaptation est respect de l'autre, si elle n'était pas, il y aurait écrasement du disciple devant l'incommensurable dimension de l'amour de Jésus.

La jeunesse de Jean, sa pureté de cœur lui permettent sans doute d'être l'homme qui adhère le plus au mystère de l'incarnation et de la rédemption. C'est le seul homme qui est présent au pied de la croix.

Apparition à Pierre

Luc nous apprend que le Seigneur est apparu à Simon. C'est ce que nous confirme d'ailleurs Paul en disant il est apparu à Céphas puis aux Douze (1 corinthiens 15, 5). Simon Pierre est le chef du collège des apôtres. C'est le premier homme qui voit le ressuscité. C'est un témoin de poids. Il va aider ses frères à croire.

Apparition aux disciples d'Emmaüs

Le même jour, dimanche jour de la résurrection, Jésus fait route avec deux disciples qui se dirigent vers Emmaüs. Les disciples ne le reconnaissent que lorsque Jésus prend le pain, le bénit, le rompt et le leur donne (Luc 24, 30).

Mais ces deux compagnons revenus l'annoncer aux autres ne sont pas crus non plus nous dit Marc en 16, 13. Et en Luc 24, 33-34 les deux compagnons trouvent les onze et leurs compagnons qui leur disent que le Seigneur est ressuscité et qu'il est apparu à Simon.

Alors les apôtres et les disciples ont-ils cru ou non les compagnons d'Emmaüs ?

Dans le témoignage de Marc et de Luc, les disciples sont dans le doute, basculant de la foi en leurs témoins à la difficulté de croire. La résurrection est un évènement tellement extraordinaire !

Apparition aux apôtres

Le soir de ce même dimanche Jésus apparaît aux disciples en l'absence de Thomas (Jean 20, 19-24). Il leur reproche leurs incrédulités et de ne pas avoir cru ceux qui l'avaient vu ressuscité (Marc 16, 14). C'est pour cela que Jésus leur montre ses poignets et son côté. En leur montrant ses plaies Jésus confirme son identité et le fait qu'il est ressuscité après être mort.

Apparition en Galilée

Le jeudi saint, au moment de la Sainte Cène, Jésus prévient ses apôtres. Il leurs dit qu'il sera frappé, que les disciples se disperseront, qu'il ressuscitera et qu'il les précédera en Galilée (Matthieu 26, 31-32 et Marc 14, 27-28). Au matin de la résurrection, les anges annoncent que Jésus les précède en Galilée (Matthieu 28, 7 et Marc 16, 7).

Jésus apparaît ensuite au bord du lac de Tibériade en Galilée (Jean 21). Les disciples reconnaissent Jésus quand il leur dit de jeter le filet à droite. Au verset 14, Jean nous dit que c'est la troisième fois que Jésus se manifeste aux disciples une fois ressuscité d'entre les morts.

Saint Paul nous dit dans sa lettre 1 Corinthiens 15, 5-7 : « **⁵et qu'il (Jésus) est apparu à Céphas (Pierre), puis aux Douze. ⁶Après cela il est apparu en une seule fois à plus de cinq cent frères, dont la plupart sont encore vivants, et quelques-uns se sont endormis. ⁷Ensuite il est apparu à Jacques, puis à tous les apôtres.** »

Le rassemblement public a lieu en Galilée à cause des derniers évènements et de la persécution des Juifs.

Il faut un peu de temps pour organiser ce rassemblement public en Galilée de plus de cinq cent frères. En effet les frères se sont dispersés après la mort du Seigneur. Il faut donc le temps de les retrouver, de les informer et de leur donner le temps de voyager vers la Galilée.

Apparition à Paul

Le premier témoin indirect est Saul. La vocation de Saul est précisée dans le chapitre 9 des Actes des Apôtres.

Saul ne respirait que la menace et le meurtre contre les disciples du Seigneur. Il pensait défendre Dieu selon sa croyance juive. Il se fit missionner par le grand prêtre pour aller à Damas arrêter les Chrétiens. Et là, sur la route de Damas une lumière venue du ciel l'enveloppa de son éclat. Sur l'interrogation de Saul : « **Qui es-tu Seigneur ?** » Il reçoit la réponse en Actes 22, 8b : « **Je suis Jésus de Nazareth, que tu persécutes**…… ». Et Saul se convertit. Il change radicalement de vie et de nom. Désormais il sera Paul, l'apôtre des païens. Paul témoignera du changement radical dans sa vie à plusieurs reprises[226].

---

[226] Actes des apôtres et épîtres

9.3.4 Reconnaissance de la divinité de Jésus

Reconnaissance de la divinité de Jésus par Thomas

Les disciples racontent à l'incrédule Thomas qu'ils ont vu le Seigneur. Huit jours après, donc le dimanche suivant la résurrection, Jésus se manifeste aux disciples en présence de Thomas. Jésus au verset 27 dit à Thomas de mettre sa main dans son côté.

Jn 20, 24-29 : « **[24]Or Thomas, dit Didyme, l'un des Douze, n'était pas avec eux quand vint Jésus. [25]Les autres disciples lui dirent donc : « Nous avons vu le Seigneur. » Mais il leur dit : « Si je ne vois dans ses mains la marque des clous, et si je ne mets mon doigt dans la place des clous, si je ne mets ma main dans son côté, je ne croirai pas. » [26]Et, huit jours après, ses disciples étaient de nouveau dans la maison, et Thomas avec eux. Jésus vint, les portes étant fermées, et debout au milieu d'eux, il dit : « Paix à vous ! » [27]Puis il dit à Thomas : « Porte ton doigt ici et vois mes mains, porte ta main et mets-la dans mon côté, et ne sois plus incrédule, mais croyant. » [28]Thomas lui répondit : « Mon Seigneur et mon Dieu ! » [29]Jésus lui dit : Parce que tu m'as vu, tu as cru ? Heureux ceux qui ont cru sans avoir vu. »**

« Jésus est apparu d'une manière très curieuse. Le mur derrière les convives, tout d'une pièce sauf le coin de la porte, s'est illuminé en son milieu, à une hauteur d'environ un mètre du sol, d'une lumière faible et phosphorescente comme est celle que produisent certaines gravures qui ne sont lumineuses que dans l'obscurité de la nuit. La lumière, haute d'environ deux mètres, a une forme ovale comme une niche. Dans la clarté, comme si elle avançait de derrière les voiles d'un brouillard lumineux, se dégage avec une netteté grandissante Jésus.

Je ne sais pas si j'arrive à bien m'expliquer. Il semble que son Corps coule à travers l'épaisseur du mur. Il ne s'ouvre pas, il reste compact, mais le Corps passe tout de même. La lumière paraît la première émanation de son Corps, l'annonce de son approche. Le Corps, tout d'abord est formé de légères lignes de lumière, comme je vois au Ciel le Père et les anges saints : immatériel. Puis il se matérialise de plus en plus en prenant en tout l'aspect d'un corps réel, celle de son Divin Corps glorifié.

J'ai mis longtemps pour décrire, mais la chose est arrivée en quelques secondes.[227] »

Jésus, en Mt 12, 38-40, répond aux scribes et aux Pharisiens qui lui demandent un signe, en leur répondant par le signe de Jonas : sa mort et sa Résurrection le troisième jour.

Thomas est appelé à toucher du doigt la réalité de la Résurrection de Jésus-Christ. La Résurrection est le signe promis et donné par Jésus qui atteste qu'il est bien Dieu. Avec ce cri : « **Mon seigneur et mon Dieu** », Thomas reconnaît que cet homme Jésus, son Seigneur qu'il connaît, et aussi son Dieu.

Paul, au début de l'épitre aux romains, indique au premier chapitre que Jésus est de la postérité de David, et déclaré Fils de Dieu par sa Résurrection des morts.

1 Ro 1 – 4 : « 1, ¹Paul, serviteur du Christ-Jésus, apôtre par son appel, mis à part pour annoncer l'Évangile de Dieu, ²Évangile que Dieu avait promis auparavant par ses prophètes dans les saintes Écritures, ³touchant son Fils (né de la postérité de David selon la chair, ⁴et déclaré Fils de Dieu miraculeusement, selon l'Esprit de sainteté, par une résurrection d'entre les morts), Jésus-Christ Notre-Seigneur… »

Ascension du Seigneur

Luc nous informe dans les Actes des Apôtres en 1, 3 que Jésus s'est présenté vivant après sa passion et que les apôtres en ont plus d'une preuve. Pendant quarante jours, il leur apparait et leur parle du Règne de Dieu.

Luc nous raconte dans les Actes 1, 9 que Jésus s'éleva dans le ciel et qu'une nuée vint le soustraire aux regards des disciples. C'est l'Ascension de Jésus avec son corps de ressuscité.

---

[227] « L'Évangile tel qu'il m'a été révélé » De Maria Valtorta T10, Ch15, P81.

Épilogue

Et nous ?

Les apôtres et les disciples ont du mal à croire que Jésus est ressuscité. Ils ne le reconnaissent que lorsqu'ils voient les plaies du Seigneur. Ces disciples sont notre humanité… L'incrédulité des disciples nous renvoie à notre propre incrédulité….

Croyons-nous aux témoins des évangiles qui racontent leur expérience ? Ils ont vu et touché le ressuscité. Ajoutons-nous foi aux témoins qui à la suite de Saint Paul sur le chemin de Damas (Actes 9, 1-19) ont été visité par la grâce de Dieu ? Aujourd'hui des femmes et des hommes témoignent qu'ils ont fait une rencontre qui a changé leur vie. Sommes-nous interpelés par eux ?

Avons-nous besoin de voir les saintes plaies ? Alors contemplons le Linceul de Turin.
Avons-nous besoin de voir le ressuscité ? Alors contemplons le Voile de Manoppello.

La concordance entre ces linges sacrés et la parole de Dieu est un signe pour nous maintenant. Dieu s'est fait chair et a épousé notre condition humaine. Jésus a pris sur lui nos péchés et nous a rachetés par sa passion et sa mort. Il est ressuscité le troisième jour, il a vaincu la mort.

Le Linceul de Turin et le Voile de Manoppello sont les deux seules vraies images du visage du Seigneur Jésus-Christ, non faites de main d'homme.

Le Linceul de Turin, la Tunique d'Argenteuil, le Suaire d'Oviedo, la Coiffe de Cahors et le Voile de Manoppello sont un signe de la mort et de la résurrection du Jésus des évangiles.

La mort et la résurrection du Seigneur ont produit :
- L'empreinte du corps comme en négatif sur le Linceul de Turin représentant un homme supplicié, crucifié conformément aux Écritures, avec les yeux fermés, la bouche fermée, mort ;
- L'empreinte du visage en positif sur le Voile de Manoppello, représentant une face d'Homme gardant les traces de la passion conformément aux Écritures, avec les yeux ouverts, la bouche ouverte, vivant.

Amen, Alléluia, il est ressuscité.
Il est vraiment ressuscité.

Amen, alléluia, il est vivant.
Il est le Vivant pour l'éternité des temps.

Si les saints linges sacrés sont miroirs de l'évangile, nous pouvons aller à la source de la foi : les évangiles et la Bible, parole de Dieu.

La science et l'intelligence ne s'opposent pas à la foi, bien au contraire.
Mais la foi se situe à un autre niveau, au niveau de l'intelligence du cœur, d'une révélation, d'une grâce de Dieu lui-même.

Le péché nous a entraînés loin du monde de Dieu. L'humanité est dans le monde de la matérialité que nous connaissons. Désormais nous sommes soumis aux lois physiques et biologiques.
Jésus est venu nous rejoindre dans le monde de l'homme. Il est venu pour nous parler de l'amour du Père. Il est venu nous réconcilier avec notre Père céleste.
Il est venu nous libérer du péché en prenant sur lui ce que nous méritions. Il est venu nous libérer des conséquences du péché.
Jésus par sa résurrection nous montre qu'il est le chemin, la vérité et la vie.

Saint Paul nous dit de Jésus dans **l'épître aux Philippiens en 2, 5-11 :**

« ⁵Ayez en vous-mêmes les mêmes sentiments
dont était animé le Christ Jésus :

⁶bien qu'il fût dans la condition de Dieu,
Il n'a pas retenu avidement son égalité avec Dieu ;

⁷mais il s'est anéanti lui-même,
en prenant la condition d'esclave,
en se rendant semblable aux hommes,
et reconnu pour homme par tout ce qui a paru de lui ;

⁸il s'est abaissé lui-même,
se faisant obéissant jusqu'à la mort,
et à la mort de la croix.

⁹C'est pourquoi aussi Dieu l'a souverainement élevé,
et lui a donné le Nom qui est au-dessus de tout nom,

¹⁰Afin qu'au nom de Jésus,
tout genou fléchisse dans les cieux,
sur la terre et dans les enfers,

¹¹et que toute langue confesse,
à la gloire de Dieu le Père,
que Jésus-Christ est SEIGNEUR. »

La foi est du domaine d'une révélation.
Il y a 2000 ans, le Verbe s'est fait chair et il a habité parmi nous.
Le Verbe, c'est le fils bien-aimé du Père qui est Dieu.
Le Verbe est Dieu, engendré non pas créé.
Et le Verbe est venu habiter parmi nous.
Il a vécu sa passion pour satisfaire la justice de Dieu,
en prenant sur lui ce que nous méritions à cause de nos péchés.
Il est mort sur le bois de la croix.

Mais le 3ème jour le Père l'a ressuscité des morts dans la puissance du Saint-Esprit.

Des centaines de disciples l'ont vu ressuscité et en témoignent dans la Bible.

Apocalypse 1, 17-18 : « **¹⁷Quand je le vis, je tombai à ses pieds comme mort ; et il posa sur moi sa main droite, en disant : « Ne crains point ; ¹⁸je suis le Premier et le Dernier, et le Vivant ; j'ai été mort, et voici que je suis vivant aux siècles des siècles ; je tiens les clés de la mort et de l'Hadès. »**

Il est vivant. Il est même le Vivant dans son corps ressuscité.
Et toi, lecteur, tu peux avoir une relation personnelle avec lui.
Parce qu'il t'aime, et il veut te rejoindre dans ton humanité.

Il est le Saint de Dieu, celui qui n'a pas péché.
Il a donné sa vie pour toi, pour moi, pour chaque être humain.
Et il a dit avant de mourir en Luc 23, 34a : « **Père, pardonne-leur, car ils ne savent pas ce qu'ils font** ».

Alors ouvre ton cœur et donne ta vie à Jésus,
car il est le chemin, la vérité et la vie.
Il a un plan d'amour pour toi,
alors accepte le chemin qu'il a prévu pour toi.

Le fondement de notre foi est Jésus-Christ, le Seigneur.
Jésus est Dieu avec le Père et le Saint-Esprit.
Jésus est mort pour payer le prix de nos péchés.
Jésus est ressuscité pour nous donner la vie éternelle.

Que le Seigneur te bénisse et te garde du mal.
Qu'il te révèle la dimension de sa Sainteté et de son Amour.

Achevé à Croissy-sur-Seine   2010
Achevé à Croissy-sur-Seine en sa deuxième version 2015
Achevé à Croissy-sur-Seine en sa troisième version 2016

Écoute Israël

1 Un cri a déchiré l'univers, il y a deux mille ans. Un cri a déchiré l'univers, et le monde en tremble encore... Un cri a déchiré l'univers, écoute, ce cri déchire l'univers, encore.	
2 Écoute Israël, cette nuit n'était pas comme les autres, elle était la nuit dans la journée. C'était déjà presque la sixième heure, et il y eut des ténèbres sur toute la terre. Jusqu'à la neuvième heure, le soleil fut obscurci.	3 Écoute Israël, le voile du sanctuaire se déchira en deux. La terre trembla, les rochers se fendirent. Les tombeaux s'ouvrirent, les corps des saints ressuscitèrent.
4 Écoute Israël, ce tremblement de terre, la crainte du centurion, des Romains qui gardent. Écoute Israël ce qu'ils te disent : "Vraiment, celui-ci était Fils de Dieu".	5 Regarde Israël, cette croix, cette croix est la croix du crucifié. Regarde Israël, cette croix, cette croix domine le monde pour la nuit des temps.
6 Écoute Israël, ce cri, ce cri de la mort, ce cri de la mort, c'est le cri de l'amour, ce cri de l'amour, c'est le cri de la vie, ce cri de la vie, c'est le cri de l'enfantement, le cri de la nouvelle naissance.	7 Écoute Israël, ce cri qui déchire l'univers, ce cri, c'est notre Dieu qui se meurt d'aimer, ce cri, c'est le cri de l'Amour qui s'immole par amour, ce cri, c'est la naissance de l'homme qui devient fils de Dieu, par la mort de Dieu qui est devenu fils d'homme.
8 Écoute, écoute Israël, le Seigneur est notre Dieu. Écoute, écoute Israël, le Seigneur est Un.	

Annexe 1.1 : Tunique - Chronique Frédégaire

<u>Chronique de Frédégaire</u>

« La trentième année du règne du même prince, la Tunique de Notre Seigneur Jésus-Christ, qui lui avait été enlevée dans la passion, et tirée au sort par les soldats qui le gardaient, et de laquelle le prophète David dit : et ils ont tiré mes vêtements au sort ; fut découverte par les aveux de Simon, fils de Jacob ; qui, après avoir été pendant deux semaines tourmenté de divers supplices, déclara enfin que la Tunique était déposée dans la ville de Joppé, loin de Jérusalem, dans un coffre de marbre : Grégoire, évêque d'Antioche, Thomas, évêque de Jérusalem, Jean, évêque de Constantinople, et beaucoup d'autres évêques, après un jeûne de trois jours, portèrent à pied à Jérusalem, avec une sainte dévotion, la Tunique enfermée dans le coffre de marbre, qui devint aussi léger que s'il eût été de bois, et ils la placèrent en triomphe dans le lieu où on adore la croix du Seigneur. Cette année, la lune fut obscurcie. »

Annexe 1.2 : Tunique – Redécouverte

Argenteuil
Redécouverte de la Tunique

La charte (ou bulle papale), signée par le légat du pape[228], donne des détails sur l'évènement. Cette charte est conservée dans les trésors de l'église d'Argenteuil. À la fin du XIXᵉ siècle ce document est authentifié[229].

Une grande cérémonie a lieu cette même année 1156 à Argenteuil en présence du roi Louis VII[230]. L'abbé de Saint-Denis près d'Argenteuil[231] témoigne également sur cette première ostension de la Tunique à Argenteuil.

L'abbé du Mont Saint-Michel[232] rapporte dans sa chronique la découverte de la « cape du Seigneur » de couleur roussâtre et sans couture. De nombreux autres personnages[233] historiques rapportent cette découverte historique.

---

[228] L'archevêque de Rouen Hugues d'Amiens
[229] Historien Léopold Delisle et professeur de Giry
[230] Recueil des historiens de Gaule tome XV, p. 699
[231] Eudes de Deuil
[232] Robert de Thorigny
[233] Raoul de Dicet, archidiacre puis doyen de Saint Paul de Londres, contemporain d'Henri II et de Richard cœur de Lion - Roger de Wendower, moine de Saint Alban - Matthieu de Paris, décédé en 1259 - Barthélémy Cotton, moine de Norwich, décédé en 1298 - Nicolas Triveth des frères prêcheurs en 1328 - Matthieu de Westminster, célèbre chroniqueur en 1376 - Jean Froissart (1333-1410)

Annexe 1.3 : Tunique – Dévotions

Dévotion avant la Révolution

Dans un document[234] de 1486, le prieur[235] de Notre-Dame de l'humilité recommande au prêtre Jean, d'avoir grand soin de tenir une lampe allumée devant le précieux corps de Notre-Seigneur, comme il est d'usage dans l'Église, et devant la Sainte Robe.

La Tunique fait l'objet de la dévotion des rois Saint Louis, François Ier, Henri III, Louis XIII ; des reines Marie de Médicis et Anne d'Autriche ; et des cardinaux de Bérulle et Richelieu.

Au XVIe siècle, la relique est souvent appelée Robe-Dieu. Le 1er mai 1529, la Tunique est portée en procession à Saint Denis pour une cérémonie. Et de même en 1534 à Paris avec un morceau de la vraie croix conservé à la Sainte Chapelle.

François 1er autorise l'édification de murailles pour Argenteuil, dans sa lettre patente du 21 janvier 1544. La ville peut ainsi protéger ses habitants et son monastère « où repose le très sacré et précieux reliquaire de la Robe inconsutile de notre Sauveur et Rédempteur Jésus-Christ ».

La Tunique donne lieu à de nombreux pèlerinages, processions et attestations de miracles[236], particulièrement aux XVIe et XVIIe siècles.

Le 13 janvier 1613, le pape Paul V approuve la confrérie de la Tunique. Les papes suivants continuent leur bienveillance à l'égard de la confrérie[237]. À la fin du XVIIe cette confrérie est composée de plus de 1.000 personnes, de toutes conditions et de tous lieux.

En 1646, la congrégation de Saint-Maur s'installe à Argenteuil. Dès 1647, le prieur[238] de Notre-Dame de l'humilité, ordonne une

---

[234] Conservé aux archives départementales des Yvelines
[235] Jehan de Fardonas
[236] Retour à la vie d'enfants mort-nés (1597 et 1604) – Guérison de la vue d'une jeune demoiselle de la ville de Paris – Guérison de flux de sang en 1641 d'un marchand orfèvre de Paris – Guérison de pustules incurables pour un Parisien et un Argenteuillais – En 1652 guérison d'un jeune marquis sourd et muet – Guérison de fiévreux, aveugles, paralysés et moribonds - En 1673 et à dix reprises jusqu'en 1746, réalisation d'enquêtes sur les guérisons obtenues par la vénération de la relique.
[237] Innocent X, Clément X, Innocent XI, Grégoire XVI
[238] Pierre du Camboust de Coilin

première enquête.

En 1668, Dom Robert Wyard[239] écrit la première « Histoire[240] de la Tunique inconsutile de Notre Seigneur Jésus-Christ ».

En 1675, la duchesse de Guise, fille de Gaston d'Orléans, est frappée par la pauvreté du reliquaire en bois lors d'un pèlerinage à Argenteuil. Elle fait exécuter un reliquaire en vermeil doré et l'enrichit de pierres de grande valeur. La duchesse reçoit en présent un petit morceau de la Tunique.

Le 22 octobre 1680, le transfert de la Sainte Robe dans son nouveau reliquaire a lieu lors d'une grande cérémonie avec Te Deum. Jusqu'à la Révolution, la relique est exposée dans cette châsse de vermeil.

Dévotion après la Révolution

M. l'abbé Gaidechen, curé, adresse le 29 avril 1804, un exposé au légat du Saint-Siège. Il rappelle les faits sur l'antique possession de la Tunique, et les titres attestant cette possession. Il demande le rétablissement du culte que l'on rendait à ce monument de notre salut[241]. Le 18 mai 1804, une ordonnance rétablit le catholicisme et le culte de la Tunique reprend.

En 1827, Mademoiselle Guillerme de Paris offre un petit reliquaire de bronze doré, long de 38 cm et large de 15 cm, en reconnaissance de sa guérison.

En 1843, le pape Grégoire XVI institue l'indulgence de la Tunique.

Le 12 août 1844, lors d'une brillante cérémonie, la Tunique est mise dans une châsse en cuivre doré et émaillé, signée Leroux, offerte par les fidèles. Elle sera classée monument historique le 23 mai 1979.

Le 26 avril 1892, en présence de M. l'abbé Tessier curé doyen d'Argenteuil, il est procédé au travail nécessaire pour la conservation de la Tunique. Les quatre morceaux qui la composent sont cousus sur une

---

[239] Né en 1639 à Etaples, bénédictin de Saint Maur, mort le 23 mai 1714 au monastère de Sainte Valérie sur Mer
[240] Reprise ensuite par M. de Gaumont et Dom Gerberon
[241] D'après M. Guérin « La Sainte Tunique de Notre Seigneur Jésus-Christ » 1845

étoffe de satin préparée d'avance et garantie par des antiseptiques contre toute détérioration.

Le chanoine Tessier, pour l'ostension solennelle du 14 mai au 17 juin 1894, fait réaliser un immense reliquaire. Il est fabriqué par la maison Poussielgue, en bronze ciselé et doré, mesurant 3,40 m sur 1,80 m. Ce reliquaire entreposé dans la sacristie n'est sorti que pour exposer la Tunique lors des ostensions solennelles.

En 1900 a lieu une nouvelle ostension.

Du vendredi saint 30 avril au lundi de Pentecôte 21 mai 1934, le chanoine Breton célèbre une ostension solennelle.

Le 12 août 1940, des manifestations sont organisées à l'occasion du 1.140^e anniversaire de l'arrivée de la Tunique à Argenteuil.

Dans les années 50, la procession avec la Tunique est supprimée. Elle existait depuis des siècles pour clôturer la neuvaine des prières du jeudi de l'Ascension au lundi de Pentecôte.

En 1981, le reliquaire de la Tunique est ouvert, le professeur Max Frei de Suisse prélève des spécimens de pollen de la Tunique. Malheureusement un pesticide, du DDT, a été mis dans le reliquaire pour lutter contre les mites. Il est nécessaire d'en tenir compte…

Une ostension solennelle eut lieu du 14 au 23 avril 1984. Les ostensions se font traditionnellement tous les 50 ans, la prochaine a lieu en 2034.

Annexe 1.4 : Tunique – Datation carbone 14

En 2003, le sous-préfet d'Argenteuil, Jean-Pierre Maurice, a décidé de réaliser une série d'analyses sur le vêtement : structure, mode de tissage, datation par le carbone 14 à partir d'un échantillon.

Avec l'accord de l'évêque, le sous-préfet demande (avec la municipalité d'Argenteuil, la préfecture du Val-d'Oise, le Ministère de la Culture) au CEA de Saclay une datation au Carbone 14 de la Tunique d'Argenteuil. L'évêque est en effet le custode[242] de cette Tunique depuis qu'elle se trouve en France.

Le transport de la relique s'effectue de nuit. La relique est conservée, avec l'accord de la direction régionale des affaires culturelles, dans une pièce sous alarme chez le sous-préfet du 13 au 15 octobre.

En 2004, les analyses, menées au Laboratoire des Mesures du Carbone 14 à Saclay, datent le tissage de la Tunique des VIe et VIIe siècles de notre ère (entre les années 530 et 650 ap. JC).

Le 6 décembre 2004, l'évêque de Pontoise, Mgr Riocreux, annonce à la presse que la Tunique est « très probablement » un faux du VIIe siècle après Jésus-Christ. Ces résultats sont rendus publics par l'évêché de Pontoise en décembre 2004.

En 2005, un élément est venu jeter un doute sur la validité de cette mesure. Un autre fragment du même échantillon radio analysé l'année précédente est remis par le Docteur Gérard Lucotte à la société privée habituée à ces analyses Zurich-Archeolabs.

La procédure suivie est identique, mais le laboratoire est tenu dans l'ignorance de l'origine exacte des quelques fils (mesure en aveugle). Sa conclusion ne cadre pas avec les résultats délivrés par Saclay. Selon lui, la date serait comprise entre 670 et 880, avec un intervalle de confiance de 95,4%. C'est-à-dire que les intervalles de confiance ne se recoupent pas et qu'il y a une différence de 185 ans entre les deux dates moyennes (590 pour Saclay et 775 pour Zurich-Archeolabs).

Le problème de la datation au carbone 14 du Linceul de Turin se

---

[242] Gardien de la Tunique

répète avec la Tunique d'Argenteuil. La presse titre :
- « La Sainte Tunique est plus récente que le Christ » (Le Parisien du 7.12.2004),
- « Sainte Tunique du Christ: la fin du mythe » (La Gazette du 8.12.2004),
- « Une Tunique pas si sainte » (L'Écho Régional du 8.12.2004),
- « La Sainte Tunique n'a jamais appartenu au Christ » (L'Écho Régional du 22.12.2004),
- « La Sainte Tunique postérieure au Christ » (La Gazette du 5.1.2005)

L'association « COSTA » organise un colloque[243] le 12 novembre 2005 à Argenteuil « La Sainte Tunique face à la science ».

Mme Claire van Oosterwijck a montré l'incapacité d'une datation correcte par la méthode du Carbone 14. Elle est inapplicable aux tissus pollués comme cette relique. Dans son ouvrage, elle réfute les conclusions de la datation au carbone 14 du Linceul de Turin réalisée en 1988.

---

[243] Actes de ce colloque aux éditions de Guibert à Paris

Annexe 1.5 : Tunique – Donations

Plusieurs fragments de la Tunique sont dispersés au fil du temps.

Le professeur Marion, ancien Directeur de l'Institut Optique de Saclay, a analysé un fragment de la Tunique d'Argenteuil conservé et vénéré à l'église de Longpont près de Paris. Il a démontré son identité avec la Tunique d'Argenteuil.

Une parcelle de la Tunique d'Argenteuil, cadeau de Charles le Chauve se trouve à l'abbaye de Westminster selon un passage de la chronique de John Flete, prieur de 1457 à 1465.

En 1675, la duchesse de Guise, fille de Gaston d'Orléans, reçoit en présent un petit morceau de la Tunique.

L'abbé d'Ozet emmène un morceau de la Tunique à Sucy en Brie (Val de Marne) en 1802 lors de sa nomination comme curé. En 1934, ce fragment est toujours entreposé dans l'église de cette commune.

En 1854, l'abbé Millet, curé d'Argenteuil, donne à Pie IX un petit morceau de la Tunique.

Annexe 2.1 : Suaire – Événements à Oviedo

De Jérusalem à Oviedo

Le roi Alphonse II[244] fait construire une crypte (la Camara Santa) sous la cathédrale d'Oviedo pour accueillir « l'Arca Santa ». L'église est fortifiée par Alphonse III[245] pour la protéger des musulmans. L'ancienne cathédrale fortifiée est remplacée en 1556 par une cathédrale gothique mais l'ancienne crypte est conservée.

Le coffre « l'Arca Santa » va rester fermé pendant plusieurs siècles[246].

Le 14 mars 1075, le coffre est ouvert et son contenu répertorié par le roi Alphonse VI[247]. L'inventaire[248] a lieu en présence de sa sœur Dona Urraca et de Rodrigo Diaz de Bivar[249].

En 1113, le roi ordonne que l'on recouvre d'argent le coffre de chêne. Les inscriptions, gravées sur le coffre indiquent la liste des reliques, parmi lesquelles est mentionné « le Saint Suaire de N.-S. J.-C. »

Entre 1585 et 1598, l'évêque d'Oviedo, Diego Aponte de Quinares ordonne un nouvel inventaire de l'Arca Santa.

Les pèlerins qui vont à Saint-Jacques-de-Compostelle (Santiago) font généralement un petit détour en franchissant les monts Cantabriques. Ils vénèrent le Suaire à la cathédrale Saint-Sauveur d'Oviedo. Un dicton populaire souligne l'importance du Suaire d'Oviedo : « Qui va à Santiago mais non à Salvador, honore le serviteur et néglige le Seigneur. »

---

[244] Dit le Chaste, roi des Asturies de 791 à 842

[245] Dit le Grand, roi des Asturies de 866 à 910

[246] Textes se rapportant aux reliques et à leurs gardiens, en 847, 906, 908, 1006, 1044, 1128

[247] Roi de León (1065-1109), roi de Castille (1072-1109) à la mort de son frère, roi de Tolède (1085-1109) par conquête, et roi de Galice (1090-1109) à la mort de son autre frère.

[248] Archives de la cathédrale d'Oviedo

[249] Mieux connu sous le nom du Cid Campeador

Annexe 2.2 : Suaire – Professeur Villalain

Le docteur Villalain[250] identifie les taches comme du sang humain de groupe AB.

Le professeur a fait de nombreuses recherches en effectuant des simulations.

Le professeur rend compte de la couleur très délavée des taches. Après de nombreux essais de dilution de sang sur un linge de lin semblable, le docteur Villalain arrive à préciser que ces taches sont constituées de sang pour un sixième.

Cependant, dans la zone centrale, correspondant au nez et aux narines, certaines parties de ces taches présentent une couleur plus intense. C'est qu'à ces endroits l'écoulement s'est fait par vagues successives dont les contours sont d'ailleurs très nets. Ce qui suppose que les premiers écoulements étaient déjà secs lorsque les suivants se produisirent. Des mesures effectuées avec un densitomètre confirmèrent qu'il y eut quatre écoulements successifs.

Le docteur Villalain reconstitue le déroulement des opérations de mise en sépulture.

Les crucifiés meurent par asphyxie. Dans ce cas, se produit un œdème des poumons avec formation d'un liquide spécifique. Si le corps subit ensuite des chocs, ce liquide peut sortir par les narines. La plupart des taches visibles sur le Suaire dans cette zone centrale sont de cette nature. Villalain dilue donc du sang frais avec le liquide provenant des poumons d'un homme mort qui avait souffert d'un œdème pulmonaire. Le résultat est tout à fait convaincant. Le halo produit comporte de petites pointes dans le sens de l'écoulement et de petits grumeaux, exactement comme sur le Suaire.

L'étude très précise de ces taches permet de situer parfaitement la pointe du nez et la forme des narines. Villalain détermine la position successive des doigts qui essaient d'arrêter l'écoulement. Cette idée de vouloir à tout prix arrêter les saignements s'explique dans le contexte juif où le sang est à la fois en relation avec l'esprit vital et source d'impureté.

---

[250] Professeur émérite de médecine légale à l'université de Valence en Espagne

Le docteur Villalain pousse la recherche encore plus loin, à l'aide d'abord d'une tête en plâtre munie de petites sondes aboutissant aux narines et à la bouche. Il utilise une tête transparente en verre, munie du même système de petits tuyaux, mais montée sur un pied métallique avec une rotule permettant de donner à cette tête n'importe quelle position, celle-ci étant chaque fois mesurée parfaitement. Cette expérience lui permit de constater que toutes ces taches n'ont pas pu se former dans les mêmes circonstances, dans la même position de la tête.

Pour les **premières taches**, la tête du Christ, déjà mort, est inclinée vers l'avant et légèrement sur sa droite. Le sang et le liquide pleural, sortant par les narines, imprègnent la barbe et les moustaches.

Après sa mort le corps de Jésus déjà mort est resté en position verticale sur la croix, pendant environ une heure. La tête est inclinée de 70 degrés vers l'avant et de 20 degrés vers le côté droit. Elle est donc, pratiquement, appuyée sur l'épaule droite, le bras droit est étiré vers le haut, ce qui explique que le Suaire n'ait pas pu être appliqué sur cette partie. C'est alors que se sont constituées les taches les plus anciennes.

Les blessures dues à la couronne d'épines ne pouvaient pas être atteintes directement tant que le Christ est en croix et porte le casque d'épines. La couronne d'épines est ensuite enlevée de la tête. L'essentiel du sang, que les épines ont fait couler, est séché et ne s'est pas imprimé sur le Suaire.

Plusieurs petites taches ponctuelles se sont cependant formées, notamment à la base du cou. D'après les essais d'imprégnation du docteur Villalain, le Suaire est appliqué sur ces plaies environ une heure après l'écoulement du sang.

D'autres taches s'expliquent par application du Suaire sur des cheveux ensanglantés...

Pour les **deuxièmes taches**, le corps se trouve à l'horizontale à plat ventre. La tête est toujours penchée de 20 degrés vers la droite et de 115 degrés en avant. Le front repose sur une surface dure et est resté dans cette position environ une heure. Les taches le long du nez, des joues et jusqu'au côté droit du front se forment alors. Il n'y a pas de trace de sang côté gauche du front.

Le corps est donc descendu de la croix et allongé par terre, sur le ventre, le front appuyé sur une surface dure, et reste dans cette position environ une heure.

Les **troisièmes taches** apparaissent plus tard, lorsque quelqu'un tente d'arrêter l'écoulement de sang et de sérum qui vient des narines. Enfin, le corps est retourné toujours allongé, mais sur le dos.

Les **dernières macules** se forment lors du transport du corps vers le tombeau.

Annexe 3.1 : Coiffe – Charlemagne

Le Suaire est un linge dont on couvrait la tête (cas de la Coiffe de Cahors) et le visage (cas du Voile de Manoppello) des morts dans l'antiquité.

Écrit de Richard de Wassebourg
Volumes des antiquités de la Gaule Belgique, Royaume de France, Austrasie et Lorraine Edition 1549 d'après Richard de Wassebourg.

Richard de Wassebourg est archidiacre de la cathédrale de Verdun et abbé de St-Viton de Verdun. Il écrit, dans la partie sur la vie de Herilandus 20e évêque de Verdun, citant Annonius (saint Annon, archevêque de Cologne en 1055) :

« À quoi entendre faut supposer ce qu'Annonius, au supplément de ses histoires dit, qu'environ l'an huit cents, le patriarche de Jérusalem averti des grandes vertus & renommée de Charlemagne, envoya en légation, vers lui un religieux avec plusieurs reliques du Saint Sépulcre : entre lesquelles était un clou, avec lequel notre Seigneur Jésus-Christ fut crucifié, des épines de la couronne, et une grand partie de la croix.

Et en ce même temps, Aaron roi et amiral de Perse, envoya semblablement Ambassadeurs, vers ledit Charlemagne, qui lui apportèrent le suaire[251] de notre dit Seigneur Jésus-Christ, la chemise de Notre-Dame le bras de saint Siméon (comme dit Sigebert) le corps de monsieur saint Cyprien, évêque de Carthage, et plusieurs autres reliques : lesquelles ledit roi reçut honorablement et révéremment : et les envoya en diverses églises de son royaume, pour y être vénérées et honorées. Et après qu'il eut quelque temps festoyé en France, et conféré avec lesdits ambassadeurs, les renvoya avec plusieurs dons nobles et magnifiques. Et pour plus amplement prendre alliance et amitié avec le dit Patriarche de Jérusalem, désirait savoir l'état, affaires, et nécessités des lieux saints pour y subvenir et aider, envoya en Jérusalem avec lesdits ambassadeurs ledit Zacharias, frère dudit Herilanus, à fin de par lui être mieux informé des choses dessus dites.

---

[251] Le Suaire est un linge dont on couvrait la tête (cas de la Coiffe de Cahors) et le visage (cas du Voile de Manoppello) des morts dans l'antiquité

Dit outre le dit Annonius, qu'en l'an subséquent, pendant que Charlemagne était à Rome, du temps de son couronnement, ledit Zacharias de son retour arriva à Rome : et là fait son rapport de sa légation. Et lui présenta de par ledit patriarche les clés du Saint Sépulcre, et du lieu du Calvaire, avec une bannière ou étendard de la Sainte Passion de Jésus-Christ, en signifiant qu'il le mettait lui et les dits saints lieux sous la tutelle et défense, comme à celui, qui était dignes entre tous les princes chrétiens, d'être appelé et dénommé très chrétien roi. Et de cette heure il prend ladite dénomination, et conséquemment tous les successeurs rois de France ont conservé ledit titre. »

Chroniques de Saint-Denis sur les Gestes de Charlemagne
(Dom Bouquet, Recueil Des historiens des Gaules)

« Dedans mit les saintes reliques moult honorablement, et après envoya ses coursiers ainsi comme par tout le monde, et fit crier que tous vinssent à Aix-la-Chapelle aux ides de juin, pour voir et pour adorer les saintes reliques qu'ils avaient apportées de Jérusalem et de Constantinople la riche ; c'est à savoir huit des épines de la sainte couronne que notre sire eut sur son chef le jour de sa passion, l'un des clous, et une partie du fut de la sainte croix ; **le suaire en quoi il fut enveloppé en sépulture**, la chemise de notre Dame qu'elle eut vêtue à son glorieux enfantement, et le bras droit de saint Siméon, dont il reçut notre Seigneur au temple, le jour de la Chandeleur ; et maintes autres précieuses reliques. »

« Et ce même jour vint à Rome le prêtre Zacharie que le roi avait envoyé à Jérusalem ; avec lui amena deux moines, messagers du patriarche qui par lui apportèrent les clefs du saint sépulcre et du mont Calvaire et une enseigne de soie. Le roi reçut les messages et les présents moult débonnairement. Et quand ils eurent demeuré à sa cour tant comme il leur plut, il les congédia et leur donna de ses richesses. »

Annexe 3.2 : Coiffe – Vénération avant 1500

« En 1239, considérant le grand nombre de pèlerins qui, tous les ans, au retour des fêtes de Pentecôte, arrivaient à Cahors pour honorer la Sainte-Coiffe, le chapitre se détermina à distribuer une aumône générale appelée dans les actes du treizième siècle, la charité de la Pentecôte. »

« Cette aumône avait lieu sur le pont neuf et provenait, comme en faisaient foi, du temps de Dominicy, les vieilles scèdes ou minutes d'un notaire de Cahors, de certaines rentes établies par le chapitre et par quelques bourgeois de la ville. Dans la suite, ces sortes de charités faites à une grande multitude étant devenues la cause d'une confusion inévitable, on jugea à propos de les supprimer, et on en disposa en faveur de l'hôpital St-Jacques. »[252]

En 1286, le corps de Saint Didier, évêque de Cahors du VIIe siècle fut placé sous l'autel du Saint Suaire[253] dans la cathédrale.

Au XIIIe siècle, on trouve dans des missels[254] l'office du Saint Suaire de Cahors[255].

En 1318, Guillaume de Labroue, évêque de Cahors et cousin germain du Pape Jean XXII, insère dans les décrets synodaux des règles strictes et exigeantes pour la reconnaissance des reliques.

En 1360, le roi d'Angleterre, également duc de Guyenne, Edouard III, accorde les deux jours de la Pentecôte en foire, pour faire profiter le commerce cadurcien des pèlerins attirés par les ostensions de la Coiffe. Un des chanoines, après un sermon adressé à un auditoire nombreux, montre la Coiffe deux fois par jour du haut de l'ambon[256].

En 1408, les consuls de Cahors achètent quatre torches pour honorer « lo sacto Capel » (la Sainte-Coiffe) à la procession du premier

---

[252] Montaigne, chanoine de Cahors, traduisant Dominicy
[253] Linge dont on couvrait la tête (cas de la Coiffe de Cahors) et le visage (cas du Voile de Manoppello) des morts dans l'antiquité
[254] Livre contenant les prières de la messe
[255] Histoire générale du Quercy de Guillaume Lacoste (1755-1831)
[256] Petite tribune placée latéralement à la clôture du chœur, utilisée pour les lectures du rituel de la messe et pour la prédication. (Remplacée par Jubé et chaire à prêcher)

synode[257] de l'évêque de Cahors[258].

En 1480, le chapitre fait faire une châsse d'argent où sont représentées les figures des apôtres avec les instruments de la passion de notre Seigneur. Cette châsse est destinée à renfermer la Coiffe qu'on expose sur l'autel de la chapelle chaque fois qu'on porte cette relique en procession[259].

En 1482, la peste ravage le Quercy. La Coiffe est portée en procession à travers les rues et les places publiques. Tout Cahors est réuni suppliant Dieu d'épargner la cité : l'évêque, le chapitre, le clergé, les consuls et les magistrats, les corporations, les gens de guerre, le peuple. La ville fut épargnée…. Un registre de l'époque attribue ceci à la dévotion des cadurciens envers la Coiffe et à l'intercession de saint Ambroise, évêque de Cahors.

Le 22 janvier 1487, le Pape Innocent VIII, dans une bulle, accorde des indulgences à ceux qui visitent la chapelle du Saint Suaire. L'abbé de Fouilhac (1622-1692) écrit que de son temps cette bulle, scellée du sceau de dix cardinaux, est dans les archives du chapitre de Cahors[260].

En 1492, une quête est réalisée dans les diocèses de Cahors et de Montauban pour la chapelle de la Coiffe de Cahors[261].

---

[257] Assemblée réunie pour l'examen des problèmes de la vie ecclésiale
[258] Guillaume d'Arpajon, évêque de Cahors (1407-1430), rapporté par Fouilhac
[259] Abbé Fouilhac, chroniques du Quercy - manuscrit de la bibliothèque de Cahors
[260] « ibid. »
[261] « ibid. »

Annexe 3.3 : Coiffe – Prise de Cahors

Écrits de Dominicy, historien natif de Cahors, suite aux témoignages d'hommes instruits témoins de la prise de la ville par les huguenots

« La chapelle du Saint-Suaire ayant été pillée, la châsse d'or et d'argent, où était renfermée la Sainte-Coiffe, fut prise et emportée par un soldat. Ce soldat, impatient de savoir ce qu'il avait pris, força la châsse, y mit la main et en retira un piédestal, surmonté d'un globe d'argent, sur lequel se trouvait placée la Sainte-Coiffe, afin que la forme en fût mieux conservée. Il jeta en marchant ce linge sacré, et alla mettre sa proie en lieu sûr. Ce linge fut ramassé par une pauvre femme, qui jetait à la rue les balayures de sa maison.

Cependant un nommé Vigier et Jérôme Dadine, personnages distingués de Cahors, étaient comme prisonniers de guerre, retenus dans la maison du Grand Archidiacre (au- dessous du Portail-au-Vent), sous la garde du Vicomte de Gourdon. Un nommé Patrissou, habitant de la ville, va les trouver et leur annonce qu'ils vont être en liberté. Il y a, leur dit-il, une pauvre femme qui a trouvé par terre la Sainte-Coiffe, et qui, moyennant une récompense, désire s'en défaire, espérant qu'elle sera mieux conservée par d'autres mains. Alors les deux prisonniers, plein d'espoir de recouvrer leur liberté, prient Patrissou de faire les conditions. La pauvre femme demanda deux quartons de froment (deux cinquièmes d'hectolitre). Jérôme Dadine indique un endroit où il en a encore une petite provision. La pauvre femme reçoit la quantité convenue, et livre la Sainte-Coiffe.

A l'instant elle est présentée aux prisonniers, qui cherchent aussitôt à prendre la fuite. Ils font venir un nommé Froment, domestique de Dadine, et ils lui font part du dessein qu'ils ont de s'échapper. Le domestique est d'avis de traverser le Lot non loin du Pont neuf, près du couvent de la Dorade (aujourd'hui le tribunal). Il accourt en toute hâte à la rivière, où plusieurs bateaux étaient amarrés, et dispose promptement une barque. Il est suivi par Vigier et Dadine, qui passent devant les sentinelles sans être aperçus, arrivent à la première porte du pont, trouvent les gardes et le poste militaire à s'amuser, franchissent le poste, montent dans la barque que le domestique avait préparée et traversent heureusement le Lot. Peu après on s'informe des prisonniers, on demande si on les a vu fuir ; personne n'a rien vu. »

Pendant ce temps les fugitifs gagnent une maison de campagne que Dadine avait au Cayran (au-delà et près de Montal, en allant de Cahors à Montauban), et se croyant indignes de garder un si grand trésor, ils se rendent à Luzech, où se trouvait l'archidiacre François de Tornels, lui font part de tout ce qui leur est heureusement arrivé et lui remettent la Sainte- Coiffe.

La ville de Cahors ayant recouvré le calme et la tranquillité, l'archidiacre apporta la relique, et la replaça dans la chapelle où elle était autrefois. Le Chapitre arrêta que la pauvre femme, qui l'avait ramassée dans la rue, serait nourrie sa vie durant (Elle eut du Chapitre, dit Malleville, une pension de blé tous les ans restants de sa vie).

Il en fut ainsi, d'après le témoignage de Jean d'Hauteserre, qui tenait ces faits de Jérôme Dadine son père. Au reste parmi nous tout le monde sait que les anciens racontent la chose de la même manière. »

Dans le fonds Greil de 1904, mémoire pour le Saint Suaire de Cahors, se trouve la lettre qui raconte le même épisode de la vie de Dadine de Hauteserre racontée par son fils M. de Hauteserre.

Prise de Cahors par les protestants

La Coiffe échappe de justesse à la destruction.

La châsse de la Coiffe est dérobée par un soldat. Il jette le linge sacré dans la rue le considérant sans valeur. Il s'enfuit avec le reliquaire.

Pour remplacer la châsse du Saint Suaire dérobée, le chapitre de la cathédrale réalise une nouvelle châsse en argent. L'inscription suivante est apposée : « L'an 1585, Antoine de Saint Sulpice, étant évêque et comte de Cahors, les chanoines déposaient, dans cette châsse d'argent le Saint Suaire de la tête de Notre Seigneur Jésus Christ, divinement conservé, lorsque le 29 mai 1580, la ville fut prise par les Huguenots, et le trésor de l'église pillé. »

Cette châsse disparaît en 1793 pendant la période révolutionnaire.

Après le pillage de la cathédrale en 1580, les calvinistes embarquent leur butin sur plusieurs gabares. La destination est le château de Cénevières, repaire d'Antoine de Gourdon, le chef local du parti protestant. L'embarcation avec le maître-autel heurte le rocher de Galessie et coule par huit mètres de fond. Une autre barque coule vers Saint-Martin Labouval. La gabare transportant le reliquaire et l'autel de la Coiffe est la seule à accoster au château de Cénevières. Antoine de Gourdon installe la table dans la cour du château.

Antoine de Gourdon refusera toujours la restitution de l'autel…

En 1598, M. de Roaldès raconte avoir bu un verre de Cahors sur cette table après la proclamation de l'édit de Nantes.

En août 1634, un procès-verbal est écrit en latin par Me Cabessut, notaire royal à Cénevières[262]. Il concerne la visite au château de Cénevières par quatre notables. Ces derniers identifient fortuitement l'ancien autel de la Coiffe avec l'inscription : « Le souverain Pontife Calixte II a consacré l'autel du Suaire de la tête du Christ l'an 1119, le six des calendes d'août. » C'est-à-dire le 27 juillet.

Dès que l'inscription de l'autel est connue du marquis de Cénevières et des ministres protestants du colloque, ordre est donné de couper en deux le beau marbre dont une partie est convertie en auge, tandis que l'autre reste provisoirement sans destination.

Plusieurs siècles après, le marquis Guy de Braquilanges considère pour sa part que le marbre a été coupé pour faire disparaître toute inscription. Il restaure l'autel vers 1978 et l'installe dans la chapelle du château. L'autel est consacré par Monseigneur Bréheret, évêque de Cahors.

Procès-verbal d'août 1634, écrit en latin par Me Cabessut, notaire royal à Cénevières (papiers de la collection L. Greil)

« Un jour du mois d'août 1634, noble Henri de la Tour, marquis de Gouvernet, reçut en son château la visite du chanoine théologal de Cahors, François de Roaldès, accompagné d'Étienne Cambous, docteur, archiprêtre de St-Cirq, de Jean Ganil, recteur de Calvignac et de Pierre Loubatières, bachelier en théologie. Il les accueillit avec courtoisie et s'excusa d'être obligé de les quitter pour ne pas manquer à un rendez-vous de chasse. Pendant son absence, les visiteurs allèrent se promener dans le jardin du château, rempli de fleurs et de fruits. Ils entrèrent dans

---

[262] Papiers de la collection L. Greil

un cabinet de verdure couvert de jasmin et d'autres plantes grimpantes et trouvèrent au milieu une table de marbre de huit pieds de long, quatre pieds de large et deux pieds et demi d'épaisseur, qu'ils soupçonnèrent être l'autel du Saint Suaire. Ils n'ignoraient pas que l'ancien seigneur de Cénevières, Antoine de Gordon, nommé par Henri de Navarre, gouverneur de Cahors après la prise de cette ville à laquelle il avait tant contribué, avait pillé la cathédrale et fait transporté à Cénevières l'autel de la Sainte-Coiffe.

(Le maître-autel de la cathédrale avait été chargé sur deux bateaux pour être transporté également au château de Cénevières, mais un accident le fit tomber, près de Galessies, dans un gouffre d'où on n'a jamais pu le retirer (Dom Bruno Malvesin, Malleville, Lacoste, etc.)).

Le marbre était posé sur deux pierres qui l'élevaient à la hauteur ordinaire d'une table.

« Et les hérétiques, nouveaux Balthasars, jouaient et buvaient sur cette table profanée. » Les visiteurs remarquèrent sur le devant quelque chose qui ressemblait à des caractères gravés dans le marbre. À l'aide d'un couteau et de plusieurs lavages, ils purent enfin déchiffrer l'inscription suivante :

D. AL. SVD. CAP. KRI. CAL. II
P. M. A. DDCXIX. VI. KAL. AVG.

(Dedicat altare sudarii capitis Christi Calixtus secundus pontifex maximus, anno 1119, sexto calendas augusti). « Le souverain Pontife Calixte II a consacré l'autel du Suaire de la tête du Christ l'an 1119, le six des calendes d'août. » C'est-à-dire le 27 juillet. »

Ce qui s'accorde, dit Malvesin, avec ce qui se lisait autrefois dans un vieux martyrologe de l'église cathédrale de Cahors en beaux caractères : « 6 Kal. Aug Consecratio Maj. Altaris et Altaris S. Suadirii (description du Saint Suaire, annuaire du Lot, 1855). »

« Le 6 des calendes d'août, consécration du maître-autel et de l'autel du Saint Suaire. »

Annexe 3.4 : Coiffe – Vénération après 1600

Vénération au XIXe siècle

En 1825, la Coiffe est replacée avec honneur dans sa châsse plaquée d'argent.

Sous la Restauration, M. Solacroup, vicaire général, homme de science et de prière, fait don d'une châsse. Elle sert aux ostensions de la Coiffe jusqu'en 1899.

En 1872, Monseigneur Pierre-Alfred Grimardias fait restaurer le chœur de la cathédrale. Il veut rendre à Saint Pierre la chapelle qui était primitivement consacrée en son honneur. La Coiffe, qui depuis des siècles est vénérée dans cette chapelle, est transférée dans celle du milieu de l'abside restaurée[263].

Deux belles peintures murales décorent cette chapelle : l'une représente l'offrande de la relique par Charlemagne, l'autre montre la consécration de l'autel par le pape Calixte II.

Le 25 juin 1899 un nouveau reliquaire est inauguré en présence de Monseigneur Enard, évêque de Cahors, et de Monseigneur Dénicha, évêque de Tulle. À cette occasion l'antique procession de la Coiffe est renouvelée dans la vieille cité. Ce reliquaire est offert par M. Collignon. Œuvre néo-gothique, le reliquaire comprend un pied orné de statuettes de Charlemagne, du pape Calixte II et de l'évêque Didier.

En 1899, sur ordre de l'évêque du diocèse, la Coiffe est portée à pied sur 60 kilomètres, d'étape en étape et de paroisse en paroisse, au sanctuaire de Rocamadour.

Importance de la dévotion

La vénération des évêques et des Papes soulignent l'importance de la relique de la Coiffe.

Marc Antoine Dominicy[264] reproduit une prose très ancienne en l'honneur de la Coiffe de Cahors, et mentionne un vieux missel conservé de son temps au monastère de Catus, dans lequel se trouvait une messe

---

[263] Chapelle Saint-Sauveur où en 1526 avait été porté le tombeau de Saint Géry et que les protestants mirent en pièces en 1580

[264] Historien (1605 - 1650) dans « De sudario capitis Christi »

qui citait la Coiffe.

En 1715, une messe de la Coiffe se trouve dans le bréviaire romano-cadurcien publié par l'évêque Monseigneur Henri de Briqueville de la Luzerne. Ce bréviaire indique : « Le Suaire, mis sur la tête de Notre-Seigneur, est très religieusement vénéré depuis plusieurs siècles dans l'église de Cahors, qui le tient, d'après la tradition, du très pieux empereur Charlemagne ». Cet office se retrouvera également dans les bréviaires de 1746 et 1760 par l'évêque Bertrand du Guesclin.

L'église institue la fête de la Coiffe avec comme oraison du jour : « Seigneur Jésus-Christ, qui avait honoré cette église de Cahors du Suaire de votre tête sacrée et l'avez rendue célèbre par une infinité de miracles…. »

Le bréviaire du milieu du XIXe siècle reprend l'oraison des antiques missels cadurciens :

« Seigneur Jésus-Christ, qui avez honoré cette Église du Suaire de votre tête sacrée, et qui l'avez rendue célèbre par une infinité de miracles, accordez-nous, s'il vous plaît, que sa présence nous fasse si bien conserver le souvenir de votre passion et de votre sépulture, que nous méritions d'acquérir la gloire de la résurrection. »

Le culte rendu autrefois au Saint Suaire était d'importance nous dit Montaigne[265] en 1844 se basant sur Dominicy.

Culte rendu autrefois au Saint Suaire selon Montaigne en 1844 se basant sur Dominicy

« I Tous les jours, entre les vêpres et complies, le Chapitre, précédé de la croix, se rendait processionnellement à la chapelle du Saint Suaire, et on y chantait les versets suivants : O Jésus, par votre mort et votre sépulture, délivrez-nous du péché et d'une mauvaise mort. Le chanoine de semaine ajoutait l'oraison ci-dessus : Seigneur Jésus…

II Tous les samedis, pour honorer plus spécialement la sépulture de Notre-Seigneur, on chantait solennellement, après complies, les mêmes versets et oraison ; le peuple était averti par quelques coups de cloche, la châsse était placée sur l'autel et on laissait voir la Sainte- Coiffe à travers

---

[265] Chanoine Montaigne, historien du XIXe siècle, dans sa notice historique sur la Coiffe

le verre de la châsse. Il y avait toujours foule.

III Tous les ans, aux fêtes de Pentecôte, on la montrait avec grande solennité deux fois par jour. La dévotion était grande et les pèlerins innombrables.

IV Il existait une confrérie, dite du Saint Suaire. La réception dans cette confrérie, dont nous ignorons les privilèges et les indulgences, avait lieu pendant les fêtes de la Pentecôte. On faisait toucher à la Sainte-Coiffe les chapelets des confrères.

V Au Synode diocésain, qui se tenait régulièrement tous les ans après Pâques, le clergé du diocèse, avant de se réunir pour délibérer, faisait, après la messe du St-Esprit, une procession avec le Saint Suaire ; et, pour satisfaire à la dévotion des Curés, on leur montrait la précieuse relique, avec les cérémonies usitées.

VI On portait encore le Saint Suaire en procession le 30 juillet et le 8 février de chaque année. Le 30 juillet, en reconnaissance de ce qu'après un vœu fait au Saint Suaire, la ville avait été délivrée de la peste. (30 juillet, commémoration de la protection de la peste pour Cahors et le 8 juillet, commémoration de la sauvegarde de la Sainte-Coiffe et de Cahors des protestants en 1580).

VII Il y avait un Directeur de la chapelle du Saint Suaire. Il était chargé de veiller à la conservation de la relique, à la décoration de la chapelle, à l'acquit des fondations et à l'ordre des messes qui s'y disait en grand nombre, surtout le vendredi. ….

VIII L'autel de la chapelle du Saint-Suaire était privilégié. On appelle autel privilégié celui auquel le Souverain Pontife attache une indulgence plénière, applicable aux défunts, pour lesquels on y célèbre la messe, ou tous les jours, ou en certains jours. Bien avant Dominicy, le privilège était pour chaque vendredi de l'année. Maintenant (1844) il est pour tous les jours et pour toutes les messes qui s'y disent, d'après une concession du Souverain Pontife Grégoire XVI, en date du 22 décembre 1840.

Le Pape Innocent VIII, comme nous l'avons dit au chapitre sixième, avait accordé des indulgences à tous ceux qui visiteraient à certains jours la chapelle du Saint Suaire. La bulle pontificale a disparu et nous ignorons quelles étaient ces indulgences, et ce qu'il fallait faire pour les gagner.

X Le mardi de la première semaine après la Pentecôte, on fait dans tout le diocèse l'office du Saint Suaire ; et à la Cathédrale, les vêpres finies, on va en procession à la chapelle du Saint Suaire, la châsse est exposée sur l'autel, et la relique montrée au peuple.

XI Avant 1790, on trouvait imprimée et plaquée sur un grand carton, à la chapelle du Saint Suaire, l'image de la Sainte-Coiffe et les prières à réciter (archives du Chapitre). »

Annexe 3.5 : Coiffe - Études scientifiques

Procès-verbal de l'analyse de sang
Les taches de sang de la Coiffe sont examinées avec soin en 1839 avec la chimie de l'époque et font l'objet d'un procès-verbal déposé aux archives du Chapitre.

Un procès-verbal est dressé et déposé aux archives du Chapitre :
« Procès-verbal d'une expérience, faite pour constater la nature des taches de la Sainte-Coiffe, conservée dans la Cathédrale de Cahors.

Le 8 mars 1839, Messieurs Lacombe médecin et Lacombe pharmacien, tous deux experts en chimie, ont, en présence de Messieurs Montaigne, Floras et Dommergue, chanoines, procédé à l'examen des taches de la Sainte-Coiffe de la manière suivante :

Dès la veille on avait mis tremper dans de l'eau pure, distillée, cette partie du tissu qui, à l'extérieur, sur le côté gauche près la couture et vers la nuque, présente deux taches presque contigües.

1 L'eau avait pris une teinte jaunâtre, assez semblable au Sérum, partie élémentaire du sang.

2 Elle a donné ensuite pour résultat, au moyen des réactifs employés, la formation d'une matière qui a paru être de l'albumine, autre partie élémentaire du sang.

3 Cette expérience exclut l'idée de taches faites par la rouille.

4 La plus petite de ces deux taches, celle, qui est en forme de demi-lune, examinée au microscope, a présentée quelques traces de fibrines, autre élément du sang.

De ces observations on peut conclure que les taches de la Sainte-Coiffe sont des taches de sang.

Présent procès-verbal, fait à Cahors le 8 mars 1839. »
 Suivent les signatures.

Annexe 3.6 : Coiffe - Description des taches

L'abbé Justin Gary décrit les taches visibles sur la Coiffe dans « La Sainte Coiffe, notice sur le Saint Suaire de Cahors » :

« **Au côté droit de la Sainte Coiffe, à l'extérieur**, on peut signaler les taches suivantes :

Vers le sommet de la tête, près de la couture, il existe une tache de forme oblongue. Auprès de cette tache, il y a un trou, qui laisse apercevoir le quatrième double.

A deux pouces environ de cette première tache, on en remarque deux entourées de plusieurs autres points sensibles. Entre ces taches et la couture se trouve une goutte de cire et, dans la même direction, près la couture, une marque de rouille.

A un pouce plus bas, sur la droite, et à dix-huit lignes de la bordure, on distingue une petite tache bien marquée.

En partant de la nuque et tirant vers le front, sur une longueur de deux pouces, il y a trois taches fort légères et fort petites et une déchirure, qui laisse voir le troisième double.

Vers le bas, dans l'endroit correspondant au-dessous de l'oreille, on aperçoit un léger nuage produit par une tache intérieure qui perce les huit doubles. Sur ce côté, il est encore quelques autres taches, mais peu apparentes sans une loupe.

L'extrémité qui se prolonge sous le menton est usée et percée à jour, près de la bordure restée intacte.

Du côté gauche, à l'extérieur, le crêpe-lis est beaucoup plus usé que du côté droit. On y remarque cinq taches :

Sur le devant, près de la bordure, vers le milieu, dans la ligne des yeux, on voit une tache peu large, mais s'étendant d'un pouce le long du bord.

Près du bouton, il y en a une autre, à peu près de la grandeur d'une pièce de dix sous.

A trois pouces environ de chacune des deux taches indiquées, il en est une petite, mais très prononcée, elle perce plusieurs doubles.

A la nuque, près de la couture, il en existe deux presque contiguës, une très visible en demi-lune, qui perce presque à l'intérieur ; l'autre plus grande, mais moins sensible.

A l'intérieur et au côté droit, sous l'oreille, il y a une tache qui est la plus grande de toutes et qui, comme nous l'avons déjà dit, perce les huit doubles et paraît un peu à l'extérieur. Elle a dix-huit lignes de long sur onze de large. Au-dessus et au-dessous de cette tache, il y a des déchirures considérables. Au-dessus, plusieurs doubles ont été enlevés et tous les huit ont disparu sur la surface de six lignes en carré.

A un pouce de cette grande tache, sur le bord du devant, il en est une autre plus petite, mais qui pénètre aussi les huit doubles et s'étend sur une longueur de dix-huit lignes.

Le côté gauche, à l'intérieur, ne présente aucune tache bien distincte ; mais l'extrémité sous le menton a été grandement endommagée ; quatre doubles ont disparu. »

Annexe 4.1 : Linceul - Légende d'Abgar

Récit de la légende d'Abgar
La légende antique d'Abgar relate, avec la discipline du secret, les circonstances historiques de l'évangélisation d'Édesse avec la révélation du rôle du Linceul dans cet évènement historique. La composition originale de la légende syriaque d'Abgar provient de la fin du troisième siècle et a pour sources de son récit les archives d'Édesse. La version existante, toute première de la Doctrine d'Addaï, est à peu près de l'an 400.

Dans le conte syriaque, d'auteur anonyme et connu sous le nom de doctrine d'Addaï, le disciple Addaï présente un portrait de Christ peint au Roi Abgar Ukkama. Abgar se convertit au Christianisme après l'observation tant du portrait que d'une merveilleuse vision qui apparaît sur le visage du disciple Addaï. Pendant quelque période non spécifiée, le portrait est placé dans un palais.

Eusèbe de Césarée (265 – 340) rapporte un conte grec dans son Histoire ecclésiastique. Eusèbe connaissait apparemment le conte syriaque. Eusèbe écrit en 325 un conte grec qui cite une correspondance que le roi Abgar d'Édesse (Abgar V Oukama dit le noir) aurait eue avec Jésus pour le prier de venir le guérir d'une maladie réputée incurable. Dans sa réponse, Jésus aurait écrit :

« Lorsque j'aurai été élevé, je t'enverrai un de mes disciples pour te guérir de ton infirmité et te donner la vie, à toi et à ceux qui sont avec toi. »

Eusèbe rapporte que le disciple en question fut Thaddée, qui évangélisa la ville d'Édesse et son roi.

Il décrit la vision mystérieuse du roi, mais ne fait aucune mention d'un portrait. Eusèbe reconnaît que son histoire a été tirée des archives officielles de la ville.

Toutefois, dans le Décret de Gélase et pour l'Église, cette correspondance est regardée comme apocryphe.

Par rapport à cette thèse, les difficultés sont les suivantes.

Il n'y a pas d'indication qu'un prédécesseur d'Abgar le grand était sympathisant du Christianisme.

La conversion d'un monarque dirigeant pouvait difficilement être ignorée dans la littérature chrétienne pendant presque trois cents ans.

L'arrivée d'un tel évènement aurait donné à l'Église d'Édesse une prééminence apostolique telle qu'elle ne serait jamais subordonnée, comme elle l'a fait en l'année 200, à l'Église d'Antioche.

Interprétation de la légende d'Abgar

Dans le récit syriaque, le roi est le contemporain des Papes Eleuthère, Victor 1er et Zephyrinus, de l'Évêque Serapion d'Antioche, de l'Évêque Palut d'Édesse, du Roi Narsai d'Adiabène, tous personnages de la fin du deuxième siècle.

Palut lui-même est allé à Antioche et a reçu l'ordination au sacerdoce de Serapion, l'Évêque d'Antioche (191-211).

Abgar était un homme saint, le plus pieux et instruit, et un croyant, (Julius Africanus ayant appelé Abgar le Grand un homme saint et Bardesian l'ayant décrit comme quelqu'un qui croyait et qui était pour le moins un sympathisant Chrétien). Il a employé des images Chrétiennes sur sa monnaie et a permis à un synode Chrétien de se rencontrer dans son royaume.

La référence dans ces contes (syriaque et grec) à un échange épistolaire entre Abgar et Jésus a l'avantage, en plus de la discipline du secret, d'accorder à Édesse une fondation apostolique à la source même de la foi, c'est-à-dire à Jésus.

Abgar le Grand, un roi du second siècle cherchant la rédemption spirituelle, devient, dans les deux versions de la légende, Abgar Ukkama, un monarque du premier siècle cherchant un remède physique. Abgar Ukkama, dirigeant peu connu, régna de - 4 à 7 et, de nouveau, de 13 à 50. En 49, il trahit ses alliés Romains en s'alliant à la Parthie.

La lettre d'Abgar au Pape Eleuthère devient, dans le récit grec, la correspondance de son prédécesseur éloigné à Jésus. Manu le pasgriba, un émissaire vers Eleuthère, devient, dans le récit syriaque, Hanan l'archiviste, un émissaire du premier siècle vers Jésus. Dans les deux légendes, Eleuthère, qui autorise une mission papale, devient Jésus, qui approuve une mission apostolique posthume. Avircius, le missionnaire papal, devient Addaï, l'émissaire de Christ. Palut, le compagnon d'Avircius et le futur évêque d'Édesse, devient, dans la légende syriaque, Aggai, l'aide principal d'Addaï et le futur évêque d'Édesse.

Le Linceul, impressionnant outil de conversion a facilité le succès de la mission envoyée par Eleuthère. Il devient, dans le conte syriaque, le Portrait de Jésus. Il est dans les deux versions de la légende la merveilleuse vision qui apparut à Abgar sur le visage d'Addaï.

Malgré la conversion d'Abgar, le paganinisme a continué à Édesse. Ce paganinisme devient dans la Doctrine d'Addaï, le principal autel païen d'Édesse resté intact.

L'élimination du missionnaire prétendument responsable de l'évangélisation de la ville, est reflétée dans la construction soudaine d'un tombeau pour le disciple mystérieux Addaï (Abercius ou Avircius, voir épitaphe ci-après).

En 212 Abgar Severus succède à son père Abgar le grand. Il avait probablement adopté son nom pour honorer l'Empereur Romain Septimius Severus. Le fils d'Abgar, Severus, serait responsable de la mort du disciple Addaï (Avircius ou Abercius). Ce dernier avait prêché à Édesse et dans la Mésopotamie, mais il était de Paneus.

Tant la légende que l'histoire s'accordent pour affirmer que, malgré la conversion du roi, le paganisme a continué à fleurir dans Édesse. Le Linceul pouvait-il rester à Édesse ? La primauté d'Antioche sur Édesse ne rendait-elle pas le retour du Linceul normal ? Palut a-t-il du rendre le Linceul à la garde de l'Église d'Antioche ? Ou le Linceul est-il resté sous la protection du premier roi chrétien ?

Une fois que sa mission avait été accomplie, Avircius a voyagé à Nisibis et est retourné à Hiéropolis où il a dicté son épitaphe.

La grande inondation de novembre 201 est décrite dans la Chronique d'Édesse, travail syriaque, avec une tout première édition existante du sixième siècle. L'Église Chrétienne a été partiellement détruite dans cette inondation. Abgar permit donc l'érection d'une église chrétienne dans Édesse. (Le roi dit à Addaï : « Partout où vous souhaitez, donc, construisez une église, un lieu de rencontre, pour ceux qui ont cru et continuent à croire en vos mots »).

La position catholique traditionnelle a accepté la substance, mais pas la chronologie de la légende d'Abgar. Selon cette position, un missionnaire palestinien inconnu nommé Addaï apporta le Christianisme à Édesse au milieu du deuxième siècle. Il devint le premier évêque d'Édesse et eut pour successeur Aggai et ensuite Palut. Ce dernier a été ordonné, vers l'an 200, par l'Évêque Serapion d'Antioche.

Légende d'Abgar d'Édesse remaniée

La légende syriaque d'Abgar et la version reprise par Eusèbe de Césarée dans son histoire ecclésiastique sont rapportées dans divers textes avec une rédaction amplifiée et grossie de plusieurs légendes.

Ainsi, Moïse de Khorène (fin Ve siècle) dans son Histoire d'Arménie reprend le récit d'Eusèbe en y ajoutant d'autres correspondances avec Tibère, Nerses, Ardashes… Concernant la correspondance d'Abgar avec Jésus, il est fait mention que le messager d'Abgar, Anan rapporta la réponse de Jésus, « ainsi que l'image du Sauveur qui se trouve encore à présent à Édesse ».

D'autre part, la Doctrine d'Addaï (IVe ou Ve siècle), précise qu'en plus d'être le messager d'Abgar, Hannan était le « peintre du roi », et qu'il réalisa un portrait de Jésus. (Addaï est la forme syriaque de Thaddée).

Une autre variante tardive, les Actes de l'apôtre Thaddée (VIIe siècle), indique qu'Ananias (= Hannan = Anan), cherchait à fixer dans sa mémoire les traits de Jésus, pour en faire une description à son roi, mais n'y parvenait pas. Jésus s'étant lavé le visage s'essuya avec un linge qu'il remit à Ananias. Sur le linge s'était « imprimée » l'image du visage de Jésus.

Enfin, la forme ultime de ce développement précise qu'Ananias, voulait faire le portrait de Jésus, mais qu'il lui était impossible de fixer les traits du Sauveur, car son visage semblait changer sans cesse d'aspect, « sous l'effet de la grâce indicible qui s'en dégageait ». Le Christ, devinant le dessein d'Ananias se fit apporter une petite bassine, s'y lava le visage et l'essuya avec un linge plié en quatre. Aussitôt ses traits se trouvèrent imprimés de manière indélébile sur ce linge, sans le secours d'une main humaine.

A noter que Jésus s'essuie le visage dans un linge plié en quatre pour expliquer le Mandylion d'Édesse plié en quatre.

Saint Jean Damascène mentionne lui aussi brièvement l'épisode dans sa Défense de la foi orthodoxe.

Les traditions de l'Église, exprimées sous une forme légendaire, servent à manifester et à affirmer les vérités dogmatiques de l'œuvre divine. L'image non faite de main d'homme et la conversion du roi Abgar, sont fixées dans les Actes des Conciles et dans les écrits patristiques, c'est pour cela qu'elles entrent dans la vie liturgique orthodoxe.

Le 16 août est la fête de l'icône « non faite de main d'homme » dans l'Église orthodoxe et dans l'Église copte.

Abgar est commémoré comme saint « Abgar, roi d'Édesse et premier roi chrétien » durant l'Avent de Noël par l'Église d'Arménie, et à la Mi-carême par l'Église syrienne.

L'histoire d'Abgar est connue par la « Légende Dorée » de Jacques de Voragine qui l'intègre dans la vie des apôtres Simon et Jude, en se basant sur Eusèbe et saint Jean Damascène.

Avant 1130, un auteur occidental relate un sermon prononcé au VIIIe siècle par le pape Étienne III :

« Car le même médiateur entre Dieu et l'homme (le Christ), pour pouvoir satisfaire totalement le roi (Abgar), étendit tout son corps, sur une pièce de tissu, blanche comme neige, sur laquelle la glorieuse image du visage du Seigneur et la longueur de tout son corps furent si divinement transformées qu'il était suffisant pour ceux qui ne pouvaient voir le Seigneur corporellement dans sa chair, de voir la transfiguration faite sur le tissu. »

Vers 1130 Ordericus Vitalis, un moine anglais, écrit dans sa prodigieuse Histoire de l'Église :

« Abgar régnait à Édesse comme toparque. Le Seigneur Jésus lui envoya [...] une très précieuse pièce de tissu avec laquelle il essuya la sueur de son visage, et sur laquelle les traits du Sauveur se reproduisirent miraculeusement. Et elle montrait à ceux qui la regardaient l'image et les proportions du corps du Seigneur. »

Au XIIe siècle, un manuscrit de la bibliothèque du Vatican confirme cette tradition dans une version de la lettre du Christ à Abgar :
« Si vraiment vous désirez voir mon visage tel qu'il est physiquement, je vous envoie une pièce de tissu à propos de laquelle sachez que l'image non seulement de ma face, mais de tout mon corps, a été divinement transformée. »

Au XIIIe siècle, Gervase de Tilbury cite les mots du Christ à Abgar, en ajoutant :
« Car des archives qui font autorité depuis les temps anciens nous ont transmis que le Seigneur s'est couché de tout son long sur un linge d'une très grande blancheur, et que, par la puissance divine, l'image la plus belle non seulement du visage, mais de tout le corps du Christ, s'est trouvée imprimée sur le tissu. »

Annexe 4.2 : Linceul - Épitaphe d'Abercius

Récit de l'épitaphe d'Abercius

L'épitaphe d'Abercius est considérée comme la reine de toutes les inscriptions chrétiennes antiques tant son importance est évidente pour l'histoire du christianisme primitif. Elle fut découverte en 1883, par le Professeur écossais William M. Ramsay, près de la porte du sud de la ville antique Phrygienne de Hiéropolis. L'inscription est un poème écrit dans un style mystique et symbolique, selon la discipline du secret, pour dissimuler son caractère chrétien. Elle est conservée au musée du Latran.

Abercius est probablement Avircius Marcellus. Avircius est un nom latin; cependant, vers la fin du deuxième siècle, les Grecs ont commencé à remplacer le V latin par un B et cette pratique est devenue banale au troisième siècle. Historiquement, Abercius reste un personnage mystérieux. L'existence et l'ampleur de son inscription funéraire indiquent un personnage important.

Avircius serait né en l'an 121 de notre ère. Abercius est un saint grec, thaumaturge et surtout grand évangélisateur, ce qui lui vaut le titre traditionnel d'« Égal aux Apôtres ». Il devint sans doute premier évêque vers 180-200 d'Hiérapolis (ville située en Phrygie Salutaire).

Abercius Marcellus aurait été commanditaire et destinataire d'un traité anti-montaniste anonyme dont Eusèbe nous a conservé de longs extraits dans son « Histoire Ecclésiastique ». Ce texte peut être daté du début de la décennie 190.

Avircius a inscrit publiquement sur son épitaphe les détails d'un voyage important parce qu'il a avec succès participé à une mission d'évangélisation historique d'Édesse.

Le texte a été composé à la fin du deuxième siècle, peut-être pendant le règne de Commodus (180-192). L'inscription, dans sa langue, son symbolisme et ses caractéristiques paléographiques, est tout à fait semblable à l'inscription de Pectorius. L'audace de l'écrit et sa position publique suggèrent une composition après une période de paix pour l'Église donc au plus tard en an 192.

L'épitaphe entière comprend vingt-deux lignes constituée de vingt-et-un vers d'hexamètre (16 syllabes) et un vers de pentamètre (5 syllabes) (le verset 2).

Le texte a pu être reconstruit à partir de trois sources indépendantes :
- les fragments en pierre découverts, maintenant exposés dans le Musée du Vatican ;
- l'inscription d'Alexandre, une imitation de l'épitaphe, datable de l'année 216 ;
- une biographie du quatrième siècle fortement romancée d'Avircius, qui cite entièrement l'épitaphe alors existante (Acta Sanctorum : Abercius).

En 1881, l'épitaphe d'Alexandre, fils d'Antoine, était aussi découverte par le Professeur Ramsay. Elle est presque identique à l'inscription d'Abercius aux lignes 1 à 3 et 20 à 22. Cependant une erreur dans la ligne 2 établit qu'elle a été copiée de l'épitaphe d'Abercius ce qui conforte l'antériorité de l'épitaphe d'Avircius.

La vie d'Avircius a été romancée dans une biographie grecque au quatrième-siècle. L'auteur de l'Acta Sanctorum Abercius, rédigé entre 364 et 400, a censément copié l'épitaphe et l'a incorporée dans son histoire.

La traduction libre en français qui suit s'appuie, avec quelques retouches, sur une bonne version anglaise de Johannes Quastana :

« Citoyen de cette illustre ville, j'ai fait de mon vivant construire (ce tombeau) pour que mon corps y repose un jour. Mon nom est Abercius. Je suis le disciple d'un pur pasteur qui dirige la troupe de ses agneaux à travers monts et plaines et dont l'œil immense voit toutes choses, car il m'a appris les lettres dignes de foi. C'est lui qui m'a fait entreprendre le voyage de Rome pour en contempler la majesté souveraine et y voir une reine à la robe et aux sandales d'or ; j'y vis aussi un peuple portant un sceau brillant. Et je vis le pays de Syrie et toutes ses villes ; je vis Nisibis en allant au-delà de l'Euphrate. Partout j'ai rencontré des frères. J'avais Paul (pour compagnon ?)... La foi me guidait et me procurait en tout lieu pour nourriture un poisson très grand et très pur, recueilli à la source par une vierge sans tache, et c'est ce qu'elle sert constamment à la table des amis, elle a un vin excellent qu'elle verse (coupé d'eau ?) pour accompagner le pain. Ce sont les paroles véritables que j'ai dites, moi Abercius, afin qu'elles soient mises ici par écrit, alors que je suis dans la soixante-douzième année de mon âge. Que le frère qui entend et comprend ces choses comme moi prie pour Abercius. Que nul ne recouvre mon tombeau par un autre, ou il paierait deux mille pièces d'or au Trésor romain et mille pièces d'or à ma chère cité d'Hiéropolis. »

Interprétation de l'épitaphe d'Abercius

Le Montanisme a été fondé sur les énonciations charismatiques de Montanus, un prêtre païen de Phrygie qui avait été converti au Christianisme vers le milieu du deuxième siècle. Il a prétendu que l'Esprit Saint a parlé par lui et ses deux compagnons féminins, Prisca et Maximilian. D'environ l'année 160, l'hérésie rapidement s'étendit vers l'ouest lointain comme la Gaule, et beaucoup de villes de l'Empire romain avaient des congrégations tant orthodoxes que Montanistes. Tandis qu'initialement Eleuthère était quelque peu conciliant, il est devenu ensuite un adversaire loyal de l'hérésie et un synode d'évêques a excommunié Montanus et ses disciples.

Pendant la papauté d'Eleuthère, les pèlerinages des ecclésiastiques orthodoxes et hérétiques étaient très communs en Ville sainte et rivalisaient pour obtenir l'assistance papale.

Avircius, un évêque Phrygien, est reconnu comme la figure en chef dans la résistance au Montanisme dans la dernière partie du deuxième siècle. Un traité anti-Montaniste, datable en 192-193, a été consacré par son auteur anonyme à Avircius qui l'avait encouragé à l'écrire.

Par conséquent, Eleuthère aurait appelé Avircius à Rome pour aider à planifier et à mettre en œuvre la stratégie de l'Église contre le Montanisme.

Avircius déclare précisément dans son épitaphe qu'il a entrepris le voyage à Rome à la demande d'un pasteur qui dirige la troupe de ses agneaux, voit toute chose et qui lui a appris les lettres dignes de foi. Le berger peut être Eleuthère (représentant de Jésus) qui convoque Avircius à Rome pour le conseiller sur le Montanisme car celui-ci est de Phrygie la région d'origine de Montanus et donc de la secte.

Eleuthère peut avoir convoqué également son missionnaire suite à la demande historique de baptême par Abgar le grand.

Eleuthère est pape, donc il dirige l'Église. Il voit tout car il est informé de l'hérésie du Montanisme et de la demande de baptême d'Abgar. Eleuthère a appris à Avircius les lettres dignes de foi. Ces lettres pourraient être la lettre du roi d'Édesse Abgar demandant le baptême.

Avircius entreprend le voyage à Rome pour en contempler la majesté souveraine. Il reconnaît donc la primauté de Rome, ce qui est important au moment de l'hérésie montaniste.

Avircius entreprend le voyage à Rome pour voir une reine et non pas la Reine. La Reine pourrait être l'Église, mais la reine peut être la reine d'Édesse qui a porté la correspondance d'Abgar concernant sa demande de baptême.

Dans la hiérarchie royale d'Édesse, l'officiel ayant la confiance du roi a été appelé le pasgriba. Le pasgriba d'Abgar était son beau-père, Manu (sans doute le Manu d'une pièce de monnaie d'Édesse). Il devient donc plausible que pour son voyage à Rome en vue de rencontrer Eleuthère, il ait pris non seulement la missive historique d'Abgar, mais aussi la femme d'Abgar et sa fille, la reine Shamash.

Avircius a vu la Syrie et toutes ses villes donc Antioche (capitale de la Syrie et troisième ville de l'empire romain après Rome et Alexandrie) et Édesse (ville principale dans la partie orientale de la Syrie).

Arvicius a rencontré sur sa route des frères (chrétiens) dont Paul. Ce dernier a sans doute voyagé avec Arvicius en Syrie. Dans la Doctrine d'Addaï, un Chrétien nommé Palut (le Paul de l'épitaphe) sert d'aide au missionnaire Addaï et, suite à la mort d'Aggai, assume la direction de l'Église d'Édesse. Or historiquement, un ecclésiastique nommé Palut a été délégué, en 198, par l'Évêque Serapion d'Antioche (adversaire du Montanisme), pour établir le Christianisme orthodoxe dans Édesse et, deux ans plus tard, a été ordonné premier évêque d'Édesse. Palut a admis l'autorité ecclésiastique d'Antioche. Pendant de nombreuses années les Chrétiens d'Édesse furent appelés Palutians.

Palut a rejoint la mission d'évangélisation d'Eleuthère le passage de l'épitaphe pouvait être : « Palut était mon compagnon pour mon voyage par la Syrie ».

La suite de l'épitaphe pourrait faire référence au Linceul.

La foi me guidait et me procurait en tout lieu pour nourriture un poisson très grand et très pur (le Linceul), recueilli à la source par une vierge sans tache (la vierge Marie a recueilli le Linceul - la seule sans tache parce que Immaculée Conception), et c'est ce qu'elle sert constamment à la table des amis, elle a un vin excellent qu'elle verse (coupé d'eau ?) pour accompagner le pain (Eucharistie).

Les symboles eucharistiques de pain et le vin sont spécifiquement mentionnés à la fin du même vers. En décrivant le poisson très grand et très pur, Avircius se rapporte à un long tissu de lin de quatorze pieds qui porte une image anatomiquement parfaite du corps de Christ.

Annexe 4.3 : Linceul - Hymne de la perle

Récit de l'hymne de la perle

L'Hymne de la perle est une poésie syriaque datable de la première partie du troisième siècle et n'a pas été écrite plus tard que l'année 224. La poésie fait référence à la dynastie Parthe renversée en 224. Elle fut découverte parmi une traduction syriaque de la langue grecque des Actes de Judas Thomas l'Apôtre, un travail écrit dans les premières décennies du troisième siècle et à ou près d'Édesse. L'Hymne ne contient aucune allusion aux circonstances décrites dans les récits des Actes lesquels précèdent ou suivent. Il diffère dans le style et le contenu de tels récits. C'est manifestement un document indépendant incorporé par le rédacteur syrien.

À la différence de l'Inscription d'Abercius et de la Doctrine d'Addaï, l'Hymne de la Perle ne déclare pas spécifiquement qu'il contient un message dissimulé compréhensible seulement par des Chrétiens.

Dans cette poésie, la présence du Linceul dans Édesse pendant la fin du deuxième siècle est révélée.

La promotion de trois principes hérétiques spécifiques (démenti d'une résurrection physique, existence d'une Mère divine et d'un Père divin, existence de dieux moindres) l'établit comme un travail de Bardaisan. Ce texte, en toute probabilité, a été composé par, ou à la direction de Bardaisan lui-même.

Bardaisan (154-222), un Gnostique Chrétien, un philosophe et le compositeur de nombreux psaumes syriaques, est né de noblesse à Édesse. Selon la tradition, il a suivi l'école jeune avec le futur Abgar le Grand. Il a sans doute fréquenté la cour d'Édesse. Comme ami du roi et visiteur fréquent de sa cour royale, Bardaisan aurait certainement vu le Portrait d'Édesse, peut-être quand il a été d'abord présenté à Abgar et certainement après qu'il ait été placé dans un des palais royaux, et il est sans doute la source de plusieurs allusions métaphoriques évidentes au Linceul qui apparaissent dans l'Hymne de la Perle.

Interprétation de l'hymne de la perle

Un fils de roi (Jésus) est envoyé en Égypte par ses parents pour y chercher la perle précieuse au-delà de la mer, près de l'antre d'un dragon (serpent) écumant (sa mission est de racheter l'humanité tenue sous l'emprise de Satan). Les parents dépouillent le prince de son vêtement resplendissant (de sa divinité). Le jeune Prince quitte le royaume paternel avec deux compagnons qui l'accompagnant jusqu'à la frontière de l'Égypte (de la terre). Dans ce pays, il rencontre un homme de sa race, un fils de nobles, avec lequel il se lie d'amitié et qu'il met en garde contre l'Égypte et le contact avec les êtres impurs. Mais lui-même habillé comme un égyptien (un homme) pour ne pas être reconnu, finit par accepter la nourriture locale, ce qui entraîne son sommeil et l'oubli de sa mission initiale. On s'en inquiète au royaume de son père. Ses parents lui envoient une lettre sous la forme d'un aigle et lui rappellent son origine et sa mission. Revenu à lui, le Prince ensorcelle le serpent, lui ravit la perle, et se dépouille des vêtements égyptiens (son humanité) et retrouve venant à sa rencontre son vêtement de lumière (sa divinité). Enfin de retour en Mésopotamie, il offre la perle au Roi des Rois.

> Soudainement comme je lui faisais face,
> le vêtement m'a semblé comme un miroir de moi.
> Je l'ai vu tout dans mon entier moi,
> de plus j'ai fait face à mon entier moi en (l'affrontant),
> car nous étions deux dans la distinction
> et pourtant de nouveau un dans une ressemblance
> et l'image du Roi des rois
> a été dépeinte en entier sur lui

Le Roi des rois est bien sûr Jésus qui est Dieu venu nous révéler l'amour du Père.

Après la mission l'image reflétée du Prince sur son vêtement, précédemment sans image, est l'image du Linceul. La mission est accomplie, le Christ a vécu sa passion, est mort sur la croix et est ressuscité.

La déclaration du prince qu'il peut voir, sur le tissu, « son tout moi », confirmerait que Bardaisan, présent à la cour royale d'Édesse, avait observé l'image de corps entier sur le Linceul, de même qu'Avircius Marcellus, le missionnaire qui a apporté le tissu d'Édesse, avait vu l'image de Christ, le poisson anatomiquement parfait, dans son excès de grande taille.

Annexe 4.4 : Linceul - Période iconoclaste

Première période iconoclaste (726 à 787)

De 726 à 843, c'est la période de l'iconoclasme dont les tenants sont opposés à toute image, même celle du Linceul. La première période iconoclaste va jusqu'au concile de Nicée, la seconde débute après ce concile. À ce moment, les Chrétiens ne devaient pas prendre le risque d'exposer le Linceul.

En 727, Léon III l'Isaurien s'oppose aux représentations du Christ en commençant par un geste symbolique. Il détruit l'image du Christ qui se trouvait sur la Chalcè, la porte d'airain du palais impérial. L'empereur considère que le seul signe est celui de la Croix.

Léon III l'Isaurien, empereur de Byzance de 717 à 741, promulgue un édit iconoclaste en 730, prescrivant la destruction non seulement des icônes mais aussi des reliques.

Sous le règne de Constantin V (741-775), dit « Copronyme », des milliers d'icônes furent jetées dans le Bosphore. Pour Constantin V, la nature divine de Jésus permettait d'assimiler l'image sainte à une idole.

En 726-730, Jean Mansour de Damas dit Jean Damascène (676-749), théologien chrétien - père de l'Église - docteur de l'Église, décrit l'image d'Édesse, dans son ouvrage « Des Saintes Images », comme une bande, un drap oblong, qui n'est pas carré. Saint Jean Damascène a défendu le réalisme de l'incarnation permettant la vénération de l'icône du Christ.

Vers 730, Saint Germain, patriarche de Constantinople, explique : « L'icône de Notre Seigneur Jésus Christ, représentant ses traits humains devenus visibles grâce à sa théophanie, si nous l'avons, c'est pour nous souvenir toujours de sa vie dans la chair, de sa passion, de sa mort salvatrice et du rachat du monde qui s'en est suivi. Par son icône nous apprenons à connaître toute l'étendue de la kénose de Dieu le Verbe » - La kénose désigne l'abaissement par lequel le Verbe, qui est Dieu, rejoint notre humanité dans le personne de Jésus (Philippiens 2, 6-11).

En 769, le Pape Etienne III évoque, lors du synode de Latran, l'image d'Édesse comme l'image du Visage et de tout le corps du Seigneur.

En 787, Léon, lecteur de l'église de Constantinople, témoigne avoir vu à Édesse la célèbre image lors du second concile de Nicée.

En 787, le Concile de Nicée est convoqué par le Pape Hadrien 1er à la demande de l'Impératrice Irène et de son jeune fils Constantin VI (VIIe Concile œcuménique). Le concile décrète la validité du culte des images sacrées sur la base historique de la Sainte Face d'Édesse et sur la base dogmatique de la vérité de l'incarnation. Dieu, en Jésus, s'est rendu visible par l'incarnation.

La théologie de l'icône définie à Nicée II en 787, c'est-à-dire du temps de l'Église unie, déclare : « Nous conservons inchangées toutes les traditions de l'Église, écrites ou non écrites, qui nous ont été solennellement transmises : l'une d'entre elles est la figuration par l'image de personnes vivantes qui fait accord avec la parole de la prédication évangélique, en vue de fortifier la foi en l'incarnation véritable, et non en apparence, du Verbe de Dieu ».

Seconde période iconoclaste (788 à 843)

Léon V l'Arménien et Théophile sont les empereurs régnant durant la seconde période iconoclaste.

Saint Théodore Studite (759-826), abbé du monastère Studion de Constantinople, précise la distinction entre la « nature » (humaine ou divine) et la « personne » dont on peut faire l'icône. Il se référait également au Mandylion d'Édesse.

En 843, le grand concile de Constantinople est convoqué sous l'impératrice Théodora dans la basilique de la Sainte Sagesse (Sainte Sophie). Ce concile met fin à la période iconoclaste. La Fête liturgique du « dimanche de l'orthodoxie » est instaurée pour marquer la foi de l'Église en l'incarnation véritable de son Dieu Sauveur. La prière de cette fête est significative : « Indescriptible dans ta nature divine, Seigneur, tu t'es incarné en permettant de te décrire car, en prenant un corps, tu as pris toutes ses propriétés. C'est pourquoi nous vénérons avec amour ton image peinte selon la sainte Tradition apostolique. »

Annexe 4.5 : Linceul – Constantinople

Autres informations du Linceul à Constantinople
En 958, Constantin VII annonce à ses armées l'envoi d'une eau consacrée par le contact de plusieurs reliques, dont le Linceul.

En 1036, le Linceul est porté en procession sous le règne de Michel IV le Paphlagonien.

En 1058, le Linceul est montré en procession d'après l'écrivain arabe chrétien Abu Nasr Yahya qui vit le Linceul à Sainte Sophie.

Jean le Géomètre, prêtre de Constantinople, parle de l'image du Christ visible sur son « suaire ».

Une description de Constantinople est datée entre 1075 et 1099. Elle rapporte que l'image du visage du Christ, envoyée au roi d'Édesse, est exposée à Constantinople. Le document indique qu'à la suite de tremblements de terre continuels et d'une vision divine, le Linceul a été enfermé dans un vase d'or et plus personne, même l'empereur, ne pouvait la voir.

En 1092, le Linceul se trouve dans l'église Notre-Dame du Phare de Constantinople. Dans une lettre à Robert de Flandre, Alexis Ier Comnène dit avoir vu à Constantinople les linges de lin[266] trouvés après la Résurrection dans le sépulcre[267].

Vers 1150, un pèlerin anglais anonyme nous laisse la liste des reliques qu'il a pu contempler à Constantinople. Il signale « dans la chapelle de l'empereur », parmi les reliques du Christ, « le soudarion qui fut sur sa tête ».

En 1151 – 1154, l'abbé[268] d'un monastère irlandais contemple à Constantinople « des bandeaux ou étoffes de lin avec le soudarion (sveitaduk, tissu de sudation) et le sang du Christ ». Cette mention du

---

[266] Linteamina, terme usuel pour désigner le Linceul
[267] "« Linteamina, post resurrectionem eius inuenta in sepulcro »
[268] Nicolas Soemundarson

sang fait l'intérêt de la citation.

En 1171, Guillaume de Tyr, un chroniqueur du XIIe siècle, raconte la visite du roi franc de Jérusalem Amaury 1er à Manuel 1er Comnène de Constantinople :

« Il (l'empereur) ordonna qu'on leur montrât comme à ses amis intimes les parties intérieures du palais, les sanctuaires qui n'étaient ouverts à personne sauf à ses serviteurs, les salles consacrées aux usages les plus secrets, les basiliques inaccessibles aux hommes ordinaires, les trésors et les magasins ancestraux pleins de choses désirables... Il n'y eut rien de caché, rien de sacré, rien qui fut placé dans les endroits secrets des pièces depuis l'époque des empereurs - bénis soient-ils - Constantin, Théodose, Justinien, qui ne leur fut révélé familièrement... »

« ...ordonna d'exposer les reliques des saints, les témoignages les plus précieux de la Passion de notre Seigneur Jésus-Christ, c'est-à-dire la croix, les clous, la lance, l'éponge, le roseau, la couronne d'épines, le sindon et les sandales... ».

Plus loin, l'auteur décrit le *sindon* comme étant le tissu, qui est appelé le *sisne (ou synne)*, dans lequel il fut enveloppé.

Dans les années 1190, les Byzantins envoient au pape Célestin III un dais[269] ornemental en tapisserie. Ce dais a été détruit. Jacobo Grimaldi, archiviste du XVIIe siècle, nous l'a décrit avec des dessins précis. L'image centrale de l'umbella était une représentation du Christ du Linceul.

L'auteur de l'umbella offert au pape Célestin III a dessiné le Christ en faisant passer la main droite par-dessus la main gauche, imitant ce qu'il voit sur le linge. Il oublie que l'image est inversée comme sur un miroir. Sur la main, quatre doigts seuls sont visibles comme sur le Linceul. La rétractation du pouce dans le creux de la main provient de la crucifixion.

Deuxième image à Constantinople ?

---

[269] Ou Umbella, pièce d'étoffe portée par quatre hommes pour honorer le Saint Sacrement lors des processions

En 1190, la description[270] du sanctuaire de Constantinople dans un document[271] du Vatican est : « Le sanctuaire de la chapelle impériale de Constantinople contient : ... le linge de lin de Joseph d'Arimathie qui a contenu le corps du Christ crucifié, ... le Mandylion du Seigneur amené par l'apôtre Thaddée au roi Abgar d'Édesse et sur lequel le Seigneur a transféré son image. »

En 1200, un inventaire[272] des reliques est dressé par Antoine, archevêque de Novgorod, lors de son voyage à Constantinople en 1200. Au Bucholéon, il nomme le « linge de lin[273] » qui représente l'image du Christ. Il nomme à Sainte Marie des Blachernes, de l'autre côté de Constantinople, l'image d'Édesse le « linge représentant la face du Christ[274] », et « l'image du Sauveur ...[275] ».

Il y a de toute évidence deux objets distincts. À noter également que le Linceul représente le corps entier, alors que dans le cas du Mandylion seul le visage est mentionné.

En 1201, Nicolas Mésaritès est le gardien grec des reliques de Notre-Dame du Phare. Il rapporte avoir protégé la chapelle contre la « populace » au cours d'une révolution de palais en l'avertissant de la sainteté des lieux :

« Dans cette chapelle, le Christ ressuscite avec les linges funéraires qui en sont la preuve évidente... », puis dans le même discours :

« Le sindon funéraire du Christ : celui-ci est en lin, un matériau

---

[270] « Hoc est sanctuarium quod in capella imperiali Constantinopolim ad praesens continetur : [...] Item pars linteaminum, quibus crucifixum Christi corpus meruit inuoluere iam dictus Arimatensis Joseph... Item Manutergium, regi Abgar, a Domino, per Thadeum apostolum, Édesse missum, in quo ab ipso Domino sua ipsius transfigurata est ymago. »
[271] Descriptio sanctuarii Constantinopolitani. Roma, Bibl. Vatican., Reg Christ., 712, F.91 v$_i$ - paris Bibl. Nat., lat 6186 (Colbert 6322) f.117 v$_i$).
[272] Bulletin de l'Académie Impériale de St-Pétersbourg, Shornik, 1875, T. XII, pp. 340-349)
[273] « Linteum »
[274] « Linteum faciem Christi repraesentans »
[275] « Imago Salvatoris, quam christianus quidam Theodorus Abrahae Judeo oppignorauerat »

bon marché et facile à obtenir, toujours dégageant une odeur de myrrhe, défiant le délabrement, parce qu'il a enveloppé le corps mort, nu, mystérieux après la Passion. »

L'un des deux objets serait le Linceul de Turin, mais que serait l'autre ?
Y a-t-il un rapport avec les découvertes à Édesse en 525 et 544 ?

Annexe 4.6 Linceul - Lettre de Baudouin II

Lettre de l'empereur Baudouin II

Balduinus, Dei gratiâ fidelissimus in Christo Imperator, à Deo coronatus, Romaniæ (1) moderator, et semper Augustus, universis Christi fidelibus, tàm præsentibus quàm futuris, ad quos litteræ præsentes pervenerunt, æternam in Domino salutem.

Notum fieri volumus universis, quòd nos carissimo amico et consanguineo nostro, Ludovico regi Franciæ illustrissimo, sacrosanctam spineam coronam Domini, et magnam portionem vivificæ Crucis Christi, unà cum aliis pretiosis et sacris Reliquiis, quæ propriis vocabulis inferiùs sunt expressae, quas olim in Constantinopolitanâ urbe venerabiliter collocatas, et tandem pro urgenti necessitate Imperii Constantinopolitani, diversis creditoribus et diversis temporibus pignori obligatas, idem Dominus rex de nostrâ voluntate redemit magnâ pecuniæ quantitate, et eas fecit Parisius de beneplacito nostro transferri ; eidem Domino regi, spontaneo et gratuito dono planè dedimus, absolutè concessimus, et ex toto quitavimus, et quitamus; quas utique venerandas Reliquias propriis nominibus duximus exprimendas, videlicet : prædictam sacro sanctam spineam coronam Domini, et Crucem sanctam. Item de sanguine Domini nostri Jesu Christi (2) ; pannos infantiæ Salvatoris, quibus fuit in cunabulis involutus ; aliam magnam partem de ligno sanctæ crucis, sanguinem, qui de quâdam imagine Domini ab infideli percussâ stupendo miraculo distillavit ; catenam etiam, sive vinculum ferreum, quasi in modum annuli factum, quo creditur idem Dominus fuisse ligatus ; **sanctam toellam tabulæ infertam** ; magam partem de lapide Sepulchri Domini nostri Jesu Christi. De lacte beatæ Mariæ Virginis. Item ferrum sacræ Lancæ quo perforatum fuit in Cruce latus Domini nostri Jesu Christi (3); Crucem aliam me mediocre, quam Crucem triumphalem veteres appellabant, quia ipsam in spem victoriæ consueverant imperatores ad bella deferre (4) ; Clamidem coccineam quam circumdederunt milites Dominum nostrum Jesum Christum, in illusionem ipsius; arundinem quam pro spectro posuerunt in manu ipsius; spongiam quam prorrexerunt ei sitienti in cruce aceto plenam; partem Sudarii quo involutum fuit corpus ejus in sepulchro; linteum etiam quo præcinxit se quandò lavit pedes extersit;

virgam Moysi; superiorem partem capitis B.Joannis Baptistæ, et capita SS. Blassii, Clementis et Simeonis. In cujus rei testimonium, et perpetuam firmitatem, nos signavimus præsentes litteras nostro signo imperiali, et bullavimus nostrâ bulla aureâ. Actum apud Sanctum Germanum in Laïa, anno Domini 1247, mense junii, imperii nostril anno octavo.

BALDUINUS

Sceau et signature de l'empereur Baudouin II
(D'après la notice historique et critique... Voir bibliographie)

Traduction en français de le lettre de l'empereur Baudouin II

Baudouin, par la grâce de Dieu très fidèle en Jésus-Christ, Empereur couronné de Dieu, Modérateur du pays Romain, & toujours Auguste, à tous les fidèles chrétiens tant présent qu'à venir, auxquels ces présentes lettres viendront salut éternel dans le Seigneur. Nous voulons qu'il soit notoire à tous, que de notre bon vouloir & don gratuit avons pleinement donné & absolument baillé & en tout avons quitté & quittons, à notre très cher ami & parent Louis Roi de France très illustre, la très Sainte Couronne d'épines de notre Seigneur & une grande portion de la Croix vivifiante du Christ, ainsi que d'autres Reliques précieuses et sacrées, déclarées ci-après par leurs propres noms ; lesquelles étaient jadis vénérablement colloquées (placées) en la ville de Constantinople, & enfin ont été engagées à divers créanciers & en divers temps pour la grande nécessité de l'Empire de Constantinople, puis de notre volonté rachetés à grand prix par le dit Seigneur Roi, lequel selon notre bon plaisir les a fait transporter à Paris, lesquelles vénérables reliques sont ici exprimées par leurs propres noms.

A savoir la dessus dite sacrée & sainte Couronne d'épines de notre Seigneur et la sainte Croix. Du sang de notre Seigneur Jésus-Christ. Les langes dont notre Sauveur fut enveloppé au berceau. Une autre grande partie du bois de la sainte Croix. Du sang qui par un miracle étonnant a distillé d'une Image de notre Seigneur, ayant été frappée par un infidèle. La chaîne ou le lien de fer façonné comme en forme d'anneau, dont on croit que le même Seigneur fut lié. **La sainte toile insérée dans un tableau**. Une grande partie de la pierre du sépulcre de notre Seigneur Jésus-Christ. Du lait de la vierge Marie. Le fer de la Lance, duquel sur la Croix fut percé le côté de notre Seigneur Jésus-Christ. Une autre moyenne croix que les anciens appelaient croix triomphale parce que les empereurs avaient coutume de la porter en leurs batailles, en espérance de victoire. La robe de pourpre, dont les soldats vêtirent notre Seigneur Jésus- Christ en dérision. Le roseau qu'ils lui mirent en la main pour Sceptre. L'éponge pleine de vinaigre qu'ils lui donnèrent sur la croix car il avait soif. Une partie du suaire dont son corps fut enveloppé dans la tombe. Le linge dont il se ceignit quand il lava & essuya les pieds. La verge de Moïse. La haute partie du chef du B. Jean-Baptiste. Et les chefs des SS. Blaise, Clément et Siméon.

En témoigne de quoi & perpétuelle fermeté, nous avons signé les présentes lettres de notre seing Impérial, & les avons scellées de notre sceau d'or. Fait à Saint-Germain-en-Laye, l'an du Seigneur 1247, au mois de juin, la huitième année de notre empire.

Baudouin

Notes sur les lettres de l'empereur Baudouin II

(1) La Romanie est le pays possédé autrefois par les empereurs grecs en Europe, en Asie et en Afrique.

(2) L'acte de l'empereur Baudouin mentionne deux reliques différentes du sang de notre Seigneur, l'une désignée par ces mots : « De Sanguine Domini nostri Jesu Christi » ; et l'autre par ceux-ci : « Sanguinem qui de quadam imagine Domini ab infideli percussa, stupendo miraculo distillavit ».

On possédait en plusieurs églises de semblables reliques. La princesse Palatine avait légué à l'Abbaye de Saint-Germain du sang miraculeux de notre Seigneur. Cette précieuse relique, dit l'histoire de cette abbaye « vient d'un calice répandu sur un corporal, auquel le sang précieux donna la couleur d'un sang naturel : c'est ce qui se prouve par une inscription de six cents ans environ, qui en fait foi : « De calice perfuso, et in sanguinem visibiliter mutato ». On dit qu'il se fit tant de miracles à l'occasion de ce sang précieux, que, des offrandes des fidèles, on fonda l'église ducale et collégiale de Saint-Alexandre d'Einbeck en Allemagne, où il a toujours été conservé. Le prince Jean-Frédéric, duc de Brunswick et de Lunebourg, dans la principauté duquel est Einbeck, demanda en 1675 cette précieuse relique aux chanoines, qui ne purent la lui refuser. Le duc d'Hanover en fit présent dans la suite à la princesse Palatine. »

Dans plusieurs autres églises, on vénérait le sang miraculeux de notre Seigneur, qui avait découlé de certains crucifix percés par les Juifs ou les païens, en dérision du Sauveur. Telle était, comme on vient de le voir, une des reliques du sang de notre Seigneur, données à Saint Louis par l'empereur Baudouin II.

On conservait aussi en divers endroits du sang que l'on croyait sorti du corps de notre Seigneur au temps de sa passion. L'église de Saint-Paul de Londres, la Sainte-Chapelle de Paris, l'abbaye de Saint-

Denis près Paris, celle de Saint-Rémi de Reims, et quelques autres possédaient autrefois de semblables reliques, venues de la chapelle des empereurs de Constantinople. L'authenticité de ces sortes de reliques a été contestée par de savants théologiens ; et les pasteurs de l'Église, en les exposant à la vénération publique, ne prétendaient pas en garantir la vérité, mais entretenir seulement dans l'esprit des fidèles de pieux souvenirs, propres à exciter leur dévotion.

(3) M. l'abbé Coterel, qui avait vu en 1796 le fer de la lance à la bibliothèque nationale, dit que c'était un morceau de fer très vieux, long d'environ trois ou quatre pouces, et terminé en pointe à l'une de ses extrémités. La Sainte-Chapelle de Paris ne possédait qu'une partie du fer de la lance ; l'autre partie se conserve à Rome, dans la basilique du Vatican.

(4) Par cet acte l'empereur Baudouin donne à Saint Louis trois portions différentes de la vraie croix. La première désignée par les mots : Sanctam Crucem, est vraisemblablement la principale. Elle avait la forme d'une croix grecque d'environ deux pieds et demi de long. La seconde est désignée par ces mots : Aliam magnam partem de ligno sanctœ Crucis. L'histoire de la Sainte-Chapelle ne donne aucun renseignement sur cette seconde portion de la vraie Croix. La troisième est appelée Crux Triumphalis, ou Croix de la Victoire, était ainsi nommée, parce que les empereurs romains, à l'exemple de Constantin, avaient coutume de la porter à l'armée, comme un gage de victoire. Cette Croix, qui se trouvait à Constantinople en 1204, fut depuis engagée au Doge de Venise, et dégagée ensuite par saint Louis.

Annexe 4.7 : Linceul – Ostensions

En 1360, Henri de Poitiers, évêque de Troyes, fait cesser les ostensions.

L'évêque de Troyes, Pierre d'Arcis, interdit d'exposer le drap sous peine d'excommunication. En 1389, le Pape autorise la reprise des ostensions et impose à l'évêque de Troyes Pierre d'Arcis un silence éternel sur la question.

Pierre d'Arcis n'obéit pas et en appelle au Roi Charles VII qui révoque l'autorisation d'exposer. Il écrit ensuite au pape et lui adresse un mémoire qui lui fait part des découvertes de son prédécesseur. Celui-ci avait affirmé que le linge avait été peint afin d'attirer les foules et d'en tirer bénéfice. Pierre d'Arcis affirme même avoir retrouvé le peintre.

Dans sa lettre adressée à Pierre d'Arcis, Clément VII ne dit pas avoir reçu ledit Mémoire.

En 2007, Emmanuel Poulle découvre 5 bulles ayant trait à cette affaire. La première bulle, datée de 1390, reprend le projet mais les mots faussaire, peinture, absence d'ostension sont rayés.

Le clergé de Lirey refuse d'obéir à son évêque, et en appelle au pape, qui confirme le droit d'exposer le Linceul le 6 janvier 1390 :

« Enfin celui qui fera l'ostentation devra avertir le peuple au moment de la plus forte affluence et dire à haute et intelligible voix, toute fraude cessant, que ladite figure ou représentation n'est pas le vrai Linceul de Notre-Seigneur, mais qu'elle n'est qu'une peinture ou un tableau du Linceul. »

Interdiction est faite à Pierre d'Arcis de s'opposer à l'exposition du drap funéraire, si celle-ci se fait selon ce qui est prescrit par le décret.

Le 1er juin 1390, Clément VII publie une nouvelle bulle qui accorde des indulgences aux personnes qui visitent l'église collégiale de Lirey où est conservé l'objet.

Annexe 4.8 : Linceul - Maison de Savoie

Chambéry (1453 - 1535)
Marguerite de Charny voyagea dans différents endroits avec le Linceul, notamment à Liège et à Genève.

En 1453, Marguerite de Charny cède la relique à Anne de Lusignan, épouse du duc Louis Ier de Savoie. Elle reçoit en rétribution le château de Varambon. Le Linceul est dès lors installé en permanence derrière le maître-autel de la Sainte Chapelle au château de Chambéry, élevée à la dignité de collégiale par le pape Paul II.

Après 1471, le Linceul est fréquemment déplacé, à Verceil, Turin, Ivrée, Suse, Chambéry, Avigliano, Rivoli et Pignerol. Une description est donnée par deux sacristains de la Sainte Chapelle, dans l'inventaire du 6 juin 1483 : « enveloppé dans un drap de soie rouge, et conservé dans un coffre de velours cramoisi, orné d'incrustations d'argent, et fermé par une clef d'or. »
En 1494, le Linceul est exposé à Vercelli pour le vendredi saint.

En 1506, le Pape Jules II publie une bulle qui reconnaît l'authenticité du Linceul. Il autorise l'ostension de l'insigne Linceul dans lequel Notre-Seigneur Jésus-Christ fut enveloppé au tombeau. Il instaure alors le 4 mai date annuelle de cérémonie solennelle et attribue des indulgences à ceux qui viennent vénérer le Linceul. À partir de ce moment, il y a une ostension annuelle.

En 1509, Marguerite d'Autriche fait don à la famille de Savoie d'un nouveau reliquaire en argent.

En 1516, François Ier vient à Chambéry pour vénérer le Linceul après la victoire de Marignan.

Dans la nuit du 3 au 4 décembre 1532, le Linceul fut pris dans un incendie dans la Sainte Capelle de Chambéry où il était déposé. On le retira du feu alors que le coffre d'argent dans lequel il reposait commençait à fondre.

En 1534, les Clarisses le restaurèrent en cousant des pièces d'aspect plus ou moins triangulaires là où le tissu était troué. Les

Clarisses établirent un compte rendu détaillé.

Période trouble Turin, Milan, Nice (1535 - 1578)

En 1535, devant l'avancée des armées de François Ier en guerre contre Charles Quint, le duc de Savoie s'enfuit en emportant le Linceul. Il se réfugia à Vercelli au Piémont, où des ostensions du Linceul eurent lieu le 4 mai 1535 à Turin et en 1536 à Milan.

Devant une nouvelle menace, le duc de Savoie se réfugia à Nice, ville en sa possession. Le jeudi Saint 1537, le Linceul fut exposé sur la colline du château de Nice, au sommet de la tour Saint Elme, disparue aujourd'hui. Le Linceul restera à Nice jusqu'en 1543 à l'abri des troubles politiques.

En 1553, le 18 novembre, les troupes françaises mettent à sac Vercelli, le Linceul est sauvé par un chanoine qui le cache dans sa maison.

Annexe 4.9 : Linceul de Compiègne

« M. l'abbé Bourgeois, vicaire général, archiprêtre de Compiègne, à Mgr l'évêque de Beauvais.
Compiègne, 16 juillet 1866.

Monseigneur, voici ce que je lis dans l'inventaire du trésor de l'abbaye royale de Saint-Corneille, dont je possède le manuscrit original :
Art. 2. Une belle châsse toute d'or & enrichie de quantité de pierres précieuses, dans laquelle se conserve le saint suaire de Notre-Seigneur, dans lequel il fut enseveli par Joseph d'Arimathie à la descente de la Croix. Il y a aussi quantité de bandelettes qui se trouvèrent autour de son corps lorsqu'il fut mis dans le sépulcre, selon la coutume des Juifs. Sur la marge, on lit : « Le saint suaire transporté d'Aix-la-Chapelle à Compiègne & donné à cette abbaye par l'empereur Charles le Chauve, l'an 877 ». Cette châsse a été donnée l'an 1002 par Mathilde, femme de Guillaume le Conquérant, roy d'Angleterre, & Mlle de Baudouin, comte de Flandres.

A l'article 19 dudit inventaire, on lit :
Un coffret d'ivoire en forme de châsse, dans lequel a été apporté le saint suaire et dans lequel maintenant sont de nombreuses reliques inconnues.
Cette précieuse relique du saint suaire donnée à Charlemagne par des princes d'Orient & déposée à Aix-la-Chapelle avant d'être donnée à l'abbaye de Saint-Corneille, était, dit Jacobus Chifrletius qui a écrit des saints suaires de Notre-Seigneur, un de ces linges qui ont couvert le corps de Notre-Seigneur gisant au sépulcre. Ce linge, appelé sindon Domini, est un drap fort blanc & délié comme un taffetas léger, lequel fut apporté d'Aix par Charles le Chauve, qui le plaça dans un vase d'ivoire. Le vase avait la forme d'une église avec son clocher, fait de la même manière que les anciennes châsses ou fiertés.
Mathilde donna la châsse décrite dans l'article 2 de l'inventaire, à la suite d'une guérison. Lors de la translation du saint suaire dans sa nouvelle châsse, le roi Philippe I se rendit au monastère de Saint-

Corneille; puis, accompagné des évêques du royaume & en présence d'un nombre infini de fidèles, il assista à cette cérémonie, à laquelle il s'était préparé par un jeûne de trois jours. Les évêques ordonnèrent que le quatrième dimanche de carême soit consacré à l'avenir à la mémoire de cette translation.

Une description ou abrégé historique de Compiègne avec le guide de la forêt, sans nom d'auteur, publié vers le milieu du XVIIIe siècle, fait mention du saint suaire : « Quant au saint suaire, lorsqu'il approcha de la ville de Compiègne, le clergé & les habitants allèrent le recevoir à un quart de lieue, & on bâtit en cet endroit une chapelle qui fut nommée du Saint-Signe, c'est-à-dire du Saint-Suaire. C'est à présent un ermitage ou l'on porte tous les ans cette relique en procession, le mercredi d'après Pâques. »

Les ermites dont il est ici question ont été assassinés par un scélérat nommé Veron quelques années avant la révolution française, & l'ermitage est aujourd'hui un poste de garde auquel on ne peut avoir accès qu'avec une clef de l'administration forestière, parce qu'il fait maintenant partie du grand parc.

Dans ce poste, on remarque à l'entrée, à coté d'un puits, un if taillé en forme de croix, & dans l'intérieur j'ai vu autrefois une pierre monumentale avec caractères du XVIe siècle rappelant sommairement l'historique du saint suaire. Je n'ai plus trouvé aujourd'hui qu'une inscription récente, écrite à la main, sur une feuille de papier encadrée sous verre. Cette inscription reproduit les faits signalés plus haut, plus les détails suivants :

Charles le Chauve, regardant Compiègne comme ennobli par sa précieuse relique, voulut lui donner son nom & l'appeler Carolopolis. Il donna aussi à l'abbaye la haute & basse justice sur toute la ville, pendant trois jours à la mi-carême, & d'autres droits & privilèges consignés dans un diplôme daté du palais de Compiègne, l'an du Verbe incarné 1092, indiction quinzième.

La châsse susmentionnée a été ouverte sous le règne de François Ier, en 1516; elle le fut aussi sous celui de Louis XIII, le 15 août 1628. Du procès-verbal rédigé lors de cette dernière inspection, il résulte que le suaire est un linge qui paraît si ancien qu'à grand-peine peut-on discerner la qualité de l'étoffe, ayant en longueur deux aunes, & un peu plus qu'une aune de largeur, coffiné, faisant plusieurs replis. Les liqueurs & onguents aromatiques le rendent plus épais que les linges communs & empêchent qu'on ne puisse discerner la couleur ni l'étoffe, estimée par la plupart des assistants être de coton ou fin lin, tissu façon de toile de Damas.

Cette description diffère un peu de celle de Jacobus Chifrletius que j'ai cité plus haut & parait offrir des garanties d'authenticité incontestables, puisque le procès-verbal a été fait en présence de l'objet décrit.

Un des historiens de Compiègne dit en note que la châsse donnée par Mathilde fut transformée en couronne en 1507, & fut estimée plus de 100,000 écus par les joailliers du temps.

Cette assertion est erronée, puisque ladite châsse a été ouverte en 1516 & en 1628, & l'inventaire dont je possède le manuscrit, & qui décrit l'objet en question, a été dressé en 1666 & puis vérifié onze fois par les hommes les plus sérieux jusqu'au 27 octobre 1684.

Depuis la Révolution, qu'est devenue la précieuse relique ? Nous n'en conservons aucune trace dans nos reliquaires, & j'ai entendu dire que cette précieuse étoffe, tombée entre les mains de femmes ignorantes, avait servi à des usages profanes, jusqu'à ce que, réduite à l'état de chiffon, elle ait cessé d'exister.

Pour ce qui concerne la couronne d'épines, voici ce que je lis à l'article 3 de l'inventaire.

Un beau cristal bien taillé & façonné enchâssé en un reliquaire d'or au bas duquel sur un soubassement sont écrits ces mots : Sciant omnes veraciter quod in circula aureo qui est in medio christalli continetur pars una de corona Christi. ... in cruce desuper continetur aculeus clavi unius Domini. Sur le dit soubassement qui est soutenu par trois dragons sont huit anges de vermeil doré, & au milieu du christal un cercle d'or dans lequel il y a une branche de la couronne d'épines de Notre-Seigneur, & au-dessous du cercle d'or une bourse de broderie dans laquelle se conserve une partie considérable de la sainte éponge abreuvée du vinaigre qui lui fut présenté à l'arbre de la croix ; & en haut du chapiteau il y a une croix de grenats fins dans laquelle il y a la pointe d'un des clous qui l'attachèrent à la croix.

Il y a en marge ces mots : « Ces reliques viennent du même lieu que la précédente » (c'est-à-dire d'Aix-la-Chapelle). Parmi les reliques de la Passion dont il est fait mention dans l'inventaire, l'église Saint-Jacques ne possède plus que l'éponge. Dans un procès-verbal signé par M. Lemercier, évêque de Beauvais (19 mai 1837), on lit : « L'éponge, placée dans un petit sachet tissu de fils d'or & de soie de diverses couleurs, paraît bien être la même que celle désignée à l'inventaire de Saint-Corneille comme provenant de la Passion de Notre-Seigneur. Le sac est conforme à la description qui en a été faite dans cet inventaire, & tout porte à croire que l'éponge est celle qui y était renfermée. »

Article x de l'inventaire. — Premièrement une belle croix toute d'or dans laquelle il y a une partie assez notable de la croix de Notre-Seigneur Jésus-Christ en forme de croix. C'est un présent de Charles Second, surnommé le Chauve, fondateur de cette abbaye, lequel l'avait héritée de son grand-père Charlemagne, lequel la portait ordinairement sur soi allant à la guerre.

Nous ne possédons plus cette précieuse relique, mais nous en avons une peut-être plus remarquable encore, donnée par Philippe le Bel au couvent de Royal-Lieu qu'il avait fondé ; elle était l'objet d'une vénération toute particulière. Tous les ans on l'apportait solennellement en ville, le vendredi saint, pour la présenter aux infirmes, aux malades, aux prisonniers, aux religieuses cloîtrées. Trois notables étaient consignés comme otages dans l'abbaye, & on ne les relâchait que lorsque la croix était rapportée.

J'ai suivi toutes les péripéties de cette précieuse relique dans le cours de la Révolution, & il résulte des monuments & des témoignages qu'elle est identiquement la même que celle de l'abbaye, objet d'une grande vénération dans la paroisse. On la donne à baiser aux fidèles, aux têtes qui rappellent la Passion, & on la porte processionnellement comme par le passé. Voici, Monseigneur, les renseignements que j'ai pu me procurer sur les reliques de la Passion à Compiègne, avant comme après la Révolution.[276] »

---

[276] « Mémoire sur les instruments de la passion de N.-S. J.-C. » par Ch. Rohault de Fleury 1870

Annexe 4.10 : Linceul - Faux linceuls

Faux linceul de Besançon

Nous avons vu dans l'histoire du Linceul, de Constantinople à Lirey, qu'il séjourne à Athènes. En effet lors du pillage de Constantinople par les croisés en 1204, Othon de la Roche[277], chevalier franc-comtois, s'empare du Linceul et devient le premier duc d'Athènes. Sous la pression des envoyés du pape Innocent III, il restitue la précieuse relique à l'empereur latin de Constantinople.

Avant de restituer le Linceul, Othon de la Roche en réalise une copie. Cette dernière représente l'empreinte d'un homme nu, supplicié de face, mais sans empreinte du dos. Othon envoie la copie du Linceul à son père Pons II de la Roche. Ce dernier la met dans un coffret dans le château de Ray-sur-Saône. Pons II de la Roche donne la copie du Linceul (en 1206/ 1208 ?) à l'archevêque de Besançon[278]. Les documents d'authenticité périssent dans un incendie allumé par la foudre en 1349. La relique est cependant préservée.

D'après le R. P. Langellé le linceul est apporté à Besançon en 1253. Dunod, dans son histoire de l'église de Besançon de 1750, pense que ce linceul vient à Besançon après la prise de Constantinople.

Un inventaire des reliques de Besançon au XIVe siècle fait mention d'un suaire contrairement à l'inventaire de 1051.

Une chapelle du Saint-Suaire est élevée dans la cathédrale Saint-Etienne. En 1669 le linceul est transféré dans la nouvelle cathédrale Saint-Jean. Un culte important se développe au XVIIe siècle, période de peste et de guerre dite de trente ans. En 1674 la ville capitule devant les armées françaises en posant comme condition de garder cette relique.

Lors de la Révolution[279], le suaire de Besançon est envoyé à Paris avec le moule servant à renouveler l'empreinte chaque année[280]. Les archives de la préfecture du Doubs conservent la lettre d'envoi à Paris, & l'original de l'accusé de réception.

---

[277] Appelé aussi Eudes de Ray (1172-1234)
[278] Amédée deTramelay (1193-1220)
[279] Le 27 floréal an II
[280] Procès-verbal de la Convention du 5 prairial an II, Moniteur de 1794, page 557

A la Convention, le député Yau de Côte-d'Or dépose la relique sur le bureau, et fait un rapport. Il n'est pas dit ensuite dans la séance ce qu'on en fit. Le numéro du Journal de l'avis du lendemain indique l'envoi de la copie du linceul aux hôpitaux pour en faire de la charpie.

Il ne reste à Besançon que le coffret de bois. Il a contenu le coffret de vermeil, reliquaire du linceul de Besançon, copie du véritable Linceul. Ce coffret est d'un bois de senteur, médiocrement travaillé, avec des arabesques d'origine orientale.

Les auteurs qui on vu et touché le linge disent que c'est du lin commun, doux comme celui d'Égypte. Il est souple & tissé avec des dessins, comme du linge damassé. Sa longueur était de 2,60 m, et sa largeur de 1,30 m. Les mesures ne correspondent pas au Linceul de Turin (4,35 m sur 1,09 m).

Faux linceul de Cadouin

En 1214, un acte de Simon IV de Montfort mentionne le suaire de Cadouin conservé dans l'abbaye cistercienne, fondée au début du XIIe siècle dans le Périgord. Les moines de l'abbaye le mentionnent au XIIIe siècle et avancent qu'il est en possession de l'abbaye dès le début du XIe siècle. Le Suaire fait la prospérité du monastère. Les pèlerins en route vers Saint-Jacques de Compostelle s'arrêtent à Cadouin.

Par mesure de protection lors de la guerre de Cent ans, l'abbé Bertrand de Moulins le fait transporter en 1392 à Toulouse. Vers la Pentecôte 1399, le roi fou Charles VI ordonne au connétable Louis de Sancerre de lui apporter le suaire à Paris. Mais avec la fin de la guerre, les moines de Cadouin désirent récupérer leur relique. Les toulousains ne souhaitent pas leur restituer car ils bénéficient de son prestige. En 1455 de jeunes moines de Cadouin, prétextant une étude, le subtilisent à l'aide de fausses clés, et s'enfuient avec. Le suaire est alors déposé à l'abbaye d'Aubazine en Corrèze pour le mettre à l'abri des toulousains.

Par la suite, l'abbaye d'Aubazine refuse de restituer la relique. Des procès s'en suivent qui se concluent par un arbitrage de Louis XI de 1482. Le roi rend la relique à Cadouin et lui attribue 4.000 livres tournois en sus. Le roi se fait apporter le suaire à Poitiers.

Les pèlerinages reprennent à Cadouin mais déclinent avec les guerres de religion.

Au moment de la révolte de Luther, en 1517, Cadouin tombe au pouvoir des sectaires. Les religieux doivent fuir. Ils déposent le suaire au château de Montferrand. Il y demeure caché jusqu'à la fin des guerres de religion.

En 1644, l'évêque de Sarlat[281] fait une enquête sur la sainte relique. Il écrit : « dom Etienne Guichard, prieur du lieu, nous exhiba un fort grand nombre de bulles, lettres patentes, registres, titres & autres documents, par lesquels la vérité de cette adorable relique de notre Dieu & Sauveur reçoit tant & de si puissantes preuves, que nous ne croyons pas qu'il se trouve en toute la chrétienté une relique mieux avérée, comme il ne s'en trouve pas de plus sainte & de plus précieuse. »

Lors de la grande Révolution française, deux Chrétiens le sauvent encore. Il reste alors dans toute sa nudité, dépouillé de ses riches reliquaires.

Des doutes sont émis sur son authenticité en 1901. Une expertise linguistique sur les inscriptions du linge est menée par le père Francez. Elle prouve en 1934 qu'il s'agit d'un faux.

Le tissage s'orne de bandes ornementales de tapisseries de soie insérées. Les bandes portent des inscriptions de caractères coufiques. Il est écrit la proclamation islamique solennelle « Bismillâh Ar-Rahmân Ar-Rahîm… ». Une allusion est faite à Al-Musta'li, calife d'Égypte de 1095 à 1101, et à Al-Afdhal Abu-I-Qâsim Shahanshah, en fonction de 1094 à 1121.

Ce suaire n'est pas authentique mais c'est un exemple unique de tissu de l'époque fatimide. Il est datable du début du règne de Musta'li et sans doute avant la prise de Jérusalem par les croisés en 1098. Un croisé a pu le ramener en France se faisant tromper sur l'authenticité…

Faux linceul de Lierre

En 1509, Marguerite d'Autriche fait don à la famille de Savoie d'un nouveau reliquaire en argent. Marguerite d'Autriche fait réaliser en 1516 par Van Orley, une reproduction au format 1/3 du Linceul de Turin. Cette copie est conservée dans la paroisse Saint-Gommaire de Lierre (Lier) près d'Anvers en Belgique.

---

[281] Jean de Lingendes

Annexe 4.11 : Linceul - Fil de lin

Matière

Les tiges de lin récoltées sont mises à tremper dans de l'eau pour détacher les fibres les unes des autres par dissolution de la matière qui les unit (opération de rouissage). Les fibres sont ensuite séparées les unes des autres, libérées de leur écorce, démêlées, peignées pour leur donner la même direction, mises sur une quenouille.

Ces fibres sont ensuite filées, c'est-à-dire que les fibrilles qui les composent sont unies les unes aux autres en les tordant sur elles-mêmes autour d'un fuseau.

Chaque fibrille, sorte de tuyau aplati et torsadé, est composée de longues chaînes de cellulose.

La cellulose est un assemblage linéaire de molécules de gluco-pyrannose bêta. La molécule de gluco-pyrannose bêta est formée de la fusion de 2 molécules de glucose, sucre bien connu, de formule $C_6H_{12}O_6$. Ces molécules de glucose sont réunies par leurs carbones 1 et 4 avec perte d'une molécule d'eau. La formule de la cellulose pourrait ainsi s'écrire : $(C_6H_{10}O_5)_n$.

$$C_6H_{12}O_6 + C_6H_{12}O_6 \text{ donne } C_6H_{10}O_5 + H_2O$$

L'alignement de plusieurs milliers de molécules de glucose donne un fragment de fibre de cellulose. Les fibres de cellulose juxtaposées se lient étroitement les unes aux autres par des liaisons hydrogène et des forces de Van Der Waals. Ces fibres assemblées donnent des fibrilles dont l'assemblage par filage donne un fil.

Tissu

Le Linceul comporte environ 38 fils au centimètre pour la chaîne et 26 pour la trame. Le diamètre moyen d'un fil de la chaîne est d'environ 0,25 mm. Chaque fil est constitué de plusieurs dizaines de fibrilles. On peut en conclure que le diamètre moyen de chaque fibrille est de l'ordre de 25 microns. Les fils de trame sont plus fins et leur diamètre est d'environ 0,14 mm.

Annexe 4.12 : Linceul - Images laser

Expérience réalisée

Lors de la conférence internationale sur le Linceul de Turin en 2008 des professeurs italiens ont fait une intervention sur des expériences avec le laser pour produire l'image du Linceul. Le laser produit une lumière spatialement et temporellement cohérente.

Une source d'énergie électromagnétique permet de retrouver les caractéristiques principales de l'image. L'expérience consiste à obtenir la coloration du lin par une séquence d'impulsions de radiation ultra-violette (UV) par laser.

Le choix du spectre UV prend en compte les résultats d'études supposant un processus de formation d'image à basse température. En fait, des photons UV sont capables de casser directement des liaisons chimiques presque sans chauffage. Dans chaque processus d'interaction laser-matière, les effets de chauffage secondaires deviennent de moins en moins importants avec la diminution de la longueur d'onde du laser.

Paramètres

Des expériences d'irradiation par rayon laser de différentes longueurs d'ondes ont été réalisées sur deux tissus de lin pour rechercher un mécanisme possible de formation de l'image. Un des tissus a été fabriqué récemment selon la technologie antique.

Une intensité élevée du rayon laser provoque l'ablation de fils de lin. Une intensité un peu inférieure que le maximum entraîne le blanchiment du lin. À un niveau d'intensité intermédiaire, une couleur sépia des fibres est clairement visible. Aux intensités inférieures, aucun effet n'est visible à l'œil nu.

La coloration du lin est permanente à partir d'un seuil d'intensité laser. Le linge ne se colore pas si l'irradiation est inférieure à un certain seuil d'intensité, indépendamment du nombre de tirs laser réalisés.

La coloration superficielle et la diffusion thermique réduite, correspondant au Linceul, sont obtenues par des tirs laser spécifiques. Les paramètres des tirs utiles sont de petites longueurs d'onde avec en conséquence une énergie importante permettant un nombre réduit de tirs laser. Ceci correspond à des impulsions laser UV de quelques nanosecondes.

L'intensité de nuance de couleur dépend de la longueur d'onde laser et du nombre de tirs. La coloration ne peut être réalisée que dans une gamme très étroite de paramètres laser, y compris l'intensité laser et la durée d'impulsion, le taux de répétition, le nombre et la séquence des tirs laser.

La répétition de l'irradiation, après immersion du lin dans une solution saturée de sucre à 50 °C pour créer une couche de polysaccharides autour des fils, a montré une douzaine de fils colorés comme du sucre brûlé, observable par un microscope.

Images latentes

Lorsqu'aucune coloration n'est obtenue par l'irradiation laser UV, une technique de vieillissement appropriée peut colorer les fils irradiés. Le processus de chauffage, qui simule le vieillissement, colore seulement la région irradiée. Les images latentes peuvent apparaître quelques années après l'irradiation.

Énergie

La puissance des radiations UV requise pour colorer une surface de lin correspondant à un corps humain, est de 270.000 MW (méga watts ou millions de watts). Ceci représente plus de 3 fois la puissance électrique appelée par les Français sur le réseau électrique !

Cette puissance impressionnante ne peut être livrée par aucun laser UV construit jusqu'à présent. L'énigme de l'origine de l'image de corps du Linceul de Turin est toujours un défi à notre intelligence.

Conclusion

Les ultra-violets induisent des modifications dans la structure cristalline des fibres. L'observation au microscope pétrographique montre des analogies avec les fibres d'image du Linceul.

Un éclat court et intense de radiation UV directionnelle peut avoir joué un rôle dans la formation de l'image du corps sur le Linceul de Turin. Cet éclat devait avoir des valeurs précises de durée, d'intensité, et de longueur d'onde.

Annexe 5 : Voile - Recherches d'un capucin

Historique de l'arrivée du Voile à Manoppello
(père Donato da Bomba)

L'arrivée à Manoppello du Voile de la Sainte Face est racontée dans la « Relatione historica » du père Donato da Bomba, composée entre 1640 et 1646. Le récit relate l'arrivée du Voile à Manoppello dans les mains de Giacom'Antonio Leonelli, docteur en physique.

« Au temps de Jules II, pontife romain, vers les années 1506 du Seigneur, […] Giacom'Antonio Leonelli, docteur en physique, vivait à Manoppello, terre fort honnête et bien située, opulente et riche de toutes les choses nécessaires à la vie des hommes, dans l'Abruzze Citérieure, province du royaume de Naples. […]. Un jour Giacom'Antonio Leonelli se trouvait sur la place publique, non loin de la porte de l'église majeure dénommée Saint Nicolas de Bari, en honnête conversation avec ses pairs ; sur le plus beau du discours arriva un pèlerin inconnu de tous, d'aspect religieux et fort vénérable, lequel, une fois saluée une si belle couronne de citoyens, s'adressa au docteur Giacom'Antonio Leonelli en usant des paroles de créance et d'humanité et lui dit qu'il devait lui parler d'une chose secrète et à lui de grande utilité, suavité et profit. Le prenant ainsi à part, et lui faisant franchir le seuil de l'église Saint Nicolas, il lui donna un petit ballot et, sans le déballer, lui dit de garder très à cœur cette dévotion, parce que Dieu lui aurait fait moult faveurs et qu'il aurait toujours prospéré dans les choses temporelles et spirituelles. Ayant pris le ballot, Giacom'Antonio se retira près de la source de l'eau bénite et commença à l'ouvrir. À la vue de cette très sainte image du visage du Christ Notre Seigneur, il fut, à première vue, un brin effaré, éclatant en très tendres larmes qu'il étouffa bientôt, pour ne pas apparaître ainsi aux yeux de ses amis. Remerciant Dieu d'un si grand don, il emballa de nouveau l'image comme elle était auparavant, puis s'adressa au pèlerin inconnu pour le remercier et l'accueillir dans sa maison, mais ne le vit plus. Effaré, balbutiant presque, il s'adressa à ses amis, lesquels affirmèrent l'avoir vu entrer avec lui dans l'église, mais non en sortir. Ébahi, il le fit diligemment chercher dehors et dedans Manoppello, mais on ne put le retrouver. Aussi tous prirent cet homme à l'aspect de pèlerin pour un ange du ciel ou autre saint du paradis ».

Le Voile est par la suite donné aux capucins de Manoppello. Le Voile, abîmé et effiloché, est nettoyé, ses contours sont égalisés et il est placé dans un cadre, comme le dit encore la Relatione : « le père Clément lui-même, ayant pris les ciseaux, fit disparaître tous ces petits filaments qui le bordaient, et purifiant très bien la Très Sainte Image des poussières, teignes et autres immondices, la réduisit à la fin comme elle se trouve justement aujourd'hui. Le susdit Donat'Antonio, désireux de jouir de cette Très Sainte Image avec plus de dévotion, la fit étendre sur un châssis de bois avec un verre de chaque côté, et orner par frère Remigio da Rapino, un de nos frères capucins (car il ne se fiait pas aux autres maîtres séculiers) qui fit certains petits cadres et travaux en bois de noyer ».

Annexe 8 : Anne-Catherine Emmerich

Anne Catherine Emmerich :

« Les archers conduisirent le Sauveur au milieu de la place, et plusieurs esclaves entrèrent par la porte occidentale, portant le bois de la croix qu'ils jetèrent à ses pieds avec fracas. Les deux bras étaient provisoirement attachés à la pièce principale avec des cordes. Les coins, le morceau de bois destiné à soutenir les pieds, l'appendice qui devait recevoir l'écriteau et divers autres objets furent apportés par des valets du bourreau… »

« Les archers relevèrent Jésus sur ses genoux, et il lui fallut à grand peine charger ce lourd fardeau sur son épaule droite… ».

« Pendant que Jésus priait, des exécuteurs firent prendre aux deux larrons les pièces transversales de leurs croix, ils les leur placèrent sur le cou et y lièrent leurs mains : les grandes pièces étaient portées par des esclaves… »

« On avait attaché deux cordes au bout de l'arbre de la croix, et deux archers la maintenaient en l'air avec des cordes, pour qu'elle ne tombât pas par terre ; quatre autres tenaient des cordes attachées à la ceinture de Jésus ; son manteau, relevé, était attaché autour de sa poitrine. »

Bibliographie

Tunique d'Argenteuil
- Grégoire de Tours (438-594) dans son « De gloria martyrum », Frédégaire, chroniqueur de l'époque mérovingienne en 660 dans sa « Chronologie », et Aimon dans son troisième livre de l'histoire de France
- Histoire de Navarre d'André Favin
- Eginhard dans ses « Annales des Francs »
- Histoire de la Sainte Tunique d'Argenteuil de Dom Robert Wyard (1638-1714)
- La Sainte Tunique de Notre Seigneur Jésus-Christ par M. Guérin 1845
- Actes du colloque « La Sainte Tunique d'Argenteuil face à la science » du 12 novembre 2005 aux éditions François-Xavier de Guibert à Paris
- « Une si humble et si sainte tunique… : Enquête sur une énigme La Sainte Tunique du Christ d'Argenteuil de Jean-Maurice Devals - éd. François-Xavier de Guibert, Paris (juin 2005)
- Le linceul de Turin et la tunique d'Argenteuil : Le point sur l'enquête - André Marion, Gérard Lucotte - éd. Presses de la Renaissance, mars 2006
« J'ai vu le sang du Christ » Gérard Lucotte, éd. Trédaniel, 2007

Suaire d'Oviedo
- Récit de Pélage, évêque d'Oviedo au XIIe siècle
- « Les grandes reliques du Christ : La Sainte Tunique d'Argenteuil, le Suaire d'Oviedo, le Linceul de Turin » de Jean-Maurice Clercq - François-Xavier de Guibert, 2007

Coiffe de Cahors
- Chronique manuscrites du Quercy par Guyon de Malleville, Seigneur de Cazals
- Chroniques manuscrites du Quercy par l'abbé de Fouilhac (mort en 1692), vicaire général de Cahors.
- De Sudario Capitis Christi par Marci Antonii Dominicy 1640

- Détails manuscrits sur le St Suaire de Cahors, par Dom Bruno Malvesin, religieux profès de la chartreuse de Cahors en 1708
- Histoire manuscrite du Quercy, par M. Lacoste proviseur du Collège de Cahors en 1828.
- Notice historique sur la Sainte-Coiffe par l'abbé Montaigne 1844
- La Sainte Coiffe, notice sur le Saint Suaire de Cahors par M. l'abbé Justin Gary, directeur de la revue religieuse de Cahors et Roc-Amadour, 1892.
- Notice sur le Saint Suaire de la tête de Notre Seigneur Jésus-Christ, vulgairement appelé Sainte Coiffe, 1899.

Linceul de Turin
- Codex Vossianus Latinus Q69 université de Leyde aux Pays-Bas et Codex de la bibliothèque vaticane 5696
- Manuscrit de Jean Skylitzès Bibliothèque Nationale de Madrid XIe siècle
- Codex Pray (entre 1192 et 1195) Bibliothèque nationale de Budapest.
- Trésor d'Aix-la-Chapelle ou courte description des saintes reliques, Fonck 1818
- Communication scientifique du 21 avril 1902 devant l'Académie des sciences par Yves Delage, professeur d'anatomie comparative à la Sorbonne
- « les 5 plaies du Christ » de Pierre Barbet 1935
- « La Passion de Jésus Christ selon le chirurgien » de Pierre Barbet 1950.
- Publication en 1961 de la fiche anthropométrique de l'homme du Linceul par Giovanni, professeur de médecine légale à la faculté de Milan
- « Histoire ancienne du linceul de Turin jusqu'au XIIIe siècle » André-Marie Dubarle, Paris Œil 1985
- Bibliographie CIELT, Actes du Symposium de Paris de 1989
- Actes Symposium de Rome en 1993 et Symposium de Nice en 1997
- Nouvelle découvertes sur le Suaire de Turin André Marion, Anne-Laure Courage – ed. Albin Michel 1997

- « Jésus et la science - La vérité sur les reliques du Christ » André Marion, Presses de la Renaissance, 2000
- 101 questions sur le Saint Suaire Pierluigi Baima Bollone, Directeur de l'Institut Médico-légal de Turin 2001
- « Le linceul de Turin et la tunique d'Argenteuil » d'André Marion, Gérard Lucotte – Paris, presses de la Renaissance 2006
- « L'énigme du Suaire » de Ian Wilson – Albin Michel 2010
- « Le linceul de Jésus enfin authentifié ? Enquête après les récentes découvertes sur le Suaire de Turin » de Jean-Baptiste Rinaudo et Claude Gavach - Ed. François-Xavier de Guibert, Paris 2010.
- « Le suaire de Jésus de Nazareth » de Barbara Frale – Bayard 2011
http://www.shroud.com, c'est un site de référence par excellence mais écrit en anglais…
- Article de Bérengère de Portzamparc publié le 20/04/2022 sur Aleteia
- Article de Famille chrétienne du 22/04/2022.
- Article « *Signes de vie sur la Figure du Suaire de Turin* » dans la revue
- « *Scientia et Fides* » *n° 8* en janvier 2020 par le docteur Bernardo Hontanilla Calatayud (directeur du service de chirurgie plastique, reconstructive et esthétique de la clinique universitaire de Navarre (Espagne)).
- livre : « The new astonishing phenomenon detected on the Shroud » 2022 de Giuseppe Maria Catalano et la vidéo : https://youtube.com/watch?v=xAVZp9tW5FU&si=JGnNVkeQqSM-NYSI

http://pagesperso-orange.fr/gira.cadouarn
http://www.suaire-science.com
http://www.ebior.org
http://www.sindone.org
http://www.suaire-turin.com
http://www.linceul-turin.com
http://www.sindonology.org
http:shroudcouncil.org
http://wwww.ohioshroudconference.com
http://thierrycastex.blogspot.com/
http://www.shroud.com/stlouis.htm

Voile de Manoppello
- « L'autre suaire » de Paul Badde – Ed. de l'Emmanuel/Ed. du Jubilé 2010
http://www.voltosanto.it, c'est un site de référence mais écrit en italien…
http://www.30giorni.it/fr/
/www.sudariumchristi.com

Divers
- « La cité mystique de Dieu » Maria d'Agreda chez Seguin Ainé 1819
- « Dictionnaire des reliques et des images miraculeuses » par J.-A.-S. Collin de Plancy 1822
- « Histoire du Saint Suaire de Compiègne » Par Dom Jacques Langellé, Religieux Bénédictin de la Congrégation de S. Maur. 1684
http://home.scarlet.be
http://spiritualite-chretienne.com
http://livres-mystiques.com
http://imagessaintes.canalblog.com
http://wwww.30giorni.it/articolo.asp?id=44385